AF827623

CONRAD GRAU

DER WIRTSCHAFTSORGANISATOR, STAATSMANN UND WISSENSCHAFTLER VASILIJ N. TATIŠČEV (1686–1750)

DEUTSCHE AKADEMIE DER WISSENSCHAFTEN ZU BERLIN
ARBEITSSTELLE FÜR GESCHICHTE DER DEUTSCH-SLAWISCHEN WISSENSCHAFTSBEZIEHUNGEN

QUELLEN UND STUDIEN ZUR GESCHICHTE OSTEUROPAS

HERAUSGEGEBEN VON
E. WINTER

BAND XIII

AKADEMIE-VERLAG · BERLIN
1963

CONRAD GRAU

DER WIRTSCHAFTSORGANISATOR, STAATSMANN UND WISSENSCHAFTLER VASILIJ N. TATIŠČEV (1686–1750)

MIT 4 KUNSTDRUCKTAFELN

AKADEMIE-VERLAG · BERLIN
1963

Vasilij Nikitič Tatiščev

Vorwort

Die vorliegende Arbeit möchte dem deutschen Leser das Leben und das Wirken eines bedeutenden Russen aus der ersten Hälfte des 18. Jahrhunderts nahebringen und damit zugleich zum Verständnis der russischen Geschichte in dieser Zeit beitragen. Bei der Darstellung zwangen die Vielseitigkeit Tatiščevs und das Bemühen, ein möglichst umfassendes Bild seiner Bestrebungen und Anregungen, der Ergebnisse und der Verdienste seines wirtschaftsorganisatorischen, politischen und wissenschaftlichen Wirkens zu geben, oftmals zu einer Beschränkung auf die wesentlichsten Dinge. Es war zu wählen zwischen einer sehr ausführlichen Behandlung einzelner Probleme und einer Gesamtdarstellung seines Lebens. Ich entschied mich für das letztere, vor allem deshalb, weil Tatiščev in Westeuropa unverdienterweise nahezu unbekannt ist.

Die Anregung zu dieser Arbeit verdanke ich meinem Lehrer Eduard Winter, der ihre Entstehung aufmerksam verfolgte und sie durch eine Fülle von Anregungen und durch seine persönliche Anteilnahme alle Zeit förderte. Besonders verbunden bin ich E. Winter für die Aufnahme der Arbeit in die von ihm herausgegebene Schriftenreihe „Quellen und Studien zur Geschichte Osteuropas".

Weiterhin danke ich der Deutschen Akademie der Wissenschaften zu Berlin, die mir eine sechswöchige Studienreise in die Sowjetunion ermöglichte, und den Mitarbeitern sowjetischer Archive und Bibliotheken, die mir ihre Schätze bereitwillig zur Verfügung stellten. Besonders der Unterstützung der Mitarbeiterin des Akademie-Archivs Leningrad Frau M. Krutikova gedenke ich mit großer Dankbarkeit. Hilfe leisteten mir Herr Dozent S. M. Tomsinskij in Perm', der mir einige Abschriften von Briefen aus dem Gebietsarchiv Sverdlovsk dankenswerterweise zur Veröffentlichung überließ, und A. M. Sorkin in Leningrad, der die Abschriften der russischen Briefe im Akademie-Archiv Leningrad kollationierte und mir Mikroaufnahmen des Briefes übersandte, der der Arbeit als Faksimile beigegeben ist. Auch ihnen möchte ich hier danken. Herrn Prof. Dr. H. Mohrmann und

Herrn Prof. Dr. H. Mohr danke ich für die Durchsicht der Arbeit und zahlreiche Verbesserungsvorschläge. Meinen Kollegen, besonders Herrn L. Richter und Herrn Dr. P. Hoffmann, von der Arbeitsstelle für Geschichte der deutsch-slawischen Wissenschaftsbeziehungen an der Deutschen Akademie der Wissenschaften zu Berlin und der Arbeitsgruppe für Geschichte der slawischen Völker am Institut für Geschichte der DAW bin ich für viele Hinweise verbunden.

Das vorliegende Buch möchte ich meinem Lehrer Eduard Winter als ein kleines Zeichen meiner Dankbarkeit zum 65. Geburtstag widmen.

Berlin, am 19. April 1961, dem 275. Geburtstag Tatiščevs

Conrad Grau

Inhalt

Abkürzungsverzeichnis IX

Einleitung: Rußland in der ersten Hälfte des 18. Jahrhunderts . . . 1

Teil I

Tatiščev als Wirtschaftsorganisator und als Staatsmann

1. Lehrjahre 19
2. Erste Leitung der Uralindustrie 28
3. Studien und Begegnungen in Schweden 42
4. Stellung zu den politischen Auseinandersetzungen 1730 52
5. Wirtschaftsorganisator im Ural 66
6. Leiter der Orenburger Kommission und gerichtliche Verfolgung . 82
7. Gouverneur in Astrachan und Ausscheiden aus dem Staatsdienst . 97

Teil II

Tatiščev als Wissenschaftler

1. Wissenschaftliche Interessen und wissenschaftliche Beziehungen
   a) Wissenschaftliche Interessen 109
   b) Beziehungen zur Akademie der Wissenschaften 115
   c) Beziehungen zu einzelnen Mitgliedern der Akademie und zu wissenschaftlich interessierten Zeitgenossen 133
2. Historische Forschungen 145
3. Geographische und lexikographische Arbeiten 166
4. Bemühungen um das Bildungswesen 179
5. Sozialökonomische und philosophische Anschauungen 190

Zusammenfassung 203

Beilagen 206

Personenregister 223

Tafelanhang

Abkürzungsverzeichnis

A. Sigel

Архив АН СССР	Архив Академии наук СССР в Ленинграде
БАН	Библиотека Академии Наук СССР в Ленинграде
ВИ	Вопросы истории
ИА	Исторический Архив
ИЗ	Исторические Записки, Moskau
ПСЗ	Полное Собрание Законов, 1. Serie (1830)
ЦГАДА	Центральный Государственный Архив Древних Актов, Moskau
Ф.; Р.; оп.; д.; ед. хр.; собр. воспр.	Фонд; Разряд; опись; дело; единица хранения; собрание воспроизведений (in Archivsignaturen)

B. Kurztitel der mehrmals zitierten Schriften

Andreev, Труды Татищева	A. I. Andreev, Труды В. Н. Татищева по географии России. In: Tatiščev, Избранные труды
Bestužev-Rjumin, Биографии	K. Bestužev-Rjumin, Биографии и характеристики, Petersburg 1882
Doerries, Rußlands Eindringen	H. Doerries, Rußlands Eindringen in Europa in der Epoche Peters des Großen. Studien zur zeitgenössischen Publizistik und Staatenkunde, Königsberg 1939
Gorlovskij, Основание Екатеринбурга	M. A. Gorlovskij, К истории основания Екатеринбурга. In: ИЗ, Bd. 39 (1952), S. 159–180
История АН	История Академии наук СССР, Bd. I (1724–1803), Moskau/Leningrad 1958
Kafengauz, История хозяйства Демидовых	B. B. Kafengauz, История хозяйства Демидовых в XVIII–XIX вв., Bd. I, Moskau/Leningrad 1949
Материалы	Материалы для истории имп. Академии наук, hg. v. M. I. Suchomlinov, Bd. I–X (1716–1750), Petersburg 1885–1900
Nečaev, Горнозаводские школы	N. V. Nečaev, Горнозаводские школы Урала, Moskau 1956
Очерки I	Очерки истории СССР. Период феодализма. Россия в первой четверти XVIII в. Преобразования Петра I, Moskau 1954

Очерки II	Очерки истории СССР. Период феодализма. Россия во второй четверти XVIII в. Народы СССР в первой половине XVIII в., Moskau 1957
Pavlenko, Развитие металлургической промышленности	N. I. Pavlenko, Развитие металлургической промышленности России в первой половине XVIII в., Moskau 1953
Pekarskij, Новые известия	P. P. Pekarskij, Новые известия о В. Н. Татищеве. Приложение к IV-ому тому Записок Академии наук, Nr. 4, Petersburg 1864
Переписка Татищева	Переписка В. Н. Татищева за 1746—1750 гг. Hg. v. A. I. Andreev. In: ИА, Bd. VI, Moskau/Leningrad 1951, S. 245—314
Popov, Татищев	N. Popov, Татищев и его время, Moskau 1861
Протоколы	Протоколы заседаний конференции имп. Академии наук с 1725 по 1803 года. Procès-verbaux des séances de l'Académie Impériale des sciences depuis sa fondation jusqu'à 1803, Bd. I (1725—1743), II (1744—1770), Petersburg 1897, 1899
Rožkov, Деятельность Татищева	V. Rožkov, Деятельность артиллерии капитана В. Н. Татищева на уральских заводах в царствование Петра Великого, Petersburg 1884 (Sonderabdruck aus dem „Горный Журнал")
Tatiščev, Род Татищевых	S. S. Tatiščev, Род Татищевых 1400—1900 гг., Petersburg 1900
Tatiščev, История	V. N. Tatiščev, История Российская с самых древнейших времен, Buch I, Teil 1, Moskau 1768, Teil 2, Moskau 1769, Buch II, Moskau 1773, Buch III, Moskau 1774, Buch IV, Petersburg 1784, Buch V, Moskau 1848; 2. Aufl. in 7 Bänden, Bd. I. Moskau/Leningrad 1962. Die Seitenangaben dieser Auflage stehen in Klammern hinter der Seitenangabe der 1. Aufl.
Tatiščev, Лексикон	V. N. Tatiščev, Лексикон Российской исторической, географической, политической и гражданской, Bd. I bis III, Petersburg 1793
Tatiščev, Разговор	V. N. Tatiščev, Разговор двух приятелей о пользе наук и училищ. Hg. v. N. Popov. In: Чтения в Обществе истории и древностей Российских, Buch I, Moskau 1887, S. 1—171
Tatiščev, Избранные труды	V. N. Tatiščev, Избранные труды по географии России. Hg. v. A. I. Andreev, Moskau 1950
Winter, Rußlandkunde	E. Winter, Halle als Ausgangspunkt der deutschen Rußlandkunde im 18. Jh., Berlin 1953

Einleitung

Rußland in der ersten Hälfte des 18. Jahrhunderts

Obwohl die zaristische Macht nach der Überwindung der feudalen Krise am Anfang des 17. Jahrhunderts und nach der Zurückweisung der polnischen Invasion in der sogenannten „Zeit der Wirren“ durch die Wahl *Michail Romanovs* zum russischen Zaren wieder einigermaßen konsolidiert worden war, wurde immer deutlicher, daß Änderungen in der ökonomischen und politischen Struktur des Staates nicht mehr zu umgehen waren. Das ganze 17. Jahrhundert war eine Zeit des Suchens und der Vorbereitung, in der zaghaft neue Wege beschritten wurden, um die ökonomischen und politischen Krisen zu überwinden.

Durch das „Уложение“ von 1649 wurden die Beziehungen zwischen den einzelnen Ständen in Rußland neu geregelt und in eine den bestehenden Verhältnissen entsprechende Form gebracht. Die Leibeigenschaft wurde endgültig juristisch fixiert. Gleichzeitig entstanden jedoch allmählich die ersten Manufakturen, besonders für die Eisenerzeugung. 1632 legte der Holländer *A. Vinius* d. Ä. den Grund für die später so bedeutenden Eisenwerke bei Tula. Aber auch in anderen Produktionszweigen, so in der Leinwand-, Glas-, Papier- und Kupferproduktion, ist ein allmählicher Übergang zur manufakturellen Herstellung zu beobachten. Hand in Hand mit dem wirtschaftlichen Aufstieg vollzog sich auch eine Belebung des Außenhandels, der allerdings durch das Fehlen eines eisfreien Hafens sehr behindert war.

Die Handelsbeziehungen und die Bemühungen, Ausländer ins Land zu ziehen — sei es als Ausbilder für die Armee, als Wirtschaftsfachleute oder als Spezialisten auf anderen Gebieten —, führten zu einer Begegnung der russischen mit der westeuropäischen Kultur und Wissenschaft. Von großer Bedeutung in dieser Hinsicht war auch die Wiedervereinigung Rußlands mit der Ukraine. Über die Ukraine führte der Weg von Rußland nach Mittel- und Südeuropa. An der Geistlichen Akademie in Kiew waren vor allem die Auseinandersetzungen zwischen Osten und Westen geführt worden, die nicht ohne Einfluß auf die Schüler dieser Lehranstalt blieben, von denen in der zweiten Hälfte des 17. Jahrhunderts, aber auch noch später, viele in Rußland wirkten und dessen geistiges Leben mitbestimmten.[1]

[1] E. N. Medynskij, Братские школы Украины и Белоруссии в XVI—XVII вв. и их роль в воссоединении Украины с Россией, Moskau 1954

Die Erfordernisse der ökonomischen Entwicklung und das durch erste Begegnungen geweckte Interesse führten in gewissen Grenzen schon im 17. Jahrhundert in Rußland zur Beschäftigung mit der westeuropäischen weltlichen Literatur. In *L. A. Ordyn-Naščokin* und *V. V. Golicyn* hatte Rußland in der zweiten Hälfte des 17. Jahrhunderts Staatsmänner, die ausgezeichnet gebildet waren. Besonders *Ordyn-Naščokin* wurde durch die von ihm angestrebte und zum Teil auch verwirklichte Wirtschaftspolitik wegweisend für die russische Entwicklung.[1]

Sehr hemmend für die russische Entwicklung im 17. Jahrhundert war allerdings das sogenannte „местничество", ein Grundsatz, der die Besetzung staatlicher und militärischer Posten davon abhängig machte, welche Stellung die Vorfahren des Bewerbers eingenommen hatten. Die Abschaffung dieser „Platzordnung" und die feierliche Verbrennung der Geschlechsregister im Januar 1682 waren eine wichtige Voraussetzung für die von *Peter* dann konsequent durchgeführten Reformen.

Das ganze 17. Jahrhundert hindurch können wir die Bestrebungen verfolgen, Rußland ökonomisch zu stärken. Seit dieser Zeit führten die sich immer mehr ausbreitenden Ware-Geld-Beziehungen und die damit zusammenhängende Entstehung eines gesamtrussischen Marktes zum festen Zusammenschluß der verschiedenen Gebiete Rußlands zu einem einheitlichen Ganzen. *Lenin* charakterisierte diesen Prozeß ausgezeichnet, als er schrieb: „Erst für die Neuzeit der russischen Geschichte (etwa seit dem 17. Jahrhundert) ist ein tatsächlicher Zusammenschluß aller dieser Gebiete, Länder und Fürstentümer zu einem Ganzen kennzeichnend. ... er wurde hervorgerufen durch den zunehmenden Austausch zwischen den einzelnen Gebieten, den allmählich wachsenden Warenverkehr, die Konzentration der kleinen örtlichen Märkte zu einem gesamtrussischen Markt. Da es die kapitalistischen Kaufleute waren, die diesen Prozeß lenkten und beherrschten, so bedeutete die Schaffung dieser nationalen Bindungen nichts anderes als die Schaffung bürgerlicher Bindungen."[2] Einen ersten Abschluß fand diese Entwicklung in der Aufhebung der Binnenzölle im Jahre 1754.[3] Der in der vorliegenden Arbeit zu behandelnde Zeitraum wird also durch zwei für die ökonomische Entwicklung Rußlands entscheidende Daten bestimmt.

Der fester werdende wirtschaftliche Zusammenhang der einzelnen Teile des Landes schuf aber auch die Voraussetzung dafür, daß sich im 18. Jahrhundert ein starker einheitlicher, zentral verwalteter russischer Staat endgültig herausbilden konnte, der durch seine innere Geschlossenheit nach außen große Erfolge erzielen konnte. Die seit dem 17. Jahrhundert beginnenden ökonomischen

[1] Vgl. История русской экономической мысли, Bd. 1, Moskau 1955, S. 225–246

[2] W. I. Lenin, Was sind die „Volksfreunde" und wie kämpfen sie gegen die Sozialdemokraten? In: Werke, Bd. 1, Berlin 1961, S. 146f.

[3] ПСЗ, Bd. XIII, Nr. 10164

Prozesse setzten sich im 18. Jahrhundert verstärkt fort, besonders da sie durch staatliche Maßnahmen entscheidend gefördert wurden. Die Entwickung des Handels und der Industrie war eines der ersten und wichtigsten Anliegen *Peters*, da sie den Reichtum und die Macht des Staates ausmachten, der nicht zuletzt für die Kriegführung große Mittel brauchte.

Alle soeben angedeuteten Maßnahmen und Veränderungen zeigen schon die Richtung an, in der sich die weitere Entwicklung Rußlands in der ersten Hälfte des 18. Jahrhunderts vollzog. Die Regierungszeit *Peters des Großen* ist in die Geschichte Rußlands als die Epoche der petrinischen Reformen eingegangen, weil unter direkter Anleitung des Zaren selbst die wichtigsten Veränderungen durchgeführt wurden. Nachdem *Peter* im Jahre 1696 — de jure war er schon seit 1682 Zar — die Regierung seines Reiches selbst in die Hand genommen hatte, führte er zunächst die schon unter der Regentschaft seiner Schwester *Sof'ja* (1682—1689) begonnenen kriegerischen Auseinandersetzungen mit der Türkei durch die Eroberung Azovs zu Ende. Die ihm von seinen russischen Lehrern und den in Moskau lebenden Ausländern vermittelten Kenntnisse, besonders auf militärischem Gebiet, sollten sich hier erstmalig bewähren.

Es ist das bleibende Verdienst des Zaren *Peter*, die vor ihm und seinem Lande stehende Aufgabe klar erkannt zu haben. Nicht etwa, daß er zu Beginn seiner Regierungszeit einen detaillierten Reformplan ausgearbeitet und die notwendigen Maßnahmen dann Zug um Zug verwirklicht hätte. Eine Betrachtung der von *Peter* durchgeführten Neuerungen zeigt jedoch, daß sie alle zusammen eine Einheit bilden und ein neues Rußland schufen. Dabei liegen Beginn und Abschluß einer Reform oft Jahre, ja Jahrzehnte auseinander. Die Ursachen dafür sind sehr zahlreich. Zwar stand das Ziel fest, aber die Einzelheiten waren oft von Augenblickssituationen abhängig. Daneben muß man ständig im Auge behalten, daß alle Reformen während eines lang andauernden, auf Leben oder Tod geführten Krieges verwirklicht werden mußten und daß oftmals selbst die minimalsten Voraussetzungen für ihre Durchführung fehlten. Besonders hemmend wirkte sich die geringe Zahl wirklich befähigter Mitarbeiter aus. Wenn *Pososkov* davon sprach, daß der Zar mit zehn Menschen den Berg hinanzog, Millionen ihn aber zurückzuhalten suchten, so ist das zwar ein weit übertriebener Vergleich, er charakterisiert aber eindringlich die gewaltige Arbeit des Zaren und der „Petriner". Der Erfolg hing davon ab, daß Rußland auf den neuen Weg gedrängt wurde, daß es ihn auch bei später eventuell fehlender Energie der Staatsmacht nicht wieder verlassen konnte, daß die „Nestlinge" des Zaren sein Vermächtnis erfüllen mußten.

Die Klasse, die die größten Opfer beim Aufbau des petrinischen Staates brachte, gleichzeitig jedoch die geringsten Vorteile davon hatte, war die Bauernschaft. Auf die Lage der Bauern wurde nur insoweit Rücksicht genommen, als die Steuerzahlung nicht gefährdet werden durfte. Ansonsten wurden sie in der rücksichtslosesten Form zum Staatsdienst herangezogen. Sie waren die Soldaten, sie bauten die neue gewaltige Flotte, sie mußten in den Bergwerken, den Eisenwerken und anderen Manufakturen als „Überschriebene" schuften, sie mußten ihre Ländereien durch den Krieg verwüsten lassen, kurz — sie hatten durch ihrer Hände Arbeit nicht nur die Existenz, sondern auch den Aufstieg des Staates zu sichern. Das schwerste Los zogen zweifellos diejenigen Bauern, die durch staatliche Maßnahmen von ihrer Heimat, ihrem Lande, ja oft von ihrer Familie getrennt wurden, um beim Aufbau der neuen Hauptstadt, beim Bau der Flotte in Voronež und in Petersburg, in den Manufakturen im Ural, in Zentralrußland und an vielen anderen Orten unter schwierigsten Bedingungen zu arbeiten. Aber auch für diejenigen, die weiterhin an die Scholle gebunden blieben, wurde die Ausbeutung bedeutend verschärft. So ist es kein Wunder, daß immer wieder Unruhen registriert wurden, daß sich Bauern und Manufakturarbeiter immer wieder erhoben und eine Verbesserung ihrer Lage zu erreichen suchten. Die Aufstände in Astrachan (1705—1706) und am Don (1707—1708) konnten nur mit Anspannung aller Kräfte niedergeschlagen werden. Durch die verstärkte wirtschaftliche Entwicklung wurden auch die fremden Völkerschaften des russischen Reiches, besonders die im Ural- und im Wolgagebiet, in die Auseinandersetzungen einbezogen. Dadurch wurde die soziale Frage durch nationale Probleme noch kompliziert. Die Baškiren z. B. haben sich in der ersten Hälfte des 18. Jahrhunderts mehrmals gegen ihre einheimischen und russischen Feudalherren und gegen die Manufakturbesitzer erhoben.[1]

In der Landwirtschaft herrschte zu Beginn des 18. Jahrhunderts noch weitgehend die Dreifelderwirtschaft vor. Eine Steigerung der landwirtschaftlichen Produktion erfolgte im wesentlichen nicht durch eine Intensivierung der Arbeit, sondern vorwiegend extensiv, sei es durch Vergrößerung der bebauten Fläche oder durch eine stärkere Beanspruchung der bäuerlichen Arbeitskraft.[2] Es darf allerdings nicht übersehen werden, daß sich Weitsichtige bereits in dieser Zeit gründlich mit der Lage der Bauern beschäftigten und — wenn auch keine radikale Veränderung, so doch — eine genaue Fixierung der bäuerlichen Lasten und eine Intensivierung der Landwirtschaft erstrebten. Große Bedeutung kommt in dieser Hinsicht den Bemühungen des Zaren selbst, *Tatiščevs*, *Volynskijs* und *Lomonosovs* zu, die sich mit theoretischen Problemen der Landwirtschaft und der Lage der Bauern beschäftigten.[3]

[1] Über den größten Aufstand vgl. N. V. Ustjugov, Башкирское восстание 1737—1739 гг., Moskau/Leningrad 1950

[2] Vgl. über die Entwicklung der Landwirtschaft die ausführliche, mit vielen Quellen belegte Darstellung in den Очерки I, S. 44—63; II, S. 33—56; weiterhin P. I. Ljaščenko, История народного хозяйства СССР, Bd. 1, 3. Auflage, Moskau 1952, S. 353 ff.

[3] Vgl. P. K. Alefirenko, Русская общественная мысль первой половины XVIII столетия о сельском хозяйстве. In: Материалы по истории земледелия СССР, Bd. 1 (1952), S. 511—552; eine verkürzte Fassung dieses Aufsatzes auch in Сборник статей Акад.

Wenn auch die Landwirtschaft in der ersten Hälfte des 18. Jahrhunderts noch der wichtigste Produktionszweig blieb, so trat doch die Manufaktur als Grundlage der industriellen Produktion immer mehr in den Vordergrund. Da die Leibeigenschaft weiterhin bestand, mußten zur Sicherung der Arbeitskräfte für die Manufakturen außerordentliche Maßnahmen ergriffen werden. Das Problem wurde vorübergehend gelöst, indem den Manufakturen vom Staate Bauern „überschrieben" wurden, deren Zahl bis zur Mitte des Jahrhunderts auf 100000 Personen stieg.[1] Seit 1721 durften die Manufakturbesitzer auch ganze Bauerndörfer kaufen, um die Produktion in ihren Werken zu sichern. Neben der manufakturellen Produktion nahm jedoch das Handwerk weiterhin eine wichtige Stellung ein. Gegen Ende der Regierungszeit *Peters* bestanden in Rußland nahezu 200 Manufakturen, die zur einen Hälfte in staatlichem, zur andern in Privatbesitz waren.[2] Dieses rasche Entwicklungstempo kann man verstärkt im zweiten Viertel des 18. Jahrhunderts verfolgen. In dieser Zeit entstanden in allen Produktionszweigen neue Betriebe, die Rußland zum Teil von der ausländischen Einfuhr unabhängig machten.[3] Besonders erfolgreich war der Ausbau der Metallurgie; Rußland wurde zu einem der größten Eisenproduzenten Europas und konnte große Mengen ausführen, besonders nach England.[4]

Neben dem Staat, der große Kapitalien in den neugegründeten Betrieben investierte, beteiligte sich in steigendem Maße auch das private, besonders das im Handel erworbene Kapital an der Produktion. In vielen Fällen wurden die Manufakturen allerdings vom Staate eingerichtet und erst später privatisiert. Die Ursachen dafür liegen in den erforderlichen hohen Anlagekapitalien — besonders in der metallurgischen Industrie — begründet, die von Privatleuten in vielen Fällen gar nicht aufgebracht werden konnten. Neben den Kaufleuten investierte aber auch der Adel Kapital in der Produktion.[5] So entstand nach und nach eine neue Schicht, die der Manufakturbesitzer. Damit wurde die Voraussetzung für das Entstehen eines Bürgertums in Rußland geschaffen.

Б. Д. Грекову, Moskau 1952, S. 261—265; eine ausführliche und allseitige Behandlung der Bauernfrage bietet P. K. Alefirenko in ihrem Buch: Крестьянское движение и крестьянский вопрос в России в 30-50-х годах XVIII века, Moskau 1958

[1] Vgl. Pavlenko, Развитие металлургической промышленности, S. 473

[2] Vgl. E. I. Zaozerskaja, Мануфактура при Петре I, Moskau/Leningrad 1947, S. 10

[3] Vgl. Очерки II, S. 89—149

[4] Vgl. die statistischen Angaben bei S. G. Strumilin, История черной металлургии в СССР, Bd. I, Moskau 1954, S. 180f, 197

[5] Über die Herkunft der in den metallurgischen Betrieben angelegten Kapitalien handeln die sehr interessanten und materialreichen Aufsätze von M. I. Pavlenko, О происхождении капиталов, вложенных в металлургии России XVIII века. In: ИЗ, 62, 1958, S. 170 bis 197, und P. G. Ljubomirov, Роль казенного, дворянского и купеческого капитала в строительстве крупной промышленности России в XVII—XVIII веках. In: ИЗ, 16, 1945, S. 65—99

In dem Maße, wie sich in der ersten Hälfte des 18. Jahrhunderts der innere Markt entwickelte[1], wie sich durch den Ausbau des Petersburger Hafens die technischen Voraussetzungen verbesserten und wie die einheimische Wirtschaft die Bedingungen dafür schuf, entfaltete sich auch der Außenhandel des Landes. Zu Beginn der zwanziger Jahre des 18. Jahrhunderts überflügelte der Petersburger Hafen den von Archangelsk endgültig, während der Hafen der Hauptstadt in den Jahren 1717 bis 1719 infolge des Nordischen Krieges noch weit hinter dem am Eismeer zurückgeblieben war.[2] Der Warenumschlag Rußlands erhöhte sich von ca. 3,5 Millionen Rubel im Jahre 1719 auf ca. 12,5 Millionen Rubel im Jahre 1748, hatte sich also in drei Jahrzehnten nahezu vervierfacht.[3]

Die großen Veränderungen in der ersten Hälfte des 18. Jahrhunderts auf ökonomischem Gebiet fanden ihre Ergänzung in der politischen Entwicklung des Landes. Wenn auch die technisch-ökonomische Rückständigkeit beim Fortbestehen feudaler Verhältnisse nicht in so kurzer Zeit völlig überwunden werden konnte, so hatten sich doch immer stärker die Keime des Kapitalismus entwickelt. Rußland war dem Westen in wirtschaftlicher Hinsicht ein bedeutendes Stück nähergerückt.

Die politische Entwicklung Rußlands in der ersten Hälfte des 18. Jahrhunderts war gekennzeichnet durch den Auf- und Ausbau einer zentral von Beamten geleiteten Verwaltung. An die Stelle der Vorrechte des alten Adels und der Bojarenduma als ständische Vertretung traten in der Regierungszeit *Peters* der nur nach verwaltungstechnischen Gesichtspunkten zusammengesetzte Senat (1711) mit den nachgeordneten Kollegien (seit 1718) und der Dienstadel. Ihren formalen Ausdruck fand die Überwindung der ständischen Staatsordnung in der sogenannten Rangtabelle von 1722, die die Stellung des Bürgers nicht nach der Geburt, sondern nach den ihm übertragenen Aufgaben bestimmte. *Peter* hat durch diese Maßnahme den zwanzig Jahre währenden sozialökonomischen Umschichtungsprozeß auch juristisch fundieren wollen.

Das bis zum Anfang des 18. Jahrhunderts bestehende Prikaz-System mit seiner unübersichtlichen Gliederung und den vielen Überschneidungen in der Verantwortlichkeit war für die neuen Bedürfnisse völlig ungeeignet. Im Jahre 1699 bestanden 44 Prikaze. Der Zentralisierungsprozeß begann zunächst mit der Zusammenlegung gleichartiger Verwaltungsstellen. So wurde z. B. das Amt für auswärtige Angelegenheiten mit den noch aus der Zeit der feudalen Zersplitterung erhaltenen Verwaltungsstellen für die einzelnen russischen Gebiete vereinigt.[4] Veränderungen dieser Art brachten jedoch im wesentlichen noch keine Verbes-

[1] Vgl. B. B. Kafengauz, Очерки внутреннего рынка России первой половины XVIII в., Moskau 1958

[2] Vgl. Очерки I, S. 142

[3] Vgl. Очерки II, S. 165

[4] Vgl. Очерки II, S. 291f.

serung des Arbeitsstils. Diese wurde erst durch die Einrichtung der Kollegien erreicht, deren personelle Zusammensetzung und Arbeitsweise genau festgelegt waren. Mitglieder eines Kollegiums waren der Präsident, der Vizepräsident, vier Räte und vier Assessoren. Das Kollegialsystem bestand in seinen Grundzügen während des gesamten hier behandelten Zeitraumes. Die Zahl der Kollegien wurde nicht wesentlich erweitert, manche jedoch zeitweise vereinigt und auch verschiedene den Kollegien nachgeordnete Dienststellen geschaffen. Dagegen war anderthalb Jahrzehnte hindurch (1726—1741) die Bedeutung des Senats nicht so groß wie unter *Peter*, da zwischen Senat und Kaiser der Oberste Geheime Rat bzw. das Ministerkabinett als Berater der Zaren standen.

Die wichtigsten Kollegien waren das für auswärtige Angelegenheiten, weiterhin die militärischen — getrennt für Armee und Flotte —, die Wirtschaftskollegien — für den Handel, für die Manufakturen, für das Bergwesen —, die Finanzverwaltungen — Kammerkollegium und Staatskontor — und die Zentralverwaltungen für die Justiz, für den adligen Grundbesitz und für die Städte (Hauptmagistrat).[1]

Ergänzend zur Reorganisation der Zentralverwaltung wurde auch eine Neuordnung der örtlichen Verwaltungsorgane durchgeführt. An die Stelle der noch aus der Zeit der feudalen Zersplitterung überkommenen und weitgehend auf Zufälligkeiten beruhenden Gebiete traten seit 1709 unter verschiedenen Bezeichnungen (Gouvernements, Provinzen) nach rein administrativen und ökonomischen Gesichtspunkten gebildete Verwaltungseinheiten. Die im 17. Jahrhundert bestehende Zweiteilung der örtlichen Regierung, die in der Tätigkeit der Voevoden in den Gebieten und der Verwaltung durch die für einzelne Teile des Landes verantwortlichen Prikaze (z. B. Sibirischer Prikaz, Kazaner Prikaz) bestand, wurde aufgehoben und durch einheitliche, zentral durch den Senat oder später durch die Kollegien und den Senat angeleitete Gouvernements- und Provinzialverwaltungen ersetzt. Die Bedeutung dieser Maßnahmen für den Aufbau eines zentralverwalteten absolutistischen Staates ist nicht hoch genug einzuschätzen. Sie waren eine wichtige Voraussetzung für die Festigkeit der von *Peter* erstrebten absoluten Monarchie. Wenn auch durch die gewaltigen Entfernungen in Rußland und durch den großen Mangel an geeigneten Kräften in der Abwicklung der Geschäfte Stockungen nicht zu vermeiden waren, so muß man doch feststellen, daß die Reformen auf zentraler und örtlicher Ebene nicht geringen Anteil an den ökonomischen und politischen Erfolgen Rußlands in der ersten Hälfte des 18. Jahrhunderts hatten.

Wenn die von *Peter* erstrebte und verwirklichte Neuordnung des russischen Staates bleibenden Erfolg haben sollte, mußte jedoch auch der wichtigste und

[1] Vgl. die Schemata der russischen Zentralverwaltung in: Очерки I, S. 303, und Очерки II, S. 272, und N. P. Eroškin, Очерки истории государственных учреждений дореволюционной России, Moskau 1960

durch seine Organisation mächtigste Gegenspieler der Regierung, die Kirche mit ihrem ausführenden Organ, dem Patriarchat, in das neue System eingeordnet werden. Es ging nicht etwa darum, die Kirche ganz auszuschalten. Im Gegenteil, sie war ein entscheidendes Mittel für die Beeinflussung der Volksmassen und die ideologische Stütze der feudalen Gesellschaftsordnung überhaupt. Gerade darum mußte sie aber zu einem Mittel in der Hand des Zaren werden und konnte nicht eine selbständige Macht neben ihm bleiben. Wie gefährlich die kirchliche Hierarchie dem Staate werden konnte, hatten die Auseinandersetzungen zwischen dem Patriarchen *Nikon* und dem Zaren *Aleksej* erst ungefähr dreißig Jahre zuvor gezeigt. Wenn *Peter* ähnliche Vorgänge vermeiden wollte, mußte er beizeiten an eine Einordnung der Kirche in den Staat denken. Aus diesem Grunde hat sich der Zar bereits seit 1697 bemüht, die ökonomische Macht der Kirche durch die Einführung einer staatlichen Kontrolle zu schwächen. Als im Jahre 1700 der Patriarch starb, hat *Peter* die Gelegenheit genutzt und die Wahl eines neuen kirchlichen Oberhauptes für Rußland nicht gestattet. An seine Stelle trat der Patriarchatsverweser *Stefan Javorskij*. Im Zusammenhang mit der Neuordnung der zentralen Staatsverwaltung durch die Einrichtung der Kollegien wurde im Jahre 1721 das Patriarchat endgültig abgeschafft und durch den Allerheiligsten Synod ersetzt. Seine Organisation entsprach ganz der eines Kollegiums. Durch den Oberprokuror des Synods war die Beteiligung des Staates an der kirchlichen Verwaltung gesichert.

Der engste Mitarbeiter des Zaren bei der Kirchenreform war der spätere Erzbischof von Novgorod, *Feofan Prokopovič*. Er war der Verfasser des Geistlichen Reglements, das nach der Begutachtung durch *Peter* die Grundlage für die Arbeit des Synods wurde und umfassend die Aufgaben der Kirche bei der Festigung der absolut regierten Monarchie festlegte. *Prokopovič* war ein ausgezeichnet gebildeter Mann, der in Kiew, in Polen und in Rom studiert hatte, dann Lehrer und Rektor an der Kiewer Akademie war und große Verdienste um die Verbreitung der Bildung in Rußland hatte.[1] Seine hervorragende Kenntnis der west- und mitteleuropäischen Literatur[2] und der russischen Verhältnisse ermöglichten ihm, zum ideologischen Begründer des absolutistischen Staates in Rußland zu werden. In seiner Schrift „Правда воли монаршей“ formulierte er umfassend und eindringlich die Rechte, aber auch die Pflichten des absoluten Herrschers. In dieser von *Peter* beeinflußten und akzeptierten Schrift wird die Konsequenz aus der reformatorischen Tätigkeit des Zaren gezogen und das Neuentstandene ideologisch untermauert und begründet.

[1] Vgl. Winter, Rußlandkunde, Register

[2] Vgl. die Auswertung seiner Bibliothek durch J. Tetzner, Bücher deutscher Autoren in Prokopovičs Bibliothek. In: Die deutsch-russische Begegnung und Leonhard Euler (= Quellen und Studien zur Geschichte Osteuropas I), Berlin 1958, S. 125–142

Der ökonomischen und innenpolitischen Festigung des russischen Staates entsprachen die außenpolitischen Erfolge des Zarenreiches. Der Sieg im Nordischen Krieg, der 1721 durch den Friedensschluß in Nystadt beendet wurde, hat Rußland endgültig seinen Platz unter den europäischen Mächten zugewiesen.[1] Entschieden war dieser Krieg bereits durch den großen Sieg der russischen Armee über den schwedischen König bei Poltava im Jahre 1709. Dieser Sieg war die Grundlage eines gewaltigen Prestigegewinns Rußlands in Westeuropa. Er sicherte auch — nach einem Ausspruch *Peters* — eine seiner bedeutendsten Gründungen: die neue Hauptstadt Petersburg. An *F. M. Apraksin* schrieb der Zar unmittelbar nach der Schlacht: „Erst jetzt ist der Grundstein Petersburgs . . . endgültig gelegt." Bei der großen Bedeutung, die Poltava als Wendepunkt für Rußlands weitere Entwicklung hatte, konnte *Voltaire* im Hinblick auf die Vergangenheit mit einigem Recht sagen, daß diese Schlacht die einzige der Weltgeschichte sei, die nicht zerstört, sondern aufgebaut und das Wohl der Menschheit gefördert habe.[2]

Es ist selbstverständlich, daß solchen gewaltigen Veränderungen, wie sie in Rußland zu Beginn des aufgeklärten Jahrhunderts eingeleitet wurden, auch Widerstand entgegengesetzt wurde. Besonders die Bauern und die Manufakturarbeiter erhoben sich zu verschiedenen Malen gegen die immer unerträglicher werdende Bedrückung durch den absolutistischen Staat. Die Aufstände wurden rücksichtslos im Interesse der Festigung des zentralisierten Staates niedergeschlagen. Aber auch die bisher privilegierten Schichten, Teile des Bojarenadels und der kirchlichen Hierarchie, fühlten sich in ihren Rechten verletzt. So können wir von den Strelitzenerhebungen im Jahre 1698 bis zu den Bestrebungen der Verchovniki 1730 die Bemühungen dieser Kreise verfolgen, die alten Zustände zu erhalten. *Peter* erkannte die Gefahr und schreckte sogar nicht zurück, seinen Sohn, die Hoffnung der Anhänger des Alten, zu opfern. Die gegen die Reform gerichteten Versuche der Verchovniki im Jahre 1730 haben die Schüler und engsten Mitarbeiter des Zaren, allen voran *Feofan Prokopovič* und *Vasilij Tatiščev*, überwinden können. Der Weg in die Zukunft war trotz aller Schwierigkeiten und Rückschläge nicht zu versperren.

Verfolgen wir noch in großen Zügen die Entwicklung von Wissenschaft und Kultur. Am Anfang des 18. Jahrhunderts bestanden in Rußland zwei universitätsähnliche Ausbildungsstätten, die Geistliche Akademie in Kiew (seit 1615 als Bruderschaftsschule; den Namen Akademie erhielt sie 1701) und die Slawisch-griechisch-lateinische Akademie in Moskau (seit 1687). An beiden Anstalten war, wie schon ihr Name ausdrückt, die Ausbildung weitgehend von theologischen Gesichtspunk-

[1] Vgl. neuerdings die ausführliche Darstellung von L. A. Nikiforov, Внешняя политика России в последние годы Северной войны. Ништадтский мир, Moskau 1959

[2] Vgl. A. Brückner, Peter der Große, Berlin 1879, S. 414—416

ten bestimmt. Beide waren daher als Grundlagen für den Aufbau eines umfassenden Bildungswesens, wie es der petrinische Staat erforderte, nicht geeignet. Dennoch haben diese Schulen schon allein dadurch Anteil am neuen Rußland, daß sie erste Ausbildungsstätten für zwei der hervorragendsten Vertreter der russischen Aufklärung waren, für *Prokopovič* und für *Lomonosov*. Doch allein genügten sie den neuen Anforderungen keineswegs. Der petrinische Staat brauchte vor allem Fachleute für den Bergbau, Offiziere für das Heer und die neugegründete Flotte, Landvermesser für die kartographische Aufnahme des riesigen Landes, Militär- und Zivilingenieure für den Bau von Festungen und Städten, Naturwissenschaftler für die Erschließung der unermeßlich reichen Naturschätze, Übersetzer, um die Ergebnisse der westeuropäischen Forschung nutzbar zu machen. Diese und ähnliche Fachleute waren von den beiden genannten Schulen nicht oder doch nur in ganz geringem Umfange zu erhalten. Zwar konnte man Ausländer verpflichten, um die wichtigsten Bedürfnisse wenigstens einigermaßen zu befriedigen, oder auch junge Russen im Ausland ausbilden lassen. Beide Wege wurden beschritten, mußten aber ein Behelf bleiben, solange nicht im Lande selbst Bildungsmöglichkeiten geschaffen wurden. Das erkannte der Zar, und daher hat er schon in seinen ersten Regierungsjahren gerade dem Bildungswesen besondere Aufmerksamkeit geschenkt.

Die ersten beiden Schulen, die im Jahre 1701 gegründet wurden, sollten vor allem den Bedarf der Armee an Spezialisten befriedigen. Es waren die Navigations- und die Artillerieschule. Der gerade begonnene Nordische Krieg erforderte die Anspannung aller Kräfte des Landes, besonders aber den beschleunigten Ausbau der Armee. Beide Schulen wurden bald von mehreren hundert Schülern besucht, die von russischen und ausländischen Fachleuten unterrichtet wurden. An der Navigationsschule lehrten u. a. *Leontij Magnickij*, der Verfasser des ersten gedruckten russischen Lehrbuches der Arithmetik (1703), und der englische Mathematiker und Astronom *Fargwarson*. Die Artillerieschule stand unter Leitung des ausgezeichnet gebildeten Mitarbeiters des Zaren und späteren Generalfeldzeugmeisters *J. Bruce*. Im Jahre 1712 wurde in Moskau eine Ingenieurschule und 1715 in Petersburg die Seeakademie ins Leben gerufen, 1719 auch in der neuen Hauptstadt eine Ingenieurschule. Diese Aufzählung zeigt bereits die großen Erfolge, die auf diesem Gebiet in nur zwei Jahrzehnten erreicht wurden. Es muß jedoch noch hinzugefügt werden, daß auch außerhalb der Hauptstädte in den Garnisonsstädten Schulen eingerichtet wurden, die allerdings keine große Bedeutung erlangen konnten. So entstand ein ganzes Militärschulsystem.[1]

Daneben wurden aber auch andere Fachschulen nicht vergessen. So bildete der holländische Arzt *Bidloo* seit 1707 in Moskau Mediziner aus, besonders als

[1] Vgl. L. G. Beskrovnyj, Военные школы в России в первой половине XVIII века. In: ИЗ, 42, 1953, S. 285—301

Feldscherer für den Dienst in der Armee. Bereits seit 1709 bemühte sich der Zar um die Einrichtung von Fachschulen für das Bergwesen. Der gewaltige Aufschwung der Metallurgie im Ural und im Olonecer Gebiet erforderte eine große Anzahl gutausgebildeter Schmelzer und Chemiker, die die komplizierten chemischen Vorgänge bei der Eisen- und Stahlgewinnung verstanden. Daher waren Ausbildungsstätten auf diesem Gebiet dringend nötig. Es ist ein hervorragendes Verdienst von *V. N. Tatiščev*, diese Aufgabe erkannt und an ihrer Verwirklichung intensiv gearbeitet zu haben.[1]

Weniger große Erfolge wurden auf dem Gebiet der allgemeinen Volksbildung erzielt. Die wichtigste Ursache hierfür war der schier unüberwindliche Mangel an Lehrern. *Tatiščev* bemühte sich in vielen Fällen vergeblich um geeignete Ausbilder. Und wieviel Eifer wandte gerade er an diese Aufgabe! Manch ein Verwaltungsmann, der durch zarischen Ukaz zur Einrichtung einer Gouvernements- oder Provinzialschule verpflichtet worden war, wird das nur als lästigen Auftrag empfunden und dementsprechend wenig Erfolg gehabt haben. Dennoch bestanden am Ende der Regierungszeit *Peters* in 42 Städten Schulen mit insgesamt ca. 2000 Schülern. Bald ging die Schülerzahl jedoch aus mangelndem Interesse wieder zurück.[2] Auch die Bischöfe wurden vom Synod verpflichtet, in allen kirchlichen Zentren Schulen einzurichten, um den erschreckend niedrigen Bildungsstand der Geistlichkeit zu heben. Auf diesem Gebiet wurden jedoch entscheidende Ergebnisse ebenfalls nicht erzielt.

Ein Überblick über Wissenschaft und Kultur[3] in Rußland in der ersten Hälfte des 18. Jahrhunderts wäre unvollständig, wenn man nicht auf ein Gebiet wenigstens hinwiese, daß für den kulturellen Aufstieg eines Landes von entscheidender Bedeutung ist: die Buchproduktion. Der Buchdruck war in Rußland seit dem 16. Jahrhundert eingebürgert, beschränkte sich aber fast ausschließlich auf geistliche Literatur. Der entscheidende Durchbruch wurde erst in der petrinischen Zeit erzielt. Eine wichtige Voraussetzung für diesen Erfolg war die Einführung der sogenannten bürgerlichen Schrift im Jahre 1708. Nachdem am Anfang des Jahrhunderts z. T. im Ausland russische Bücher gedruckt worden waren, entstand besonders seit dem zweiten Jahrzehnt eine reiche Original- und Übersetzungsliteratur im Lande selbst. Auch die Buchproduktion war ganz den vor Rußland stehenden Aufgaben untergeordnet. Neben militärisch-technischen und naturwissenschaftlichen Büchern wurden philosophische Werke veröffentlicht. Hier sind besonders die Arbeiten von *Chr. Huyghens* und *B. Fontenelle* zu nennen, denen für die Verbreitung des heliozentrischen Weltbildes in Rußland entscheidende

[1] Vgl. Nečaev, Горнозаводские школы
[2] Vgl. Очерки I, S. 667
[3] Die umfassendste Darstellung ist noch immer P. Pekarskij, Наука и литература России при Петре Великом, Petersburg 1862

Bedeutung zukommt. Aber auch viele andere wissenschaftliche Werke fanden in dieser Zeit Interesse in Rußland.[1]

Die Krönung der Kulturpolitik *Peters* war die Gründung der Akademie der Wissenschaften, deren Statut noch von ihm genehmigt wurde, die aber erst kurz nach seinem Tode mit einer feierlichen Sitzung Ende 1725 ihre Arbeit aufnahm. Die Eröffnung dieser Anstalt war seit Jahrzehnten vorbereitet. Wie *E. Winter* nachgewiesen hat, ist bereits das von dem Pastor *Ernst Glück* 1703 in Moskau gegründete Gymnasium eine Vorstufe der Akademie gewesen, jedenfalls soweit es sich um die Lehrtätigkeit handelte.[2] Aber dieses Gymnasium war nur die eine Komponente. Die Vorbereitungsarbeiten für die Akademiegründung in Petersburg waren — so kann man sagen — eine gesamteuropäische Angelegenheit. *Peter* verhandelte mit einem der hervorragendsten Vertreter des Akademiegedankens in Westeuropa, mit *G. W. Leibniz*. Dessen Verdienst war die Einrichtung der Berliner Sozietät, er bemühte sich um die Gründung von Akademien in Wien und Dresden, er kannte alle bestehenden Akademien aus eigener Anschauung. Nach *Leibniz'* Tod wurden in *Peters* Auftrag jahrelange Verhandlungen mit *Christian Wolff* geführt, der für Rußland gewonnen werden sollte. Wenn das auch nicht gelang, so hat er doch große Verdienste durch die Vermittlung fast aller deutschen Akademiemitglieder nach Rußland, wie sein Briefwechsel zeigt.[3] *Peter*, der im Jahre 1717 bei seinem Aufenthalt in Frankreich Mitglied der Akademie in Paris geworden war und sich genau über die akademische Arbeit informiert hatte, beauftragte seinen Leibarzt *L. Blumentrost*, der dann auch erster Präsident der Petersburger Akademie wurde, und seinen Bibliothekar *J. D. Schumacher* mit den vorbereitenden Arbeiten für die Akademiegründung. Diesen gelang es, ganz Westeuropa, das die russische Entwicklung nach 1709 besonders aufmerksam verfolgte, für die neue Akademie zu interessieren. Nur so war es möglich, hervorragende Gelehrte zu gewinnen, die sicher nicht in das ferne unbekannte Land gegangen wären, hätte ihnen nicht ein *Christian Wolff* im Namen der russischen Regierung feste Versprechungen hinsichtlich der Arbeitsmöglichkeiten machen können.[4]

[1] Kataloge der in der petrinischen Zeit gedruckten Bücher liegen vor: Описание изданий гражданской печати 1708-январь 1725 гг., Moskau/Leningrad 1955, und Описание изданий напечатанных кириллицей 1708 - январь 1725гг., Moskau/Leningrad 1958. Beide unter der Red. v. P. N. Berkov zusammengestellt von T. A. Bykova und M. M. Gur'evič

[2] Vgl. Winter, Rußlandkunde, S. 161—175

[3] Vgl. Briefe von Christian Wolff aus den Jahren 1719—1753, hg. v. A. Kunik, Petersburg 1860

[4] Über die Vorgeschichte der Akademie informiert am besten und ausführlichsten A. Andreev, Основание Академии наук в Петербурге. In: Петр Великий, Сброник статей, I, Moskau/Leningrad 1947, S. 284—333; über das starke Echo in Westeuropa schrieb J. Tetzner, Die Leipziger neuen Zeitungen von gelehrten Sachen über die Anfänge der Petersburger Akademie. In: Zeitschrift für Slawistik, Bd. I (1956), H. 2, S. 93—120

Eines der wichtigsten Probleme, das gelöst werden mußte, war die Form der neuen wissenschaftlichen Institution — ob sie Forschungs- oder Lehrstätte oder beides zugleich sein sollte. Während *Leibniz* vorgeschlagen hatte, beides miteinander zu verbinden, dachte *Wolff* in erster Linie an die Gründung einer Universität. In Anbetracht der komplizierten Lage in Rußland erwies sich der von *Leibniz* vorgeschlagene Weg tatsächlich als der gangbarste, und der Akademie wurden bald nach ihrer Gründung sowohl eine Universität als auch ein Gymnasium angeschlossen, was allerdings *Wolff* nicht hinderte, am Ausbau der Akademie intensiv mitzuarbeiten. Die Professoren, die aus dem Ausland berufen wurden, mußten sich in ihrem Vertrag ausdrücklich verpflichten, die Ausbildung von Studenten für ihr Fachgebiet zu übernehmen.[1] Die Akademie war in drei Klassen eingeteilt, die mathematische, die physikalische und die humanistische. Aus der überragenden Stellung der naturwissenschaftlichen Fächer — von insgesamt elf Akademikerstellen standen für diese Disziplinen allein acht zur Verfügung — ergibt sich mit eindeutiger Klarheit die Ausrichtung der Akademie: sie sollte dem technisch-wissenschaftlichen Fortschritt dienen und an der wissenschaftlichen Erschließung des Riesenlandes arbeiten.

In den vierziger Jahren begann eine neue Etappe in der Geschichte der Akademie. Waren bisher nur Ausländer Mitglieder gewesen — mit Ausnahme von *V. E. Adadurov*, der von 1733 bis 1741 Adjunkt für höhere Mathematik war —, so zogen nunmehr die Russen in die Akademie ein. Die Kulturpolitik auf lange Sicht hatte sich bewährt! Im Jahre 1742 wurde *Michail Lomonosov* Adjunkt und drei Jahre später Chemieprofessor und leitete damit die neue Entwicklungsetappe ein. Außerdem erhielt die Akademie im Jahre 1747 ein neues Statut, das unter anderem eine neue Klasseneinteilung brachte. Die historischen und die juristischen Wissenschaften wurden ausgeklammert und erhielten ihren Tätigkeitsbereich in der der Akademie angeschlossenen Universität. Durch die Neuordnung wurde besonders die Stellung der Kanzlei als Verwaltungsbehörde der Akademie gestärkt.[2]

Es wurde schon gesagt, daß das Hauptarbeitsgebiet der Akademie die Naturwissenschaften waren; aber auch die Technik wurde nicht vergessen. Von Anfang an wurde auf diese Disziplinen weit mehr Wert gelegt als in den entsprechenden westeuropäischen Institutionen. Das ergibt sich auch logisch aus der Situation, in der sich Rußland in der ersten Hälfte des 18. Jahrhunderts befand. Es muß ausdrücklich darauf hingewiesen werden, daß die technischen Werkstätten ein gleichberechtigter Teil der Akademie waren und daß sie gerade für die Überwindung der technischen Rückständigkeit Rußlands Großes geleistet haben, wie vor allem neuere Forschungen zeigen.[3]

[1] Vgl. A. Andreev, Основание Академии наук, a. a. O., S. 323

[2] Vgl. История АН, besonders S. 30—56, 151—177 (allgemeine Geschichte der Akademie bis 1765)

[3] Vgl. V. V. Danilevskij, A. K. Нартов и „Ясное зрелище машин“, Leningrad 1958

Daneben war es notwendig, das Land kartographisch zu erschließen und die Natur zu erforschen. Daher wurde noch im ersten Jahrzehnt ihres Bestehens von der Akademie eine Expedition ausgerüstet, die Sibirien und den fernen Osten bereisen sollte. Bei der Vorbereitung konnten sich die Reisenden auf die Forschungsergebnisse von *D. G. Messerschmidt* stützen, der von 1721 bis 1727 im Auftrage *Peters des Großen* Sibirien bereist und der ein umfangreiches mehrbändiges Tagebuch hinterlassen hatte.[1] Im Jahre 1733 begann die Expedition, an der u. a. die Akademiemitglieder *J. G. Gmelin*, *G. F. Müller* und *L. Delisle de la Croyère* und die Adjunkten *S. P. Krašeninnikov*, *G. W. Steller* und *J. Fischer* beteiligt waren. Die Expedition dauerte zehn Jahre, bis 1743, und sammelte sehr viel Material für alle Fachgebiete. Große Bedeutung hatten vor allem die astronomischen und geodätischen Meßergebnisse für die Herstellung einer Karte des russischen Reiches. An dieser Aufgabe arbeiteten die besten Kartographen und Mathematiker der Akademie, unter anderen auch *Leonhard Euler*. Wichtige Ergebnisse der jahrelangen Bemühungen wurden der Öffentlichkeit 1745 als „Russischer Atlas, welcher in einer Generalkarte und 19 Spezialkarten das gesamte Russische Reich und dessen angrenzende Länder nach den Regeln der Erdbeschreibung und den neuesten Observationen vorstellig macht" vorgelegt.[2]

Die Tätigkeit der Akademie der Wissenschaften wird im Laufe der Darstellung verschiedentlich behandelt werden müssen, da *Tatiščev* viele Jahrzehnte engstens mit dieser Institution zusammenarbeitete.

Es waren also im wesentlichen drei wichtige Probleme, die in den ersten Jahrzehnten des 18. Jahrhunderts in Rußland gelöst werden mußten. Zunächst galt es, die technisch-ökonomische Rückständigkeit zu überwinden durch die verstärkte Gründung von Manufakturen, die Entfaltung des Handels und eine kontinuierliche Verbesserung der technischen Voraussetzungen für die Produktion. Hand in Hand mit diesen Bestrebungen mußte versucht werden, die staatliche Zentralgewalt zu festigen, den Einfluß der Kirche auf die Staatsgewalt zurückzudrängen, die kirchliche Hierarchie dem Staate einzuordnen und den sogenannten aufgeklärten Absolutismus im Sinne des Naturrechts theoretisch zu begründen. Beide Ziele, die ökonomischen und die politisch-ideologischen, waren jedoch nur zu erreichen, wenn gleichzeitig dem Bildungswesen Aufmerksamkeit gewidmet wurde. Die Verwirklichung dieser drei Grundsätze kann also ein Maß-

[1] Das Tagebuch wird erst heute veröffentlicht: D. G. Messerschmidt, Forschungsreise durch Sibirien 1720—1727. Hg. v. E. Winter und N. A. Figurovskij. M. e. Vorwort v. W. Steinitz u. A. V. Topčiev. Teil 1: Tagebuchaufzeichnungen 1720—1722. Zum Druck vorbereitet von G. Jarosch (= Quellen und Studien zur Geschichte Osteuropas VIII/1), Berlin 1962

[2] Über die Arbeit der geographischen Abteilung informiert am ausführlichsten V. F. Gnučeva, Географический департамент Академии наук XVIII века, Moskau/Leningrad 1946

stab für die Beurteilung der russischen Entwicklung in der ersten Hälfte des 18. Jahrhunderts sein. Diese Prinzipien sind aber auch der Gradmesser für die Einschätzung der Persönlichkeiten, die im petrinischen Rußland als Wirtschaftsorganisatoren, Staatsmänner, Techniker, Ingenieure, Militärs, Diplomaten, Wissenschaftler und Kirchenfürsten eine entscheidende Rolle im Staate spielten.

TEIL I

TATIŠČEV ALS WIRTSCHAFTSORGANISATOR UND ALS STAATSMANN

1. Lehrjahre

Die im Nordwesten des Landes gelegene Stadt Pskov spielte in der russischen Geschichte keine unbedeutende Rolle. Jahrhundertelang wurde zwischen Polen-Litauen und Rußland um dieses Gebiet gekämpft. Über die Hanse hatte Pleskau — wie es von den Westeuropäern genannt wurde — enge Beziehungen zum Ausland unterhalten, besonders auf wirtschaftlichem Gebiet. Obwohl Stadt und Gebiet seit Anfang des 16. Jahrhunderts integrierender Bestandteil des russischen zentralisierten Staates waren, hatten sich doch bis zum Ende des 17. Jahrhunderts viele Erinnerungen an die frühere Selbständigkeit erhalten. In oder bei dieser Stadt wurde *Vasilij Nikitič Tatiščev* als Sohn des dortigen Voevoden *Nikita Tatiščev* am 19. April 1686 geboren. Über seine Jugend sind nur sehr wenige Nachrichten auf uns gekommen, besonders über seinen Bildungsgang sind wir äußerst schlecht informiert. Man kann jedoch mit Sicherheit annehmen, daß er seine erste Ausbildung bei seinem Vater erhalten hat, der ein für die damalige Zeit gut gebildeter Mann gewesen sein muß, denn im Jahre 1691 wurde er beauftragt, sich an einer notwendig gewordenen neuen Landvermessung nördlich von Moskau zu beteiligen.[1] Diese Tätigkeit setzte Kenntnisse voraus, die in jener Zeit nicht jeder Adlige besaß.

Die *Tatiščevs* waren ein altes russisches Adelsgeschlecht, das seine Abstammung von Smolensker Teilfürsten herleitete. Von der alten Herrlichkeit war allerdings am Ende des 17. Jahrhunderts nicht mehr viel übriggeblieben. Die *Tatiščevs* waren zu Grundbesitzern geworden, wie es viele in Rußland gab. Am 10. Februar 1707 baten *Vasilij*, *Ivan* und *Nikifor Tatiščev* den Zaren, ihrer Erbschaftsteilung zuzustimmen, da ihr Vater 1706 gestorben sei. Aus der Aufstellung geht hervor, daß der Vater seinen Söhnen sechs Güter hinterlassen hatte, die teilweise im Pskover Gebiet und zum Teil in dem von Dmitrov nördlich von Moskau lagen. Da sich die entsprechenden Dokumente — mit Anträgen für eine Neuaufteilung aus den Jahren 1712 und 1715 — in den auf Pskov bezüglichen Akten des Justizministeriums fanden[2], kann man mit Sicherheit annehmen, daß die Familie *Tatiščev* gerade zu dieser Stadt enge Beziehungen hatte. Darauf deutet auch hin, daß

[1] Tatiščev, Род Татищевых, S. 65
[2] Архив АН СССР, Ф. 95, оп. 5, Nr. 4 (Abschriften)

Tatiščev in seiner „Geschichte“ an Ereignisse in Pskov im Jahre 1699 erinnert.[1]

Eine weitläufige Verwandtschaft der Familie mit der Frau des Zaren *Ivan* — des Mitregenten *Peters* in den ersten Regierungsjahren —, *Praskov'ja Saltykova*, verschaffte dem jungen *Vasilij* und seinem Bruder *Ivan* den Zugang zum Hofe. Bereits 1693 werden beide als Pagen der Zarin genannt.[2] Dadurch kam er schon sehr früh in unmittelbare Berührung mit seinem großen Lehrmeister *Peter* und konnte bereits dessen Anfänge einer selbständigen Politik aus nächster Nähe verfolgen.

Gegen Ende seines Lebens berichtete *Tatiščev*, er sei im Jahre 1704 auf Wunsch seines Vaters zusammen mit seinem Bruder *Ivan* „in den Dienst“ eingetreten.[3] Diese Angabe haben spätere Forschungen bestätigt: seit 1704 war er Angehöriger des Azovschen Dragonerregiments.[4] Seit dieser Zeit nahm er auch an allen wichtigen militärischen Operationen der russischen Armee teil. Aus dem Jahre 1705 existiert ein Verzeichnis von Offizieren, die zur militärischen Ausbildung ins Ausland gesandt werden sollten. In dieser Aufstellung wird auch ein *Vasilij Tatiščev* eines Azovschen Regiments genannt.[5] Wahrscheinlich ist es jedoch zu dieser Entsendung nicht gekommen, da über diese Angelegenheit nichts weiteres bekannt ist und auch er selbst davon niemals spricht. Wie dem auch sei, allein auf Grund der für das Jahr 1705 durch Quellen belegten Auswahl kann man annehmen, daß seine Vorgesetzten von dem jungen *Tatiščev* einiges erwarteten.

Gegen die Annahme, *Tatiščev* sei zwischen 1704 — in diesem Jahre erfolgte nach seinen eigenen Angaben der Eintritt in den Dienst — und 1709 — für dieses Jahr erwähnt er seine Teilnahme an der Schlacht von Poltava — im Ausland gewesen, sprechen vor allen Dingen zwei Tatsachen. Es ist einmal die schon erwähnte Eingabe an den Zaren vom 10. Februar 1707 über die Teilung der väterlichen Güter. Wenn *Vasilij* damals im Ausland gewesen wäre, hätten seine Brüder sicher darauf hingewiesen, da die Abwesenheit eines Erbberechtigten die Verhandlungen zwischen den Brüdern außerordentlich erschweren mußte. Noch wichtiger sind jedoch einige andere Überlegungen. Nach den Forschungen von *N. Čupin* und *K. Bestužev-Rjumin*[6] gilt es als sehr wahrscheinlich, daß *Tatiščev* die von *Bruce* geleitete Artillerieschule in Moskau besucht hat. Als Gründe werden angeführt: seine gute Kenntnis des Artillerie- und Fortifikationswesens, die Einrichtung von Schulen

[1] Tatiščev, История, III, S. 523, Anm. 628
[2] Bestužev-Rjumin, Биографии, S. 5f.
[3] Popov, Татищев, S. 13f.; Bestužev-Rjumin, Биографии, S. 6
[4] Tatiščev, Род Татищевых, S. 81
[5] ЦГАДА, Ф. IX, Кабинет Петра I, Nr. 4, 1705, Bl. 754—755 г
[6] N. K. Čupin, В. Н. Татищев и первое его управление уральскими заводами. In: Сборник статей касающихся пермской губернии, Perm' 1882, S. 48f.; Bestužev-Rjumin, Биографии, S. 7

im Ural nach Moskauer Vorbild, die vorrangige Einstellung von Absolventen dieser Schule als seine Mitarbeiter, seine engen persönlichen Beziehungen zu *Bruce* und der Umstand, daß *Tatiščev* später nicht mehr bei der Kavallerie, sondern bei der Artillerie diente. Diese Überlegungen sprechen eine sehr deutliche Sprache. Die Artillerieschule kann *Tatiščev* nach allen bekannten Tatsachen aber nur in der Zeit zwischen 1704 und 1709 besucht haben, da sich sein späterer Lebensweg relativ gut verfolgen läßt und er nach 1709 bestimmt nicht Schüler dieser Lehranstalt gewesen ist. *Tatiščev* wäre also aller Wahrscheinlichkeit nach im Alter von achtzehn oder neunzehn Jahren in die Schule eingetreten. Entsprechend der unterschiedlichen Vorbildung der Schüler gab es in dieser Unterrichtsanstalt drei Klassen, in denen Lesen und Schreiben, Arithmetik und — in der dritten Klasse, der sog. „höheren Schule" — Geometrie, praktische Trigonometrie und technisches Zeichnen unterrichtet wurden.[1] *Tatiščev* wird — wenn er diese Schule besucht hat — sicher gleich in die oberste Klasse eingetreten sein.

Der Ereignisse von 1709 bis 1712 erinnert sich *Tatiščev* verschiedentlich in den Anmerkungen zu seiner „Geschichte"[2]. An der Schlacht bei Poltava nahm er als Angehöriger eines Novgoroder Regiments teil. Anschließend hielt er sich in Südrußland und auch in Polen auf, immer als Soldat. Dabei nutzte er jede Gelegenheit, sich weiterzubilden. So lernte er Polnisch, zeigte auch schon Interesse für die Geschichte seines Landes. In der Nähe von Kiev besichtigte er einen Grabhügel, der nach der Volksüberlieferung das Grab *Igors* enthalten sollte. Im Jahre 1711 war er an dem unter Leitung *Peters* durchgeführten Pruthfeldzug beteiligt, der der russischen Armee so leicht hätte zum Verhängnis werden können. In dieser Zeit lernte er sicher auch *Feofan Prokopovič* kennen, der den Zaren begleitete. *Tatiščev* und *Prokopovič* verband eine enge Freundschaft, die bis an das Lebensende des letzteren (1736) dauerte und für beide Teile außerordentlich fruchtbar war. So sind diese vier Jahre, ohne eigentliche Höhepunkte, ein Teil der Vorbereitung auf künftige Aufgaben gewesen, eine Zeit, in der sich der Gesichtskreis des jungen Offiziers weitete, in der er das in der Schule Gelernte im aktiven Dienst in der Armee auch durch die Praxis vervollkommnen konnte.

Für *Tatiščevs* spätere wissenschaftliche Arbeiten war besonders die anschließende längere Reise nach Deutschland von großer Bedeutung. In den Jahren 1713 und 1714 kam er nach Berlin, Dresden und Breslau. Über seine Besuche in Dresden und Breslau ist uns nichts bekannt. Offensichtlich ist er nur auf der Hin- oder Rückreise durch diese Städte gekommen, ohne länger zu verweilen. Sein Berliner Aufenthalt steht möglicherweise mit den in diesen Jahren zwischen Rußland und Preußen geführten Verhandlungen im Zusammenhang. Ein Nachweis dafür läßt sich jedoch nicht erbringen, da *Tatiščev* offensichtlich nicht selbständig aufgetreten ist.

[1] Nečaev, Горнозаводские школы, S. 32—34

[2] Tatiščev, История, I, S. 272f. (S. 232); II, S. 289, 418f., 454

Wichtiger ist jedoch, daß er diese Zeit zu seiner intensiven wissenschaftlichen Weiterbildung ausnutzte. Da er die Angewohnheit hatte, in die von ihm erworbenen Bücher die Zeit und den Ort des Kaufs einzutragen, können wir noch heute feststellen, zu welchem Zeitpunkt er sich in Berlin aufgehalten hat. Bei einer genauen Durchsicht der Bibliothek des Bergamtes in Ekaterinburg, der *Tatiščev* einen Teil seiner Bibliothek vermacht hatte, wurden noch im vorigen Jahrhundert 120 Bücher ermittelt, die ihm bestimmt gehört hatten; wahrscheinlich stammten aber noch weit mehr Titel von ihm. Nach diesen Eintragungen erwarb er das erste Buch am 31. September 1713 in Berlin. *Tatiščev* war also nachweislich von September 1713 bis Anfang 1714 in Berlin, da er in diesem Jahr dort noch eine französische Grammatik erwarb, nach der er 1720 — entsprechend einer eigenhändigen Eintragung in diesem Buch — Französisch zu lernen begann. In Deutschland hatte er vorwiegend historische, geographische und geologische, aber auch natur- und militärwissenschaftliche Werke gekauft.[1] Wir haben hier den meines Wissens einzigen Hinweis, daß seine Beschäftigung mit der Geographie und der Geschichte nicht erst seit 1716 oder 1719 datiert, wie bisher allgemein angenommen wurde.[2]

Selbstverständlich nutzte *Tatiščev* die sich bietende Gelegenheit auch zur Arbeit in der Berliner Königlichen Bibliothek. Er selbst erinnert in einem Brief und in der Einleitung zu seiner „Geschichte" an seine dortigen Besuche im Jahre 1714.[3] Obwohl genaue Angaben über seine Studien leider fehlen, können wir uns doch, da wir seine Interessen kennen, ein ungefähres Bild von diesen Bemühungen machen. Er wird sich dort historische, geographische, naturwissenschaftliche, pädagogische und philologische Arbeiten angesehen haben.

Leider muß man sich auch bei der Entscheidung der Frage, mit welchen deutschen Wissenschaftlern *Tatiščev* zusammengetroffen sein könnte, ganz auf Vermutungen stützen. Bei seinen Interessen für wissenschaftliche Arbeiten hat er die Königlich-Preußische Akademie — oder Sozietät — der Wissenschaften und die in Berlin bestehenden Lehranstalten sicher besucht. Wie aus seinen Arbeiten immer wieder deutlich wird, war er mit der Theorie und der Praxis des westeuropäischen Bildungswesens gut vertraut. Wenn wir die Nachrichten über Russen, die in dieser Zeit in Berlin lebten, und über die Deutschen, die an Rußland besonders interessiert waren, heranziehen, dürften wir wohl auch dem Kreis am nächsten kommen, in dem *Tatiščev* vermutlich verkehrte. Mittelpunkt eines solchen Kreises und einer der besten deutschen Slawisten der damaligen Zeit war

[1] N. K. Čupin, Библиотека В. Н. Татищева в Екатеринбурге. In: Московские Ведомости, Jg. 101, Nr. 203, 20. Sept. 1860, S. 1609–1610

[2] So z. B. Andreev, Труды Татищева, S. 4

[3] Vgl. Tatiščev an Trediakovskij, 15. Nov. 1747. In: ИА, VI, S. 266; Einleitung zur Geschichte, ЦГАДА, Ф. 199, ед. хр. 46, д. 1, Bl. 3r: „. . . я сам в 1714 году в библиотеке королевской в Берлине видел . . ." In seiner gedruckten „Geschichte" fehlt dieser Hinweis.

Johann Leonhard Frisch (1666—1743), der seit 1698 am Berlinischen Gymnasium zum Grauen Kloster wirkte und später mehrere Abhandlungen über die slawischen Sprachen schrieb. Mit dem russischen Gesandten in Berlin, *A. Golovkin*, war *Frisch* wissenschaftlich und auch freundschaftlich eng verbunden.[1] Somit ergab sich schon daraus die Möglichkeit einer Begegnung zwischen *Tatiščev* und *Frisch*. Da letzterer die russische Sprache sehr gut kannte, hat er in der Berliner Ritterakademie auch sechs junge Russen unterrichtet, wie er an *G. W. Leibniz* schrieb. Als *Peter der Große* im September und Oktober 1712 in Berlin war, hat er sich nach den Studien dieser „Knesen“, wie *Frisch* sie nennt, genau erkundigt. Wie eng dieser deutsche Gelehrte mit allen in Berlin weilenden Russen zusammenarbeitete und wie sehr er persönlich an einer Zusammenarbeit interessiert war, zeigt sein Wunsch, ein gutes russisches Lexikon zu besitzen: „Es würde denen unter uns sich aufhaltenden Moscovitern gute Dienste thun und viele von uns geschickter machen, ihnen zu dienen.“[2] Dieser Satz weist auf oftmalige Begegnungen *Frischs* mit in Berlin weilenden Russen hin.

Nach dem Gesagten erscheint es als sehr wahrscheinlich, daß *Tatiščev* den Berliner Slawisten 1713 oder 1714 kennengelernt hat. Für diese Wahrscheinlichkeit sprechen auch noch weitere Tatsachen, die einwandfrei nachweisen, daß *Tatiščev* einige wissenschaftliche Arbeiten *Frischs* kannte und dieser über die gleichgerichteten Bestrebungen des Russen unterrichtet war. Nachweislich besaß *Tatiščev* das 1720 bis 1738 in Berlin erschienene Werk „Beschreibung von allerley Insecten in Teutschland“ von *J. L. Frisch*.[3] Besonders war *Tatiščev* an *Frischs* philologischen Studien über die slawischen Sprachen interessiert, wie eine Bemerkung in seiner ,,Geschichte“ zeigt, in der er lobend über diese Arbeiten spricht.[4] Andererseits schrieb *J. Ph. Tabbert von Strahlenberg*, der — wie noch zu zeigen sein wird — mit *Tatiščev* gut bekannt war, an *Frisch* über dessen wissenschaftliche, besonders geographische Arbeiten.[5]

Noch im Jahre 1714 kehrte *Tatiščev* über Polen nach Rußland zurück. In Lubna in der Ukraine, wo er mit der Armee des Grafen *Šeremetev* zusammentraf, erwies

[1] Über Frisch als Slawisten und seine Beziehungen zu Russen vgl. E. Eichler, J. L. Frisch und die russische Sprache. In: Die deutsch-russische Begegnung und Leonhard Euler (= Quellen und Studien zur Geschichte Osteuropas I), Berlin 1958, S. 94—111, und W. Bernhagen, J. L. Frisch und seine Beziehungen zu Rußland. In: Ebd., S. 112—124

[2] Vgl. die Briefe von Frisch an Leibniz vom 2. Sept. 1712 und vom 29. Okt. 1712. In: Archiv der ,,Brandenburgia“, Bd. II, Berlin 1896, S. 34—36

[3] Vgl. den Bibliotheks-Katalog Tatiščevs bei Pekarskij, Новые известия, S. 61

[4] Tatiščev, История, I, S. 3 (S. 94): Frisch ,,довольно показал, что те же Кирилловы суть в начертании испорченныя буквы, а не Иеронимовы, которыя у всех южных славян доднесь во употреблении и неколико книг печатано, но папистами так истреблены, что сыскать трудно.“

[5] Brief vom 12. März 1725. In: Verhandlungen der Gelehrten Estnischen Gesellschaft zu Dorpat, Bd. XIII, 1888, S. 419

er sich ganz als aufgeklärter Mensch, indem er eine zum Tode verurteilte „Hexe" rettete und sich gegen den mittelalterlichen Aberglauben wandte.[1] Wenn man sich erinnert, daß noch in der ersten Hälfte des 18. Jahrhunderts in Westeuropa Hexenverbrennungen stattfanden, kann man in dieser Hinsicht *Tatiščev* ohne weiteres zu den fortschrittlichsten Persönlichkeiten seiner Zeit rechnen. Lange hat er sich in der Ukraine aber offensichtlich nicht aufgehalten, da er noch im gleichen Jahre enger Mitarbeiter von *Jakov Bruce* wurde, der ihn bereits im Juni 1714 „mit mathematischen Instrumenten" von Moskau nach Smolensk und Riga sandte.[2] Er muß Deutschland also bereits Anfang 1714 verlassen haben.

Es war schon gesagt worden, daß *Tatiščev* sehr wahrscheinlich die von *Jakov Bruce* geleitete Artillerieschule in Moskau besucht hatte. Vermutlich sind also die Beziehungen zwischen beiden schon lange vor 1714 geknüpft worden.[3] Ich gebe sogar zu bedenken, ob sich nicht die Familien *Bruce* und *Tatiščev* in Pskov gekannt haben. Der Vater von *J. Bruce*, der aus Schottland stammte, war bereits in der Mitte des 17. Jahrhunderts in russische Dienste getreten, hatte zuletzt als Generalmajor ein reguläres Regiment in Pskov befehligt und starb 1680. *Jakov Bruce* wurde im Jahre 1670 wahrscheinlich in Pskov — nach anderen Angaben in Moskau — geboren und trat bereits 1683 in die Armee des Zaren ein. Während der Auseinandersetzungen im Jahre 1689 zwischen den zarischen Geschwistern *Sof'ja* und *Peter* stellte sich der junge *Bruce* sofort auf die Seite des jungen Zaren. Seit dieser Zeit war er, der bereits 1704 Generalfeldzeugmeister wurde, einer der engsten Mitarbeiter des Reformators und hat diesem sowohl auf militärischem wie auf wissenschaftlichem Gebiet sehr viel geholfen.[4] Mit der großen Gesandtschaft begleitete er den Zaren auch nach England und hatte dort Gelegenheit, sein Wissen zu vervollständigen. Er nutzte alle Möglichkeiten, die ihm der relativ kurze Aufenthalt bot, und besuchte besonders Vorlesungen an der Londoner Universität. In den ersten Jahrzehnten des 18. Jahrhunderts hat er sich neben seiner militärischen Tätigkeit und später als Präsident des Bergkollegiums auch durch Übersetzungen vieler wissenschaftlicher Bücher ins Russische und durch seine mathematischen und astronomischen Arbeiten um die Entwicklung der russischen Wissenschaft große Verdienste erworben. So stand er beispielsweise mit dem Mechaniker der Petersburger Akademie, *J. G. Leutmann*, und mit dem Mathe-

[1] Tatiščev, История, I, S. 110f. (S. 148f.)
[2] Vgl. Tatiščev, Род Татищевых, S. 82 (ohne Quellenangabe)
[3] Vgl. über das Verhältnis zwischen Bruce und Tatiščev Winter, Rußlandkunde, S. 189ff.
[4] Über Bruce vgl. die ausführliche — wenn auch einseitige und teilweise veraltete, so doch auf Grund wichtiger Quellen aus Militärarchiven gearbeitete — Biographie von M. D. Chmyrov, Второй Генерал-Фельдцехмейстер Я. В. Брюс. In: Артиллерийский Журнал, 1866, H. 2, S. 81—136; H. 3, S. 153—199; H. 4, S. 249—291. Die Bedeutung von Bruce für das petrinische Rußland hat ausgezeichnet herausgearbeitet Winter, Rußlandkunde, bes. S. 82ff.

matiker *Leonhard Euler* in wissenschaftlichem Gedankenaustausch.[1] Mit *Tatiščev* hat er besonders in dem Jahrzehnt von 1714 bis 1724 sehr eng zusammengearbeitet.

Für die ersten Jahre dieser Zusammenarbeit fehlen ausführliche Nachrichten leider wieder ganz. Aus verstreuten Angaben *Tatiščevs* kann man jedoch schließen, daß er in dieser Zeit in der Zentralverwaltung der russischen Armee in unmittelbarer Nähe des Generalfeldzeugmeisters tätig war. Dabei beschäftigte er sich keineswegs nur mit organisatorischen Fragen, sondern vor allem auch mit technischen Problemen, wie ein von ihm am 16. Mai 1716 gezeichneter „Plan d'une forteresse regulière" bezeugt, den *A. Andreev* gefunden hat.[2] Gleichzeitig veröffentlichte *Andreev* auch Mitteilungen *Tatiščevs* über seine wissenschaftlichen Arbeiten in dieser Zeit, in denen es heißt: „Mit der Abfassung eines Lehrbuchs der praktischen Planimetrie beauftragte *Peter der Große* den Grafen *Bruce*, der mir 1716 den Auftrag weitergab. Es war schon viel getan, aber meine Entsendung nach Danzig und dann zum Aland-Kongreß verhinderten" die Fertigstellung des Werkes. In einem andern Brief schrieb *Tatiščev*, daß er zur gleichen Zeit auch an einem Lehrbuch der Mechanik arbeitete. Beide Werke konnte er wegen anderer Verpflichtungen nicht vollenden, obwohl ihn *Bruce* sehr drängte. *Tatiščev* war in dieser Zeit genau dreißig Jahre alt und muß ein außerordentlich umfangreiches Wissen gehabt haben, sonst hätte ihm sein Vorgesetzter sicher nicht so wichtige Aufgaben übertragen.

Von dem großen Vertrauen, das *Bruce* in seinen ehemaligen Schüler setzte, zeugt auch dessen Entsendung nach Danzig im Jahre 1717. Er mußte die Aufgabe übernehmen, für die in Westpreußen stehende russische Armee die Versorgung mit Lebensmitteln und Waffen zu organisieren. Wie erfolgreich er diese Aufgabe löste, zeigt ein Brief des dortigen russischen Oberbefehlshabers, Fürst *Repnin*, an den Generalfeldzeugmeister. „. . . Der von Ew. Exzellenz gesandte Oberleutnant *Tatiščev* ist ein guter Mann, seine Aufgabe in meiner Division hat er ordentlich erfüllt. So ist es wahrlich bisher nicht gewesen. Ich danke dafür und wünsche weiterhin, daß hier bei uns immer solche Menschen wären, und nicht solche, wie wir sie hatten und wie es sie heute noch gibt . . ."[3] Dieses Zeugnis bestätigt die großen organisatorischen Fähigkeiten *Tatiščevs*, die besonders auch während seiner Tätigkeit im Ural deutlich hervortreten sollte.

[1] V. L. Čenakal, Письма Я. В. Брюса к И. Г. Лейтману. In: Научное наследство, Bd. II, Moskau 1951; Переписка Л. Эйлера и Я. В. Брюса. Hg. v. Ju. Ch. Kopelevič. In: Историко-математические исследования, Bd. X, Moskau 1957, S. 95–116

[2] Handschriftenabt. БАН, Nr. 5254; dort befinden sich auch ähnliche, aber nicht unterzeichnete Pläne. Vgl. Andreev, Труды Татищева, S. 4

[3] Архив АН СССР, Ф. 95, оп. 5, Nr. 45, S. 34f. (Abschrift): „. . . присланный от вашего превосходительства поручик Татищев человек доброй, дело свое в моем [!] дивизии изрядно исправил. Истинно никогда так было. За что благодарствую и желаю далее и всегда здесь при нас таковы же были, а не такие, какие были и ныне есть . . ."

Die fünfzehn erhaltenen Briefe *Tatiščevs* aus Danzig an seinen Vorgesetzten *Bruce*[1] berichten aber nicht nur von der Erfüllung der dienstlichen Verpflichtungen, sie sind auch ein schönes Zeugnis für die persönliche Zusammenarbeit der beiden Petriner. Leider fehlen bis auf einen die Antwortbriefe von *Bruce*, die diese Freundschaft sicher noch deutlicher hervortreten lassen würden. *Tatiščev* nannte *Bruce* stets seinen „Patron" und drückt schon damit aus, wie viel er ihm verdankte. Auf Bitten von *Bruce* und im eigenen Interesse nutzte er die Gelegenheit zum Einkauf von Büchern, die man besonders auf der Messe in Danzig preiswert erwerben könne. Mehrmals schickte er Verzeichnisse mathematischer und alchimistischer, aber auch historischer Bücher, die *Bruce* für seine Bestellungen durchsehen sollte. Freudig teilte er mit, daß er fünfzehn Bände des „Theatrum Europaeum" erwerben konnte.

Nach der Kenntnis dieser Beziehungen zwischen *Bruce* und *Tatiščev* ist es nicht verwunderlich, daß jener sich von seinem Mitarbeiter begleiten ließ, als *Peter* ihn zusammen mit *H. Ostermann* zu den Friedensverhandlungen mit Schweden nach den Alands-Inseln schickte. Der Kongreß begann im Mai 1718, wurde jedoch im September 1719 ergebnislos abgebrochen. An den direkten politischen Verhandlungen war *Tatiščev* offensichtlich nicht beteiligt, da diese in den meisten Fällen zwischen den leitenden Persönlichkeiten beider Seiten geführt wurden. Wie groß das in ihn gesetzte Vertrauen jedoch war, zeigt die ihm übertragene Aufgabe, im Auftrage der seit Anfang 1718 in Åbo in Finnland bereitstehenden russischen Delegation die Alands-Inseln zu inspizieren und festzustellen, wo der Kongreß am besten stattfinden könnte.[2] Mindestens bis zum Februar 1719 hat *Tatiščev* als Mitarbeiter *Bruces* an dem Kongreß teilgenommen, daneben aber auch seine anderen Interessengebiete nicht vergessen. Die Forschungen *Čupins* in der Ekaterinburger Bibliothek haben gezeigt, daß er auch während dieser Zeit jede Gelegenheit benutzte, um seine wissenschaftlichen Kenntnisse zu erweitern und ihn interessierende Bücher zu erwerben. Am 6. Februar 1719 verließ *Tatiščev* die Inseln, um im persönlichen Auftrage von *Bruce* dem Zaren, der sich zu dieser Zeit an den Mineralquellen von Olonec aufhielt, zu berichten. Zwischen den beiden russischen Unterhändlern, *Bruce* und *Ostermann*, hatte es nämlich Streit gegeben, über den *Bruce* dem Papier keine Mitteilungen anvertrauen wollte und daher seinen Mitarbeiter schickte. *Peter* bestätigte den Empfang dieses Briefes, den er „durch *Tatiščev* hier am Wasser erhalten" habe und sprach *Bruce* sein volles Vertrauen aus.[3] Nach der Übergabe dieses Briefes ist *Tatiščev* offensichtlich nicht wieder auf die Inseln zurückgekehrt oder er hat sich mindestens einen Monat in Rußland aufgehalten.

[1] Ebd., S. 1—34

[2] S. A. Fejgina, Аландский Конгресс, Moskau 1959, S. 207

[3] Ebd. S. 384f.; M. Chmyrov, Bruce-Biographie. In: Артиллерийский Журнал, 1866, H. 3, S. 197

Am 18. März 1719 schrieb er nämlich aus Petersburg an den Zaren einen für seine Einstellung zur inneren Entwicklung seines Vaterlandes äußerst wichtigen Brief über die Landvermessung.[1] Er schlug darin vor, „das ganze Staatsgebiet . . . in kurzer Zeit geometrisch zu vermessen“ und detaillierte Landkarten anzufertigen, die so verwahrt werden sollten, daß sie auch durch Krieg, Feuer oder andere Ereignisse nicht vernichtet werden konnten. Weiterhin regte er an, den Verkauf von beweglichem und unbeweglichem Besitz genau zu regeln, um Betrügereien zu vermeiden. Gerade dazu wäre eine genaue Vermessung unbedingt notwendig. Diese Arbeit könnten nach seiner Ansicht 400 Geodäten leisten, die aus den Absolventen der Armeeschulen auszuwählen wären. Die hier angeregten Maßnahmen lagen eindeutig im Interesse des kleinen und mittleren Dienstadels, dem unbedingt daran gelegen sein mußte, die bestehenden Verhältnisse juristisch bestätigt zu erhalten, um Übergriffe der Besitzer großer Ländereien zu verhindern. Wie schlimm die Lage für den kleineren Adel in vielen Fällen war, zeigt *Tatiščevs* Hinweis, die Nichtkenntnis der Grenzen zwischen den einzelnen Besitzungen führe zu „innerer Feindschaft und Totschlag“. Da jedermann wisse, wie sehr die Sorge des Zaren gerade dem inneren Wohl des Landes gewidmet sei, fühle er sich verpflichtet, ihn in seiner Politik zu unterstützen. In einem Brief aus Stockholm aus dem Jahre 1725 an *I. A. Čerkasov* ging *Tatiščev* noch einmal ausführlich auf seine Zusammenarbeit mit dem Zaren in dieser Frage ein, mußte aber feststellen, daß er wegen der Übernahme anderer Verpflichtungen diese wichtigen Probleme leider nicht weiter verfolgen konnte.[2] Dennoch hat er in den dreißiger und vierziger Jahren als Leiter der geodätischen Arbeiten im Ural- und Wolgagebiet energisch an der Verwirklichung seiner Anregungen aus dem Jahre 1719 gearbeitet.

Sowohl der Zar als auch der unmittelbare Vorgesetzte *Tatiščevs*, *Bruce*, nutzten das rege Interesse des gebildeten Offiziers für geographische Fragen und veranlaßten ihn zur „Abfassung einer umfassenden russischen Geographie mit Landkarten“. Da *Tatiščev* jedoch — wie er weiter schrieb — „die entsprechenden Wissenschaften und die dazu notwendigen Nachrichten“ nicht hatte, konnte es vorerst zur Erfüllung dieser Aufgabe nicht kommen. Außerdem glaubte er, sich zunächst mit der russischen Geschichte und mit den Werken ausländischer Schriftsteller befassen zu müssen, um auf diese Weise alle Nachrichten über die Völker Rußlands zu sammeln, die er dann für seine geographischen Arbeiten auswerten wollte.[3] Das mußte allerdings eine sehr langwierige Arbeit werden, die ein einzelner sicher gar nicht ausführen konnte. Obwohl *Tatiščev* später besonders von der Akademie

[1] ЦГАДА, Ф. IX, Каб. Петра I, Nr. 93, Bl. 180—181r; gedruckt bei Pekarskij, Новые известия, S. 8—10

[2] ЦГАДА, Ф. IX, Каб. Петра I, Nr. 74, Bl. 64—65; gedruckt bei Pekarskij, Новые известия, S. 11

[3] Ebd. und Tatiščev, История, I, S. XXf. (S. 88f.)

der Wissenschaften manche Unterstützung erhielt, hat er doch die sich selbst gestellte Aufgabe nicht völlig lösen können. Sein großes Verdienst besteht aber darin, außerordentlich umfangreiche Materialien zur Geographie und Geschichte Rußlands gesammelt und seine Zeitgenossen und Nachfolger zu intensiver Weiterarbeit angeregt zu haben. Allein die Tatsache, daß er sich bereits im Jahre 1719 über Weg und Ziel seiner wissenschaftlichen Arbeit klar war, zeugt von seiner umfassenden Bildung und von seiner Kenntnis der zu lösenden Aufgaben auf dem Gebiet der inneren Entwicklung seines Vaterlandes, nachdem das „veränderte Rußland" durch den Sieg über Schweden nach außen gefestigt war.

Eine der wichtigsten Aufgaben, die zu Beginn des dritten Jahrzehnts des 18. Jahrhunderts in Rußland gelöst werden mußte, war die weitere innere Festigung des petrinischen Staates durch den Ausbau seiner Wirtschaft. Nicht zufällig unterstützten die besten Mitarbeiter *Peters* den Zaren nun auch auf diesem Gebiet aktiv.

2. Erste Leitung der Uralindustrie

„Auf Sr. Zar. Maj. allergnädigsten Befehl und aus E. Erl. Berg-Collegio hierauf erhaltenen Instruktion und anderer Ordres — nach geschehener Abfertigung vom 20. Martii — bin ich aus St. Petersburg den 22. Martii [1720] abgereist . . . Des Tages aber zuvor — als den 21. Martii — reisete der Herr Capitain-Lieutenant *Tatischov* mit dem Bergschreiber *Patruschev* und anderen voraus . . ." So beginnt *Johann Blüher*, ein damals seit zwanzig Jahren in russischen Diensten stehender sächsischer Bergmeister, sein „Reisejournal nach verschiedenen Bergwerken des Russischen Reiches 1720—1731".[1] In den Jahren 1720 bis 1723 hat er im Ural eng mit *Tatiščev* zusammengearbeitet; nach allen vorliegenden Berichten haben sich beide ausgezeichnet verstanden.

Die Entsendung der beiden Spezialisten ging auf einen Ukaz des Bergkollegiums vom 9. März 1720 zurück, der von allen Mitgliedern dieser Verwaltungsinstanz unterzeichnet war und in dem es hieß: *Tatiščev* wird beauftragt, „im sibirischen Gouvernement in Kungur und an anderen Orten, wo die Gegend günstig ist, Werke zu bauen und aus Erz Silber und Kupfer zu schmelzen. Deshalb soll er mit dem Bergmeister *Blüher* dort hinfahren und mit ihnen der Bergschreiber *Ivan Patrušev* und aus Olonec der Steiger *Gabriel Schönfelder* sowie zwei russische Lehrlinge." Insgesamt bestand die Instruktion aus 15 Punkten, in denen über die notwendigen

[1] Handschriftenabt. БАН, F. Nr. 28; Beschreibung und fotomechanischer Abdruck der ersten Seite s. Исторический очерк и обзор фондов рукописного отдела библиотеки Академии наук, вып. II (XIX—XX) века, Moskau/Leningrad 1958, S. 226f.

Verbesserungen genaue Angaben gemacht und den neuen Leitern alle Unterstützung zugesagt wurde.[1] Die Tätigkeitsbereiche beider Leiter waren genau abgegrenzt: *Tatiščev* sollte die führende Stelle einnehmen, *Blüher* für die technischen Arbeiten verantwortlich zeichnen, da er „dem Staate gegenüber weniger Verantwortung" habe.[2] Aus *Blühers* „Reisejournal" geht klar hervor, daß er sich im wesentlichen auf seine Tätigkeit im Probierlaboratorium und die Beaufsichtigung der technischen Arbeiten beschränkte. Besonders die Vorbereitungen zur Anlage neuer Werke überließ er ganz seinem russischen Kollegen.

Die Berufung *Tatiščevs* dürfte zweifellos ein Wunsch von *Bruce* gewesen sein, der dessen Fähigkeiten genau kannte und der seit dem 13. März 1718 als Präsident des neugegründeten Berg- und Manufaktur-Kollegiums für die Wirtschaftspolitik des Landes verantwortlich war. Dieses im Zuge der Verwaltungsreform gegründete Kollegium hatte die Aufgaben des seit 1700 bestehenden Erz-Prikazes übernommen, der ersten Verwaltungsstelle für das Berg- und Hüttenwesen in Rußland überhaupt. Als dieser Prikaz zeitweilig aufgelöst worden und seine Aufgaben im Jahre 1711 an den Senat übergegangen waren, hatte *J. Blüher* bereits ein Jahr später vorgeschlagen, ein Berg-Kollegium einzurichten.[3] Es ist damals zu einer Entscheidung nicht gekommen, aber 1715 wurde als zentrale Verwaltungsstelle die Erz-Kanzlei neu geschaffen, deren Aufgaben dann 1718 dem Berg- und Manufaktur-Kollegium übertragen wurden. Diese Institution wurde 1722 in zwei Kollegien geteilt, und ein über zwei Jahrzehnte währendes Suchen nach der besten Form der Wirtschaftsverwaltung fand damit sein Ende. Es ist notwendig, diesen gewaltigen Verwaltungsumbau immer im Auge zu behalten, da er viele Schwierigkeiten und Unzulänglichkeiten, die bei einer schon jahrelang erprobten Organisation schwer vorstellbar wären, verständlich macht. Es handelte sich um ein Suchen nach einem geeigneten Weg, den erst die praktische Tätigkeit zeigen konnte, wenn auch der allgemeine Rahmen durch die Gesamtpolitik des Zaren gegeben war. Im Gegensatz zu den anderen Kollegien erwies es sich als unbedingt erforderlich, dem Berg-Kollegium auch örtliche Verwaltungsstellen in den Zentren des Berg- und Hüttenwesens direkt anzuschließen. Es entstanden mehrere Bergämter und -kontore, deren wichtigstes das seit 1720 bestehende und von *Tatiščev* geleitete sibirische Oberbergamt zunächst in Kungur und dann in Ekaterinburg war.[4]

[1] Die Instruktion ist veröffentlicht von B. F. J. Hermann, Историческое начертание горного дела в России до царствования Императрицы Елизаветы Петровны, Ekaterinburg 1810, S. 28—30

[2] Pavlenko, Развитие металлургической промышленности, S. 146

[3] Die entsprechenden Eingaben an Peter I. und an den Senat sind abgedruckt in: Горный Журнал, 1828, H. 6, S. 116—125

[4] Über die Entwicklung der Bergverwaltung vgl. Pavlenko, Развитие металлургической промышленности, Kap. II: Система управления металлургической промышленностью, S. 88—163

Die Grundlage der gesamten Politik auf dem Gebiet des Berg- und Hüttenwesens bis 1739 war das Bergprivileg vom 10. Dezember 1719[1], dessen wichtigste Bestimmung besagte, daß jeder, „welchen Ranges und Standes er auch sei", „an allen Orten, sowohl auf eigenem als auch auf fremdem Land, alle Metalle suchen und verarbeiten" könne. Der Eigentümer des Landes hatte zwar das Vorrecht für die Ausnutzung der Bodenschätze, wenn er jedoch „nicht will oder aus eigenem Mangel nicht kann, so muß er gestatten, daß andere auf seinen Ländereien Erze und Mineralien suchen und gewinnen und sie aufteilen werden". Der Eigentümer des Landes hatte in diesem Falle Anspruch auf $^1/_{32}$ des Gewinns. Wenn wir noch hinzufügen, daß der Staat den Privateigentümern den Besitz der Werke garantierte, werden Ziel und Aufgabe des Privilegs, das im Gegensatz zu früherer Zeit, als nur Einzelne Vorrechte erhielten, für alle gelten sollte, ganz klar. Es ging darum, die russische Eisenindustrie mit aller Kraft vorwärtszubringen und dabei besonders auch das private Kapital heranzuziehen, indem man günstige Voraussetzungen für seine Anlage schuf.

Die Entwicklung der Metallurgie im Ural hatte im Jahre 1696 begonnen, als *Peter* den Befehl gab, dort zwei große Werke zu bauen. Zwar gab es schon zu diesem Zeitpunkt eine handwerkliche Kleinproduktion in diesem erzreichen Gebiet, sie arbeitete aber ausschließlich für den eigenen Bedarf der dortigen Bevölkerung. Nach fünfjähriger Bauzeit nahmen im Jahre 1701 die ersten Werke die Produktion auf. Der Nordische Krieg machte jedoch eine vorläufige Änderung der Wirtschaftspolitik notwendig. Da sich die Kriegsereignisse im Nordwesten und im Südwesten des Landes abspielten und der Transport wegen der schlechten Verbindungswege sehr erschwert war, hatten die in Zentralrußland bei Tula und die im Nordwesten bei Olonec gelegenen Werke in den ersten Jahrzehnten des 18. Jahrhunderts für die Eisenproduktion Rußlands, die weitgehend für den militärischen Bedarf arbeitete, eine weit größere Bedeutung. Trotzdem wurde der Ural nicht ganz vergessen.

Durch die Übereignung eines Uralwerkes an den Tulaer Schmied und Unternehmer *Nikita Demidov* im Jahre 1702 gelang es *Peter*, privates Kapital in den Ural zu ziehen und die wirtschaftliche Erschließung dieses Gebietes zu fördern. Durch die Überlassung eines voll betriebsfähigen Werkes, die Übergabe großer Waldungen zur Kohlegewinnung, durch Steuervergünstigungen und durch das Fehlen nahezu jeder privaten Konkurrenz in diesem noch zum großen Teil unerschlossenen Gebiet regte er den neuen Besitzer an, seine relativ hohen Gewinne in neuen Unternehmen anzulegen und dadurch die Manufakturentwicklung zu fördern. Hinzu kam, daß auf diese Weise eine erste größere Gruppe von Facharbeitern aus Zentralrußland in den Ural kam und damit eine wichtige Voraussetzung für die aufgeschobene aber nicht aufgehobene wirtschaftliche Entwicklung des stei-

[1] ПСЗ, Bd. V, Nr. 3464

nernen Gürtels — wie man den Ural damals nannte — geschaffen wurde. Infolge dieser Politik war *Demidov* seit den zwanziger Jahren der größte Unternehmer in diesem Gebiet, dessen Produktion höher war als die der Staatswerke. Diesen Vorsprung suchte *Demidov* zu halten. Die Ursachen für die späteren Auseinandersetzungen, besonders mit *Tatiščev*, liegen gerade darin, daß *Demidov* einen Ausbau der Staatswerke fürchtete.[1] Denn nach dem Ende des Nordischen Krieges wandte der Staat dem Ural erneut verstärkt seine Aufmerksamkeit zu. In diesem Zusammenhang muß die Einrichtung der Bergämter und die Entsendung *Tatiščevs* und seiner Mitarbeiter gesehen werden.

Eine Reise von Petersburg in den Ural im Jahre 1720 war außerordentlich beschwerlich. Schlechte Wege und Schwierigkeiten bei der Transportmittelbeschaffung sind wohl die hauptsächlichsten Gründe, die das Reisen in jener Zeit wenig angenehm machten. So wundert es uns nicht, wenn *Tatiščev* und seine Begleiter erst Ende Juli 1720 an ihrem Bestimmungsort Kungur ankamen. Unterwegs hatte er die Gelegenheit benutzt, alles, was er sah, aufmerksam zu studieren und besonders die an seinem Wege liegenden Eisenwerke genau zu besichtigen.[2]

Was *Tatiščev* im Ural sah, machte ihm durchaus keine Freude. In vielen Fällen waren ökonomische und technische Gesichtspunkte bei der Anlage der Werke nicht ausreichend berücksichtigt worden, und an einen Ausbau kleinerer Unternehmen war daher gar nicht zu denken. Er berichtete darüber sofort an das Berg-Kollegium und wies besonders darauf hin, daß beim Bau nicht genügend beachtet worden sei, daß die Werke Wasser, Holzkohle und Erz brauchten. Durch weite Transportwege und lange Stillstandszeiten im Sommer und im Winter, wenn die Flüsse ausgetrocknet oder zugefroren sind, verteure sich die Produktion sehr.[3] Die Mißachtung dieser wichtigen Voraussetzungen behinderte einen kontinuierlichen Produktionsablauf und führte damit zu außerordentlich schwankenden Produktionsergebnissen. Für letzteres gab es aber auch noch andere Gründe. Der Mangel an Arbeitskräften, der Widerstand der zwangsverpflichteten Bauern, die Überfälle der benachbarten, unterdrückten Völkerschaften auf die Werke, schlechte Organisation der Erzanfuhr, Beschädigung der Öfen, Deichbrüche und Brände führten zu oftmaligen, manchmal lang andauernden Produktionsstörungen. Die Eisengewinnung war ein komplizierter chemischer und technischer Prozeß. Weitgehend war noch die persönliche Erfahrung und nicht die wissenschaftliche Erkenntnis die Grundlage der Arbeit. Durch Unkenntnis konnte also manches verdorben und unter Umständen die Produktion sogar gefährdet werden.[4] Alle diese Probleme mußten berücksichtigt werden, wenn man die Uralindustrie erfolgreich ausbauen wollte.

1 Ausführlich behandelt die Geschichte der Demidovschen Werke Kafengauz, История хозяйства Демидовых

2 Vgl. das „Reisejournal" von Blüher

3 Gorlovskij, Основание Екатеринбурга, S. 160

4 Kafengauz, История хозяйства Демидовых, S. 196—200

Ein genaues Studium der Lage ließ in *Tatiščev* daher den Gedanken reifen, für den Ural ein wirtschaftliches, politisches und kulturelles Zentrum zu schaffen, um die Erschließung des Gebietes und die Ausnutzung der reichen Bodenschätze zu erleichtern. Es entstand ein Plan, der in der damaligen Zeit wohl kaum seinesgleichen hatte. Ein großes Werk, umgeben von einer neuen Stadt — dem späteren Ekaterinburg — sollte gebaut werden.

Am 2. Januar 1721 beauftragte *Tatiščev* den Kommissar eines staatlichen Werkes, *Timofej Burcev*, mit seinen Meistern einen geeigneten Platz für den Bau des neuen Werkes auszuwählen. Der Ort sollte sich am Oberlauf des Flusses Iset befinden und folgende Vorteile bieten: 1. Es müssen vier Hochöfen gebaut werden können. 2. Der Ort soll nicht weiter als zehn Werst vom Uktusskij-Werk — einem wichtigen staatlichen Eisenwerk — entfernt sein, da sonst die Kontrolle erschwert würde. 3. In der Nähe müsse genügend Wald vorhanden sein. Die Lage am Iset war außerordentlich wichtig, da dieser Fluß bedeutend mehr Wasser führte als der Uktus und die neue Stadt dadurch nur 20 Werst vom Flusse Čusovaja entfernt und über die Kama und die Volga mit Zentralrußland verbunden gewesen wäre.[1] Diese günstige Wasserverbindung sollte durch einen Kanal noch verbessert werden. *Tatiščev* hatte die Absicht, die nördliche und die südliche Kel'tma zu verbinden. Dadurch wäre ein Wasserweg von Archangel'sk über die nördliche Dvina, die Vyčegda, die beiden Kel'tma und die Kama zur Volga hergestellt worden. Verwirklicht wurde das Projekt allerdings erst genau hundert Jahre später, im Jahre 1822.[2]

Der Eisentransport fand in der damaligen Zeit wegen der schlechten Straßen weitgehend auf dem Wasserwege statt. Durch die ungeheuer weiten Entfernungen wurde jedoch der Kapitalumschlag sehr verlangsamt.[3] Daher waren große Kapitalmengen nötig, um die Produktion trotzdem im Gang zu halten. Andererseits fehlte dieses Geld natürlich wieder für die Anlage neuer Werke. Durch die Verbesserung und die Verkürzung der Verbindungswege mußte also schon ein Teil des angestrebten Zieles erreicht werden. Gerade die Beachtung dieses Problems zeigt die Bedeutung der Maßnahmen *Tatiščevs*. Aus den Vorbereitungsarbeiten zum Bau des neuen Werkes allein wird sein tiefes Verständnis für wirtschaftliche Probleme deutlich. Seine Pläne offenbaren eine Weitsichtigkeit, die ein Vorzug vieler enger Mitarbeiter *Peters* gewesen ist.

Für den Bau des neuen Werkes wählte *Tatiščev* einen sechs Werst vom Uktusskij-Werk am Flusse Iset gelegenen Platz. Die Erzgruben waren 10 und 23 Werst entfernt. Außerdem waren Siedlungen in der Nähe, aus denen man sich Arbeitskräfte holen konnte, und der Platz war zur Verteidigung gegen die Baškiren strategisch

[1] Gorlovskij, Основание Екатеринбурга, S. 160—162
[2] Bestužev-Rjumin, Биографии, S. 13—14
[3] N. J. Pavlenko, Казенная металлургическая промышленность в 20-40-х гг. XVIII в. и сбыт. In: Известия АН СССР, Сер. ист. и фил., Bd. VIII, Nr. 4, 1951, S. 328

günstig gelegen. Nach der Bestimmung des Bauplatzes gab er sofort Anweisungen für die Vorbereitung der Bauarbeiten. Um nach der Bestätigung des Projekts durch die Regierung schnell mit dem Bau beginnen zu können, sollten 600000 Ziegel gebrannt, Werkzeuge beschafft und 500 Transportwagen besorgt werden.

Am 6. Februar 1721 wandte sich *Tatiščev* an die Regierung und in einem persönlichen Schreiben an *Bruce*, um die Genehmigung zu seinem Vorhaben einzuholen. Er wollte vier Hochöfen und vierzig Hammerwerke bauen, von denen nach seinen Berechnungen zwanzig selbst in der trockensten Zeit betriebsfähig blieben. Später beschränkte er sich allerdings auf sechzehn Hammerwerke, um den Wald nicht zu sehr zu schädigen. Dafür sollte in fünfzehn bis zwanzig Werst Entfernung ein weiteres Werk entstehen. Auch die Produktion sollte erweitert werden. *Tatiščev* dachte besonders an die Erzeugung von Stahl, der billiger und besser hergestellt werden könnte als in Schweden. Weiterhin bat er um die Entsendung von Fachleuten, besonders für die Draht- und Stahlherstellung, und um die Erlaubnis, freie Lohnarbeiter einzustellen. Die Zwangsverpflichtung von qualifizierten Arbeitern schade nur dem Staat und untergrabe die Existenz dieser Arbeiter.[1]

Gerade die Lösung des Arbeitskräfteproblems war besonders schwierig. Bis zum Jahre 1721, als befohlen wurde, flüchtige Bauern den Gutsbesitzern zurückzugeben, war die Situation noch relativ günstig. Dann mußte *Tatiščev* dem Berg-Kollegium mitteilen: Wir können die Bauern zurückschicken und die Entwicklung der Werke behindern oder die Bauern behalten und den Ukaz nicht erfüllen. Zwar wurde 1722 erlaubt, die schon beschäftigten Bauern in den Werken zu behalten und nur keine Flüchtigen mehr einzustellen, zwar konnten seit 1726 die geflüchteten Staats- und Klosterbauern in den Werken bleiben, aber das alles war keine Lösung, die befriedigen konnte. Gerade diese Bauernpolitik zeigt ganz klar, wie bestimmend die Interessen der adligen Grundbesitzer auf die petrinischen Maßnahmen einwirkten und wie schwer es für die Weitsichtigeren, die die vor Rußland stehenden Aufgaben erkannten, war, im Interesse der entstehenden kapitalistischen Verhältnisse zu handeln. Der Nachfolger *Tatiščevs* im Ural, *G. W. Hennin*, der weitgehend von den Gedanken dieses Petriners, mit dem er ein Jahr zusammenarbeitete, beeinflußt war, bedauerte im Jahre 1726, daß es nicht mehr erlaubt sei, „an der Arbeit interessierte Leute zu suchen". Beide, *Hennin* und *Tatiščev*, standen auf dem Standpunkt — und waren damit ganz im Recht —, daß die „überschriebenen" Bauern an der Arbeit in den Fabriken gar nicht interessiert waren. Trotzdem konnten diese Widersprüche zu *Tatiščevs* Zeit nur durch Zwangsmaßnahmen einigermaßen überwunden werden, wenn man nicht an die Wurzel der Feudalverhältnisse greifen wollte. Und dazu waren die Keime des Neuen, des Kapitalismus, doch noch zu schwach.

[1] Gorlovskij, Основание Екатеринбурга, S. 162—163

Bei den bisher dargelegten Plänen *Tatiščevs* handelte es sich vor allem um Probleme, die in die Sphäre der Produktion gehören. Aber schon bei der Erwähnung seiner Bemühungen um die Verbesserung des Transportwesens wurde unsere Aufmerksamkeit auf einen Faktor gelenkt, der für die wirtschaftliche Stärkung des Landes von entscheidender Bedeutung war: die Entfaltung des Binnenhandels. Sie war für die Herausbildung und Festigung eines einheitlichen gesamtrussischen Marktes unbedingt notwendig. *Tatiščev* betrachtete Produktion und Handel stets als etwas Zusammenhängendes. Daher sollte die neue Stadt Ekaterinburg nicht nur das Zentrum der Uralindustrie, sondern auch ein Handelsmittelpunkt werden. In der Durchführung regelmäßiger Messen sah er ein wesentliches Mittel zur Förderung des Binnenhandels, denn auf Grund seiner Studien und seiner eigenen Erfahrungen wußte er von der Bedeutung der Messen von Leipzig, Frankfurt am Main und Danzig.[1]

Am Anfang des Jahres 1721 hatte *Tatiščev* die Messe in Irbit besucht und einen durchaus negativen Eindruck bekommen. Die Kaufleute waren unzufrieden, weil die Verbindungen nach Rußland schlecht waren, und sie, nur um die fiskalischen Interessen des Staates nicht zu verletzen, große Umwege machen mußten. In dieser Zeit gab es in Rußland noch innere Zollgrenzen, die erst im Jahre 1754 aufgehoben wurden. Zweifellos spielten bei der Unzufriedenheit der Kaufleute auch die schlechten Postverbindungen eine Rolle. *Tatiščev* führte dieses Problem in diesem Zusammenhang nicht an, da auch von Ekaterinburg vorläufig keine Verbesserung des Postwesens zu erwarten war. Aber neben den Schwierigkeiten, die er selber infolge der schlechten Postverbindungen überwinden mußte — seine offizielle Verbindung mit der Regierung lief über Tobolsk in Sibirien, von wo aus monatlich die Post über Verchotur'e ins europäische Rußland abging! —, war sicherlich der Zustand in Irbit mit ein Grund für seine später häufig erhobene Forderung, zur Verbesserung des Handels bessere Postverbindungen zu schaffen, damit die Kaufleute überall wüßten, welche Waren gebraucht oder welche auf den Messen mit Gewinn und billig verkauft werden könnten.[2]

Bald nach seiner Rückkehr aus Irbit behandelte *Tatiščev* in einem Brief an *Bruce* sehr ausführlich die mit der Einrichtung einer ständigen Messe in Ekaterinburg zusammenhängenden Fragen und schlug die Überführung der Messe aus Irbit in die neu zu gründende Stadt vor.[3]

1. Irbit sei vom Uktusskij-Werk 300 Werst entfernt und habe also mit dem wichtigsten Zentrum der Uralindustrie so gut wie keine Verbindung.
2. Der inneren Zollgrenzen wegen müßten die Kaufleute aus Rußland nach Irbit über Verchotur'e und Solikamsk fahren, was zu einem Verlust bis zu 40% führe.

[1] V. Tatiščev, О купечестве и ремеслах. In: ИА, Bd. VII, S. 417
[2] Ebd., S. 417, 423—424; Tatiščev an Voroncov, 12. 5. 1748. Переписка Татищева, S. 280
[3] Vgl. Gorlovskij, Основание Екатеринбурга, S. 164

3. Die örtlichen Organe behinderten den Handel, so daß die Irbiter Händler oft nach Rußland, die Russen aber nach Tobolsk handeln müßten. In Ekaterinburg dagegen unterstände die Messe der Bergverwaltung.
4. Von Ekaterinburg sei die Verbindung nach Rußland auf dem Wasserwege möglich, nur nach Archangelsk müßte noch über Solikamsk gehandelt werden.
5. Das Eisen könne in Ekaterinburg an Ort und Stelle günstiger verkauft werden. Außerdem lernten die Kaufleute die Fabriken kennen und dadurch würde ihr Interesse an der Produktion gefördert.
6. Eine Annäherung zwischen Russen und den benachbarten Völkern (u. a. Baškiren) sei von Ekaterinburg aus leichter möglich, da diese Völker gern die Messe besuchen.
7. Durch eine Messe werde die Besiedlung gefördert.

Alle diese Punkte sprechen für sich und kennzeichnen *Tatiščev* als einen weitschauenden Menschen seiner Zeit. Besonders seine Bemühungen um die Gewinnung des Handelskapitals für die Produktion muß man als eine Großtat für die damalige Wirtschaftspolitik ansehen.

Die Erfolge, die *Tatiščev* während seines ersten Aufenthaltes im Ural erreichte, entsprachen aber leider nicht seinen großen Plänen. Erstens machte sich auch in dieser Hinsicht der in jener Zeit stets vorhandene Facharbeitermangel hemmend bemerkbar. Der zweite und wichtigere Grund dafür ist die ständige Einmischung des Berg-Kollegiums in die Angelegenheiten seines Beauftragten. Die Nachteile, die sich unter diesen Bedingungen aus der Zentralisation der Staatsverwaltung ergaben, werden hier besonders deutlich. In Petersburg mußte über Dinge entschieden werden, die an sich nur an Ort und Stelle zu beurteilen waren. Hinzu treten gewisse Gegensätze im Kollegium selbst, in dem die ausländischen Mitarbeiter bei ihren Entscheidungen in den meisten Fällen von den Voraussetzungen ihrer Heimatländer ausgingen, wo durch die ganz anderen Größenverhältnisse als in Rußland und die meist genügende Anzahl ausgebildeter Facharbeiter völlig andere Bedingungen herrschten. Unter ständiger Beachtung dieser komplizierten Zustände müssen die Pläne des Wirtschaftsorganisators *Tatiščev* betrachtet werden.

Auf seine Eingaben vom 6. Februar, vom 25. Februar und vom 27. März 1721 an das Berg-Kollegium erhielt *Tatiščev* am 26. Mai eine ablehnende Antwort: Da genügend Eisenwerke vorhanden seien, sei ein Neubau nicht notwendig. Diese Entscheidung ist zwar formal richtig gewesen, die Zahl der bestehenden Werke konnte aber nicht ausschlaggebend sein, wenn ein weiterer Ausbau nicht möglich war. Daher ist die Reaktion *Tatiščevs* völlig verständlich, der seinen Plan nicht aufgab, sondern versuchte, wenigstens ein Teilziel zu erreichen. Zwar ließ er die Bauarbeiten am 1. Juni einstellen, wandte sich aber bereits am 2. Juni mit einem neuen Projekt an das Kollegium. Nun schlug er vor, an Stelle des bisher geplanten großen Werkes, das 25000 Rubel kosten sollte, ein kleineres für 4000 Rubel zu bauen. Selbst wenn es ihm nur gelungen wäre, an einer günstigen Stelle, wie er sie ausgewählt hatte, einen kleinen Betrieb zu bauen, hätte dieser doch jederzeit erweitert werden können. In seiner Eingabe betonte er deshalb erneut, daß eine Rekonstruktion des Uktusskij-Werkes wegen des Mangels an Wasser, Erzen und Wald überhaupt nicht lohnend wäre. Dieser Betrieb sollte auf die Kupfergewinnung umgestellt werden, für die keine so umfassenden Anlagen notwendig seien.[1]

Die ablehnende Haltung des Berg-Kollegiums zu den Plänen seines Beauftragten im Ural lenkt die Aufmerksamkeit erneut auf das Verhältnis zwischen *Tatiščev* und *Bruce*, der ja bekanntlich Präsident dieser Staatsbehörde war und an den *Tatiščev* sein Projekt persönlich gesandt hatte. Die beiden Petriner waren freundschaftlich verbunden. Die Ablehnung ist daher zunächst nicht zu verstehen. Außerdem zeigte das Kollegium ein gewisses Mißtrauen der Tätigkeit *Tatiščevs* gegenüber, wenn es auf seine Berichte hin eines seiner Mitglieder, den Bergrat *Michaelis*, in den Ural sandte, um die Berichte *Tatiščevs* zu überprüfen. In der Entscheidung des Kollegiums vom 22. Juli 1721 über die Vorschläge *Tatiščevs* wurde angeordnet, „das Eisenwerk von Uktus an den Iset zu verlegen und dort nur die Kupferschmelze zu belassen, mit dem Beginn der Arbeiten aber bis zur Ankunft des Bergrates *Michaelis* in Sibirien zu warten."[2] Dieser Beschluß wird erst aus der Situation in Petersburg verständlich.

Jakov Bruce war neben seiner Tätigkeit im Berg-Kollegium noch Mitglied des Senates und als Generalfeldzeugmeister Leiter der gesamten Artillerie des Russischen Reiches. Hinzukommende außerordentliche Aufträge des Zaren führten in steigendem Maße zu einer Überbelastung dieses regsamen Mannes, so daß er in den letzten Regierungsjahren *Peters* nur noch selten an den Sitzungen des von ihm geleiteten Kollegiums teilnehmen konnte. Zwar versäumte er bis zum Jahre 1722 nach den vorliegenden Berichten kaum eine Sitzung seiner Mitarbeiter im Berg-Kollegium[3], konnte sich aber selbstverst ändlichnicht mit allen Einzelheiten beschäftigen. So wurde offensichtlich auch in *Tatiščevs* Angelegenheit der Beschluß vom Kollegium gefaßt, gegen den er sich nicht durchzusetzen vermochte. Daraus ist auch die Entsendung von *Michaelis* zu erklären. Dessen Arbeitsmethoden schätzte *Bruce* durchaus nicht, wie er in einem Brief an den Kabinettssekretär *Peters*, *A. V. Makarov*, vom 19. März 1722 schrieb. In einem Brief an denselben Adressaten vom 3. Juli 1723 stellte er sogar ausdrücklich fest, daß *Michaelis* nur so lange im Berg-Kollegium geblieben wäre, weil er von anderen Ausländern gestützt wurde.[4]

Am 22. Januar 1722 verließ *Tatiščev* seinen Wirkungskreis. Die Ursache war ein Streit mit dem Wirtschaftskönig des Urals, *Nikita Demidov*. Dieser hatte seit 1715 neben Eisenlieferungen für die Artillerie auch einen Teil der Lieferungen für

[1] Ebd., S. 162, 165–167
[2] Zitiert nach Rožkov, Деятельность Татищева, S. 16
[3] Pavlenko, Развитие металлургической промышленности, S. 109
[4] Ebd., S. 146–147, 197, Anm. 1

die Admiralität übernommen. Im Jahre 1716 ordnete *Peter* von Danzig aus außerdem an, den Eisenpreis in Rußland nach der Höhe der *Demidov*schen Preise festzusetzen. Das Ziel dieser Maßnahme ist ganz klar. Der Privatunternehmer sollte einen Anreiz erhalten, möglichst viel Kapital zu akkumulieren, das er — wie *Peter* wußte — sofort wieder in der Produktion anlegte. Außerdem mußte *Demidov* zunächst ein Interesse daran haben, möglichst niedrige Preise anzusetzen, um recht viel Eisen zu verkaufen und die staatlichen Werke zu unterbieten. Diese wiederum wurden gezwungen, so billig wie möglich zu produzieren, um nicht mit Verlust zu arbeiten. Die staatlichen Machtmittel wurden also eingesetzt, um die Produktion mit allen Mitteln zu steigern. Bald zeigten sich aber auch die negativen Seiten dieser Wirtschaftspolitik. Seit 1718 gelang es *Demidov*, die Eisenlieferungen an die Admiralität zu monopolisieren. Das bot ihm natürlich auch die Möglichkeit, die Preise zu bestimmen. Dennoch konnte er natürlich nicht völlig willkürlich vorgehen, weil er dann mit der Staatsgewalt zusammengestoßen wäre. Solange *Demidov* den Bogen nicht überspannte, hatte er nichts zu befürchten. Der Staat mußte freilich versuchen, mit der Entwicklung seiner Werke einigermaßen Schritt zu halten. Das hatte *Tatiščev* durchaus verstanden, wie seine Tätigkeit während seines ersten Uralaufenthaltes deutlich zeigt.

Dem schlauen *Demidov* mußte schon nach kurzer Zeit klar werden, welche Gefahr ihm von dem energischen *Tatiščev* drohte. Diesem ging es besonders darum, daß der Konkurrenzkampf zwischen *Demidov* und dem Staat nicht auf zu ungleicher Basis geführt wurde. Daher sah *Tatiščev* streng auf die Beachtung der Regierungsvorschriften, an die nach seiner — zu Recht bestehenden — Meinung auch der größte Unternehmer gebunden war. Es ging bei den Auseinandersetzungen in erster Linie um die Arbeitskräfte und um neue Erzfundstellen.

In einer undatierten Zusammenstellung über die Streitpunkte zwischen den *Demidovs* und *Tatiščev*[1] heißt es, erstere treten gesetzwidrig auf, befolgen die Ukaze über die Bezahlung des Zehnten nicht, nennen einen ihnen übersandten Ukaz einen „Wisch", behinderten die Erzsucher, verarbeiteten Asbest ohne Erlaubnis und beschäftigten in ihren Werken Arbeiter, die eigentlich den Staatswerken gehörten. Es ist bekannt, daß *Demidov* tatsächlich sehr selbstherrlich auftrat. Auch *Blüher* mußte sich über ihn beklagen: Obwohl den Unternehmern mitgeteilt worden sei, daß die Bergverwaltung die Aufsicht auch über die Privatwerke übernehme, „mißachtete er [d. i. *Demidov*] nicht nur unsere übersandten Ukaze, sondern auch die des Kollegiums und antwortete manchmal nicht auf sie, und wenn er antwortete, machte er verschiedene unnötige Ausflüchte . . ." *Demidov* verjagte die Arbeiter von den staatlichen Erzfundstellen und ließ *Tatiščevs* Vertreter nicht vor. Sein Verhältnis zu *Tatiščev* charakterisierte *Demidov* mit den Worten: „Ich bin Dir gleich, ich gehorche Dir in keiner Hinsicht."

[1] Kafengauz, История хозяйство Демидовых, S. 164

In dieser Situation nutzte *Demidov* natürlich jede Möglichkeit, den unbequemen Aufseher, den er in *Tatiščev* sah, durch die Ausnutzung seiner Verbindungen zu einflußreichen Kreisen loszuwerden und beschuldigte ihn der Bestechlichkeit, der böswilligen Verletzung der Interessen der Privatunternehmer und anderer Übergriffe.[1] *Tatiščev* selbst schrieb über diese Auseinandersetzungen: „*Demidov* verleumdete mich über den Admiral Graf *Apraksin* vor Seiner Majestät so sehr, daß alle an meinen Untergang glaubten."[2] Daß das keine leere Redensart war, bestätigt ein Brief *Hennins* über die Stellung *Demidovs*. Er schrieb: „Bisher störte ihn niemand, sie fürchteten ihn so, daß niemand ein Wort zu sagen wagte, und er tat, was er wollte. Ihm gefällt es überhaupt nicht, wenn Ewr. Majestät Werke hier aufblühen werden, weil er mehr Eisen verkaufen und den Preis bestimmen möchte; und alle freien Arbeiter gingen in seine Werke und nicht in Eure."[3]

Der Streit mit *Demidov* war aber nicht die einzige Ursache für *Tatiščevs* Reise in die Hauptstadt Anfang 1722. Bereits im Zusammenhang mit der Ablehnung seiner Projekte für den Bau eines neuen Werkes hatte er geschrieben: „Weil ich sehe, daß das Staatskollegium an meiner Fähigkeit oder an irgend etwas anderem Zweifel hegt und daß ich auf meine Berichte seit einem halben Jahre keine Ukaze erhalten kann, deshalb wolle man hierher einen anderen Bevollmächtigten senden und zum Leiter des Bergwesens machen und ihm alle Macht übergeben." Zwar antwortete das Kollegium darauf, daß „es mit ihm zufrieden ist und ihm für seinen Dienst mit Ehre und Belohnung stets danken wird", aber *Tatiščev* fühlte doch das Mißtrauen, das sich in der Entsendung von *Michaelis* ausdrückte, und entschloß sich zur Reise nach Petersburg, die er am 22. Januar 1722 antrat. *Michaelis* war Anfang Januar in Kungur eingetroffen.[4]

Da *Tatiščev* in Moskau weder den Zaren noch *Bruce* antraf, begab er sich sofort nach Petersburg und erreichte von *Peter*, daß dieser den Generalmajor *Hennin* zu seinem Nachfolger ernannte und ihn vor allen Dingen mit der Untersuchung der Anklagen *Demidovs* gegen *Tatiščev* beauftragte.

Georg Wilhelm Hennin[5] wurde 1676 in Siegen in Nassau geboren und stand seit 1697 in russischen Diensten. Von 1713, als er zum Leiter der Werke bei Olonec

[1] Pavlenko, Развитие металлургической промышленности, S. 147f.

[2] Zitiert nach Bestužev-Rjumin, Биографии, S. 16

[3] Zitiert nach N. D. Golovščikov, Род дворян Демидовых, Jaroslavl' 1881, S. 30–31. Über die Auseinandersetzungen Tatiščev-Demidov vgl. weiterhin Rožkov, Деятельность Татищева, S. 34–47

[4] Rožkov, Деятельность Татищева, S. 49, 53

[5] V. Berch, Жизнеописание Генерала-Лейтенанта Виллима Ивановича Геннина, основателя Российских горных заводов. In: Горный Журнал, 1826, H. 1, S. 51–129; H. 2, S. 113–172; H. 3, S. 89–143; H. 4, S. 85–132; H. 5, S. 87–149; H. 9, S. 85–108; 1827, H. 1, S. 129–150; H. 2, S. 107–128; 1828, H. 2, S. 115–117; 1829, H. 5, S. 283 bis 284. Vorwiegend Abdruck der Briefe Hennins über seine Tätigkeit in Olonec und im Ural.

ernannt wurde, bis 1733, als *Tatiščev* die Verwaltung der Uralindustrie wieder übernahm, hat er die Entwicklung des russischen Berg- und Hüttenwesens wesentlich beeinflußt. Sein Wissen erwarb er, wie er 1716 gegenüber *Apraksin* bekannte, während seiner Tätigkeit in Rußland. Durch seinen jahrzehntelangen Dienst war dieses Land zu seiner zweiten Heimat geworden, mit der er sich engstens verbunden fühlte. Wie begeistert spricht er z. B. in einem Brief an den Zaren vom 4. April 1724 von dem gewaltigen wirtschaftlichen Aufschwung, den Rußland in nur einem Vierteljahrhundert genommen hatte: „... Und ich danke Gott, daß die russische Nation in einer so kurzen Zeit — mit Hilfe einer kleinen Anzahl von Ausländern — lernte, so daß sie schon solche großen Werke und Fabriken und das gesamte Bergwesen leiten kann.“[1] Seine Zusammenarbeit mit *Tatiščev* trug sicher nicht wenig dazu bei, ihn von dem großen Können des russischen Volkes zu überzeugen.

Die Untersuchung des *Tatiščev-Demidov*-Konfliktes führte zu einer völligen Rehabilitierung des Leiters des Bergamtes, und *Hennin* schlug *Peter* deshalb vor, diesem wieder sein altes Amt zu übertragen: „Zu dieser Angelegenheit ist kein besserer zu finden als der Kapitän *Tatiščev*.“ Er hätte die notwendigen Erfahrungen für den Bau neuer Werke und sei sehr fleißig.[2] Trotzdem entschloß sich der Zar zu diesem Schritt nicht, sondern schickte *Tatiščev* als Mitarbeiter *Hennins* in den Ural. So konnte dann Ende 1722 endlich auch mit dem Bau der neuen Stadt begonnen werden, die seit 1723 zu Ehren der Kaiserin *Katharina* deren Namen trug. Die Bauarbeiten wurden weitgehend unter *Tatiščevs* Leitung durchgeführt, die Zusammenarbeit mit *Hennin* war ausgezeichnet.[3] Als das Werk Anfang 1724 seine Produktion aufnahm, war er aber schon nicht mehr im Ural, da er Ende 1723 mit einem Bericht an den Zaren erneut nach Petersburg gefahren war. So konnte er also auch seine großen Pläne, die neue Stadt zum wirtschaftlichen, administrativen und kulturellen Mittelpunkt des Bergbaugebietes zu machen, zunächst nicht verwirklichen.

Während seiner dreijährigen Tätigkeit im Ural hatte sich *Tatiščev*, der mit der allgemeinen Wirtschaftspolitik Rußlands, mit den vor dem Lande stehenden Aufgaben und durch seine Ausbildung als Artillerieoffizier auch mit technischen Problemen gut vertraut war, mit den speziellen Problemen des Berg- und Hüttenwesens bekannt machen können. Die von ihm eingeleiteten Maßnahmen für den Ausbau der Uralwerke charakterisieren ihn als einen umsichtigen und weitblickenden Wirtschaftsorganisator, der sich auch durch vorübergehende Rückschläge nicht von seinem Wege abbringen ließ und durch ständig modifizierte Vorschläge seinem Ziel näher zu kommen trachtete. Die Schwierigkeiten waren jedoch sehr groß. Die Beziehungen zwischen den Privatunternehmern und den

[1] Ebd., 1826, H. 5, S. 123, vgl. auch S. 127
[2] Bestužev-Rjumin, Биографии, S. 15—17
[3] Gorlovskij, Основание Екатеринбурга, S. 168—173

Staatswerken mußten in Übereinstimmung gebracht werden, ohne dabei die Gesamtinteressen des Staates zu verletzen. Dieser Staat war eine absolute Monarchie, deren Politik von den Interessen des herrschenden Adels bestimmt wurde. Der Adel setzte sich für eine Beibehaltung der Leibeigenschaft ein, die die wirtschaftliche Entwicklung des Landes behinderte. Die Arbeitskräftefrage wurde also zu einem entscheidenden Problem. Sie konnte vorläufig nur durch die Überschreibung ganzer Bauerndörfer an die Werke gelöst werden. Diese Lösung war zwar nicht die beste, aber unter den bestehenden Verhältnissen die einzig mögliche, sie war der Weg, um die sich widerstreitenden Interessen des Adels und des entstehenden Bürgertums in Übereinstimmung zu bringen. Dabei sahen die weitblickenden Vertreter des entstehenden Neuen, wie *Tatiščev*, *Demidov*, aber auch *Hennin*, durchaus ein, daß mit der Verwendung freier Lohnarbeiter bei weitem bessere Ergebnisse zu erzielen gewesen wären. Sie nutzten daher jede Gelegenheit, um unter Umgehung der bestehenden Vorschriften flüchtige Bauern und andere feudal nicht gebundenen Personen in den Werken zu beschäftigen.

Die Beschäftigung mit den produktionstechnischen Fragen hatte aber in *Tatiščev* auch die Erkenntnis reifen lassen, daß eine wichtige Voraussetzung für die weitere Entwicklung der Eisenwerke eine genügende Anzahl gut ausgebildeter Facharbeiter und die Ausnutzung der modernsten Technik war. Er versuchte daher, neben den ihn begleitenden Spezialisten nach Möglichkeit weitere Facharbeiter anzuwerben. So bemühte er sich z. B. im Jahre 1721 um die Amnestie eines wegen seiner Teilnahme an der Verschwörung des Carevič nach Tobolsk verbannten Russen, *Fedor Evarlakov*, den er „einen gebildeten Menschen, der lange Zeit in Sachsen war“, nannte. *Evarlakov* gehörte also offensichtlich zu denjenigen, die von *Peter* im ersten Jahrzehnt des 18. Jahrhunderts zur Ausbildung in den Bergwissenschaften nach Sachsen gesandt worden waren. Auch *I. Patrušev*, der *Tatiščev* bekanntlich begleitete, hatte seine erste Ausbildung in Sachsen erhalten und war auch später noch einmal mit *J. Blüher* dort gewesen. *Tatiščev* wollte *Evarlakov* besonders als Aufsichtsperson in den Werken einsetzen.[1]

Ein wichtiges Reservoir für technisch gut ausgebildete Mitarbeiter bildeten auch die schwedischen Kriegsgefangenen, die zum großen Teil im Ural lebten. Bereits auf seiner Reise in den Ural traf *Tatiščev* in Kazan' mit dem Schweden *Johann Berglin* zusammen, der bei Poltava gefangen genommen worden war und später als Kapitän in der russischen Armee diente. *Berglin* wollte in die Dienste des Berg-Kollegiums treten und wurde von *Tatiščev* in seinen Bemühungen sehr unterstützt. *Tatiščev* schrieb umgehend nach Petersburg, daß *Berglin* seit seiner Jugend das Bergwesen in Falun studiert habe, wo sein Vater ein Werk besitze, „daß er sowohl den Bau von Werken, wie auch das Suchen und Verarbeiten von Erzen versteht und die dazu notwendigen mechanischen Kenntnisse hat“. *Berglin* stand

[1] Rožkov, Деятельность Татищева, S. 19f.

noch 1733 in russischen Diensten.[1] Auch einen weiteren Schweden, den Kapitän *Riegel*, „einen erfahrenen Chimicus, der für die Erzproben nicht ohne Nutzen" sei, wollte *Tatiščev* sofort in seine Dienste nehmen.[2]

Alle diese Bemühungen zeugen von seinem Bestreben, besonders für die notwendige technische Verbesserung der Eisenproduktion alle vorhandenen Möglichkeiten auszunutzen. Er hatte auch die Absicht, die Ausbildung der russischen Facharbeiter zu verbessern und zu diesem Zweck Fachschulen einzurichten. Die Bedingungen dafür waren aber sehr ungünstig und die Zeit, die ihm zur Verfügung stand, sehr knapp. Daher hat er greifbare Erfolge auf diesem Gebiet erst während seines zweiten Uralaufenthaltes erzielen können.

Tatiščevs Versuchen, die technischen Kenntnisse der Schweden, die den sehr entwickelten Bergbau ihrer Heimat genau kannten, für Rußland auszunutzen, stand aber nach der Beendigung des Nordischen Krieges ein großes Hindernis im Wege, da die Gefangenen nun natürlich in ihre Heimat zurückkehren wollten. Denen, die trotzdem in Rußland zu bleiben gedachten, machte man sogar Schwierigkeiten, indem man ihnen aus konfessionellen Gründen verbot, Russinnen zu heiraten. *Tatiščev* bemühte sich daher sofort, dieses Hindernis aus dem Wege zu räumen, indem er in einer Eingabe an den Synod um die Erlaubnis zu solchen Ehen bat. Der daraufhin gefaßte Beschluß ist ein deutliches Zeichen dafür, wie sehr die kirchlichen Belange in Wirklichkeit den ökonomischen Bedürfnissen des Landes untergeordnet waren. Die Toleranz, wie sie von *Peter* bereits im Jahre 1702 — wenigstens gegenüber den Ausländern — zur Staatsmaxime erhoben wurde, tritt uns in diesem Falle ganz deutlich entgegen. Kein Geringerer als *Feofan Prokopovič*, der engste Mitarbeiter *Peters* auf kulturellem Gebiet, der Freund *Tatiščevs*, der Kämpfer für die Toleranz und für die Einordnung der Kirche in den Staat, veröffentlichte im Jahre 1721 eine kleine Schrift, die unter Hinweis auf verschiedene Bibelstellen und auf Beispiele aus der russischen Geschichte die Forderungen *Tatiščevs* unterstützte. In der Einleitung zu seiner Abhandlung betonte *Feofan* ausdrücklich, daß *Tatiščev* ihn zu seinen Ausführungen angeregt habe.[3]

Bei dem großen Interesse, das man in Deutschland an der russischen Entwicklung hatte, und da viele Deutsche in Rußland lebten oder dort Dienste suchten, ist es nicht verwunderlich, daß *Prokopovičs* Arbeit auch sofort ins Deutsche übersetzt und an die Akademie der Wissenschaften in Berlin gesandt wurde.[4] Wer der

[1] Ebd., S. 6f.; Winter, Rußlandkunde, S. 480

[2] Rožkov, Деятельность Татищева, S. 6f.

[3] Nähere Angaben über diese kleine Schrift, die immerhin in 1600 Exemplaren erschien, siehe Описание изданий напечатанных кириллицей. 1689 - январь 1725, u. d. Red. v. P. N. Berkov hg. v. T. A. Bykova u. M. M. Gur'evič, Moskau/Leningrad 1958, S. 224

[4] Archiv der Deutschen Akademie der Wissenschaften zu Berlin, Abschn. I, Abt. V, Nr. 5, Wissenschaftliche Verhandlungen und Aufsätze 1710—1740, Bl. 5—11

Vermittler war, konnte ich nicht feststellen, möchte jedoch annehmen, daß möglicherweise Baron *Heinrich Huyssen*, der Beauftragte des Zaren für die Verbindungen nach Westeuropa und Berliner Akademiemitglied, daran nicht unbeteiligt war. Jedenfalls ist diese Übersetzung ein Zeichen dafür, wie sehr man in Rußland daran interessiert war, Kenntnisse über die Toleranzpolitik des Zaren und seiner engsten Mitarbeiter ins Ausland gelangen zu lassen.

Aus diesem kleinen Beispiel läßt sich erkennen, welche Auswirkungen die wirtschaftliche Erschließung des Urals hatte. Ohne eine völlige Unterordnung religiöser Belange unter die wirtschaftlichen Erfordernisse war ein Fortschritt überhaupt nicht möglich. *Tatiščev* hatte das gut erkannt. Sein erster Aufenthalt im Ural hatte ihm aber auch gezeigt, welch ein langer und beschwerlicher Weg noch zurückzulegen war. Die Bedeutung dieser drei Uraljahre für das weitere Wirken *Tatiščevs* liegt vor allem darin, daß er den Bergbau und das Hüttenwesen gut kennenlernte und seine Erfahrungen besonders während seines zweiten Uralaufenthaltes nutzbringend verwenden konnte.

3. Studien und Begegnungen in Schweden

Tatiščev hatte das russische Berg- und Hüttenwesen in den Jahren 1720 bis 1723 gründlich kennengelernt und war besonders durch seine Zusammenarbeit mit Schweden und Deutschen auch auf die Fortschritte des Auslandes aufmerksam geworden. So ist es nicht verwunderlich, daß er den Wunsch äußerte, Schweden und Sachsen zu besuchen, um selbst die dortigen Verhältnisse zu studieren. Da er nach seiner Rückkehr aus dem Ural in unmittelbarer Nähe des Zaren lebte[1] und offensichtlich keine speziellen Verpflichtungen übernahm, hatte er Gelegenheit, die gewonnenen Erfahrungen zu verarbeiten und entsprechende Vorschläge vorzubereiten. Im September 1724 wandte er sich an das Berg-Kollegium und regte an, junge Russen zur Ausbildung nach Schweden zu senden. Während nun von den verschiedenen Verwaltungsstellen — Berg-Kollegium, Senat, Kollegium für Äußeres — *Tatiščevs* Reise nach Schweden durch Recherchen bei dem Stockholmer Botschafter *M. Bestužev* diplomatisch vorbereitet wurde, ernannte *Peter* ihn zum Bergrat und erteilte ihm gleichzeitig Instruktionen für die Durchführung anderer Aufgaben, die den Eindruck erwecken, als sei das Studium der technischen Einrichtungen in Schweden und die Anleitung dort auszubildender Schüler wenn auch nicht der Vorwand so doch nur eine geschickte Maßnahme, um gerade zu diesem Zeitpunkt einen kenntnisreichen Mann nach Schweden einzuschleusen.

[1] Tatiščev, История, I, S. 507 (S. 349)

Bekanntlich war *Tatiščevs* Aufmerksamkeit während seines langjährigen Staatsdienstes immer wieder auf Schweden gelenkt worden. Als Soldat hatte er viele Jahre hindurch gegen die schwedische Armee gekämpft. Gefangene Schweden waren sogar in russische Dienste getreten, wie das erwähnte Beispiel des Kapitäns *Berglin* zeigt. Als Leiter des Berg- und Hüttenwesens hatte *Tatiščev* ständig mit schwedischen Gefangenen zu tun, die nicht nur in staatlichen, sondern auch in privaten Werken arbeiteten. Da er außerdem an den schwedisch-russischen Friedensverhandlungen auf den Alandsinseln teilgenommen hatte, kannte er auch in gewissen Grenzen die politischen Verhältnisse bei dem nördlichen Nachbarn. Es wundert uns also nicht, daß *Peters* Wahl auf seinen bewährten Mitarbeiter fiel, dem man als erfahrenen Bergingenieur den Aufenthalt in Schweden kaum verweigern konnte.

Vor allen Dingen zeichnete *Tatiščev* aber eine Tatsache aus, die ihm vor allen anderen eventuellen Bewerbern den Vorrang geben mußte, wenn es um die Erfüllung geheimer diplomatischer Aufträge ging, wie es in diesem Falle offensichtlich war. Er war durch seine wissenschaftlichen Interessen eng mit einem Manne befreundet, der sich als schwedischer Gefangener in Rußland aufgehalten hatte und einer der Mitbegründer der wissenschaftlichen Sibirienkunde wurde. Es ist der durch sein großes Buch über Sibirien „Das Nord- und Ostliche Theil von Europa und Asien“ (Stockholm 1730) bekannte Forscher *Philipp Johann Tabbert von Strahlenberg*, der aus Norddeutschland stammte, aber in schwedischen Militärdiensten stand. Dieser hatte vom Frühjahr 1721 bis zum Mai 1722 zusammen mit *D. G. Messerschmidt* Sibirien bereist, um Nachrichten und Materialien zur Geschichte, Geographie, Ethnographie und Naturkunde dieses Gebietes zu sammeln. Der Ausgangspunkt dieser Reise im Frühjahr 1721 war die in Tobolsk bestehende Schule, eine Gründung der schwedischen Gefangenen.[1] *Tatiščev* ist von Kungur aus verschiedentlich nach Tobolsk gereist, wo er natürlich auch mit dem dort arbeitenden wissenschaftlichen Kreis in Verbindung kam. Ich möchte sogar als sicher annehmen, daß er sich bei der Abfassung seiner geographischen Arbeiten teilweise auf Forschungsergebnisse seiner schwedischen Kollegen stützte. In einer seiner Abhandlungen veröffentlichte er ein Verzeichnis sibirischer Völker „eines bekannten und in der russischen Geschichte wohl erfahrenen Herrn N***, von dem ich verschiedene Manuskripte erhalten habe“.[2] Wahrscheinlich ist hier zwar nicht *Strahlenberg* gemeint, denn diesen nennt er verschiedentlich in seinem Buch, und es bestünde keine Notwendigkeit, seinen Namen an dieser Stelle zu verschweigen. Es könnte aber z. B. *Messerschmidt*, der von 1721 bis 1727 Sibirien erforschte, oder ein Schwede gewesen sein, der *Tatiščev* einige Manuskripte oder Abschriften überließ. Wie dem auch sei, seine nur zwei bis drei Jahre zurück-

[1] Über die Schule in Tobolsk und die Sibirienforschung vgl. Winter, Rußlandkunde, S. 303–330

[2] Tatiščev, Избранные труды, S. 173

liegenden persönlichen Beziehungen zu den Schweden mußten seine Tätigkeit in deren Heimat sehr wesentlich erleichtern.

Welche Aufgaben stellte nun der Zar seinem erfahrenen Mitarbeiter? Auskunft geben uns der Schlußbericht *Tatiščevs* über seine Tätigkeit in Schweden und eine Tagebuch-Nachricht aus dem Jahre 1724. Der Kammerjunker des Herzogs von Holstein, *F. W. Bergholz*, berichtete unter dem 23. Oktober 1724[1] über eine Audienz des Zaren für *Tatiščev*, in der letzterer beauftragt worden sei, in Schweden zugunsten der Thronforderungen des Herzogs von Holstein, des Verlobten der Carevna *Anna Petrovna*, zu intervenieren. In seiner Schlußrelation vom 17. Oktober 1726 berichtete *Tatiščev* über die ihm erteilten Aufträge: Er sollte das Bergwesen und die Manufakturen studieren, Fachleute für den russischen Dienst werben und russische Schüler in Schweden ausbilden lassen. Seinen politischen Auftrag formulierte er folgendermaßen: „Die politische Lage, das offene Vorgehen und die versteckten Absichten dieses Staates zu erforschen.“ Er fügte ausdrücklich hinzu: „Das war ein wörtlicher Auftrag seiner Majestät.“[2] Mehr konnte und wollte er dem Papier über dieses Problem natürlich nicht anvertrauen. Es ist aber immerhin interessant, daß *Tatiščev* auf schwedischen Wunsch im Frühjahr 1726 das Land verlassen mußte[3], was auf ein dort unerwünschtes politisches Wirken hinzudeuten scheint.

Unter diesen Umständen konnte *Peter* natürlich nicht darauf warten, bis durch eine Korrespondenz zwischen dem Kollegium des Äußern und dem russischen Botschafter in Stockholm die Reise bis ins kleinste Detail vorbereitet war, sondern er schickte *Tatiščev* sofort nach Schweden, wo dieser in der ersten Dezemberwoche 1724 eintraf. In einem Brief an *I. A. Čerkasov* schrieb *Tatiščev* schon am 18. Dezember von seinen Begegnungen mit *Strahlenberg*.[4] *Pekarskij* hat bereits darauf hingewiesen, daß dieser Bericht ein unwiderlegbarer Beweis für die schon in Rußland geschlossene Bekanntschaft zwischen den beiden Wissenschaftlern ist und daß *Tatiščevs* Eintritt in die schwedische Gesellschaft dadurch sehr erleichtert wurde, was sich wiederum fördernd auf die Erfüllung seiner Aufträge auswirken mußte.

Neben seinen diplomatischen Aufträgen, über die genauere Angaben leider nicht vorliegen, beschäftigte sich *Tatiščev* während seines fünfzehnmonatigen Schwedenaufenthaltes mit dem Studium der wirtschaftlichen Situation des Landes und mit wissenschaftlichen Fragen. Auf beiden Gebieten konnte er viele neue Erfahrungen sammeln, die ihm für seine weitere Tätigkeit im Staatsdienst und als Wissenschaftler sehr zustatten kamen.

[1] F. Büsching, Magazin für die neue Historie und Geographie, Bd. 22, Halle 1788, S. 495

[2] „Смотреть и уведомлится о политическом состоянии, явных поступках и скрытых намерениях оного государства.“ ЦГАДА, Ф. XI, Каб. Петра I, Nr. 81, 1726, Bl. 34

[3] Dörries, Rußlands Eindringen, S. 38 (nach einer schwedischen Quelle).

[4] Pekarskij, Новые известия, S. 14

Seine Bemühungen, die wirtschaftlichen Verhältnisse Schwedens und besonders die technischen Fortschritte des schwedischen Bergbaus und des Hüttenwesens genau kennenzulernen, standen allerdings unter einem unglücklichen Stern.[1] Die Schweden hatten selbstverständlich wenig Interesse daran, Ausländern einen Einblick in die inneren Verhältnisse ihres Landes zu verschaffen. Sie hatten während des Nordischen Krieges erkennen müssen, wie stark Rußland war und fürchteten nicht zu Unrecht die Konkurrenz der russischen Eisenproduktion. Wenn sie auch nicht die Möglichkeit hatten, das zu verhindern, wollten sie doch wenigstens nicht selbst eine ihr eigenes Land schädigende Entwicklung fördern. Dazu kam, daß in die Zeit von *Tatiščevs* Aufenthalt in Schweden ein Wechsel der russischen Botschafter in Stockholm fiel, der sich natürlich nicht gerade positiv auf *Tatiščevs* Zusammenarbeit mit der russischen diplomatischen Vertretung auswirkte. Im Juni 1725 wurde *Bestužev* abberufen, und an seine Stelle trat Graf *N. Golovin.* Diese Botschafterablösung hing mit dem Thronwechsel in Rußland zusammen. Ende Januar 1725 war *Peter*, auf dessen persönlichen Wunsch *Tatiščev* nicht zuletzt nach Schweden gesandt worden war, gestorben. Verständlicherweise standen unter diesen Umständen in Petersburg andere Dinge im Vordergrund, als die Sorge für *Tatiščev* in Schweden. So hatte er weder genügend diplomatische Unterstützung, die für ein Vordringen in die schwedischen Betriebe und ein Studium ihrer technischen Einrichtungen unbedingt erforderlich war, noch erhielt er ausreichende finanzielle Mittel, so daß es ihm sehr schwer fiel, schwedische Fachleute anzuwerben oder wenigstens von den wichtigsten neuen Maschinen Zeichnungen anfertigen lassen zu können, die einen Nachbau in Rußland ermöglicht hätten. Die unter diesen schwierigen Umständen erreichten Erfolge sind deshalb um so höher zu bewerten.

Die wichtigste Aufgabe, die sich *Tatiščev* stellte, waren genaue Besichtigungen möglichst vieler Fabriken, das Studium ihrer technischen Einrichtungen und Gespräche mit hervorragenden schwedischen Technikern. Besonders ergebnisreich waren die mehrmaligen Besuche in den Berg- und Hüttenwerken von Salberg und Falun, die zu den besten in Schweden gehörten. Hier sah er viele neukonstruierte Maschinen, deren Verwendung er sofort auch für Rußland vorschlug. Es gelang ihm, mit schwedischen Technikern, wie *Polhem, Bachmanson, Fischer, Dura, Nilson* und dem Bergassessor *Schwabe* in Falun zusammenzutreffen und deren Erfindungen kennenzulernen. Nachdem im Laufe des Jahres 1725 auch endlich die mit Sehnsucht erwarteten russischen Schüler eingetroffen waren, konnte er mit einigen der genannten Techniker und Erfinder Verträge abschließen, nach

[1] Bei der Darstellung der technischen Studien Tatiščevs stütze ich mich auf die bei Popov, Татищев, S. 54–64, 607–616, veröffentlichten Materialien aus dem Archiv des Außenministeriums, auf Quellen aus dem Архив АН СССР, Ф. 95, оп. 5, Nr. 48 (Abschriften: Briefe, Tagebuchaufzeichnungen) und auf seinen schon genannten Schlußbericht: ЦГАДА, Ф. XI, Каб. Петра I, Nr. 81, 1726, Bl. 34–37.

denen diese für die jungen Russen den Unterricht übernahmen. Ein von *Popov* abgedrucktes Verzeichnis *Tatiščevs* über die von ihm abgeschlossenen Lehrverträge enthält genaue Angaben über die Ausbildung der Schüler und die Bezahlung der Lehrer. Es zeugt von *Tatiščevs* vielseitigen Bemühungen auf diesem Gebiet. Den Schülern sollten alle Maschinen erklärt werden, sie sollten das Röst- und Schmelzverfahren kennenlernen, sie sollten das Markscheidewesen studieren und in Laboratorien angelernt werden.

Für gut und nachahmenswert hielt *Tatiščev* die allseitige Förderung des Bergbaus und des Hüttenwesens durch die schwedische Regierung. Obwohl es bereits eine Akademie und Schulen gebe, „richtete man jetzt erneut eine spezielle Wirtschaftsschule ein, an der vor allen Dingen Physik und Mathematik, besonders aber Mechanik unterrichtet werden". Durch eine günstige Zeiteinteilung, die es ermöglichte, daß im Winter nur die Schule besucht wird, in den Sommermonaten aber in den Fabriken selbst praktische Kenntnisse vermittelt werden, werde der größtmögliche Erfolg erreicht. Gerade von diesem schwedischen Fachschulsystem erhielt *Tatiščev* manche Anregung, die er dann in Rußland in die Tat umzusetzen versuchte. Besonders hob er immer wieder hervor, daß die Eisenausbeute in Schweden größer sei als in Rußland, obwohl die Erze in Rußland meist eisenhaltiger seien als die schwedischen. Er führte diese Tatsache mit Recht darauf zurück, daß es in Schweden eine große Zahl gut ausgebildeter Chemiker und ein Probierlaboratorium beim Berg-Kollegium mit einem Etat von 2000 Rubel — wie er ausdrücklich betonte — gab. Auch in Rußland hatte man bereits 1720 erkannt, daß das Ausschmelzen der Erze durch ein gut arbeitendes zentrales Laboratorium, das notwendige Untersuchungen schnell und gewissenhaft durchführen konnte, verbessert werden mußte und hatte eine entsprechende Einrichtung ins Leben gerufen, konnte aber zunächst keinen bleibenden Erfolg verbuchen.[1]

Von den besten Maschinen, die *Tatiščev* in Schweden sah und deren Verwendung in Rußland Erfolge versprachen, ließ er Zeichnungen anfertigen. Es fiel ihm aber sehr schwer, entsprechende Fachleute für diese Arbeit zu gewinnen, wie er an seinen ehemaligen Kollegen *Hennin* schrieb, der ihn von Rußland aus nach Möglichkeit unterstützte, indem er verschiedentlich beim Berg-Kollegium zugunsten *Tatiščevs* intervenierte und um finanzielle Unterstützung für ihn bat. *Tatiščev* dachte sogar daran, den besten russischen Mechaniker der damaligen Zeit, *A. K. Nartov*[2], nach Schweden zu holen, damit er dort mit ihm zusammen alle technischen Einrichtungen studieren konnte. Das ist ihm allerdings nicht gelungen.

Nach Abschluß seiner technischen Studien in Schweden beabsichtigte *Tatiščev* auch noch, nach Sachsen zu reisen, um so ein weiteres Zentrum des hochent-

[1] K. A. Bjaleckij, Металлургическая лаборатория берг-коллегии. In: Труды института истории естествознания и техники, Bd. 3, Moskau 1953, S. 176—183

[2] Über Nartov vgl. neuerdings V. V. Danilevskij, A. K. Нартов и „Ясное зрелище машин", Leningrad 1958

wickelten Bergbaus kennenzulernen. Er wandte sich in einem Brief an *Hennin* und bat ihn um Unterstützung in dieser Angelegenheit. Er wies darauf hin, daß gerade die Möglichkeiten, die die schwedische Regierung ihren Bergingenieuren zum Studium im Ausland bot, nicht zuletzt die Ursachen für die großen Erfolge dieses Landes auf dem Gebiete des Berg- und Hüttenwesens seien. Und er fügt hinzu: Was das kleine und im Vergleich zu Rußland arme Schweden könne, müßte doch auch seinem Heimatlande möglich sein. Wenn auch diesen Bemühungen ein Erfolg versagt blieb, so hatte *Tatiščev* doch gerade in Schweden auf bergbaulichem Gebiet viel Neues gesehen und gelernt, was er später während seiner Tätigkeit im Ural gut verwerten konnte.

Tatiščev beschränkte sich aber nicht nur auf das Studium der technischen Errungenschaften, sondern er bemühte sich auch, das gesamte Wirtschaftsleben Schwedens kennenzulernen. So sammelte er wichtige Nachrichten über den schwedischen Außenhandel, besichtigte Werften und Kanäle, studierte das Finanzwesen des Gastlandes, kurz, er widmete sich all den Problemen, die auch in Rußland seine Aufmerksamkeit erregten.[1] Als erfahrener Wirtschaftsorganisator betrachtete er natürlich das Berg- und Hüttenwesen nicht isoliert, sondern stets als einen Teil des gesamten Wirtschaftslebens. Fragen der Finanzierung und des Transports spielten ja — wie oben dargestellt wurde — in Rußland eine besonders große Rolle. Auch hier konnte er also viele Erfahrungen sammeln, die später mit Nutzen zu verwenden waren.

Bei der Beschäftigung mit dem Lebenswerk *Tatiščevs* stößt man immer wieder auf seine Vielseitigkeit. In den fünfzehn Monaten, die er in Schweden war, hat er nämlich nicht nur die wirtschaftlichen Verhältnisse des Landes aufmerksam studiert, sondern sich auch intensiv mit wissenschaftlichen Problemen beschäftigt. Die dazu notwendigen Verbindungen vermittelte ihm sein Freund *Ph. J. Strahlenberg*, den er bekanntlich sofort nach seiner Ankunft aufsuchte. *E. Winter* hat bereits die Vermutung geäußert, daß er sogar versuchen sollte, *Strahlenberg* für den Eintritt in russische Dienste zu gewinnen.[2] Wenn ihm das auch nicht gelang, so rechnete man doch noch in den dreißiger Jahren damit, daß er — wenn auch nicht nach Rußland zurückkehrt, so doch — wieder engere Verbindungen zu diesem Lande knüpft. Als im Jahre 1730 *Strahlenbergs* genanntes Buch über Sibirien erschien, schrieb *J. G. Vockerodt* — einer der besten deutschen Rußlandkenner in der ersten Hälfte des 18. Jahrhunderts, der zunächst als Lehrer des russischen Dichters *A. Kantemir* und dann als Sekretär der preußischen Gesandtschaft in Petersburg und Moskau wirkte — über dieses Werk an den Historiker und Philologen *T. S. Bayer*, daß er bei *Strahlenberg* „viel Aufrichtigkeit, aber sehr wenig

[1] P. Pekarskij, Известия, собранныя В. Н. Татищевым в бытность его в Сибирии и Швеции 1721—1726 годов. In: Записки имп. географического общества, Buch II, 1863, Abt. Forschungen und Materialien, S. 116—124

[2] Winter, Rußlandkunde, S. 322

judicium discretivum" gefunden habe. Hätte er weniger Anstößiges geschrieben, „sondern sich bloß und allein an seiner Materie gehalten, so würde man Ihn vielleicht noch wohl durch eine considerable pension encouragieret haben, mehrere decouverten zu tun, wozu er Lust zu haben scheinet".[1] *Vockerodt* hat aber wahrscheinlich die Ausführungen und die Wünsche des Autors doch nicht ganz richtig interpretiert, denn dieser hatte in Schweden eine gesicherte Stellung, und die Verhältnisse in Rußland hatten sich geändert. *Peter* war tot, inzwischen arbeitete eine ganze Akademie an der Erforschung des Landes, möglicherweise stand ihm auch das Schicksal der Forschungsergebnisse seines Kollegen *Messerschmidt*, den er oft lobend erwähnte[2], vor Augen, die erst heute veröffentlicht werden.

Wie sehr *Strahlenberg* seinen russischen Kollegen *Tatiščev* schätzte, zeigt sein Brief an *Leonhard Frisch*. Er schrieb am 12. März 1725[3]: „... Den es ist alhier in Stockholm der Russische bergrath *Tettischow*, ein so curiöser und studirtet Rusz, alsz je ein teutscher ... Esz hat sich dieser Mann, der guht teutsch redet und zimlich schreibet, die Mühe gegeben und hat über *Hübners* Stats- und Zeitungslexikon über alles was Russland angehet remarquen gemacht. Ich habe solche von ihm ins reine teutsch gebracht und hinzugethen, was ihm in Sibirien nicht vollkommen bekant gewesen. Er hat das selbst an *Hübner* geschrieben und es ihm zu zu senden versprochen. Hätte ich so viel Zeit, wolte es Euer Liebden auch schicken, den es sind viel curiosa darin und fast kein eintziger Artikell im ganzen lexiko, der vollkommen und recht beschrieben und der nicht correctur leidet." Neben dem positiven Urteil geht aus diesem Brief hervor, wie intensiv *Tatiščev* schon in dieser frühen Zeit an geographischen und historischen Problemen arbeitete und daß er mit deutschen Gelehrten in Verbindung zu kommen suchte. Eine seiner wichtigsten Aufgaben als russischer Wissenschaftler sah er darin, die falschen westeuropäischen Mitteilungen über Rußland zu korrigieren. Leider ließ es sich bisher nicht feststellen, ob es tatsächlich zu einer Korrespondenz zwischen *Hübner* und *Tatiščev* kam, wie sie *Strahlenberg* angekündigt hatte. *A. Andreev* hat bereits darauf hingewiesen, daß die verschiedenen Ausgaben von *Hübners* Lexikon verglichen werden müßten, um den Anteil des russischen Forschers an diesem Werk festzustellen.[4]

Strahlenberg führte *Tatiščev* sofort in einen weltoffenen Kreis von Wissenschaftlern ein, der ihn als Gleichberechtigten aufnahm. Das zeigt ganz deutlich der Briefwechsel zwischen dem späteren Petersburger Akademiemitglied und Erforscher der alten russischen Geschichte, *Th. S. Bayer*, und *Eric Benzel*, der Professor an der Universität Uppsala war und sehr viel über die alte nordische Ge-

[1] Архив АН СССР, Ф. I, оп. 72, Nr. 3, Bl. 91r

[2] E. Benzel an T. S. Bayer, o. O., o. D. (1730): „Strahlenbergius saepius mihi laudavit Doctorem Messerschmidtum ..." Архив АН СССР, Ф. I, оп. 72, Nr. 3, Bl. 44r

[3] Ein Brief Ph. Joh. von Strahlenbergs. Hg. v. B. Cordt. In: Verhandlungen der gelehrten estnischen Gesellschaft zu Dorpat, Bd. XIII, 1888, S. 419

[4] Andreev, Труды Татищева, S. 6

schichte gearbeitet hat. *Bayer* hatte sich noch von Königsberg aus, wo er Lehrer und Bibliothekar gewesen war, bevor er nach Rußland ging, an *Benzel* gewandt und ihn um die Weiterleitung eines kleinen Päckchens an *Strahlenberg* gebeten.[1] *Strahlenbergs* Antwortbrief ist ein wichtiger Beweis für seine engen Beziehungen zu *Tatiščev*. Er schrieb an *Bayer*: „Deßelben höchstgeehrtes unter Couvert des Herrn Doctor *Bentzelij* ist mir nebst der kleinen Charte und dem Calmuckschen diploma gar woll ... zu Händen gekommen; gedachtes diploma habe bei meiner Ankunft alhier also fohrt dem russischen Bergraht *Tettischow* in beyseyn des Herrn Doctor *Bentzelij* abgegeben, welcher es zum translatiren nach Petersburg versand ..."[2] *Bayer* kannte also *Tatiščev*, der in die Gemeinschaft der schwedischen Forscher aufgenommen worden war, schon, bevor er im Februar 1726 als Akademiemitglied nach Petersburg kam. Am Anfang der dreißiger Jahre war er dann oftmals der Mittelsmann zwischen *Tatiščev* und verschiedenen Schweden, die ihre Forschungsergebnisse austauschten oder auch gegenseitige Bücherwünsche befriedigten.[3]

Es muß noch einmal wiederholt werden, daß *Tatiščev* ohne *Strahlenbergs* Hilfe sicher nicht so schnell Anschluß an verschiedene Wissenschaftler in Schweden gefunden hätte. Nicht nur mit dem schon mehrmals erwähnten *Benzel*, sondern auch mit dem Assessor im schwedischen Antiquitäten-Kollegium, der historischen Forschungsstätte des Landes, *Heinrich Brenner*, kam *Tatiščev* bald nach seiner Ankunft in Kontakt. Der Kusine *Brenners*, der Dichterin *Sophia Brenner*, lieferte er Material für ein Lobgedicht auf den verstorbenen Zaren und bemühte sich auf diese Weise um das Andenken seines großen Lehrmeisters. *Brenner* hatte über zwanzig Jahre in russischer Gefangenschaft verbringen müssen, da er sich bei Ausbruch des Nordischen Krieges mit einer schwedischen Gesandtschaft gerade auf der Rückreise aus Persien nach Schweden über Kazan' und Astrachan' befand. Er kannte also Rußland sehr genau. Durch ihn lernte *Tatiščev* wiederum den Altertumsforscher *Eric Julius Björner* kennen. Die Bekanntschaft mit diesen beiden schwedischen Historikern ermöglichte ihm umfassende Studien besonders in der Universitäts-Bibliothek Uppsala, die er systematisch nach Russica durchforschte. Vor allem für die frühe russische Geschichte konnte er dort viel Material finden, das er für eine spätere Darstellung auswertete. Wichtige Bücher erwarb er und schickte sie an die Akademie, die dadurch ihre Bibliothek vervollständigen konnte.[4] Auch mit dem Präsidenten des Collegium Medicum in Stockholm, dem

[1] E. Benzel an T. S. Bayer, Uppsala, 22. 12. 1725: „Nobilissimus Stralenbergius fasciculum Tuae ad me epistolae adjunctum accepit et cum Stockholmiae nuperrime colloqueremur brevi se responsum promisit." Архив АН СССР, Ф. I, оп. 72, Nr. 2, Bl. 100

[2] Strahlenberg an Bayer, Stockholm, o. D.; nach Einordnung zwischen 22. 12. 1725 und 3. 1. 1726. Ebd., Bl. 114

[3] Ebd., Ф. I, оп. 72, Nr. 3, Bl. 188, und Nr. 4, Bl. 48r

[4] Материалы, Bd. I, S. 191 (Verzeichnis übersandter Bücher)

Leibarzt *Magnus Bromell*, der sich sehr für das Bergwesen interessierte, hat *Tatiščev* in wissenschaftlichem Kontakt gestanden. Am 14. April 1726 berichtete *Bromell* dem Danziger Arzt *Johann Philipp Breyn*, daß er *Tatiščev* Dubletten seiner Mineraliensammlung zur Verfügung gestellt habe.[1]

Dieser kurze Überblick über die Begegnungen *Tatiščevs* mit schwedischen Wissenschaftlern[2] zeigt bereits die Bedeutung, die diese Reise für seine wissenschaftliche Weiterbildung hatte. Diese Wichtigkeit wird noch durch die Tatsache unterstrichen, daß er während seines Schwedenaufenthaltes seine erste wissenschaftliche Arbeit publizieren konnte.

Im zweiten Band der „Acta literaria Sveciae" für das Jahr 1725 erschien auf den Seiten 36 bis 43 eine Abhandlung von *Tatiščev* unter dem Titel: „Generosiss. Dn. *Basilii Tatischow* Epistola ad D. *Ericum Benzelium* de mamontowa kost, id est, de ossibus bestiae Russis Mamont dictae." Diese Arbeit wurde dann 1729 in Schweden und 1743 in England in den „Acta Germanica" noch einmal nachgedruckt.[3] *Tatiščev* legt hier — was der Titel zunächst gar nicht vermuten läßt — die Ergebnisse seiner Höhlenuntersuchungen im Ural vor, widerlegt die Legenden von den gewaltigen Fabelwesen, die durch ihre unterirdischen Wanderungen diese großen Hohlräume geschaffen hätten, und kommt zu dem Ergebnis, daß die Höhlen im Laufe der Jahrhunderte vom Wasser ausgewaschen wurden. Erst wenn man von diesem Inhalt der Abhandlung weiß, wird das große Interesse verständlich, daß man in Europa an diesen Forschungen hatte. Schon bald nach der ersten Veröffentlichung des Artikels legte der Sekretär der Royal Society in London, *Hans Sloane*, in den viel gelesenen Philosophical Transactions[4] die Forschungsergebnisse *Tatiščevs* dar und machte sie damit noch weiteren wissenschaftlich interessierten Kreisen zugänglich.

Nach seiner Rückkehr nach Rußland hat *Tatiščev* seine Forschungen auf diesem Gebiet weiter betrieben und die Ergebnisse in den von der Akademie der Wissenschaften herausgegebenen „Anmerkungen über die Zeitungen"[5] veröffentlicht, die gleichzeitig in deutscher und russischer Sprache erschienen und die erste literarische und populärwissenschaftliche Zeitschrift in Rußland waren.[6] Die von *Tatščev* in diesem Artikel dargelegten Anschauungen über die ganz natürliche Entstehung solcher unterirdischen Hohlräume und die Anlagerung von Boden-

[1] Landesbibliothek Gotha, Chart. B 789, Nr. 102

[2] Ausführlicher mit vielen Ausschnitten aus Briefen Tatiščevs: Pekarskij, Новыс изпвстия, S. 14—30

[3] Ebd., S. 19f.

[4] Bd. XXIX, London 1729, S. 467

[5] Von Knochen, so aus der Erde gegraben werden, und besonders von den so genannten Mamonts-Knochen. In: Historische, Genealogische und Geographische Anmerkungen über die Zeitungen, Jg. 1730, S. 317—332, 349—364, 369—372

[6] P. N. Berkov, История русской журналистики XVIII века, Moskau/Leningrad 1952, S. 64

schätzen ließen einige von der göttlichen Erschaffung der Welt überzeugte Leute nicht ruhen. Die Redaktion der Zeitschrift teilte daher mit, es habe „einem gewissen vornehmen und hohen Gönner beliebet, wieder unsers Herrn Autoris Meinung einige gründliche Zweiffel zu erregen. Darauf hat der Herr Autor geantwortet.“[1] Auch in dieser relativ kurzen Mitteilung geht *Tatiščev* weit über das Thema Mammut-Knochen hinaus und bemüht sich um die Widerlegung vorgefaßter Meinungen über die Entstehung der Bodenschätze.

In einer sowjetischen Arbeit[2] wurde bereits darauf hingewiesen, daß ein ausführlicher russischer Bericht *Tatiščevs* über seine Forschungen im Uralgebirge unveröffentlicht blieb. Diese Arbeit zeigt ihn als einen Wissenschaftler, dessen Anschauungen in vieler Hinsicht seiner Zeit weit vorauseilten und der versuchte, Dinge, die bis dahin als durch überirdische Mächte verursacht angesehen wurden, auf natürliche Weise zu erklären. *Tatiščev* hatte diese Forschungsergebnisse der Akademie bereits Ende 1730 zugesandt, und *J. D. Schumacher* als Leiter der Kanzlei und Verantwortlicher für die organisatorischen Arbeiten der Akademie hatte einer Veröffentlichung zugestimmt. Am 24. Januar 1731 schrieb er an *Tatiščev* nach Moskau: „Nachdeme der Herr Doctor *Gmelin* und übrige Professores, die von dieser Materie eine Kenntnis haben, Ew. Hochwohlgeb. letzt überschickte Dissertation von denen Mamonts-Knochen gelesen und dieselbe in einer solchen Ordnung geschrieben befunden, daß sie ohne Veränderung müßte gedruckt werden, als wird man nun mit dem Druck ohne Anstand fortfahren . . . Die Korrektion davon wird der Herr *Illinsky* besorgen und wenn Ew. Hochwohlgeb. noch etwas insbesondere dabei zu erinnern haben, so hat noch Zeit, solches zu tun.“[3] Warum die Publikation unterblieb, ist nicht festzustellen gewesen. Der 1732 erschienene Beitrag ist nur ein kleiner Ausschnitt aus dieser Abhandlung. Die zuerst in Schweden veröffentlichte kurze Mitteilung und die späteren Beiträge gehören zusammen. Daher wurde auch hier bereits auf sie verwiesen, obwohl damit der chronologische Rahmen durchbrochen wurde.

Zusammenfassend kann festgestellt werden, daß der Schwedenaufenthalt ein wichtiger Einschnitt im Leben *Tatiščevs* war. Seine wirtschaftlichen und wissenschaftlichen Interessen wurden sehr gefördert, und er konnte nunmehr für sein Vaterland, das nach dem Tod *Peters* dessen engste Mitarbeiter notwendiger denn je brauchte, noch besser wirken. In welcher Richtung er zu arbeiten gedachte, zeigt anschaulich sein „Краткое изъятие из великих дел *Петра Великого*, императора всероссийского“, das er *Sophia Brenner* für die schon erwähnte Würdigung des Zaren übergab. Darin wird anfangs kurz auf die militärischen

[1] Von den Mammonts-Knochen. In: Anmerkungen über die Zeitungen, Jg. 1732, S. 411 bis 418

[2] A. N. Ivanov, B. H. Татищев как исследователь карстовых явлений. In: Вопросы истории естествознания и техники, Lief. 4, Moskau 1957, S. 86–93

[3] Архив АН СССР, Ф. IV, оп. 1, Nr. 1a, Brief Nr. 545, Abschrift

Erfolge *Peters* eingegangen, die zur Stärkung und Vergrößerung Rußlands beigetragen hätten. Im Mittelpunkt einer Würdigung des Zaren sollte aber nach *Tatiščevs* Meinung die innere Festigung des russischen Staates stehen. Unter *Peter* seien in Rußland Handel und Manufakturen aufgeblüht, Wissenschaften und Künste seien gefördert und der Aberglauben zurückgewiesen worden; die kirchliche und weltliche Verwaltung entsprächen nach der Reform einem wünschenswerten Zustand. Alles das sei gegen die Absichten der Feinde während eines lang andauernden Krieges verwirklicht worden.[1] Aus diesen Worten spricht der begeisterte Verteidiger des petrinischen Staates. Hier wurde in knapper Form das von *Peter* in Angriff genommene Programm charakterisiert, das es nun nach dem Tode des Lehrmeisters fortzusetzen und zu vollenden galt. Sein ganzes weiteres Wirken setzte *Tatiščev* als einer der bedeutendsten Schüler *Peters* für die Verwirklichung dieser Absichten ein.

4. Stellung zu den politischen Auseinandersetzungen 1730

Nach seiner Rückkehr aus Schweden hatte *Tatiščev* zunächst damit gerechnet, wieder nach Sibirien geschickt zu werden. Aus einer undatierten Eingabe, wahrscheinlich aus dem Jahre 1726[2], geht hervor, daß er in dieser Zeit im Berg-Kollegium arbeitete. Er behandelt in dieser Eingabe Probleme des Verkehrs, die schon in Kungur im Ural seine Aufmerksamkeit erregt hatten, und schlug vor, zur besseren Ausnutzung der reichen Bodenschätze Rußlands das Land durch den Bau von Straßen verkehrstechnisch zu erschließen. Aber schon bald nach dem Regierungsantritt *Peters II.* wurde er am 16. September 1727 als Leiter des Geldkontors nach Moskau versetzt und erhielt somit eine ganz neue Aufgabe, für deren Erfüllung er aber wegen seiner ökonomischen Kenntnisse und durch seine Studien in Schweden, die sich auch auf das Münzwesen erstreckt hatten, durchaus geeignet war. Die folgenden sechs Jahre in Moskau sind ein Höhepunkt in seinem Leben. Seit dieser Zeit nahm er weit mehr als vorher an den politischen Auseinandersetzungen seiner Zeit teil.

Rußland, in das *Tatiščev* nach fast anderthalbjähriger Abwesenheit im Frühjahr 1726 zurückkehrte, war in eine neue Etappe seiner Entwicklung eingetreten. Zar

[1] „... государство свое обогатил; мануфактуры и купечество многократно размножил; вольные науки и искусства открыл; суеверие опровергл; доброе правление духовное и светское в пожелаемое состояние привел; правосудие во всем государстве в высшей степени оставил, а мздоимство и неправости прилежно искоренял ...“ Pekarskij, Новые известия, S. 18f.

[2] ЦГАДА, Ф. IX, Каб. Петра I, Nr. 81, 1726, Bl. 38–39r. Inhalt bei Pekarskij, Новые известия, S. 30f.

Peter, unter dessen persönlicher Leitung Rußland seine Machtstellung in Europa gewonnen hatte, war nicht mehr. Es mußte sich jetzt zeigen, wie stark der Reformgedanke in der herrschenden Klasse verankert war. Die Reform war im Interesse des gesamten Adels durchgeführt worden, um seine Herrschaft zu festigen, gleichzeitig aber die Manufakturentwicklung zu fördern. Das setzte voraus, daß die Vorherrschaft des Hochadels gebrochen wurde. *Peter* hatte sich bemüht, durch die Aufopferung seines Sohnes, der die stille Hoffnung der unzufriedenen alten Bojarengeschlechter war, der russischen Entwicklung ihre Kontinuität einigermaßen zu sichern, soweit sie von der Tätigkeit eines einzelnen abhing. Die Verschwörung um *Aleksej Petrovič* hatte nämlich gezeigt, daß der Kampf innerhalb der herrschenden Klasse, des Adels, weiterging. Die angespannte innen- und außenpolitische Lage Rußlands — die Bauernaufstände und der langwierige und opferreiche Krieg gegen Schweden — und die starke Herrscherpersönlichkeit *Peters* ließen es jedoch zu einer entscheidenden Kraftprobe nicht kommen. Der Sieg über Schweden und die dadurch bedingte Festigung des Staates sowie der Tod des Zaren, dessen Nachfolge in den Einzelheiten nicht geregelt war, führten nun dazu, daß die Auseinandersetzungen innerhalb der herrschenden Klasse in der zweiten Hälfte der zwanziger Jahre des 18. Jahrhunderts wieder deutlicher hervortraten.[1]

Eine dauernde Festigung der errungenen Machtstellung Rußlands konnte nur die Fortsetzung der vom Zaren eingeleiteten Politik garantieren, eben weil sie in ihren Grundzügen den ökonomischen und politischen Erfordernissen Rußlands in jener Zeit entsprach. Daher war natürlich die Einsicht der herrschenden Klasse in diese Notwendigkeit von entscheidender Bedeutung, weil dadurch Umwege und Komplikationen vermieden werden konnten. Es kam darauf an, wie es die Vertreter des durch die Reform zu Macht und Einfluß gekommenen neuen Adels verstanden, ihre persönlichen Interessen, die sich unter den bestehenden Verhältnissen mit denen des Staates weitgehend deckten, durchzusetzen und nicht um kleiner Augenblickserfolge willen das große Ziel, die Festigung der absoluten Monarchie, die ihre Interessen verteidigte, aufzugeben. Die Tendenzen zur Einschränkung der absoluten Macht des Monarchen, wie sie *Peter* ausübte und wie sie *Feofan Prokopovič* in seiner „Правда воли монаршей“ für Rußland theoretisch begründet hatte, waren zwar zurückgedrängt, als Potenz jedoch immer noch vorhanden. Sie äußerten sich nach des Zaren Tod zunächst in den Versuchen, seine besten Mitarbeiter, die als die hervorragendsten Verteidiger des absoluten Staates bekannt waren und die mit dem Einsatz ihrer ganzen Person und ihres umfassenden Wissens für dessen Festigung eintraten, aus der Verantwortung zu verdrängen.

[1] Eine Einschätzung der politischen Machtkämpfe nach Peters I. Tod geben die Очерки II, S. 249—256

Ein offenes Vorgehen der reaktionären Kreise gegen die Anhänger *Peters* war natürlich nicht möglich. Entweder zogen sich seine engsten Vertrauten, unzufrieden mit den nach des Zaren Tod einsetzenden Auseinandersetzungen um die persönliche Macht, von selbst vom Staatsdienst zurück, wie der Generalfeldzeugmeister *Jakov Bruce*, der sich auf seinem Landsitz bei Moskau nur noch seinen wissenschaftlichen Interessen widmete, oder sie mußten ihre Stellung gegen die Angriffe ihrer Gegner verteidigen, wie *Feofan Prokopovič*. Mit Unterstützung oder jedenfalls mit stillschweigender Duldung der schwachen und kompromißbereiten Regierungen wurde versucht, mißliebige Personen wie den Erzbischof von Novgorod auszuschalten. Bereits an der Jahreswende 1725 zu 1726 war seine Stellung so gefährdet, daß er ernstlich an ein Ausweichen nach Schweden dachte, weil er nicht glaubte, sich gegen den Ansturm seiner Feinde halten zu können.[1] Vor diesem Schicksal wurde er jedoch durch *Katharina* bewahrt, nicht zuletzt wohl im Gedenken an die großen Dienste, die der Erzbischof dem Zaren geleistet hatte.

Zur Beseitigung *Prokopovičs* bot sich aber als ein Mittel der theologische Weg geradezu an, besonders da er auch schon zu Lebzeiten *Peters* immer wieder die Angriffe der die Aufklärung ablehnenden Theologen zurückweisen mußte, die ihn der Neigung zum Protestantismus verdächtigten. Der Führer dieser Gruppe war der Erzbischof von Rjazan, *Stefan Javorskij*, gewesen, den *Peter* zum Präsidenten des das Patriarchat ablösenden Synods gemacht hatte, um ihn ständig kontrollieren zu können und um gerade diesen Gegner, von dessen Ablehnung der Maßnahmen des Zaren jeder wußte, zu einem Mitverantwortlichen für die petrinische Kirchenpolitik zu machen. Zwar war *Javorskij* bereits 1723 gestorben, aber er hatte ein Werk hinterlassen, das sich vordergründig nur gegen die von den orthodoxen Anschauungen abweichenden Lehren des Luthertums richtete, welches nach des Autors Meinung schon viel zu viel Einfluß in Rußland gewonnen habe, in Wirklichkeit aber — wie jedermann wußte — *Peter* und seine Anhänger, besonders *Prokopovič*, treffen sollte. Es ist kein Zufall, daß gerade 1728, nachdem *Katharina*, die Gemahlin des Zaren *Peter I.*, gestorben war, einer der fanatischsten Anhänger *Javorskijs* und Gegner *Prokopovičs*, *Feofilakt Lopatinskij*, Bischof von Tver', die Zeit für reif hielt, die nachgelassene Schrift seines Gesinnungsfreundes, den „Fels des Glaubens" („Каменъ веры"), zu veröffentlichen und damit zum Sturm auf die Aufklärung in Rußland zu blasen. 1727 hatte nämlich der Sohn des von *Peter* hingerichteten *Aleksej*, *Peter II.*, als Exponent des alten Adels den Thron bestiegen. *A. Menšikov*, der bis dahin allmächtige Favorit, wurde bald nach Sibirien verbannt, und der Hof siedelte nach Moskau über, um damit die sich unter dem Einfluß des allmählich mächtiger werdenden Hochadels anbahnenden Veränderungen auch äußerlich zu dokumentieren. Wie einst Petersburg das Symbol

[1] B. Krupnickyj, Theophan Prokopovič und Schweden. In: Analecta OSBM, Lemberg 1934, H. 3—4, S. 1—14, und Zeitschrift f. Osteurop. Gesch. IX, 1935, S. 277

für das neue Rußland war, so sollte nun Moskau ein Zeugnis sein für die antipetrinische Politik.

Hinter dem Buch „Камень веры“ stand eine Gruppe der russischen Geistlichkeit, die nach außen hin nur gegen die Kirchenpolitik *Peters* kämpfte. Diese Politik der Kirche gegenüber war aber nur eine Widerspiegelung der gesamten Politik *Peters*, gegen die sich der Hochadel wandte. Innerhalb der den minderjährigen Zaren umgebenden und um die Macht kämpfenden Gruppen des Hochadels gelang es der Familie *Dolgorukij*, sich durchzusetzen und die russische Politik zu bestimmen. Durch die Vermählung des erst fünfzehnjährigen Zaren mit *Katharina Dolgorukaja* wollte die Familie ihren Einfluß weiter vergrößern. Da starb am 19. Januar 1730, einen Tag vor der Hochzeit, *Peter II.* an den Blattern. Damit war alles wieder in Frage gestellt. Ein neuer Zar mußte gewählt werden.[1] Das Organ, das in dieser Frage zunächst zu entscheiden hatte, war der Oberste Geheime Rat (Верховный Тайный Совет), dessen Mitglieder Verchovniki genannt wurden.

Der seit dem 8. Februar 1726 bestehende Oberste Geheime Rat war zunächst als Gegengewicht zum Senat, in dem der Einfluß der Aristokratie allmählich gewachsen war, gegründet worden und alte Mitarbeiter *Peters des Großen* wie *A. Menšikov*, *P. Tolstoj*, *F. Apraksin*, *G. Golovkin* und *H. Ostermann* waren seine führenden Persönlichkeiten. Die Aufnahme des Führers des sich durch die petrinische Politik benachteiligt fühlenden Hochadels, *D. M. Golicyn*, war jedoch schon ein für die Politik der ersten *Katharina* charakteristischer Kompromiß, dessen Nachteil sich besonders 1730 offenbaren sollte. Noch mehr als die Zarin trifft diese Schuld freilich ihren mächtigen Favoriten *Menšikov*, der die Politik seines Lehrers *Peter* nicht nur nicht verteidigte, sondern nur noch seinen eigenen Vorteil sah und durch die Förderung *Golicyns* die persönliche Anerkennung in den Kreisen des Hochadels zu erreichen suchte. Er erlitt völligen Schiffbruch. Bereits 1727 wurde er gestürzt und in die Verbannung geschickt, wo er 1729 starb. Vorher hatte er jedoch noch seinen Mitstreiter aus der petrinischen Zeit, *P. Tolstoj*, in die Verbannung getrieben. Ein weiteres Mitglied des Rates, *F. Apraksin*, war 1728 gestorben. Die ausgeschiedenen Mitglieder des Obersten Geheimen Rats wurden durch Angehörige des Hochadels ersetzt. Dadurch war der Oberste Geheime Rat in den vier Jahren seit 1726 zum Zentrum der aristokratischen Bestrebungen geworden. Von den acht Mitgliedern des Rates im Jahre 1730 gehörten allein vier der Familie *Dolgorukij* und zwei der Familie *Golicyn* an und bildeten zunächst zwei Parteien im Kampf um die Macht, wobei die *Dolgorukij* als Vertraute des Zaren ein Übergewicht hatten. Die beiden weiteren Mitglieder, der Kanzler *Golovkin* und der Vizekanzler *Ostermann*, stellen sich schließlich auf die Seite derjenigen, die für eine weitere absolutistische Regierung eintraten.

[1] Über die Auseinandersetzungen in Rußland und den Kampf gegen Prokopovič vgl. Winter, Rußlandkunde, S. 137ff.

Die Versuche, die Petriner auszuschalten, gehen bis in die Zeit unmittelbar nach dem Tode *Peters* zurück, setzten aber verstärkt 1728 ein. Von den Bemühungen, den Einfluß *Prokopovičs* zu beseitigen, hatten wir bereits gehört. Auch der junge Fürst *Antioch Kantemir*, der sich mit seinem ganzen Einfluß und seiner ausgezeichneten Bildung für das petrinische Rußland einsetzte, sollte ausgeschaltet werden. Es war eine beliebte Methode, unerwünschte Personen, denen man irgendwelche Verfehlungen nicht nachweisen oder gegen die man nicht offen vorgehen konnte, in eine Art ehrenvolle Verbannung zu schicken. So betrieben die *Dolgorukijs*, die den bestimmenden Einfluß in dem von Hochadel beherrschten Obersten Geheimen Rat ausübten, bereits 1729 die Entsendung *Kantemirs* als Botschafter ins Ausland.[1] Natürlich war ein solcher Auftrag äußerst ehrenvoll und konnte kaum abgelehnt werden. Unter den bestehenden Verhältnissen war er jedoch eine Kampfansage an die Petriner.

Unter diesen Bedingungen wundert es uns auch nicht, daß versucht wurde, einen als Anhänger der petrinischen Ideen gut bekannten Mann wie *Tatiščev* nach Möglichkeit ebenfalls aus der Hauptstadt zu entfernen. Seine hervorragenden Kenntnisse als Bergingenieur mußten als Grund herhalten für die Versuche, ihn erneut nach Sibirien zu schicken. So berichtete der braunschweigische Gesandte Baron *A. A. von Cramm* bereits am 7./18. Juli 1728 aus Moskau: „Es coursiert, daß man alle diejenigen Leute, welche der *Dollgorouck*ischen Parthey entweder zu gefährlich oder verdächtig vorkommen, entfernen wolle, indem verlautet, daß ein gewisser Gehr. Staats-Rath *Tatischow*, so ein sehr vernünftiger Mann, der deutschen Sprache mächtig, bey dem verstorbenen Monarchen *Peter I.* seiner Gelehrsamkeit und Wissenschaft halber, welche er so woll in Berg- als Müntz-Sachen hat, sehr beliebt gewesen und jetzt wirklich das Müntzwesen dirigiert, unter dem Vorwand nach Sibirien geschickt werden soll, die dortigen Bergwerke zu inspizieren. Die wahre Ursache aber ist des Fürst *Alexei Gregorowitz Dolgorouky* Ungunst, welche er sich, ich weiß nicht warum, zugezogen.“[2] Diese Nachricht über das Verhältnis zwischen *Tatiščev* und den Verchovniki erhielt *Cramm* wahrscheinlich von dem mit *Tatiščev* befreundeten *Chr. Fr. Groß*, der mit *Cramm* gut bekannt war, wie ein Brief von *Groß* an den Jenaer Professor *J. F. Budde* vom 3. Oktober 1729 zeigt.[3]

Cramm vermutete, *Tatiščev* wisse wegen seines guten Verhältnisses, das zwischen ihm und *Peter* bestanden hatte, zu viel von dessen Meinung über verschiedene Große des Reichs, und diese befürchteten, es könnten Einzelheiten dieser negativen Einschätzung bekannt werden. In Wirklichkeit ging es hier aber um die Ausein-

[1] H. Graßhoff, A. D. Kantemir (1709—1744) und seine Beziehungen zur westeuropäischen Kultur, Phil. Diss. Berlin 1958, Masch.-Schrift, S. 126

[2] Ebd., S. 122

[3] Vgl. O. Feyl, Beiträge zur Geschichte der slawischen Verbindungen und der internationalen Kontakte der Universität Jena, Jena 1960, S. 64

andersetzung zwischen den aufgeklärten Petrinern und den Vertretern des Hochadels um *Dolgorukij*. Diese Kreise wollten das Rad der Geschichte zurückdrehen und die Zustände des 17. Jahrhunderts mit der Vorherrschaft des Hochadels wiederherstellen. *Tatiščev* und seine Gesinnungsfreunde waren für die Pläne der Aristokratie gefährlich, weil sie sich aktiv für die Erhaltung des Absolutismus einsetzten. Sie forderten eine Regierungspolitik im Interesse des gesamten Adels. Weil die *Dolgorukijs Tatiščevs* politische Anschauungen genau kannten, fürchteten sie ihn und wollten ihn loswerden. Das ist die letzte Ursache für die von *Cramm* genannte Ungunst der *Dolgorukijs* gegenüber *Tatiščev*. Die Tatsachen zeigen, daß sie sich in ihm nicht getäuscht hatten und daß es für sie von großem Vorteil gewesen wäre, hätten sie ihn aus der Hauptstadt entfernen können. Das war die Situation Anfang 1730, als es um die Wahl eines neuen Zaren ging.[1]

In der Beratung unmittelbar nach dem Tod des Zaren gelang es *D. M. Golicyn*, sich mit seinem Vorschlag, die Nichte *Peters des Großen*, *Anna Ivanovna*, zur Zarin zu wählen, durchzusetzen. Es bildete sich damit eine einheitliche Front gegen die Bestrebungen der breiten Masse des Adels, die Tochter *Peters*, *Elisabeth*, zur Zarin zu krönen, wie es schon 1725 und 1727 beabsichtigt war. Um das Interregnum möglichst schnell zu überwinden, bevor ihre Pläne gefährdet werden konnten, stellten die Verchovniki ihre persönlichen Ziele zeitweise zurück und verschoben ihren internen Machtkampf auf die Zeit nach der Wahl. Die Entscheidung *Golicyns* für *Anna*, der sich die anderen Aristokraten anschlossen, wurde natürlich nicht ohne Grund getroffen. *Anna* lebte als Witwe des kurländischen Herzogs in Mitau und hatte zu Rußland wenig oder gar keine Verbindungen. Vor allen Dingen war es aus diesem Grunde natürlich unmöglich für sie, sich auf bestimmte politische Gruppen in Rußland zu stützen, die ihre Interessen gegen die der Verchovniki hätten verteidigen können. Darauf setzten diese ihre Hoffnungen.

Sobald sich die Verchovniki in ihren geheimen Beratungen auf ihre Kandidatin geeinigt hatten, gingen sie auf Anregung von *D. Golicyn* daran, sogenannte Konditionen auszuarbeiten, die *Anna* unterschreiben und damit ihre Macht einschränken sollte. Sie verpflichtete sich danach, auf eine Heirat und die Bestimmung ihres Nachfolgers zu verzichten und wichtige Entscheidungen nur mit Zustimmung des Obersten Geheimen Rates zu treffen, dem ständig acht Mitglieder angehören sollten und der sich beim Tode eines Mitglieds durch eigene Wahl zu ergänzen hatte. Für Entscheidungen über Krieg und Frieden, die Ausschreibung neuer Steuern, die Ernennung höherer Zivil- und Militärbeamter sowie über die Staats-

[1] Vgl. zum folgenden D. Korsakov, Воцарение Анны Ивановны, Kazan' 1880; W. Recke, Die Verfassungspläne der russischen Oligarchen im Jahre 1730 und die Thronbesteigung der Kaiserin Anna Ivanovna. In: Zeitschrift für Osteuropäische Geschichte, Bd. II (1912), S. 11–64, 161–203; H. Fleischhacker, 1730. Das Nachspiel der petrinischen Reform. In: Jahrbücher für Geschichte Osteuropas, Jg. 6 (1941), S. 201–274; Popov, Татищев, S. 66–133

ausgaben mußte der Oberste Geheime Rat angehört werden. Weiterhin behielt sich das Achtmännerkollegium die Verfügungsgewalt über das Heer und die Garde vor und forderte von der Monarchin, dem Adel Besitz und Leben ohne Richterspruch nicht zu nehmen sowie Erb- und Dienstgüter nicht zu verleihen. Bei Nichteinhaltung dieser Bedingungen sollte *Anna* der Krone verlustig gehen. Durch diese Bestimmungen erhielt der Oberste Geheime Rat Vollmachten, die bisher nur dem Zaren zugestanden hatten, und sie machten die acht Mitglieder des Rates zu den unumschränkten Herren Rußlands, ja, bei ihrer konsequenten Durchführung wäre Rußland zu einer Wahlmonarchie geworden. Es hatte in gewisser Hinsicht also durchaus seine Berechtigung, wenn *Tatiščev* die Bestrebungen der Verchovniki mit denen der deutschen Kurfürsten verglich. Vorläufig wurde jedoch dem Adel, der sich zur Teilnahme an der Beisetzung *Peters II.* in Moskau versammelt hatte, lediglich bekannt gegeben, daß sich die Mitglieder des Rates entschlossen hätten, *Anna Ivanovna* die Krone anzutragen; über die Konditionen wurde kein Wort gesagt.

Noch am Todestag des Zaren, am 19. Januar 1730 abends, begab sich eine Delegation des Obersten Geheimen Rates nach Mitau, um der designierten Zarin die Konditionen vorzutragen und um ihre Unterzeichnung zu bitten. Bereits am 1. Februar erhielten die Verchovniki die signierten Konditionen zurück. Auf einer am 2. Februar stattgefundenen Versammlung des gesamten Adels wurden sie als freiwillige Verpflichtung *Annas* bekanntgegeben und der Adel um seine Zustimmung gebeten. Diese wurde jedoch zum Erstaunen der Verchovniki und besonders ihres Führers *D. Golicyn* nicht gegeben, im Gegenteil, der Adel verlangte und erreichte, eigene Pläne für eine Verfassung Rußlands vorlegen zu dürfen. Dieser Tag, der 2. Februar, ist also der eigentliche Beginn des Kampfes des mittleren und niederen Adels für den absolutistischen Staat. Der Thematik der vorliegenden Arbeit entsprechend, soll hier nur auf den Anteil *Tatiščevs* an diesen Auseinandersetzungen eingegangen werden.

Nach und nach wurden von den verschiedensten Adelsgruppen sogenannte Projekte ausgearbeitet, deren Unterschiede jedoch minimal waren. Sie hatten alle die gleiche Grundtendenz: sie wandten sich gegen die Anmaßung der Verchovniki und forderten den Einfluß der ganzen „Gesellschaft“, d. h. natürlich des gesamten Adels, auf die Politik der Regierung. Es ist sehr charakteristisch, daß Hinweise auf die Kaufmannschaft in fast allen Vorschlägen fehlen, die Bauern sogar nirgends genannt wurden. Hierin zeigt sich mit aller Deutlichkeit, daß es sich bei dem Verfassungsstreit von 1730 ausschließlich um Auseinandersetzungen innerhalb der herrschenden Klasse handelte. Es ging darum, die für den Augenblick beste Regierungsform zu finden. Dabei muß man immer beachten, daß die ganze Bewegung sozusagen unter einem negativen Vorzeichen stand, da es sich hauptsächlich darum handelte, die Vorstöße eines Teils der herrschenden Klasse zurückzuweisen. Es wurden zu diesem Zwecke sieben Projekte vorgelegt, die von insgesamt 416 Personen unterzeichnet waren und ihre Bezeichnung nach dem ersten Unterzeichner erhielten.[1]

Das durch gute historische und philosophische Kenntnisse und durch genaue Beachtung der russischen Verhältnisse zweifellos am besten fundierte Projekt war das von *Tatiščev* ausgearbeitete und von dem Fürsten *A. M. Čerkasskij* eingereichte.[2] „Diese Punkte wurden zwei Mal in großen Zusammenkünften des Adels verlesen und ergänzt und am 4. Februar 1730 im Hause des [Senators] *Vasilij Novosil'cev* unterzeichnet." (S. 377) Das ganze Schriftstück besteht aus einer umfassenden Einleitung, die eine Darlegung des Autors über die Ziele und die Nachteile der Pläne der Verchovniki enthält (S. 369–375) und der Formulierung von zehn Forderungen, die nach Meinung der Unterzeichner die Grundlagen für die zukünftige Politik der russischen Regierung abgeben sollten (375 bis 377).

Zunächst stellte *Tatiščev* fest, daß die Verchovniki überhaupt kein Recht hätten, einen Nachfolger zu bestimmen, solange noch ein Erbe der Dynastie vorhanden sei. Bisher habe es in der russischen Geschichte nur drei Wahlen gegeben, die aber immer besondere Voraussetzungen gehabt hätten, nämlich das Ende einer Dynastie. So sei es, mit einigen kleinen Unterschieden, bei der Wahl *Boris Godunovs*, *Vasilij Šujskijs* und auch *Michail Romanovs* gewesen. Und wenn es, so fügte *Tatiščev* hinzu, zu einer Wahl kommen müsse, so hat sie „nach dem Naturrecht", d. h. „durch Übereinstimmung aller Untertanen, einiger persönlich, anderer durch Beauftragte" zu geschehen, wie es auch in einigen anderen Staaten sei. Keinesfalls hätten jedoch „vier oder fünf Menschen, wie es augenblicklich ganz ohne Ordnung durchgeführt wurde", das Recht, einen Zaren zu bestimmen (S. 369). Es bestehe auch kein Grund, dem Beispiel der deutschen Kaiserwahl zu folgen, weil wir „ein solches Gesetz nicht haben und einem ausländischen nicht zu folgen brauchen". Im übrigen sähe jeder, welche verderblichen Folgen die kurfürstliche Wahlpolitik in Deutschland habe, wo die Zentralgewalt immer schwächer werde und der Einfluß der Nachbarn auf innerdeutsche Angelegenheiten ständig zunehme. Vor einem solchen Schicksal müsse Rußland bewahrt werden (S. 370).

[1] G. A. Protasov, Кондиции и проекты 1730г. Kandidatendissertation am Pädagogischen Institut des Moskauer Gebiets, 1954, Masch.-Schrift. Zusammenfassend: G. A. Protasov, Кондиции и проекты 1730г. Автореферат диссертации на соискание ученой степени кандидата исторических наук, Moskau 1955. Die Forschungen Protasovs haben ergeben, daß das hier zu behandelnde Projekt Tatiščevs eine spätere Niederschrift der wesentlichen Gedanken mehrerer Projekte durch Tatiščev ist. Dieses Problem ist für die Darstellung des Ablaufs der Ereignisse von wesentlichem Interesse, nicht aber für die Darlegung der Anschauungen Tatiščevs, auf die ich mich hier beschränke.

[2] V. N. Tatiščev, Произвольное и согласное разсуждение и мнение собравшегося шляхетства русского о правлении государственном. In: Утро. Литературный сборник, Moskau 1859, S. 369–378. Die folgenden Seitenangaben im Text beziehen sich auf diese einzige Ausgabe.

Der russische Aufklärer erweist sich mit diesen Ausführungen als ein guter Kenner der politischen Verhältnisse in Deutschland, die von seinen deutschen Gesinnungsfreunden ausführlich dargelegt worden waren. Gerade über die Nachteile und Mängel der deutschen Verfassung fand er in den Werken des von ihm sehr geschätzten *Samuel Pufendorf* wichtige Angaben. *Pufendorfs* „Einleitung zur Geschichte“ und seine Abhandlung „De jure naturae et gentium“ besaß er nachweislich in seiner Bibliothek.[1] Die letztere Schrift und das Werk „De statu rei publicae germanicae“ hatte er sogar in der Bibliothek *Golicyns*, die er gut kannte, in russischer Übersetzung lesen können.[2] In seiner Arbeit über den Zustand des Reiches wies *Pufendorf* gerade auf das Monströse und Widersinnige in der deutschen Verfassung hin und hat *Tatiščev* damit sicherlich wichtiges Material für seine Verteidigung des Absolutismus in die Hand gegeben. Wie sein deutscher Gesinnungsfreund bekennt sich der Russe in seinen Ausführungen zum Naturrecht, schreckt aber wie jener vor der äußersten Konsequenz dieser Lehre zurück, da durch den Staatsvertrag die Macht ein für allemal den Fürsten übertragen worden sei. Nur wenn kein Monarch vorhanden sei, könnten durch „die Einwilligung des gesamten Volkes“ („общенародное соизволение“) — unter „Volk“ ist hier natürlich der Adel zu verstehen — Gesetze geändert werden (S. 371). Diese Voraussetzung war aber seiner Meinung nach damals überhaupt nicht gegeben.

In seinen weiteren Ausführungen setzte sich der Verfasser des Projektes mit einzelnen Staatsformen auseinander und untersuchte, welche für Rußland die beste sei. Nach seiner Meinung gibt es die Demokratie, die Aristokratie und die Monarchie, die jedoch selten in reiner Form auftreten. So sei die Regierungsform in Deutschland und in Polen eine Mischung von Monarchie und Aristokratie, die schwedische und englische enthalte Elemente aller drei Formen (S. 371ff). Für Rußland sei aber auf Grund der geographischen Beschaffenheit des Landes, des Bildungsstandes der Bevölkerung und des Verlaufes der russischen Geschichte nur eine absolutistische Monarchie vertretbar. Nach *Tatiščevs* Erkenntnis war die Macht des russischen Staates in dem Maße gestiegen, wie die Zentralgewalt gefestigt worden war. Das entscheidende Beispiel war für ihn *Peter der Große*, denn er „hat durch die Selbstherrschaft dem Staate mehr Ansehen und Ruhm gebracht als seine Vorfahren. Ein vernünftiger Mensch kann daraus ersehen, wie viel nützlicher die Monarchie ist als alle anderen Arten und daß die übrigen gefährlich sind“ (S. 372f.).

Tatiščev, der solche Ansichten vertrat, dachte natürlich nicht an eine Einschränkung der monarchischen Gewalt, denn sie hätte seinen Prinzipien, die er aus dem Studium der russischen und ausländischen Geschichte und der Verarbeitung der staatsrechtlichen Anschauungen erworben hatte, völlig wider-

[1] Tatiščev, История, I, S. 527, 531 (S. 359, 361); Pekarskij, Новые известия, S. 62

[2] Tatiščev, История, I, S. 62 (S. 124); P. Pekarskij, Наука и литература в России при Петре Великом, Bd. I, Petersburg 1862, S. 255—256

sprochen. Die noch darzulegenden Grundsätze für eine den Interessen des Adels entsprechende Politik waren also nicht als eine Beschränkung des Absolutismus in seiner Gesamtheit, sondern als eine Milderung einzelner als Härte empfundener Auswirkungen gedacht. Sie gingen weiterhin davon aus, daß eine Frau den russischen Thron bestieg, die in ihrer Regierung unterstützt werden müsse, „bis der Allerhöchste uns eine männliche Person für den Thron schenkt" (S. 375). Der Verfasser wußte aus der Geschichte — er verweist ausdrücklich auf *Vasilij Golicyn*, den allmächtigen Favoriten der Carevna *Sof'ja* — und aus eigener Erfahrung aus der Regierungszeit *Katharinas*, wie groß die Gefahr der Günstlingswirtschaft war.

Die grundsätzliche Unterstützung der absolutistischen Regierung *Peters* durch die breite Masse des Adels bedeutete aber keineswegs eine unkritische Übernahme aller Einzelheiten der petrinischen Politik. Man kann die Forderungen des Adels in drei Gruppen zusammenfassen. Sie beziehen sich einmal auf die Einrichtung von Institutionen zur Unterstützung der Monarchie, zweitens auf notwendige Änderungen der petrinischen Politik und drittens auf die Maßnahmen *Peters*, die unbedingt auch weiterhin zu unterstützen seien. In dieser Differenzierung und in der kritischen Auseinandersetzung mit dem Vorhergehenden liegt die große Bedeutung der Vorschläge *Tatiščevs*, der uns als ein ausgezeichneter Kenner der russischen Verhältnisse entgegentritt und dabei offen die Interessen seiner Klasse verteidigt, die er in einigen Fällen durch *Peter* verletzt glaubte.

Zur Unterstützung der Zarin sollten zwei Körperschaften ins Leben gerufen werden. An die Stelle des Obersten Geheimen Rates hätte ein Senat mit insgesamt 21 Mitgliedern zu treten, von dem die bisherigen Mitglieder des Rates absorbiert würden. Für die Zukunft sollte verboten sein, daß mehrere Mitglieder einer Familie dem Senat gleichzeitig angehören, um Vorgänge wie im bisherigen Obersten Geheimen Rat zu vermeiden. Das Gegengewicht zu diesem ständigen Beratungsorgan sollte eine mit Konsultativ- und Exekutiv-Rechten ausgestattete Versammlung von 100 Personen sein. Der Vorschlag *Tatiščevs*, daß von diesen ständig nur ein Drittel abwechselnd als geschäftsführender Ausschuß tätig sein sollte, zeigt seinen realen Blick, da die Arbeitsweise einer hundertköpfigen Körperschaft notgedrungen äußerst schwerfällig sein mußte. Außerdem war gerade dem mittleren Adel wenig daran gelegen, ständig in der Hauptstadt zu leben, denn er hatte ein Interesse an der eigenen Bewirtschaftung seiner Güter. In diesem Vorschlag ist also das Notwendige mit dem Nützlichen auf eine einfache und geniale Weise verbunden. Die Mitglieder des Senats und der hundertköpfigen Oberbehörde, aber auch die höchsten Zivil- und Militärbeamten sollten gemeinsam von beiden Körperschaften mit Zustimmung der Zarin gewählt werden. Auf diese Weise sollte eine Nepoten- und Cliquenwirtschaft nach Möglichkeit vermieden, gleichzeitig jedoch der Anteil des „Volkes" an der Regierung gesichert werden. Die Aufgabe beider Institutionen wäre in Zusammenarbeit mit den Kollegien die

Beratung von Gesetzen, die der Zarin anschließend zur Bestätigung vorgelegt werden sollten. *Tatiščev* betonte ausdrücklich, daß das Recht, Gesetze zu erlassen, ausschließlich der Monarchin zustehe, die kraft des Naturrechts alle Gewalt in sich vereinige. Trotzdem habe sogar *Peter*, der doch ein „weiser Herrscher" gewesen sei, nicht alles allein machen können und Hilfe jederzeit gern angenommen. Um so notwendiger sei das jetzt, da eine Frau Rußland regieren soll!

Tatiščev schätzte die Verdienste seines Lehrmeisters *Peter* sehr hoch ein. Dennoch habe der Zar nach *Tatiščevs* Ansicht bei der Fülle und der Neuheit der Aufgaben manches übersehen, das nunmehr geändert werden müßte. Hier dachte er vor allem an die geltenden Bestimmungen über den Adel. Er unterstützte voll und ganz die bisherigen Maßnahmen zur besseren Bildung dieser Klasse und forderte sogar in dieser Hinsicht eine Intensivierung, um die Adligen auf den Zivil- und Militärdienst gut vorzubereiten. An der Verwirklichung dieser Forderung hat *Tatiščev* selbst nicht geringen Anteil, wie noch darzustellen sein wird. Da die große Masse des Adels mit ihrer unbegrenzten Dienstpflicht überhaupt nicht einverstanden war, trat *Tatiščev* für eine Beschränkung des Zivildienstes auf 18 und des Militärdienstes auf 20 Jahre ein. Wie dringend diese Forderunge war, zeigt der Beschluß von 1736, der die Adligen bis zum 45. Lebensjahr zum Dienst verpflichtete. Später mußten die Adligen bis zum 55. Jahre dienen. Es hatte sich nämlich mehr und mehr gezeigt, daß *Peter* den Bogen überspannt hatte und durch die Dienstverpflichtung des Adels auf Lebenszeit die Landwirtschaft zu verfallen drohte. Als Barometer dafür, inwieweit die herschende Klasse den Anforderungen des Absolutismus nachzukommen gedachte, kann man die Bestrebungen des Adels ansehen, von ihm nicht den Dienst als Matrosen und als Handwerker zu verlangen. Die Einführung von Adelsregistern sollte — wie *Tatiščev* schrieb — eine ständige Fluktuation innerhalb der herrschenden Klasse verhindern. Wie aus den Ausführungen *Tatiščevs* hervorgeht, war der Adel auch mit der von *Peter* eingeführten Einzelerbfolge unzufrieden, durch die dieser versucht hatte, einmal einer weiteren Zerstückelung des Großgrundbesitzes vorzubeugen und andererseits Personen zu gewinnen, die aus materiellen Gründen am Staatsdienst interessiert waren.

Der Adel unterstützte — wie aus *Tatiščevs* Projekt hervorgeht — grundsätzlich die Kirchenpolitik *Peters*, wie die Forderung zeigt, die Einnahmen der Kirche weiterhin zu kontrollieren. Diese Gelder sollten nicht zuletzt zur besseren Ausbildung der Geistlichen verwendet werden. Hier zeigt sich mit aller Deutlichkeit, daß die Aufgabe der Kirche in erster Linie darin gesehen wurde, ein Machtmittel in den Händen des Staates bei der ideologischen Beeinflussung des Volkes zu sein, daß man also die Ideen *Peters* in ihren Grundzügen verstanden hatte. Die Macht der Kirche als vom Staate unabhängige Institution sollte mit Hilfe der Finanzkontrolle gebrochen werden und diese so in den Staat eingeordnet werden. Die Petriner wußten, worauf es ankam. War doch der Kampf gegen die Aufklärung nach *Peters* Tod nicht unwesentlich von den reaktionären Kirchenführern unterstützt worden.

Das wichtigste Kriterium dafür, wie weit die herrschende Klasse den Intentionen ihres verstorbenen Zaren zu folgen bereit war, mußte freilich ihre Stellung zu den Grundzügen der petrinischen Wirtschaftspolitik sein. War der Adel bereit, die kapitalistischen Keime in der russischen Volkswirtschaft zu fördern, auch wenn sich diese Politik scheinbar gegen seine eigenen Interessen richtete, da ja das bestehende System der Leibeigenschaft dadurch teilweise durchbrochen wurde? Konnten sich größere Teile des Adels über ihre persönlichen Interessen erheben und einsehen, daß die ökonomische Politik *Peters* in letzter Konsequenz auch ihnen diente? Sicher gab es wenige Adlige, die diese Frage mit so guter Sachkenntnis entscheiden konnten wie *Tatiščev*. Sowohl seine wissenschaftlichen Studien als auch seine praktischen Erfahrungen hatten ihn erkennen lassen, daß die Förderung der kapitalistischen Ansätze nicht zuletzt dem mittleren und kleinen Adel diente. Am klarsten formulierte *Tatiščev* die Ansprüche der die entstehende Bourgeoisie fördernden Teile des Adels: „Die Kaufmannschaft ist soweit wie möglich von der Einquartierung und von Bedrückung zu befreien. Für sie sind Möglichkeiten zur Vermehrung der Manufakturen und des Handels zu schaffen" (S. 377). Nach der Meinung von *Tatiščev*, der hier nur die Ansicht gewisser Teile des Adels wiedergab, war die wirtschaftliche Stärkung Rußlands von der Entwicklung der Manufakturen und der Förderung des Handels abhängig. Sie waren daran interessiert, auch und besonders das private Kapital für die Produktion zu gewinnen, ganz wie es auch *Peter* im Falle *Demidovs* getan hatte. Sie waren aber nicht bereit, durch die Aufhebung oder wenigstens die Einschränkung der Leibeigenschaft auch gute Voraussetzungen dafür zu schaffen. In dieser Stellungnahme zeigt sich die ganze Kompliziertheit der russischen Feudalverhältnisse, die damals noch nicht überwunden werden konnten. Das Klasseninteresse erwies sich doch als stärker als die Einsicht in die wirtschaftlichen Entwicklungsprozesse. Bei allen Tendenzen, die auf eine Entwicklung zum Kapitalismus hindeuteten, blieb Rußland eine absolutistische Monarchie, die bereit war, das Neue zu fördern, solange die Interessen der herrschenden Klasse nicht verletzt wurden.

Die tatsächlichen Vorgänge sind schnell berichtet. Am 10. Februar 1730 traf *Anna* in der Nähe von Moskau ein. Nachdem der Zar beerdigt worden war, hielt sie ihren Einzug in die Hauptstadt. Für den 25. Februar wurde eine Versammlung des Adels in den Kreml einberufen, auf der die Verchovniki ihre Konditionen in Anwesenheit der Zarin bestätigen lassen wollten, obwohl sie damit schon einmal Schiffbruch erlitten hatten. Als Beauftragter der Opposition wandte sich zunächst *Tatiščev* dagegen und forderte eine Beratung des gesamten Adels über eventuelle Bestimmungen für die weitere Regierung. *Anna* verlangte Bedenkzeit für diese neuen Vorschläge; sie hatte sich überzeugen können, daß hinter den ihr von den Verchovniki überreichten Konditionen zwar der Hochadel, nicht aber der gesamte Adel stand, wie die *Dolgorukijs* und die *Golicyns* vorgegeben hatten. Auf einer zweiten Beratung am gleichen Tage schlug dann *A. Kantemir* im Auftrage des Adels vor, die Kaiserin möge wie ihre Vorfahren die absolute Regierungsgewalt übernehmen und die Konditionen ablehnen. Es war inzwischen nämlich gelungen, auch die Garderegimenter für diese Vorschläge zu gewinnen und dadurch die Verchovniki völlig zu überspielen, deren Pläne damit endgültig zurückgewiesen waren.

So endeten die Auseinandersetzung im Januar und Februar 1730 über die beste Regierungsform Rußlands mit einem vollen Sieg der Kreise, die an der Erhaltung des Absolutismus interessiert waren. Allerdings war durch die Wahl einer Zarin, die jahrzehntelang als Herrscherin im Ausland gelebt und die ihre absolute Macht den Auseinandersetzungen innerhalb des russischen Adels zu verdanken hatte, auch eine Gefahr entstanden. Der Grund, der die Verchovniki nicht zuletzt ihre Entscheidung für *Anna* treffen ließ, nämlich ihr Glaube, diese könne sich nicht auf russische Mächtegruppierungen stützen und sei ganz von der Gnade des Obersten Geheimen Rates abhängig, erwies sich bald als eine Fehlspekulation. *Anna* brachte nämlich ihre eigenen Vertrauten mit, die nun allmählich immer bestimmenderen Einfluß auf die russische Politik gewannen.

Zunächst war aber *Tatiščev* als geistiger Führer der den Absolutismus unterstützenden Adligen eine der angesehendsten Persönlichkeiten am Hofe. In seinen Händen lagen als Oberzeremonienmeister die Vorbereitungen für die Krönung. Unter dem 27. April 1730 meldete die „St. Petersburger Zeitung": „ Daß Ihro K. Maj. Krönung den 28ten gewiß vor sich gehen werden, ist verwichenen freitags unter Pauk- und Trompetenschall in der ganzen Stadt [Moskau] publizieret, solches auch denen von der Kaiserl. Familie von dem Herrn Etats-Rat *Tatischoff* (*Tatischtchef*) als Oberzeremonienmeister bei selbigen actu angesagt worden. . ."[1] Da *Tatiščev* nach der Krönung den Auftrag erhielt, eine repräsentative Beschreibung der Feierlichkeiten zu verfassen, die bei der Akademie gedruckt werden sollte, kam er in Verbindung zu dieser Institution, die bis zu seinem Tode nicht mehr abriß. Natürlich standen technische, mit dem Druck zusammenhängende Probleme dabei zunächst im Vordergrund, allmählich nahmen aber seine wissenschaftlichen Interessen einen immer größeren Raum in dem sehr aufschlußreichen Briefwechsel ein. Bei der Behandlung der wissenschaftlichen Arbeiten des Aufklärers wird verschiedentlich darauf einzugehen sein.

Bald nach 1730 drohte jedoch *Tatiščev*, der einer der geistigen Führer der Oppositionsbewegung gegen die Verchovniki gewesen war, von anderer Seite Gefahr. Durch die ganze Art, wie *Anna* den Thron bestiegen hatte, mußte sie ein gewisses Mißtrauen gegen den russischen Adel haben. Sie lebte in der ständigen Furcht, die

[1] Zitiert nach Schumachers Mitteilung an den Redakteur der Zeitung, G. F. Müller. Архив АН СССР, Ф. IV, оп. 1, Nr. 1a, Nr. 509, Abschrift

alten Pläne zur Einschränkung ihrer Macht könnten wieder aufleben und sie bedrohen. Sie begnügte sich nicht mit der Aufhebung des Obersten Geheimen Rates — an seine Stelle trat ein Senat mit 21 Mitgliedern —, sondern ging gegen die Verchovniki mit Verbannung und Todesstrafen vor. Andererseits glaubte sie aber auch, sich nicht allein auf die Adelsopposition stützen zu können, deren Mitglieder teilweise in den Senat und in das Ministerkabinett — die unmittelbar die Zarin beratende Körperschaft — aufgenommen wurden. Da *Anna* außerdem ihre engsten Berater — baltendeutsche Adlige — aus ihrer kurländischen Residenz mitbrachte, wurde die Situation vollends kompliziert, da diese Kreise natürlich die sich ergebenden Möglichkeiten, sich vor den Russen in den Vordergrund zu schieben, in jeder Hinsicht nutzten. So konnte es geschehen, daß sich eine Epoche, die so hoffnungsvoll begonnen hatte, zu einer Zeit der Ausländerherrschaft in Rußland entwickelte, die ihren Namen von dem allmächtigen Günstling der Zarin, *Biron*, erhielt und als *Biron*ovščina in die russische Geschichte einging. Das ist die eine Komponente, die es wünschenswert erschienen ließ, Leute wie *Tatiščev* aus der Hauptstadt zu entfernen. Aus seinem Verhalten während der Auseinandersetzungen schloß man richtig auf seine patriotischen Gefühle und befürchtete seinen Widerstand gegen die Ausländerschaft. Und das war durchaus berechtigt, wie die noch darzustellende gerichtliche Untersuchung gegen ihn Ende der dreißiger Jahre zeigte. Um ihn aus der Hauptstadt zu entfernen, brauchten nur die Pläne wieder aufgenommen zu werden, die schon die Verchovniki verfolgt hatten.

Hinzu kam jedoch ein weiterer Grund, der sogar eine noch wichtigere Rolle spielte. Trotz aller Auseinandersetzungen innerhalb der herrschenden Klasse um die politische Macht mußte die Sorge für die Wirtschaft des Landes weiterhin im Vordergrund stehen, wenn es nicht schnell bergab gehen sollte. Ebenso wie es sich die herrschende Ausländerschicht angelegen sein ließ, dem russischen Adel seine Machtlosigkeit und seinen geringen Einfluß auf die Politik durch die Erfüllung der 1730 aufgestellten Forderungen nach Beschränkung der Dienstzeit und nach Aufhebung der Einzelerbfolge zu entgelten, hatte sie natürlich auch ein Interesse an der wirtschaftlichen Entwicklung Rußlands, und sei es nur, um selbst möglichst viel dabei zu verdienen. Daher erregten wirtschaftliche Probleme bald wieder die Aufmerksamkeit der Regierung. Besonders die Förderung des Berg- und Hüttenwesens trat in den Vordergrund. Die Regierung stieß dabei sofort auf den besten Kenner auf diesem Gebiet, nämlich auf *Tatiščev*, der erneut mit der Leitung der Uralindustrie betraut wurde. In seiner Berufung verbanden sich politische Gesichtspunkte aufs engste mit wirtschaftlichen und boten die Möglichkeit, zwei Ziele mit einem Schlage zu erreichen: einen lästigen Verteidiger russischer politischer Interessen loszuwerden und einen ausgezeichneten Fachmann für die Erfüllung wirtschaftlicher Aufgaben zu gewinnen.

5. *Wirtschaftsorganisator im Ural*

Zehn ereignisreiche und für die russische Geschichte sehr wichtige Jahre hatte *Tatiščev* im Dienste seines Vaterlandes verbracht, bevor er im Jahre 1734 erneut mit großen Vollmachten ausgestattet in den Ural kam. Auch hier hatte sich während seiner Abwesenheit vieles verändert. Aus einem im Bau befindlichen großen Eisenwerk war inzwischen eine ganze Stadt geworden. Bereits 1723 hatte *G. W. Hennin* die Kaiserin *Katharina* gebeten, der neuen Stadt ihren Namen geben zu dürfen, und er hatte auch die Erlaubnis dazu erhalten. Unter dem Namen Ekaterinburg entwickelte sich die neue Stadt zum Zentrum des Eisenhüttenwesens im Ural und ist bis heute als Sverdlovsk ein wichtiger Mittelpunkt dieses Gebietes geblieben. *Tatiščev* bezeichnete die Stadt allerdings sowohl in offiziellen wie in inoffiziellen Berichten stets als Ekaterinsk, um auch auf diese Weise seinen Patriotismus auszudrücken, indem er an die Stelle der deutschen Endung des Namens die russische setzte. Neben einem Eisenwerk mit zwei Hochöfen, drei Hammerwerken, zwei Kupferschmelzen und Anlagen für die Herstellung von Werkzeugen, Blech, Zinn, Stahl, Draht, Ankern, Kupfergeräten und anderen Produkten gab es 1734 in Ekaterinburg bereits ein Laboratorium für Erzuntersuchungen, ein Hospital, eine Schule, 29 Läden, 335 Wohnhäuser und natürlich die notwendigen Verwaltungsgebäude für die Unterbringung des Sibirischen Oberbergamtes.[1] Die Stadt war also wirklich zu einem wirtschaftlichen Mittelpunkt des Urals geworden. Es kam nunmehr, nachdem die technischen Voraussetzungen für eine schnelle Weiterentwicklung des Berg- und Hüttenwesens im Ural zum großen Teil geschaffen waren, darauf an, die Wirtschaftsorganisation den neuen Bedingungen anzupassen. Darin bestand eine der wichtigsten Aufgaben des neuen Leiters des Sibirischen Oberbergamtes.

Im März 1734 wurde *Tatiščev* eine umfangreiche Instruktion übergeben — an deren Abfassung er selbst mitgearbeitet hatte —, durch die er zum Leiter der Uralindustrie ernannt und in der in großen Zügen die wichtigsten vor ihm stehenden Aufgaben umrissen wurden.[2] Ihm wurde die Erlaubnis erteilt, in gewissen Grenzen und für einige wichtige Produktionszweige freie Arbeiter zu verwenden. Bekanntlich hatte er während seines ersten Aufenthaltes im Ural gerade über die geringe Arbeitsproduktivität der leibeigenen Bauern mehrmals geklagt, aber eine grund-

[1] N. K. Čupin, Полуторастолетие Екатеринбурга (1723—1873). In: Сборник статей касающихся пермской губернии, Perm' 1882, S. 15; eine Reproduktion eines Stadtplans aus dem Jahre 1729 veröffentlicht Nečaev, Горнозаводские школы, S. 61; ebd., S. 73, auch eine Gesamtansicht der Stadt aus dem Jahre 1734

[2] ПСЗ, Bd. IX, Nr. 6559

legende Änderung nicht erreichen können. Das war natürlich auch jetzt nicht möglich, jedoch konnte er wenigstens einen Teilerfolg erzielen. In der Instruktion wurde ausdrücklich erwähnt, *Demidov* habe mit noch nicht einem Viertel der Arbeiter, die in den Staatswerken beschäftigt sind, doppelt so hohe Produktionsergebnisse erzielt und dabei noch bei weitem billiger produziert, weil er vorwiegend freie Lohnarbeiter verwende. Nunmehr sollte also auch *Tatiščev* bessere Arbeitsmöglichkeiten erhalten, was er natürlich sehr begrüßte. Er erhielt außerordentlich umfangreiche Vollmachten, wie sie bisher noch kein Leiter einer örtlichen Bergverwaltung gehabt hatte und wurde von den besten russischen Kennern des Berg- und Hüttenwesens begleitet. Kennzeichnenderweise ging während seiner zweiten Reise überhaupt kein Ausländer mit ihm in den Ural, da inzwischen eine große Zahl russischer Spezialisten herangebildet worden war, die völlig selbständig arbeiten konnten. Die petrinische Politik, die von *Tatiščev* durch die Einrichtung von Fachschulen im Ural aktiv unterstützt worden war und wurde, hatte sich bewährt. Während seines zweiten Uralaufenthaltes erfüllte das von *Tatiščev* geleitete Sibirische Oberbergamt praktisch die Aufgaben des aufgelösten Bergkollegiums, dessen Aufgaben zunächst an das Kommerzkollegium übergegangen waren. Die sibirische Bergverwaltung wurde dem Ministerkabinett direkt unterstellt, war also ein selbständiges Verwaltungsorgan, das direkt in einem Zentrum der metallurgischen Industrie des Landes arbeitete.[1]

Die entscheidenden vor *Tatiščev* stehenden Aufgaben wurden im dritten Punkt der ihm übergebenen Instruktion genannt. Es wurde vor allem verlangt, durch den Bau neuer Werke und den Abbau neuer Fundstellen die Erzeugung von Eisen für den Export zu steigern. Gleichzeitig erhielt er das Recht, alte, unproduktive Werke zu schließen, neue zu bauen oder auch eventuell alte zu verlegen, um auf diese Weise die Produktion so rationell wie möglich zu gestalten. Über alle Fragen sollte in kollektiven Beratungen der Mitglieder des Bergamtes entschieden und nur in dringenden Fällen das Ministerkabinett oder der Senat befragt werden. Probleme, die in erster Linie Sibirien oder andere einzelne Gebiete betrafen, wie die Einrichtung von Messen, die Förderung des Handels, der Bau von Verbindungsstraßen, die Anlage neuer Festungen zur Verteidigung gegen die unterworfenen Völkerschaften und ähnliches sollten in Zusammenarbeit mit den Gouverneuren von Kazan' und Sibirien geregelt werden. In diesen Anordnungen zeigt sich deutlich das Bestreben, die Arbeit *Tatiščevs* zu erleichtern, der während seines ersten Aufenthaltes im Ural in den Jahren 1720 bis 1723 häufig daran gescheitert war, daß die Verbindungen mit der Zentrale in Petersburg so schwierig und vor allem so langwierig waren. Die Instruktion, an deren Abfassung *Tatiščev* selbst mitgearbeitet hatte, zeigt, wie er versuchte, seine bisherigen Erfahrungen auszuwerten und für sich und seine Mitarbeiter möglichst günstige Arbeitsbedingungen zu

[1] Pavlenko, Развитие металлургической промышленности, S. 154

schaffen. Diese Bestrebungen entsprachen aber keineswegs nur seinen persönlichen Wünschen, sie waren auch und in erster Linie auf eine schnelle wirtschaftliche Stärkung Rußlands gerichtet. Auch hier wird wieder deutlich, wie gut der Petriner die vor seinem Lande stehenden Aufgaben verstand und in welch hervorragender Weise er persönliche und gesellschaftliche Bedürfnisse zu verbinden wußte. Leider zeigte sich jedoch bald, daß die Praxis anders aussah, als die in der Instruktion dargelegten Ideale, da im Zusammenhang mit der politischen Entwicklung in Rußland Schwierigkeiten für *Tatiščevs* Tätigkeit auftraten.

Anfang Oktober 1734 übernahm er von *Hennin* in Ekaterinburg die Leitung des Sibirischen Oberbergamtes. Die Zustände, die er in der Verwaltung vorfand, erschütterten ihn. Vor allem hatte *Hennin* den Verwaltungsangelegenheiten viel zu wenig Aufmerksamkeit geschenkt und sich vorwiegend auf technische Probleme beschränkt. Dadurch war eine große Unordnung entstanden, die zunächst beseitigt werden mußte. Bereits am 6. November 1734 schrieb *Tatiščev* daher an *Biron* und wandte sich damit also gleich an die Stelle, die in Rußland wirklich etwas zu sagen hatte. Außerdem wollte er natürlich auf diese Weise äußerlich seine Treue zur Regierung bekunden. Das war notwendig, um trotz der bestehenden Schwierigkeiten möglichst gut im Interesse Rußlands arbeiten zu können. Er schrieb: „Wie ich aus allem sehe, so hat der General Lieutenant *Hennich* [!] an die hiesigen Werken viel Mühe und Fleiß gewendet, allein ist beklagenswürdig, indem er die russische Kanzleiaffären nicht verstehet . . .“ Dadurch seien sämtliche Abrechnungen in einem völlig unübersichtlichen Zustand, weiterhin habe sich *Demidov* unrechtmäßigerweise große Staatswerke aneignen können.[1] In mehreren Briefen an den Oberhofmeister der Kaiserin, Graf *Semën Andreevič Saltykov* — mit den *Saltykovs* war er entfernt verwandt, *Semën Andreevič* kannte er genau, da er nach der Thronbesteigung *Annas* mehrere Jahre in engster Verbindung zum Hofe gestanden hatte —, aus den Jahren 1734 und 1735 sprach er von den Schwierigkeiten, aber auch von den von ihm sofort eingeleiteten Maßnahmen zur Steigerung der Produktion. In einem Bericht vom 15. Dezember 1734 meldete er *Saltykov* seine Ankunft in Ekaterinburg am 1. Oktober und teilte ihm mit, er habe bereits den Bau von vier staatlichen Eisen- und zwei Kupferwerken angeordnet. Außerdem würden auf seine — *Tatiščevs* — Anregung hin je zwei private Eisen- und Kupferwerke gebaut werden. Leider habe er jedoch für die vielen und vielseitigen ihm übertragenen Aufgaben noch immer nicht genug gut ausgebildete Mitarbeiter, auch fehle es bedauerlicherweise noch an geeigneten Instrumenten für geologische und geographische Untersuchungen, die zur Erforschung der Bodenschätze dringend erforderlich seien. Er bat *Saltykov*, ihn in seiner Arbeit zu unterstützen.[2]

[1] ЦГАДА, Ф. 11, ед. хр. 626, Bl. 1—2

[2] Письма В. Н. Татищева и письмо о нем к Салтыкову. Mitgeteilt von I. Zabelin. In: Библиографические Записки, 1861, Nr. 6, Sp. 165f., 167

Die Regelung der durch vorübergehende Nachlässigkeit entstandenen Mängel war relativ leicht. Schlechter stand es schon mit dem noch immer nicht restlos überwundenen Facharbeitermangel. Hier suchte *Tatiščev*, durch den verstärkten Ausbau des Fachschulwesens die Lücken zu schließen. Bereits bald nach seiner Ankunft im Ural im Jahre 1720 hatte er 1721 Schulen eröffnen können, in denen im Dezember 1721 rund 50 Schüler im Lesen, Schreiben und Rechnen unterrichtet wurden. Das war natürlich keineswegs eine Facharbeiterausbildung, sondern bestenfalls die ersten Ansätze dazu, denn es mußte ganz von vorn angefangen werden, da es vorher im Ural keine Schulbildung gegeben hatte. Die Erfolge waren auch zunächst sehr gering, besonders da *Tatiščev* nur kurze Zeit im Ural tätig war. Sein Nachfolger *Hennin* hat unter seinem Einfluß zwar eingesehen, wie dringend notwendig die Ausbildung von Russen war, hat aber im Gegensatz zu seinem russischen Kollegen, der ein ganzes Schulsystem aufbauen wollte, sein Hauptaugenmerk auf die noch von *Tatiščev* angeregte Schule in Ekaterinburg gerichtet, in der 1734 insgesamt 57 Schüler unterrichtet wurden.[1]

Bedeutend größere Erfolge konnte *Tatiščev* in den Jahren 1734 bis 1737 erreichen. 1737 bestanden in den der sibirischen Bergverwaltung unterstehenden Werken 12 Schulen, von denen allerdings die meisten sogenannte Anfangsschulen waren, in denen nur Lesen und Schreiben gelehrt wurde. Diese Schulen wurden von 654 Kindern besucht. Die besten Schüler wurden, nachdem sie Lesen, Schreiben und Rechnen gelernt hatten, nach Ekaterinburg geholt und dort weiter ausgebildet. Die Stadt war nicht nur zu einem wichtigen Wirtschaftszentrum des Urals geworden, sie sollte nach der Absicht *Tatiščevs* auch ein Mittelpunkt des Schulwesens werden. In der aus fünf Abteilungen bestehenden Ekaterinburger Schule wurden 1737 nahezu 300 Schüler von 30 Lehrern unterrichtet. Es gab in ihr mehrere Abteilungen, in denen Lesen, Schreiben, Rechnen und Zeichnen gelehrt wurde, daneben die sogenannte deutsche und die lateinische Schule. Die beiden letzteren besuchten besonders die Kinder der im Ural tätigen Ausländer, aber auch die Kinder der Geistlichkeit und der höheren Verwaltungsbeamten, im Jahre 1737 insgesamt 81 Schüler. Der deutschen Schule kam in den ersten Jahren ihrer Existenz große Bedeutung zu, da ihre Absolventen die Möglichkeit hatten, deutsche Fachbücher, besonders mechanische und physikalische, zu lesen. Doch war gerade dieser Anstalt kein langes Leben beschieden. Sobald die Zahl der Ausländer im Ural abnahm und eigene russische Fachbücher oder wenigstens russische Übersetzungen ausländischer Werke erschienen, fehlte für die deutsche Schule nahezu jede Existenzberechtigung. Daher wurde sie auch bereits in den vierziger Jahren aufgelöst.[2]

Allerdings beschränkte sich *Tatiščev* nicht darauf, örtliche Möglichkeiten auszunutzen. Als weiteres Mittel zur Verbreitung technischer und wissenschaftlicher

[1] Nečaev, Горнозаводские школы, S. 52–63 [2] Ebd., S. 72–78

Kenntnisse bot sich die Akademie der Wissenschaften an. Sie sollte nach den Ideen ihres Gründers *Peters des Großen* sowohl Forschungs- als auch Lehrstätte sein. Daher wurden von Ekaterinburg aus bereits im Januar 1735 vier Schüler „zum Studium der deutschen und der lateinischen Sprache, der Mathematik, der Physik, der Mechanik, der Architektur, des Zeichnens und anderer Fächer, die man zum Nutzen der Werke kennen muß, an die Akademie der Wissenschaften geschickt"[1]. Schon einen Monat später entsandte *Tatiščev* erneut zwei Schüler „aus der geometrischen Wissenschaft" nach Petersburg, die sich besonders technischen Studien widmen sollten.[2] In einem Brief vom 26. Oktober 1735 regte er an, daß sich die Akademie intensiv mit Problemen des Hüttenwesens beschäftigt.[3] Möglicherweise waren diese Vorschläge nicht ohne Einfluß auf die Entsendung von *Lomonosov*, *Vinogradov* und *Raiser* zu Studien nach Deutschland im Herbst 1736. Sobald aber der regsame Petriner seit 1737 nicht mehr Leiter der Uralindustrie war, entstanden Schwierigkeiten, da das neu eingerichtete Generalbergdirektorium nicht mehr für den Unterhalt dieser Schüler sorgen wollte.[4] Da sich *Tatiščev* auch erfolgreich bemühte, von der Akademie Fachlehrer und Fachbücher zu erhalten[5], kann man mit Recht sagen, daß er sich um die Organisation des Schulwesens im Ural große Verdienste erwarb. Eine auf solcher breiten Basis organisierte Volksbildung, wie sie dort bereits in den dreißiger Jahren bestand, wurde für ganz Rußland erst Ende des 18. Jahrhunderts, zum Teil sogar noch später, geschaffen, als mit der stärkeren Entwicklung des Kapitalismus auch in anderen Produktionszweigen in steigendem Maße ausgebildete Fachleute gebraucht wurden.

Tatiščevs Bemühungen um das Schulwesen im Ural waren zwar ein wichtiger, aber doch nur geringer Teil seiner Tätigkeit in den Jahren 1734 bis 1737. Sehr große Bedeutung kommt seiner rein wirtschaftsorganisatorischen Tätigkeit zu. Die rechtlichen Verhältnisse zwischen den Privatunternehmern und dem Staat mußten neu geregelt werden. Die bereits seit der Zeit *Peters des Großen* bestehenden Vorschriften über die Beziehungen zwischen den staatlichen und den privaten Werken, über die Rechte und Pflichten der Unternehmer und der staatlichen Verwaltung, waren von Bedingungen ausgegangen, die den bestehenden keinesfalls mehr entsprachen. Bis weit in die zwanziger Jahre hinein gab es im Ural nur einen Privatunternehmer, die Familie *Demidov*. Auch damals hatte es schon Schwierigkeiten gegeben, wie die dargelegten Auseinandersetzungen zwischen *Tatiščev* und *Demidov* zeigten. Zu jener Zeit war es jedoch noch möglich, Streitfälle durch Einzelentscheidungen zu schlichten. Inzwischen hatte sich aber im Ural manches verändert. Die Familie *Demidov* war zwar weiterhin der größte Unternehmer, dem

[1] Материалы, Bd. II, S. 575ff.
[2] Ebd., S. 595
[3] Vgl. Beilagen, Nr. 8
[4] Материалы, Bd. III, S. 786–88
[5] Ebd., Bd. II, S. 527f., 714

allein im Ural 13 Werke gehörten[1], aber nicht mehr der einzige Privatunternehmer. Seit Anfang der dreißiger Jahre wurden von den *Stroganovs*, von *Petr* und *Gavriil Osokin*, von *M. Turčaninov*, *A. Kuročkin*, *G. Vjazemskij* und anderen einzelne Fabriken gebaut, deren Produktion zwar relativ gering war, die aber immerhin eine gewisse Konkurrenz darstellten. Noch Ende der vierziger Jahre standen im Ural und in Sibirien 15 Werke, die *Akinfij Demidov*, der älteste Sohn und Haupterbe *Nikita Demidovs*, besaß, nur sieben Werke gegenüber, die anderen Besitzern gehörten.[2] Trotz dieser ungleichmäßigen Verteilung kam es verschiedentlich zu Streitereien zwischen den einzelnen Unternehmern über den Abbau neuer Fundstellen und über andere Fragen.

So gab es z. B. in den dreißiger Jahren langwierige Auseinandersetzungen zwischen den *Demidovs* und den *Stroganovs*. Das Bergprivileg von 1719 erlaubte die Erzsuche und den Bau von Fabriken auch auf fremden Ländereien. Diese Bestimmung war ganz eindeutig darauf gerichtet, die Entwicklung einer eigenen Metallurgie in Rußland zu fördern. Bei der Interpretierung dieser Anordnung gerieten nun die größten Grundbesitzer des Uralgebietes, die *Stroganovs*, und die größten Unternehmer, die *Demidovs*, aneinander. Der Anlaß war eigentlich geringfügig, läßt aber eindeutige Rückschlüsse auf das Wesen der Auseinandersetzungen zu. Es ging um den Bau eines Werkes, das *Demidov* auf *Stroganov*schen Ländereien errichten wollte. Diese wiederum beabsichtigten, an ebendieser Stelle einen eigenen Betrieb zu bauen. Diese Streitigkeiten zogen sich über ein Jahrzehnt hin und wurden leidenschaftlich geführt.[3] Die *Stroganovs* versuchten mit aller Macht ihre ausschließliche Verfügungsgewalt über den Grund und Boden, der in ihrem Besitz war, zu erhalten. Andererseits wollten die Unternehmer, die früher Kaufleute oder Handwerker gewesen waren und daher über Boden nicht verfügten, natürlich alte grundherrliche Rechte nicht respektieren. Solange das Uralgebiet wirtschaftlich noch wenig erschlossen war, waren diese Probleme noch nicht so aktuell. Als jedoch in steigendem Maße privates Kapital in der Produktion angelegt wurde, mußten für die Beziehungen zwischen den einzelnen Unternehmern rechtliche Bestimmungen ausgearbeitet werden.

Die wachsende Zahl der Privatunternehmer warf aber auch andere Probleme auf. Es ging nicht mehr an, wie bisher in jedem Streitfall zwischen den Besitzern und der Leitung der Staatswerke eine Einzelentscheidung herbeizuführen. Dazu war die wirtschaftliche Erschließung des Urals bereits zu weit fortgeschritten. Die Zahl der Staatswerke hatte sich seit 1724 von fünf auf zwölf erhöht.[4] Aus diesem Grunde wurde sowohl die gesetzliche Regelung der Beziehungen zwischen dem Staat und den Privatunternehmern als auch die Neuordnung der Leitung

[1] Kafengauz, История хозяйства Демидовых, S. 259f.
[2] Pavlenko, Развитие металлургической промышленности, S. 78, 81
[3] Kafengauz, История хозяйства Демидовых, S. 172
[4] Материалы о развитии уральской промышленности. In: ИА, Bd. IX, 1953, S. 165—166

der Staatswerke dringend notwendig. Die Lösung aller dieser Aufgaben nahm *Tatiščev* sofort nach seiner Ankunft im Ural in Angriff.

Durch die ihm im März 1734 übergebene Instruktion erhielt er den Auftrag, ein Reglement über die Beziehungen zwischen den einzelnen Unternehmern zu erarbeiten und zu diesem Zweck die Werkbesitzer selbst oder deren Verwalter zu einer Beratung zusammenzurufen.[1] Die Besprechungen über diese Probleme begannen am 12. Dezember 1734 in Ekaterinburg und wurden von *Tatiščev* persönlich eröffnet. Er führte auf der ersten Zusammenkunft unter anderem aus: „Als es in ganz Sibirien nur einen Privatunternehmer gab, nämlich *Demidov*, gab es auch keine Ursachen für Zwistigkeiten und Gesetze für ihre Schlichtung waren nicht notwendig. Heute aber wird sichtbar, daß es Privatwerke und Unternehmer gibt und daß unter ihnen oftmals fluchwürdiger Neid und Haß herrscht und daß sich aus Unkenntnis der göttlichen und der Naturgesetze die Zwistigkeiten vermehren. Und deswegen hoffen wir, bald die notwendigen Gesetze zu haben.“ Weiterhin nannte er einige Ursachen dieser Auseinandersetzungen, die besonders zwischen den mächtigeren Unternehmern stattfänden: die gewaltsame Wegnahme von Erzgruben und auch schon geschmolzener Erze, die Abwerbung der besten Meister, Drohungen der Unternehmer u. a. Diese Praxis, die besonders von den *Demidovs* angewandt wurde, verurteilte *Tatiščev* aufs schärfste und schlug vor, daß bei den Beratungen „jeder ohne jede persönliche Voreingenommenheit seine Meinung sagt und dabei berücksichtigt, daß sie nicht einer einzelnen Person oder einer einzelnen Angelegenheit und zeitweise gilt, sondern in ein ewiges Gesetz eingehen wird“.

Die Beratungen dauerten vorerst bis zum 10. März 1735, dann vertagte sich die Versammlung auf den 15. August 1735. Diese Unterbrechung war notwendig, weil einmal die Transporte mit den Erzeugnissen der Werke ins Zentrum Rußlands und in die Häfen abgefertigt werden mußten und weil andererseits eine zu lange Abwesenheit der Unternehmer und ihrer Verwalter zu ernsten Produktionsstockungen führen konnte. Die Wiederaufnahme der Verhandlungen verzögerte sich jedoch infolge gerade ausbrechender Unruhen unter den Baškiren, und die Kanzlei beschloß daher ihre erneute Aussetzung bis zum 1. November 1735. Da sich aber auch zu diesem Zeitpunkt die Verhältnisse noch keineswegs beruhigt hatten, wurde der Beginn der Verhandlungen erneut um vierzehn Tage verschoben. Ob die Besprechungen zu diesem Zeitpunkt aufgenommen wurden, ist nicht bekannt, jedoch steht fest, daß um die Jahreswende 1735/1736 eine zweite Zusammenkunft stattfand.[2]

[1] ПСЗ, IX, Nr. 6559, S. 295

[2] Über die Durchführung der Beratung vgl. das Vorwort von N. Pavlenko zu: Материалы совещания уральских промышленников. Hg. v. N. Pavlenko u. M. Gorlovskij. In: ИА, Bd. IX, 1953, S. 7f., 19f.

Die Beratungen standen unter der Leitung eines Mitarbeiters des Oberbergamtes, das *Tatiščev* sofort nach seiner Ankunft in „Kanzlei der Hauptverwaltung für die sibirischen und die Kazan'er Werke" („Канцелярия главного правления сибирских и казанских заводов" statt bisher „Обербергамт") umbenannt hatte, wobei er also seinen Grundsatz, nur russische Beziehungen zu verwenden, auch hier anwandte. Manchmal nahmen auch mehrere Mitarbeiter der Kanzlei teil. Infolge der schon geschilderten Umstände und da *Tatiščev* als der spiritus rector bereits 1737 aus dem Ural abberufen wurde, konnte kein endgültiges Reglement erarbeitet werden. Auf uns ist lediglich eine Art Protokoll gekommen, das die Ansichten der Unternehmer zu einzelnen Fragen ausführlich darlegt, und das die Grundlage für ein Bergreglement bilden sollte, dessen Aufgabe die Regelung der Beziehungen zwischen den Unternehmern gewesen wäre.[1]

In der veröffentlichten Form — es handelt sich um eine zeitgenössische (nicht vor 1737 erfolgte) Zusammenfassung und Gliederung der Verhandlungsprotokolle — besteht das „Reglement" aus vier Kapiteln, in denen über die Erzfundstellen (S. 24—43), die Übergabe von Land, auf dem Erz gefunden wurde (S. 43—59), die Abgaben an den Staat (S. 59) und über die Arbeitskräfte (zwei Redaktionen, S. 59—85) gehandelt wird. Den Schluß bilden Ergänzungen zu einzelnen Abschnitten (S. 92—128). Aus der vorliegenden Darstellung ergibt sich vor allem, daß sich während der Beratungen ständig zwei Gruppierungen gegenüberstanden, deren verschiedene Forderungen sich aus ihrer unterschiedlichen ökonomischen Stellung ergaben, nämlich die Unternehmer, die zuerst Grundbesitzer waren und eigene Ländereien bergbaulich nutzten, und diejenigen, die im Handel erworbenes Kapital im Bergbau und im Hüttenwesen investierten. Die letzteren hatten natürlich ein Interesse daran, die Bergfreiheit möglichst auszudehnen und bei der Einstellung flüchtiger Bauern größtmögliche Freiheit zu erlangen. Dieser Gruppe widersprachen fast ständig die Vertreter der *Stroganovs*, die besonders die Aufnahme flüchtiger Bauern zu beschränken suchten.

Die vorliegenden Materialien zeugen von intensiven Beratungen zwischen den Unternehmern und der Bergkanzlei. *Tatiščev* leistete für die Ausarbeitung eines neuen Bergreglements wichtige organisatorische Vorarbeiten. Jedoch beschränkte sich seine Tätigkeit keinesfalls darauf. Außerdem bemühten sich *Tatiščev* und seine Mitarbeiter auch um die Abfassung eines sogenannten „Werkreglements", das die Wechselbeziehungen zwischen der Bergverwaltung und den Staatswerken regeln sollte.[2]

Dieser „Zavodskij Ustav" enthält insgesamt 158 Artikel in acht Kapiteln, die folgendes behandeln: Rechte und Pflichten des Leiters oder der Kanzlei der Werke,

[1] Ebd., S. 22—128

[2] Veröffentlicht in: Горный Журнал, 1831, Nr. 1—3, 5—10; die Titel der einzelnen Artikel druckte Popov, Татищев, S. 544—548, wieder ab.

des Rates, des Assessors, des Gerichts, des Kassenverwalters, des Bergvermessers, des Arztes und des Werkkommissars. In seinen Grundzügen stützt er sich auf die kaiserliche Instruktion für *Tatiščev* vom März 1734. In diesem Reglement sind selbst die kleinsten Dinge im wahrsten Sinn des Wortes reglementiert, so daß die Gefahr bestand, daß jede selbständige Arbeit und jede Initiative gelähmt würde. Aber in diesem Sinne wollte *Tatiščev* das Reglement nicht verstanden wissen, sondern er wollte mit ihm seinen Mitarbeitern eine Hilfe für ihre Arbeit geben. Darauf deutet hin, daß viele spezielle Tätigkeiten genau beschrieben wurden, besonders soweit es sich um technische Arbeitsbereiche handelte. In dem „Werkreglement" darf man also nicht, wie der Begriff aussagt, lediglich eine Anordnung sehen. Anknüpfend an viele wichtige Ukaze seines Lehrmeisters *Peter*, suchte *Tatiščev* in diesem Reglement ein kleines Handbuch zu schaffen, das über die wichtigsten organisatorischen und technischen Aufgaben Auskunft gab, aus dem die technischen Mitarbeiter und die Verwaltungsangestellten ersehen konnten, welche einzelnen Verpflichtungen sie zu erfüllen hatten, und aus dem sie gleichzeitig lernen sollten. Es zeugt von der Qualität der unter der Leitung *Tatiščevs* ausgearbeiteten Projekte, daß ihre Grundgedanken trotz der Ablehnung durch die Regierung während des ganzen 18. Jahrhunderts die inoffizielle Grundlage für die Tätigkeit der Bergverwaltung im Ural darstellten.[1]

Wichtiger für die Darstellung der Ansichten, Kenntnisse und Einsichten *Tatiščevs* als die beiden genannten Reglemente, die in erster Linie seine Tatkraft, seine organisatorischen Fähigkeiten und seine gute Kenntnis der dringendsten vor dem Lande stehenden Aufgaben zeigen, ist ein drittes, unter seiner Leitung erarbeitetes Dokument, die Instruktion für die Schichtmeister.[2] Die Beratung mit den Vertretern der privaten Werke hatte der Ausarbeitung eines Reglements über die Beziehungen zwischen den einzelnen Unternehmen gedient. In Anbetracht der dargestellten Verhältnisse war es nicht zu einem Abschluß gekommen, und der geplante „Gornyj Ustav" konnte nicht zusammengestellt werden. Der „Zavodskij Ustav" regelte die Beziehungen zwischen der Bergverwaltung und den Staatswerken. Der „Nakaz Šichtmejsteru" sollte die Beziehungen zwischen der Staatsverwaltung und den Privatwerken regeln. Viel stärker als die beiden anderen Dokumente ist die Schichtmeister-Instruktion mit dem Namen *Tatiščevs* verbunden, in ihr legt er im wesentlichen seine Stellung zu den Privatunternehmern dar. Die Schichtmeister-Instruktion gliedert sich in elf Kapitel, die die Berichterstattung der Unternehmer an die Staatsverwaltung, die Buchführung, die Führung von Arbeiterverzeichnissen, die Prüfung der hergestellten Waren, den Verkauf der Produkte und den Abschluß von Verträgen, die Verwaltung der Werke, die Be-

[1] Vorwort von N. Pavlenko zu: V. N. Tatiščev, Наказ Шихтмейстеру. In: ИА, Bd. VI, 1951, S. 200–201

[2] Ebd., S. 210–228

zahlung der Meister, den Bau neuer Werke, die Unterhaltung von Schulen und Kirchen, die Zahlung der Abgaben und die Einrichtung von Läden in den Werken behandeln.

Die Schichtmeister sollten die Kontrolleure des Staates in den Privatwerken sein und in jeder Hinsicht dessen Interessen wahrnehmen. Wenn man Ziel und Inhalt dieser Instruktion kurz zusammenfassen will, kann man sagen, daß ein bis ins kleinste durchdachtes Kontrollsystem über die Privatwirtschaft eingeführt werden sollte.

Der Schichtmeister erhielt die Aufgabe und das Recht, genaue Auskunft über den Aufbau und die Produktion, über den Absatz und über die Zahl der Beschäftigten eines Werkes zu verlangen. Die Beachtung dieser Punkte sei besonders wichtig für die Einziehung der Steuern und der Abgaben (S. 210–211). Die Sicherung der Staatseinnahmen war also eines der wichtigsten Anliegen *Tatiščevs*. Dem gleichen Zweck dienten auch die sehr detaillierten Angaben über die Führung der Kontrollbücher (S. 211–214).

Ein entscheidendes Problem, das immer wieder die Aufmerksamkeit des Wirtschaftsorganisators erregte, war die Arbeitskräftefrage. In der „Instruktion" wurde ausdrücklich verboten, mit flüchtigen oder nicht legitimierten Bauern ein Arbeitsverhältnis einzugehen. Auch der gern verwendete Weg der Einheirat – flüchtige Bauern wurden in diesem Falle mit schon den Werken gehörenden „Seelen" vermählt – wurde nicht erlaubt. Um jede Umgehung des Verbotes zu vermeiden, wurden ständige Berichte über die Zahl der Arbeitskräfte verlangt (S. 215). Diese Forderungen scheinen den Ansichten *Tatiščevs* von der größeren Produktivität der freien Arbeiter zu widersprechen. Es muß aber bedacht werden, daß er wider seine bessere Einsicht keine Aufhebung der Leibeigenschaft erstrebte und vor allem verhindern wollte, daß der Staat durch die unbehinderte Aufnahme von Flüchtigen durch die Unternehmer jede Kontrolle verlor. Nicht zuletzt muß man in diesem Verbot auch ein Mittel in dem zwischen dem Staat und den Unternehmern geführten Konkurrenzkampf sehen. Selbstverständlich gingen Flüchtlinge lieber zu Privatunternehmern als in die Staatswerke, in denen eine Auslieferung jedenfalls wahrscheinlicher war und deren Leiter weit stärker an die bestehenden Vorschriften gebunden waren.

Das Hauptziel *Tatiščevs* bestand darin, den Werken die vorhandenen freien und qualifizierten Arbeiter zu erhalten und die Lage aller in den Werken Beschäftigten nach Möglichkeit zu verbessern. Nur unter diesem Gesichtspunkt kann man verschiedene von ihm gegebene Anordnungen interpretieren. So regte er an, die Meister auch bei Arbeitsausfall durch Krankheit oder durch den Stillstand der Werke wegen Wasser- oder Rohstoffmangels zu entlohnen. Bei ihrer Bezahlung unterschied er nach Zeit- und Stücklohn und stellte es den Unternehmern frei, den Lohn je nach Leistung zu erhöhen oder zu kürzen. Dem gleichen Zweck, die Lage der Arbeiter unter Beibehaltung der bestehenden Verhältnisse möglichst zu verbessern, diente das Verbot, Lebensmittelpreise willkürlich festzusetzen oder den Meistern und Arbeitern gar an Stelle von Geld Lebensmittel und Kleidung für die geleistete Arbeit zu geben (S. 220—222, 225). Das Verbot zeigt, daß das Trucksystem auch in Rußland offensichtlich weit verbreitet war. Es wurde von den Unternehmern sogar als Privileg gefordert.[1]

Interessant ist der in der „Instruktion" enthaltene Hinweis, durch die Einführung von Festpreisen einen übermäßigen Konkurrenzkampf zwischen den Unternehmern zu vermeiden, da ein zu starkes Streben nach Gewinn weder für den Staat noch für das Volk nützlich sei (S. 217—218). Das war offensichtlich eine besonders gegen die *Demidovs* gerichtete Bestimmung, der infolge seiner wirtschaftlichen Stärke kleinere Unternehmer durch eine geschickte Preispolitik jederzeit überspielen konnte. Das lag aber keineswegs im Interesse eines schnellen und allseitigen wirtschaftlichen Fortschritts. Dazu kam noch, daß *Demidov* in vielen Fällen auch wirtschaftlich stärker war als die Staatswerke. Auch in deren Interesse mußte also eine allgemeine Preisfestsetzung liegen.

Die Schichtmeister sollten jedoch nicht nur die Produktion kontrollieren, sie sollten auch auf die Weiterentwicklung der Werke achten und die Unternehmer anweisen, mit den Rohstoffen, besonders mit dem Holz, sparsam umzugehen (S. 219). Für die Verhüttung der Erze wurde Holzkohle gebraucht. Es mußte daher besonders darauf gesehen werden, daß möglichst in der Nähe der Werke genügend Wald vorhanden war, damit die Holzkohle und das Holz für den Bau der Werksanlagen nicht über weite Strecken herangeschafft werden mußte, da dadurch die Produktion verteuert worden wäre.

Tatiščev behandelte in seiner „Instruktion für die Schichtmeister" auch noch weitere Punkte, die sich nach seiner Meinung negativ auf die Produktion auswirken konnten. So sollte eine Auflösung von Gesellschaften nur zugelassen werden, wenn der Produktionsablauf dadurch nicht gestört würde (S. 219—220). Er gab den Gesellschaften vor den Einzelunternehmen den Vorzug, weil durch die Beteiligung mehrerer Unternehmer eine gewisse Selbstkontrolle hinsichtlich der Abgaben möglich war. Durch Bestechung *Birons* war es *Demidov* z. B. gelungen, seine Steuerhinterziehungen geheim zu halten.[2] Für eine Gesellschaft wäre das entschieden schwieriger gewesen, da die Zahl der Beteiligten in diesem Falle größer gewesen wäre. Dem Ziel, ein Absinken der Produktion zu verhindern, diente das Verbot, den Besitz der Unternehmer auf verschiedene Erben zu verteilen oder den Zustand der Werke ohne die Zustimmung der staatlichen Verwaltung zu verändern (S. 220).

Zur Förderung des Berg- und Hüttenwesens im Ural wurde in der „Instruktion" entsprechend den bestehenden Vorschriften angeordnet, daß neuerbaute Werke

[1] ЦГАДА, Ф. 19, ед. хр. 77, Bl. 120r
[2] Kafengauz, История хозяйства Демодовых, S. 174

in den ersten drei Betriebsjahren von allen Abgaben an den Staat befreit sein sollten (S. 225). In diesem Zusammenhang wurde auch darauf hingewiesen, beim Bau neuer Werke auf den größtmöglichen Nutzen zu achten und „das Kapital nicht nutzlos zu verschwenden“ (S. 222). Alle wirtschaftlichen Bestimmungen der „Instruktion“ waren also in erster Linie darauf gerichtet, durch eine allseitige Kontrolle von seiten des Staates und durch technische und organisatorische Hilfe eine möglichst starke Wirtschaft im Ural aufzubauen.

Bei alledem unterschätzte aber *Tatiščev* auch nicht die Ausbildung der in den Werken Beschäftigten. Diesem Zweck sollten vor allem Schulen dienen, deren Einrichtung er von jedem Werksbesitzer verlangte und die von sechs- bis zwölfjährigen Kindern besucht werden sollten (S. 224—225). Diese Bestimmung ordnet sich ganz in die oben charakterisierten Bestrebungen ein, im Ural ein ganzes Netz von Schulen einzurichten. Deren Aufgabe war aber nicht nur die Vermittlung von Kenntnissen, sondern sie sollten die Untertanen auch zu guten Staatsbürgern erziehen, natürlich im Sinne des feudalen Staates. In diese Bemühungen sollte auch die Kirche eingeschaltet werden, deren Rolle bei der Stärkung des absolutistischen Staates *Tatiščev* sehr gut verstanden hatte. Es ist charakteristisch, daß er als erste Aufgabe der in jedem Werk, das weiter als fünf Werst von der nächsten Kirche entfernt war, zu errichtenden Kirche nicht den Gottesdienst nannte, sondern die Verkündung des Herrscherwillens, der Gesetze und der Ukaze, „die mindestens dreimal im Jahr bei den Volksversammlungen in den Kirchen und für die Kinder in den Schulen zu verlesen“ seien (S. 223). Nach *Tatiščevs* Meinung waren Aberglaube, Unwissenheit und Unkenntnis der Gesetze die entscheidenden Ursachen für Volksaufstände.[1] Durch ihre Überwindung sollte also jede Gefahr vom Staate abgewendet werden. Wirtschaftliche Stärkung und ideologische Festigung des Staates hatten nach *Tatiščevs* Meinung Hand in Hand zu gehen, ihnen galt vor allem sein Streben.

Es ergeben sich also drei Problemkreise, deren Berücksichtigung *Tatiščev* für die Leitung der Industrie im Ural wichtig zu sein schien. Es ging einmal darum, die Privatunternehmer zur Sicherung der Steuereinnahmen des Staates streng zu kontrollieren, ihnen aber gleichzeitig zu helfen, möglichst starke und produktive Betriebe aufzubauen. Zweitens bemühte er sich um die Regelung der Arbeitskräftefrage. Hier tritt uns am deutlichsten seine Zwiespältigkeit entgegen. Trotz seiner besseren Einsicht, daß die Arbeitsproduktivität der freien Arbeiter größer war als die der Leibeigenen, wandte er sich gegen die Durchbrechung der Feudalordnung, besonders dann, wenn für den Staat die Gefahr bestand, jede Übersicht zu verlieren. Andererseits versuchte er, die ökonomische Lage der Arbeiter und Meister nach Möglichkeit zu erleichtern. Seine dritte Aufgabe sah er in der ideologischen Festigung des absolutistischen Staates, wozu er die Kirche und auch die

[1] Tatiščev, Разговор, S. 65—66, 73—75

Schule ausnutzen wollte. Durch ein umfassendes Schulsystem sollte gleichzeitig eine genügende Zahl von Facharbeitern ausgebildet werden. *Tatiščevs* „Instruktion für die Schichtmeister" ist also die Anwendung der petrinischen Regierungsgrundsätze auf ein bestimmtes Gebiet. Sie zeugt von der bewußten aktiven Tätigkeit des Verfassers. Er hat also während seines zweiten Uralaufenthaltes eine wahrhaft schöpferische Arbeit geleistet. Diese wichtige Seite seiner Tätigkeit wurde bisher nicht genügend beachtet.

Die Einsetzung der Schichtmeister wurde von den Unternehmern sofort mit einem scharfen Protest beantwortet.[1] Drei Gründe führten sie für die Ablehnung der Schichtmeister-Instruktion an:

1. Die vorgesehene ständige Rechnungslegung vergrößere den Verwaltungsapparat und damit die Ausgaben.
2. Während des Arbeitsausfalles seien die Meister noch nie bezahlt worden, außerdem könnten sich diese ja in der arbeitsfreien Zeit eine andere Beschäftigung suchen.
3. Die Kinder könnten nicht zur Schule geschickt werden, da sie schon arbeiten müßten. Wenn für die Kinder Erwachsene eingestellt würden, verteure sich dadurch die Produktion, da höhere Löhne zu zahlen wären.

Die Unternehmer stellten also bei ihrer Ablehnung ganz bewußt ökonomische Probleme in den Vordergrund, sie sahen nur die für sie scheinbar negativen Bestimmungen der „Instruktion".

Die Regierung schloß sich dieser Ablehnung an und behauptete, die „Instruktion" widerspreche teilweise den Privilegien, die den Unternehmern erteilt worden waren, und schränke deren Privatinitiative ein.[2] Diese Einwände waren sicher nicht unberechtigt, wenn man die Schichtmeister-Instruktion formal auslegte. Sie war aber vor allem als eine Anleitung gedacht, die grundsätzliche Probleme der Wirtschaftspolitik regeln sollte.

Gegen diese Entscheidung der Regierung konnte auch *Tatiščev* nichts ausrichten, der die Einwände der Unternehmer sofort widerlegt und seine Ansichten teilweise spezifiziert hatte.[3] Zunächst wies er darauf hin, daß sich die Schichtmeister in Böhmen, Sachsen und Schweden bewährt hätten. Mit ihrer Weigerung, so schreibt er über die Ablehnung der Unternehmer, die Meister auch während des Arbeitsausfalls zu entlohnen, würden sich die Unternehmer nur selbst schaden, weil sich ein ständiger Arbeitsplatzwechsel der leitenden Mitarbeiter negativ auf den Produktionsablauf auswirken müßte. Jedoch erklärte er sich, um wenigstens

[1] Прошение уральских промышленников ... по поводу введения ... института шихтмейстеров. In: ИА, VI, S. 228–32

[2] Рассуждение Коммерц-коллегии ... о „Наказе шихтмейстеру". In: ИА, VI, S. 235 bis 240

[3] Резолюция Канцелярии ... по поводу прошения заводчиков. In: ИА, VI, S. 231–235

ein Teilziel zu erreichen, in der Erwiderung auf die Entscheidung der Regierung damit einverstanden, seine Bestimmungen nur auf die freien Meister anzuwenden. Außerdem gestand er den Unternehmern nunmehr weitgehend freie Hand bei der Behandlung der Leibeigenen zu. Diese Zugeständnisse schienen ihm notwendig zu sein, um wenigstens die Lage der qualifiziertesten Arbeiter zu verbessern, deren Tätigkeit entscheidend für die weitere wirtschaftliche Erschließung des Urals war.

Besonders widersprach *Tatiščev* den Einwendungen der Unternehmer gegen die Schulen, da sie — wie er schrieb — „gegen den Nutzen der Werke" verstießen. Er erinnerte an die Einrichtung der ersten Schule in Uktus im Jahre 1721, gegen die sich die Meister auch gesträubt hätten. Später hätten sie jedoch den Nutzen eingesehen und gerade diejenigen, die am schärfsten protestiert hätten, hätten ihre Kinder als erste in die Schule geschickt. Die Produktivität der Kinderarbeit sei so gering, daß die Einstellung erwachsener Arbeiter vorteilhafter sei. Nochmals forderte er die Schulpflicht für alle Kinder der Verwalter, der Aufseher, der Meister, der Gesellen und auch der Lohnarbeiter. Die Kinder der Bauern, „die sich durch das Pflügen ernähren", d. h. derjenigen, die nur zeitweise in den Werken arbeiteten, könnten in die Schulen aufgenommen werden. Auch hier zeigt sich wieder die für *Taitščev* charakteristische Unterscheidung der freien und der leibeigenen Arbeiter. Immer wieder stoßen wir auf die durch die bestehenden Verhältnisse bedingte Inkonsequenz seiner Haltung, die ihn hinderte, grundlegende Veränderungen zu fordern.

Der erste Eindruck, den man nach der Behandlung der wirtschaftsorganisatorischen Arbeiten *Tatiščevs* in den Jahren 1734 bis 1737 hat, deutet auf einen Mißerfolg seiner Tätigkeit in dieser Zeit hin. Seine Projekte erhielten nicht die Bestätigung der Regierung, im Gegenteil, am 10. Mai 1737 wurde ihm ein anderes Arbeitsgebiet zugewiesen. Zwar blieb er formal noch bis 1739 Leiter des Bergamtes in Ekaterinburg, griff aber nicht mehr entscheidend in seine Arbeit ein. Doch die von ihm angeregten Projekte blieben nahezu ein Jahrhundert lang inoffizielle Grundlage für die Verwaltung des Berg- und Hüttenwesens im Ural. Daran zeigt sich, daß sie weitgehend den Erfordernissen entsprachen und sogar die weitere Entwicklung mit einkalkulierten. Auch die von ihm angeregten Schulen wirkten weiter, zwar nicht in dem Maße, wie er es sich vorgestellt hatte, aber doch immerhin recht erfolgreich. In dem Jahrzehnt von 1728 bis 1737 verließen allein 76 Meister und 60 Verwaltungsbeamte die Ekaterinburger Schule.[1] Das war ein großer Erfolg des hervorragenden Organisators der Uralindustrie. Ein drittes Verdienst des regsamen Petriners stellen die vier staatlichen Werke dar, die in den Jahren 1734 bis 1737 ihre Tätigkeit aufnahmen. Dazu kommen zwei umgebaute Werke und fünf weitere, für deren Gründung er noch den Anstoß gab und die

[1] Pavlenko, Развитие металлургической промышленности, S. 202

1738 und 1739 zu produzieren begannen.[1] Diese Erfolge können sich wirklich sehen lassen und verdienen höchste Anerkennung.

Die Situation, die 1737 zur Abberufung *Tatiščevs* aus dem Ural führte, ähnelte derjenigen, die drei Jahre früher zu seiner Entsendung nach Ekaterinburg geführt hatte. Der Aufstand der Baškiren, der in seinen Anfängen bereits die Verhandlungen der Unternehmer über das Bergreglement gestört hatte, war inzwischen zu einer großen Gefahr geworden. Mit seiner Niederschlagung konnte nur ein Mann beauftragt werden, der neben guten militärischen Kenntnissen und Erfahrungen auch die Voraussetzung bot, durch politische und organisatorische Fähigkeiten nach Möglichkeit eine Befriedung dieses Gebietes zu erreichen. Hier bot sich *Tatiščev* geradezu an. Aus langem Umgang kannte er die Verhältnisse bei den Baškiren, infolge seiner jahrelangen Tätigkeit im Ural wußte er von der Gefahr, die die Unruhen für die weitere wirtschaftliche Erschließung dieser Reichsteile bildeten. Dazu kam, daß er auf Grund seiner geographischen Studien mit diesen Landstrichen genau vertraut war. Das war einmal für die militärischen Operationen, zum anderen für die Anlage von Befestigungen von großem Vorteil. Gerade auf letzterem Gebiet konnte er auch seine guten Kenntnisse der Fortifikation verwenden. Wie schon bei anderen Gelegenheiten war es also in diesem Falle ebenfalls nicht zuletzt seine große Vielseitigkeit, die ihm die Übertragung dieser neuen Aufgaben einbrachte.

Dazu kam jedoch ein weiterer Grund, der mindestens in gleichem Maße auf seine Entfernung als Wirtschaftsorganisator aus dem Ural einwirkte. *Tatiščevs* zweite Entsendung war mit einer Verlagerung fast der gesamten zentralen Verwaltungsorgane des Berg- und Hüttenwesens in den Ural, das Hauptgebiet dieses Industriezweiges, verbunden gewesen. Aber bereits im Jahre 1736 hatte sich erneut eine Änderung ergeben. Im Mai dieses Jahres war der sächsische Oberberghauptmann *Kurt Alexander von Schönberg* in Petersburg eingetroffen, und ein unter seiner Leitung stehendes Generalbergdirektorium nahm im August des gleichen Jahres seine Tätigkeit auf. *Schönberg* war ein kenntnisreicher Mann, der aber nicht im Interesse Rußlands wirkte und dabei noch die allseitige Unterstützung der in dieser Zeit herrschenden Ausländerschicht fand. Schon seine Berufung war ein Affront gegen die russischen Fachleute, besonders gegen *Tatiščev*, den besten russischen Kenner des Berg- und Hüttenwesens. Es wundert uns also nicht, daß *Schönberg* bereits ein Jahr nach seiner Ankunft in Rußland dessen Entlassung erwirkte, die mit einer Berufung in ein rangmäßig höheres Amt bemäntelt wurde.

Warum hatte der Sachse ein so großes Interesse an der Entfernung seines russischen Fachkollegen?

Bereits seit Anfang der dreißiger Jahre gab es in Rußland Diskussionen über die Privatisierung einzelner Staatswerke. Schon *Peter* hatte *Demidov* und anderen

[1] Vgl. das Verzeichnis der 1747 bestehenden Staatswerke: Материалы о развитии уральской промышленности. In: ИА, IX, S. 165–166

verschiedentlich Werke übereignet. Obwohl also z. B. im Ural ständig neue Werke gebaut wurden, war keineswegs beabsichtigt, den Staat zum Großunternehmer zu machen. In seinem Auftrage wurden Werke gegründet, weil das erforderliche Privatkapital nicht vorhanden war. Die staatlichen Unternehmen sollten also Kaufleute und Handwerker zur Investierung ihres Kapitals in der Produktion anregen. Das war eine ihrer Hauptaufgaben. So wies *Tatiščev* in seinem Gutachten vom 15. Februar 1738 über die Privatisierung[1] ausdrücklich darauf hin, „daß kein einziger Gewerke in Rußland von selbsten zuerst den Bergbau unterfangen und Werke angeleget habe, sondern daß allenthalben erst publike und nachgehends durch Hilfe derselben Privatwerke erbauet oder die schon angelegten publiken Werke von Privatpersonen erweitert wurden". Da es sich im vorliegenden Falle aber um das beste und ergiebigste Staatswerk im Ural handelte, lehnte er eine Privatisierung ab, weil sonst in Zukunft weiteren Unternehmern nur noch schlecht geholfen werden könnte. Er schlug vor, zunächst diejenigen Werke, „die am wenigsten einträglich sind", zu übergeben. Wenn man diesen Weg nicht gehen wolle und die besten Werke weggebe, „so ist es auch unnötig, auf die Erbauung neuer Werke Kosten und Mühe zu wenden, welches aber doch auch dem Interesse des Reichs zuwider wäre". Da er aber wohl nicht hoffte, seinen Vorschlägen Gehör verschaffen zu können, wollte er dem Staat doch wenigstens einen Gewinn verschaffen und regte daher an: „. . .so könnte man doch erst auch andere Gewerke fragen, ob dieselbe nicht vielleicht auf bessere Bedingungen solches tun [Staatswerke kaufen] wollten . . ." Obwohl es sich hier um die Übergabe eines einzelnen Werkes handelte, sind doch alle Umstände genannt, die bei der Privatisierung in größerem Maßstabe zu bedenken waren. Die Einstellung *Tatiščevs*, die in diesem Gutachten ihre Widerspiegelung fand, mußte ihm einen Mann wie *Schönberg*, der Werke des Urals als persönlichen Besitz erhalten wollte[2], und mit ihm alle *Biron*anhänger zu Feinden machen. Obwohl in dem Dokument stets nur von den *Osokin* die Rede ist, war damit doch — besonders wenn man das im Anhang abgedruckte Schriftstück ganz liest — das Urteil bereits gesprochen, bevor die Privatisierung verwirklicht werden konnte.

Gerade die entscheidenden Grundsätze der Privatisierung — den Anteil des Privatkapitals an der industriellen Produktion zu erhöhen und gleichzeitig durch die Kaufsumme dem Staat zusätzliche Einnahmen zu verschaffen — hat man in Petersburg aber nicht beachtet. Durch die Übereignung der produktivsten Werke

[1] ЦГАДА, Ф. 19, ед. хр. 76, 6 Bl.; Abschrift Архив АН СССР, Ф. 95, оп. 5, Nr. 1, Bl. 44 bis 54; vgl. Beilagen, Nr. 10

[2] Vgl. über Schönbergs (in der russischen Literatur stets „Шемберг" geschrieben) Versuche, Uralwerke zu erhalten, meinen Aufsatz: Russisch-sächsische Beziehungen auf dem Gebiet des Berg- und Hüttenwesens in der ersten Hälfte des 18. Jh. In: Jahrbuch für Geschichte der UdSSR und der volksdemokratischen Länder Europas, Bd. IV (1960), S. 314—318, 329—330

an *Schönberg*, der als Generalbergdirektor außerdem die Kaufpreise bestimmen wollte und das mit Hilfe seiner Gönner unter den Ausländern auch weitgehend durchgesetzt hat, wurde dem Staat im Gegenteil großer Schaden zugefügt und die Privatinitiative nicht gefördert, jedenfalls nicht in der gewünschten Richtung, sondern bestenfalls zum Zwecke persönlicher Bereicherung eines Ausländers. *Schönberg* konnte daher auch seine Politik nur so lange durchführen, wie er von den deutschen Günstlingen der Kaiserin, besonders von *Biron*, gestützt wurde. Bald nach der Thronbesteigung *Elisabeths*, im Jahre 1742, wurde er verhaftet und drei Jahre später nach Sachsen ausgewiesen.

Aus dem Gesagten wird verständlich, warum es *Schönbergs* Hauptziel sein mußte, *Tatiščevs* weitere Mitarbeit auf dem Gebiet des Eisenhüttenwesens zu verhindern. Zunächst erreichte er seine Entsendung nach Orenburg. Sobald aber am 3. März 1739 das neue Bergreglement — eine Weiterentwicklung des Bergprivilegs von 1719 — verkündet worden war und *Schönberg* die besten Bergwerke und Eisenfabriken Rußlands als Eigentum erhalten hatte, wurde *Tatiščev* ganz entlassen und ist in seinen letzten Lebensjahren nicht mehr im Berg- und Hüttenwesen tätig gewesen.

6. Leiter der Orenburger Kommission und gerichtliche Verfolgung

Die *Tatiščev* am 10. Mai 1737 übertragene Leitung der Orenburger Kommission bei gleichzeitiger Beförderung zum Geheimen Staatsrat und zum General war eine außerordentlich schwierige und komplizierte Aufgabe, die viel Umsicht, Wissen und Takt, in vielen Fällen auch Härte erforderte. Der Fluß Jaik (heute Ural) war in der ersten Hälfte des 18. Jahrhunderts in seiner ganzen Länge die Grenze Rußlands gegen Mittelasien. Das rechtsufrige Gebiet des Jaik war ethnographisch kein russisches Gebiet, sondern wurde von unterworfenen Völkern bewohnt, nördlich des Flusses von den Baškiren, die sich seit 1735 im Aufstand gegen ihre russische Oberherrschaft befanden. *Tatiščev* mußte nun die komplizierte Aufgabe übernehmen, einmal die russische mittelasiatische Grenze zu sichern, sie nach Möglichkeit sogar nach Südosten vorzuschieben, und andererseits den baškirischen Aufstand niederzuschlagen. Dazu stand ihm nur eine weitgehend desorganisierte Verwaltung zur Verfügung, mit deren Hilfe er die ihm übertragenen militärischen Aufgaben und die der Orenburger Kommission aufgetragenen Verpflichtungen erfüllen sollte.

Der Initiator der Orenburger Expedition — wie sie zunächst genannt wurde — war deren erster Leiter *Ivan Kirillovič Kirilov* gewesen, der im Frühjahr 1737 gestorben war. Er wurde 1689 geboren und war wie sein Nachfolger in Orenburg ein Schüler *Peters des Großen*.[1] Nach dem Besuch der Moskauer Navigationsschule wurde er 1712 Mitarbeiter des Senats, in dem er sich von der untersten Charge bis zum Obersekretär hinaufdiente. Neben seinen administrativen Verpflichtungen galt seine Liebe der beschreibenden Geographie und der Kartographie. Sein großes, 1728 fertiggestelltes geographisch-statistisches Werk über Rußland, „Der blühende Zustand des gesamtrussischen Staates“, ist ein Denkmal für das von *Peter* geschaffene Rußland und eine wertvolle Quelle für die Geschichte der Wirtschaft und der Verwaltung Rußlands im ersten Viertel des 18. Jahrhunderts. In ihm verwertete er die reichen ihm im Senat zur Verfügung stehenden Materialien über die Entwicklung seines Vaterlandes.[2] Gleiche Wertschätzung wie seiner beschreibenden Geographie gebührt seinem umfangreichen Kartenwerk „Atlas des russischen Reiches“, das er aber wegen der Übernahme anderer Verpflichtungen nicht fertigstellen konnte. Neben seinen wissenschaftlichen Arbeiten widmete er nämlich seine Aufmerksamkeit auch wissenschaftsorganisatorischen Problemen. Er nahm entscheidenden Anteil an der Vorbereitung der *Bering*-Expedition (sogenannte erste Kamtschatka-Expedition 1725 bis 1730) und war auch an der Organisierung der zweiten Kamtschatka-Expedition beteiligt, der u. a. die Akademiemitglieder *Gmelin*, *Müller* und *Delisle de la Croyère* und der russische Naturwissenschaftler *Krašenninikov*, der Verfasser der ersten naturwissenschaftlichen Beschreibung Kamtschatkas, angehörten.

Die größten Verdienste erwarb sich aber *Kirilov* bei der Vorbereitung und Durchführung der genannten Orenburger Expedition, deren Hauptaufgabe die Erschließung des rechtsufrigen Jaikgebietes war. Durch den Bau einer Stadt am Jaik und eines Festungsgürtels sollte die südöstliche Reichsgrenze gesichert, vor allem aber die Voraussetzungen für das weitere Vordringen nach Mittelasien und für die Erweiterung des russischen Handels nach Indien und China geschaffen werden. Die neue Stadt sollte also Aufgaben übernehmen, die bis dahin Astrachan erfüllt und die *Peter* ursprünglich der nahe der Südostküste des Kaspischen Meeres gelegenen Stadt Astrabad (am Gorgan) zugedacht hatte. Dieser Plan war aber gescheitert, nicht zuletzt infolge der isolierten Lage dieses Ortes, der mit Rußland nur durch einen schmalen Landstreifen an der Westküste des Kaspischen Meeres verbunden war, und wurde völlig hinfällig, als Rußland dieses Gebiet 1732 an Persien zurückgab. Im Jahre 1733 hatte *Kirilov* daher vorgeschlagen, am Jaik

[1] Über ihn vgl. L. E. Iofa, Современники Ломоносова И. К. Кирилов и В. Н. Татищев. Географы первой половины XVIII века, Moskau 1949, S. 3—37

[2] Vgl. über dieses erst im 19. Jh. veröffentlichte Werk S. I. Volkov, Ценный источник по истории XVIII века. In: ВИ, H. 7, 1951. I. Kirilov, Цветующее состояние Всероссийского государства, в каковое начал, привел и оставил неизреченными трудами Петр Великий, Moskau 1831; M. G. Novljanskaja, И. К. Кирилов и его атлас Всероссийской Империи, Moskau/Leningrad 1958; vgl. weiterhin: M. G. Novljanskaja, Научные работы Оренбургской экспедиции (1734—1737 гг.). In: Труды Института истории естествознания и техники, Bd. 27, Moskau 1959, S. 26—43

eine neue Stadt zu gründen, die die genannten militärischen und wirtschaftlichen Aufgaben übernehmen und gleichzeitig ein Zentrum für die wissenschaftliche Erschließung des Jaik-Gebietes werden sollte. Die positive Entscheidung über diesen Antrag wurde gefördert durch den Wunsch des Khans der links des Jaik wohnenden Kasachen, die sich der russischen Oberhoheit unterstellen wollten, da sie von aus dem Osten andrängenden Völkern bedroht wurden.[1]

Im Juni 1734 begab sich aus Petersburg eine große Karawane unter der Leitung *Kirilovs* in das genannte Gebiet. Sie wurde von Naturwissenschaftlern, Geographen, Kartographen und anderen Wissenschaftlern begleitet. Bereits im August 1735 wurde an der Stelle, wo die Or' in den Jaik einmündet, der Grundstein für die neue Stadt und Festung Orenburg gelegt. Es zeigte sich jedoch bald, daß die Wahl des Ortes zwar vom geographischen Standpunkt aus günstig, vom wirtschaftlichen Gesichtspunkt aus aber ungünstig war. Diese Fehlentscheidung war vor allem auf die ungenügende geographische und wirtschaftliche Kenntnis des Uralgebietes zurückzuführen. Besonders schlecht waren die Verbindungen der neuen Stadt mit Zentralrußland. Dadurch konnte sie weder die ihr zugedachten Aufgaben als Handelszentrum erfüllen, noch war ihre ständige Versorgung mit Lebensmitteln gesichert. Daher wurde die Stadt 1743 endgültig ca. 300 km nach Westen verlegt, an die Stelle, wo die Sakmara in den Jaik mündet. Das ehemalige Orenburg heißt seitdem Orsk. Im Jahre 1744 wurde das Gouvernement Orenburg geschaffen. Damit hörte die Orenburger Kommission, wie die Orenburger Expedition seit 1737 genannt wurde, auf zu existieren. Dieser kurze Ausblick auf die weitere Entwicklung war notwendig, um eventuellen Mißverständnissen vorzubeugen. Wenn in dieser Arbeit die Rede von Orenburg ist, handelt es sich stets um die erste Stadt dieses Namens, also das heutige Orsk.

Über die Zustände, die *Tatiščev* bei seiner Ankunft in Baškirien im Sommer 1737 vorfand, informiert uns einer seiner Briefe an *Biron*, der zwar undatiert ist, aber 1737 geschrieben sein muß, da der Günstling noch als Graf angeredet wird; am 13. Juni 1737 wurde er Herzog von Kurland. Er führt darin[2] aus, daß er glaube, den Aufstand ohne große Truppenbewegungen niederschlagen zu können und fährt dann fort: „Insonderheit, wann der jüdische Wucher der Voevoden und Garnisons-Kommandans abgeschaffet wird, wie solchen *Annenkoff* mehr als 7 Jahre her offenbar praktizieret, durch Ruinierung vieler zur Bosheit und publiken Lästerung Anlaß gegeben und dabei denen Gaudieben alle erdenkende Leichtfertigkeit auszuüben vor Geld, Pferde und Damasten freigelassen.“ *Tatiščev* betrachtete also als Hauptursache für den Aufstand die Mißwirtschaft in der Ver-

[1] Über das Orenburger Gebiet und seinen wirtschaftlichen und politischen Anschluß an Rußland informiert neuerdings ausführlich N. G. Apollova, Экономические и политические связи Казахстана с Россией в XVIII-начале XIX в., Moskau 1960

[2] ЦГАДА, Ф. 11, ед. хр. 626, Bl. 7–8r

waltung, die Bestechlichkeit der Beamten und deren Nachlässigkeit gegen Übergriffe, die sofort hätten geahndet werden müssen.

Die wirklichen Ursachen — die genannten Gründe konnten höchstens der Anlaß sein — für den Aufstand nannte *Tatiščev* hier allerdings nicht. Sie lagen einmal in der ständig vorhandenen sozialen und politischen Unterdrückung der unterworfenen Völker durch den Zarismus, gegen den sich diese dauernd wehrten. Die Baškiren konnten verschiedene Wege des Widerstandes beschreiten: sie konnten z. B. den Russen ihre Kenntnis reicher Erzfundstellen verschweigen oder schon erbaute Werke wieder zerstören, um auf diese Weise das Vordringen der Russen zu hindern. Die ständig wirksame Bedrückung der Baškiren allein hätte aber keinen mehrere Jahre dauernden Aufstand entfachen können. Es war die sich plötzlich verschärfende Ausbeutung der Bevölkerung durch das zaristische Rußland, die sich die baškirischen Feudalherren zunutze machten, um nach Möglichkeit von Rußland unabhängig zu werden und um den russischen Adel nicht an der Ausbeutung der Baškiren beteiligen zu müssen. Die stärkere Ausbeutung der baškirischen Bevölkerung zeigte sich einmal in der Anfang der dreißiger Jahre einsetzenden Erhöhung der Steuern, zum anderen in der stärkeren Heranziehung der Baškiren für die Arbeiten der Orenburger Expedition, besonders zum Festungsbau. Dazu kam, daß im Jahre 1734 auch ein neuer intensiver Ausbau der Uralindustrie begann. Alle diese Gründe führten zu einer verstärkten Unzufriedenheit und in der Konsequenz zum Aufstand, den Teile des baškirischen Adels benutzen wollten, um von Rußland unabhängig zu werden.[1]

Tatiščev hatte, wie aus seinem Brief an *Biron* hervorgeht, nicht die Absicht, den Aufstand durch einen umfassenden Truppeneinsatz niederzuschlagen. Für ein solches Vorgehen wären die Voraussetzungen auch nicht günstig gewesen, da Rußland Krieg gegen die Türkei führte und seine Armee dringend für andere Aufgaben brauchte. Das ist sicher der entscheidende Grund für das schnelle Eingehen der Regierung auf die Vorschläge des Leiters der Orenburger Kommission. Dieser hatte es abgelehnt, einzelne oder ganze Gruppen von Baškiren sinnlos durch Abschneiden der Nasen und Ohren, Herausreißen der Zunge oder durch Absägen der Arme und Beine zu bestrafen, wie es von einzelnen Beamten getan wurde. Dagegen sträubte sich nicht nur seine Vernunft, da ein solches Vorgehen den Haß nur verstärkt hätte. Dagegen wandte sich der aufgeklärte Mensch, dem eine solche Verstümmelung wider die Natur sein mußte, vor allem aber der Wirtschaftler, der mit einem toten Baškiren nichts mehr anfangen konnte. Wenn man ihn am Leben ließ, konnte er wenigstens im Bergwerk oder in der Fabrik oder auch als Bauer oder Viehzüchter tätig sein. Besonders der Akademie gegenüber hat *Tatiščev* sein „friedliches“ Vorgehen herausgestrichen, um damit zu zeigen, wie

[1] N. F. Demidova, Башкирское восстание 1735—1736гг., Kandidatendiss. an der Akad. d. Wiss. d. UdSSR 1955 (Masch.-Schrift), und N. V. Ustjugow, Башкирское восстание 1737—1739гг., Moskau/Leningrad 1950

aufgeklärt er war. Am 4. August 1737 schrieb ihm *Schumacher*: „Es wird dem Publico sehr angenehm sein, wann es aus den Zeitungen vernehmen wird, wie Ew. Exzell. sich gegen die arme Gefangene so mildtätig erwiesen und die mühsame Orenburgische Expedition, um ein so wichtiges Werk zu Ende zu bringen, auf sich genommen."[1] *Tatiščevs* Tätigkeit, sein geschicktes Vorgehen, das keine Schwäche sondern bessere Einsicht war, war also bekannt und wurde sicher von vielen auch anerkannt. Später wurde er allerdings wegen dieses Vorgehens belangt, weil es ihm nicht gelungen war, den Aufstand endgültig niederzuschlagen und dieser Mißerfolg natürlich auf seine „Nachsicht" zurückgeführt wurde.

Worin bestand die „Nachsicht" *Tatiščevs* und seine „friedlicheren" Mittel? Er ging einen Weg, der sich bei jeder Niederschlagung eines Aufstandes anbietet und nicht selten zu großen Erfolgen führt: er sprengte nämlich die einheitliche Front der Aufständischen. Aus diesem Grunde regte er bei der Regierung an, in die Baškirendörfer keine russischen Steuereintreiber zu schicken, sondern deren Aufgaben den baškirischen Ältesten zu übertragen und außerdem den Baškiren, die sich nicht am Aufstand beteiligten, Verbesserungen hinsichtlich ihrer feudalen Verpflichtungen zu bieten. Diese Maßnahmen wurden von der Regierung gebilligt.[2] Gerade die letzte Anregung *Tatiščevs* zeigt mit aller Deutlichkeit, daß es sich bei dem Aufstand im Letzten um einen Kampf zwischen dem russischen und dem baškirischen Adel um die Bauern handelte. Der Russe *Tatiščev* spielte die verschiedenen Klassen der Baškiren, den Adel und die feudalen Bauern, gegeneinander aus. Eine einheitliche Front der Baškiren gegen den russischen absolutistischen Staat wurde damit unmöglich gemacht und der baškirische Adel in gewissen Grenzen an der Ausbeutung des Volkes beteiligt. *Tatiščev* wußte aber auch, daß dieses taktische Vorgehen lediglich der erste Schritt für eine endgültige Befriedung dieses Gebietes sein konnte. Es galt vor allem auch, die Zustände in der Verwaltung zu verbessern, wie er es bereits in seinem Brief an *Biron* angeregt hatte. Durch ein solches Vorgehen zog er sich natürlich die Feindschaft der örtlichen Beamten zu, die denn auch nicht zögerten, ihn zu verklagen.

Bereits *Kirilov* hatte davon geschwärmt, welche Vorteile Rußland von der Erschließung des Jaikgebietes haben könnte. Allein die reichen Edelmetall- und Edelsteinvorkommen veranlaßten ihn, dem russischen Adel Reichtümer zu versprechen, wie sie die Spanier und die Portugiesen in Amerika erworben hätten. Dem Handel würden sich neue gewaltige Möglichkeiten eröffnen, besonders durch die Beziehungen nach China und Indien, die dann aufgenommen werden könnten. Dazu würden die reichen Eisen- und Kupfererzvorkommen treten, die den Bau neuer Werke ermöglichen würden.[3] Von den gleichen Gedanken war auch sein Nachfolger beseelt, der sich durch diese Hoffnungen anspornen ließ, möglichst

[1] Архив АН СССР, Ф. 1, оп. 3, Nr. 16, Bl. 297
[2] Popov, Татищев, S. 185
[3] L. E. Iofa, Современники Ломоносова, a. a. O., S. 27

schnell ruhige Verhältnisse in diesem Gebiet zu schaffen. In dem schon genannten Brief an *Biron* schrieb er: Bei Orenburg „zeigete sich ein besonderer unterirdischer Reichtum, wodurch Asien dem russischen Reiche dies neue Land ganz unverhofft gleichsam als eine freiwillige Gabe darreichet“. Er fügte noch hinzu, daß er sich „unterwunden, benennende dieses Land Nova Russia, indem solches nicht geringer als andere von europäischen Puissancen neuerfundene Länder in Ost- und West-Indien sein wird“. Hier spricht nicht mehr allein der russische Adlige, hier haben wir den fortschrittlichen Wirtschaftler vor uns, der sich von der Eroberung neuer Gebiete eine schnellere ökonomische Entwicklung seines Landes verspricht. Für die Verwirklichung dieser Aufgaben brauchte er aber Frieden, den er möglichst schnell herstellen wollte.

Eine schnelle wirtschaftliche Erschließung setzte aber auch die genaue Kenntnis des Landes voraus. Auch diese Aufgabe nahm *Tatiščev* sofort in Angriff oder er setzte das von *Kirilov* Begonnene fort. Von der Regierung forderte er weitere Unterstützung für den Fortgang der Orenburger Arbeiten, da sonst große Gebiete verlorengehen würden und neue in Mittelasien nicht gewonnen werden könnten.[1]

Schon bei der Anlage Orenburgs hatte sich gezeigt, daß die Unkenntnis des Landes leicht zu falschen Handlungen führen konnte. Daher ließ er es sich besonders angelegen sein, die geographischen Arbeiten zu fördern. Die von *Kirilov* und den zu der Expedition gehörenden 18 Geodäten angefertigten Karten wurden noch einmal durchgesehen und soweit wie möglich verbessert, neue wurden angefertigt. Alle Materialien, die *Tatiščev* gesammelt hatte, schickte er sofort an die Akademie, damit diese sie für die Herstellung einer Generalkarte des Russischen Reiches auswerten konnte, an der die besten Kartographen und Mathematiker der Akademie arbeiteten, darunter auch *Leonhard Euler* und *J. N. Delisle*. Beide erhielten auch den Auftrag, auf Anregung von *Tatiščev* eine Instruktion für die im Auftrage der Orenburger Expedition arbeitenden Geodäten zu verfassen.[2] Russen und Ausländer arbeiteten also an der Erschließung neuer Reichsteile eng zusammen. Auch einige Mitglieder der Expedition waren Ausländer.

Als Botaniker arbeitete in Orenburg *J. G. Heinzelmann*, der für das Akademiemitglied *J. Amman* eingesprungen war, da dieser sich der Expedition nicht anschließen wollte. *Heinzelmann* war vorher Sekretär bei dem Generalfeldmarschall *B. Chr. Münnich* gewesen und mit *Amman* offensichtlich gut bekannt, da dieser ihn für die Expedition vorschlug und mit ihm korrespondierte. Die Forschungsergebnisse wurden natürlich sofort der Akademie zugesandt, die sie auch auswertete.[3] Während *Heinzelmann* bereits mit *Kirilov* nach Orenburg gekommen war, bemühte sich *Tatiščev* auch um einen Arzt für die Expedition. Schließlich gelang es ihm mit Hilfe des Direktors der Akademiekanzlei, Dr. *Franziskus Andreas*

[1] ЦГАДА, Ф. 11, ед. хр. 626, Bl. 9–10
[2] Andreev, Труды Татищева, S. 12f.; Материалы, Bd. VI, S. 459f.; Bd. III, S. 547f.
[3] P. Pekarskij, История имп. Академии Наук, Bd. I, Petersburg 1870, S. 447, 494, 496f.

Rinder, der aus Nürnberg stammte, zu gewinnen. Er wurde von den Akademiemitgliedern *J. G. Duvernoi*, *J. Weitbrecht* und *J. Amman* geprüft, die ihm neben seinen medizinischen auch botanische, chemische, naturgeschichtliche und mineralogische Kenntnisse bestätigten. *Rinder* wurde von der Akademie für fünf Jahre „als medicus“ für die Orenburger Expedition angestellt und gleichzeitig verpflichtet, „auch so wohl ihm möglich ist, in historia naturali und in chimicis seine Dienste zu verrichten“. Dafür sollte er jährlich ein Gehalt von 600 Rubel erhalten.[1] Ähnliche Bemühungen *Tatiščevs* lassen sich auch bei der Gewinnung von Architekten für den Bau Orenburgs und der Festungen verfolgen.[2] Diese wenigen Angaben zeugen von seinen engen Bindungen zur Akademie der Wissenschaften, die ihm Mitarbeiter vermittelte, der er seine eigenen Forschungsergebnisse und die seiner Kollegen mitteilte und die er auch auf alles, was ihm wichtig erschien, aufmerksam machte. So erklärte sich *Tatiščev* 1738 beispielsweise bereit, in Samara eine große Bibliothek, die viele lateinische Bücher und Handschriften enthalte, für die Akademie aufzukaufen.[3]

Wie sehr *Tatiščev* von seinen ausländischen Mitarbeitern geschätzt wurde, zeigt der ausführliche Reisebericht des die Expedition begleitenden englischen „Kunstmahlers“ *John Castle*.[4] Er hatte die Aufgabe, von den gefundenen Pflanzen, Tieren, Steinen usw. Zeichnungen anzufertigen, die dann nach Petersburg geschickt wurden. *Castle* schreibt in seinem Bericht zunächst, seine Kollegen hätten ihn bei *Tatiščev* schlecht gemacht und er wäre daher bemüht gewesen, von seinem Chef besser erkannt zu werden. „Seine Gütigkeit nahm von Tage zu Tage gegen mich zu, dabei ich keine Gelegenheit versäumte, mich in seiner Grace um so viel mehr zu befestigen, als ich mir ein besonders Glück daraus machte, von dessen Esprit und anderen Qualitäten, welche derselbe in Kenntnis der Historie, Naturalibus und andern Curiosis mit einer sattsamen Reife besitzet, wirklich zu profitieren, das mir auch um so viel leichter ankam, als derselbe die deutsche und andere Sprachen vollkommen verstehet und sich ungemein zu expliciren wußte . . .“[5] Dieser Bericht ist ein wertvolles Zeugnis für die großen Kenntnisse *Tatiščevs* und auch dafür, wie er während der Arbeit seine Mitarbeiter weiterbildete, ihnen Anregungen gab und ihnen half.

Es wäre nach allem, was über den aufgeklärten Russen bekannt ist, verwunderlich, wenn er nicht auch in den anderthalb Jahren, die er im Orenburger Gebiet

[1] Архив АН СССР, Ф. 1, оп. 3, Nr. 16, Bl. 305, 301r, 309; Материалы, Bd. III, S. 547f., 616f., 628f.

[2] Материалы, Bd. III, S. 681f., 734f., 761f., 765f., 788f.; Bd. IV, S. 3, 41–44

[3] Материалы, Bd. III, S. 714

[4] Unvollständig veröffentlicht von Chr. Schmidt-Phiseldeck, Materialien zur russischen Geschichte seit dem Tode Kaisers Peter des Großen, Bd. II, Riga 1784. Vgl. dazu P. E. Matvievskij, Дневник Джона Кестля [John Castle] как источник по истории и этнографии казахов. In: История СССР, 1954, Nr. 4, S. 133–145

[5] Chr. Schmidt-Phiseldeck, a. a. O., Anhang, S. 106f.

weilte, an die Gründung von Schulen gedacht hätte. Überall, wohin er kam, galt gerade diesem Problem seine Aufmerksamkeit, weil er als Aufklärer an die Macht der Bildung glaubte. Im gegebenen Falle kam noch hinzu, daß er eine im Interesse Rußlands liegende ständige Beherrschung der unterworfenen Völker nur verwirklichen zu können glaubte, wenn er die Voraussetzungen für ein umfassendes Studium der Sitten und Gebräuche, der Geschichte und der Geographie, der Wirtschaft und der Natur dieser Gebiete schuf, wozu vor allem Sprachkenntnisse notwendig waren. Nicht zufällig forderte gerade ein Mensch wie *Tatiščev*, der Jahrzehnte hindurch in noch nicht voll erschlossenen Landstrichen des Russischen Reiches wirkte, von allen Staatsbeamten eine genaue Kenntnis mindestens der Sprache derjenigen Völker, die sie beherrschen sollten.[1]

Von diesen Gedanken, die er bereits einige Jahre früher in seinem sehr wichtigen „Gespräch" schriftlich fixiert hat, ließ er sich dann auch 1737 bei der Gründung einer tatarischen Schule in Samara leiten. Für diese Aufgabe fand er einen genialen Mitarbeiter, der sofort seine Intentionen aufgriff und der später, nach *Tatiščevs* Abberufung, der Fortsetzer seines Werkes wurde: *Petr Ivanovič Ryčkov*. Dieser war ein ausgezeichnet gebildeter junger Mensch, der bei der Orenburger Expedition als Buchhalter arbeitete. *Tatiščev* regte ihn zu wissenschaftlichen Arbeiten an und stand bis zu seinem Tode mit ihm im Briefwechsel. Große Verdienste erwarb sich *Ryčkov* besonders durch seine geographisch-statistischen Arbeiten über das Orenburger Gebiet. In *Tatiščev* sah er stets seinen Lehrmeister und sprach mit größter Hochachtung von ihm.[2]

Der von *Tatiščev* und *Ryčkov* eingerichteten Schule waren aber neben der Vermittlung von Kenntnissen weitere, im Sinne ihrer Begründer wichtigere Aufgaben zugedacht, nämlich durch das genaue Studium der dort wohnenden Völker und die Verbreitung von Kenntnissen über sie an der geistigen Durchdringung der neu gewonnenen Gebiete mitzuarbeiten. Daher wurde sofort nach der Eröffnung der Schule mit der Übersetzung wichtiger tatarischer Schriften, besonders theologischer, ins Russische begonnen. Parallel nebenher lief die Erarbeitung eines tatarisch-kalmükisch-russischen Wörterbuches.[3] Diese Übersetzungen waren dringend notwendig, damit die Russen eine Vorstellung vom Islam — die Baškiren waren bekanntlich Mohammedaner — erhielten und sich mit ihm auseinandersetzen konnten. Wie ernst *Tatiščev* seine Aufgabe nahm, zeigt mir voller Deutlichkeit sein Brief an *J. D. Schumacher* aus Samara vom 28. Dezember 1738, in dem er

[1] Tatiščev, Разговор, S. 103—106

[2] P. P. Pekarskij, Жизнь и литературная переписка П. И. Рычкова, Petersburg 1867; F. N. Mil'kov, П. И. Рычков. Жизнь и географические труды, Moskau 1953; P. A. Ljarskij, П. И. Рычков как выдающийся русский географ XVIII века. In: Географический сборник III, Moskau/Leningrad 1954, S. 45—78; Архив АН СССР, Ф. 1, оп. 3, Nr. 31, Bl. 93—95; Переписка Татищева, S. 290f.

[3] P. Pekarskij, Жизнь ... Рычкова, S. 9—13

schrieb: „Ich brauche anjetzo des *Nerii* Türkische Moschée und dergleichen neuere Bücher von der Mahometanischen Religion . . ." Er regte gleichzeitig an, solche Bücher ins Russische und ins Tatarische zu übersetzen, „welches ich leichte bewerkstelligen kann", da er ja seine Schule hatte und außerdem selbst einigermaßen die mittelasiatischen Sprachen verstand, wie er in dem gleichen Brief indirekt zugibt, wenn er schreibt, daß er einen Brief des Dalai Lama an den Khan der Kalmüken, den er an die Akademie übersandt habe, „mit Mühe" selbst übersetzt habe.[1] Er tat also selbst das, was er von andern verlangte.

Somit ergibt sich aus der Behandlung der Tätigkeit *Tatiščevs* in Orenburg eine weitere wichtige Komponente seines Wirkens. Hatte er im Ural besonders für die wirtschaftliche Entwicklung Rußlands und 1730 in Moskau vorwiegend für die politische Festigung der Adelsherrschaft gewirkt, so galt seine Arbeit in Orenburg in erster Linie der Einordnung der jüngeren Reichsteile in den Staat. Dazu nutzte er alle Mittel, neben der Gewalt aber besonders das der wirklichen Durchdringung der neugewonnenen Gebiete durch ihr intensives Studium. Wenn die Erfolge nicht ganz den Erwartungen entsprachen, hoffnungsvolle Ansätze wie die neue Wirtschaftsorganisation im Ural oder die Schule in Samara nicht konsequent weitergeführt wurden, so liegt die Hauptursache dafür in der kurzen Zeit, die ihm zur Verfügung stand und darin, daß es zu wenige Gleichgesinnte gab, die Begonnenes vollenden konnten. Nirgends zeigt sich das deutlicher als in den Ereignissen, die nunmehr zu behandeln sind.

Bereits nach anderthalbjähriger Tätigkeit wurde *Tatiščev* schon wieder aus Orenburg abberufen. Er begab sich im Januar 1739 auf die Reise nach Petersburg, wo er Anfang Februar eintraf. Damit begann die schwerste Zeit in seinem Leben. Mehr als zwei Jahre hindurch befand er sich unter Anklage, wurde sogar verhaftet und mußte zeitweise für sein Leben fürchten. Trotz dieser äußersten Bedrückung ließ er es sich nicht nehmen, seine freie Zeit seinen geographischen und historischen Studien zu widmen. Gleichzeitig entschloß er sich in dieser Zeit, sein Testament zu schreiben, weil er genau wußte, wie wenig ihn selbst seine Unschuld retten konnte, wenn die damals Mächtigen seine Vernichtung gewollt hätten.

Am 27. Mai 1739 ordnete das Ministerkabinett die Bildung einer sechsköpfigen Kommission an, die sich mit der Untersuchung der gegen *Tatiščev* vorgebrachten Anklagen beschäftigen sollte.[2] Von Mitarbeitern der Orenburger Expedition und in

[1] Архив АН СССР, Ф. 121, оп. 2, Nr. 130, Bl. 48—49

[2] Ich benutze das von Ju. Tatiščev, К истории управления В. Н. Татищева Оренбургской экспедицей (1737—1739 гг.), Moskau 1901, 27 S. (= Sonderabdruck aus: Труды Археографической Коммиссии Имп. Московской Археологической Общества, Bd. II), u. P. Pekarskij, Жизнь и литературная переписка П. И. Рычкова, Petersburg 1867, S. 156—160, vorgelegte Material. Ju. T. nennt auf Seite 8 als Datum der Kommissionseinsetzung den 27. 5. 1737, berichtigt sich aber indirekt Seite 10f.

jenem Gebiet ansässigen Personen war ihm vorgeworfen worden, er habe sich bestechen lassen, habe Staatsgelder unterschlagen oder für private Zwecke verwendet, habe den Aufstand der Baškiren nicht hart genug unterdrückt und territoriale Neuaufteilungen vorgenommen, um seinem Bruder *Ivan Nikitič* zum Voevoden einer neu geschaffenen Provinz machen zu können. Die Kommission tagte und beriet sehr lange, erkannte den Angeklagten schließlich am 19. September 1740 schuldig und verurteilte ihn zum Verlust aller Titel und Ämter. Fünf Monate zuvor, im April 1740, war er, wie der sächsisch-polnische Gesandte in Petersburg, *Suhm*, am 26. 4. 1740 meldete, verhaftet und in die Peter-Pauls-Festung eingeliefert worden.[1] Wann er entlassen wurde, ist nicht bekannt.

Ein näheres Eingehen auf den *Tatiščev*-Prozeß würde sich erübrigen, wenn es sich wirklich nur um die in der Anklage genannten Punkte gehandelt hätte. Offensichtlich ist es jedoch um entscheidendere Dinge gegangen. Es ist nämlich von der *Tatiščev*-Forschung festgestellt worden, daß die Untersuchung gegen ihn mit dem *Volynskij*-Prozeß zusammenhing. Dem ist mit Recht entgegengehalten worden, daß die Untersuchungskommission bereits eingesetzt wurde, als *Volynskij* noch Minister war.[2] Wenn also ganz offensichtlich auch kein direkter Zusammenhang bestand, so hingen beide Prozesse doch indirekt und wesensmäßig zusammen. Ein Blick auf die Tätigkeit der in den Prozeß Verwickelten seit 1730 läßt das deutlich werden.

Während der Auseinandersetzungen innerhalb der herrschenden Klasse im Jahre 1730 war *A. P. Volynskij* Gouverneur von Kazan' gewesen. Er kam erst Ende 1730 nach Moskau. Später urteilte er über diese Ereignisse, die er aufmerksam verfolgt hatte: „Wenn wir, alle Russen, untereinander in Liebe zusammengehalten hätten, hätten uns auch die Ausländer nichts tun können, und der russische Staat wäre in Ordnung."[3] Die Einschätzung ist zweifellos nicht unrichtig, nur konnte *Volynskij* nicht verstehen, warum die Russen nicht zusammengehalten hatten: ihre verschiedenen ökonomischen und politischen Interessen waren eben nicht auf einen Nenner zu bringen. Seine Ansichten über die Pläne des russischen Hochadels, der mit der Ausschaltung seiner Klassengenossen ähnliche Ziele verfolgte, wie sie in den dreißiger Jahren von den ausländischen Adligen um *Anna* verwirklicht wurden, hatte *Volynskij* durch die Praxis bewiesen. 1736 war er Vorsitzender der Kommission, die den Führer der Verchovniki, *D. M. Golicyn*, zum Tode verurteilte. Nachdem damit die oligarchischen Pläne erst endgültig zurückgewiesen waren, arbeitete *Volynskij* ein Memorandum „Über die Korrektur der Staatsangelegenheiten" aus, das im wesentlichen auf eine stärkere Teilnahme des

[1] Bericht des sächs. Gesandten U. F. v. Suhm aus Petersburg, 16. 4. 1740. In: Сборник РИО, Bd. 20, S. 142
[2] Ju. Tatiščev, a. a. O., S. 7f.
[3] Zitiert bei E. M. Ėpštejn, A. П. Волынский — государственный деятель и дипломат. Kandidatendissertation Leningrad 1949, Masch.-Schrift, S. 172

russischen Adels an der Staatsverwaltung und die Verhinderung einer Günstlingswirtschaft hinzielte. Die Anklage gegen ihn stützte sich vor allem auf diesen Plan.[1]

Der Plan *Volynskijs* spiegelte die Unzufriedenheit breiter Kreise des russischen Adels wider, der sich 1730 für die Festigung des Absolutismus und gegen die Pläne der Verchovniki gewandt hatte. Die Verchovniki waren überwunden worden, an ihre Stelle waren aber die ausländischen Adligen getreten, die entweder bereits in russischen Diensten gestanden oder die *Anna* aus Kurland mitgebracht hatte. Der Führer dieses Kreises war *Biron*, der Günstling der Kaiserin. Dieser glaubte, in *Volynskij* einen Helfer gefunden zu haben und veranlaßte daher, daß *Volynskij* 1738 Mitglied des Ministerkabinetts wurde. *Biron* hat ja bekanntlich bis zum Tode *Annas*, als er Regent für den minderjährigen Zaren *Ivan* wurde (1740), in Rußland kein Staatsamt bekleidet, sondern war offiziell nur Kammerherr der Kaiserin und seit 1737 Herzog von Kurland. Da mußte er natürlich danach trachten, seine Vertrauten in die Regierung zu bringen, wenn auch sein Einfluß wegen seiner engen Beziehungen zur Zarin nicht gefährdet werden konnte.

Die Unzufriedenheit des russischen Adels konnte jedoch auch durch diese Förderung eines Russen nicht beseitigt werden, im Gegenteil, sie schwoll immer mehr an. Bereits im Jahre 1735 war der Haß auf die Fremdherrschaft, die *Biron*ovščina, in Rußland so stark, daß die herrschende Ausländerschicht sogar gegen einfache Soldaten vorgehen mußte, wie die Untersuchung „Über einen Grenadier, der gesagt hat, daß die Zarin feiert, während das Volk verarmt und *Biron* sich auf Kosten Rußlands bereichert“[2], zeigt. Da blieb natürlich auch der Adel, der 1730 so aktiv für die Erhaltung und die Festigung des Absolutismus gekämpft hatte, nicht ruhig. Durch eine Verkürzung der Dienstzeit versuchte die herrschende Schicht ihm 1735 entgegenzukommen. Dieser Beschluß entsprach den Forderungen von 1730, da die adligen Grundbesitzer mehr Zeit für die Bearbeitung ihrer Güter haben wollten, um möglichst rentabel arbeiten zu können und möglichst viel zu verdienen. Durch diese Maßnahme sollte er aber in der gegebenen Situation vor allem für seinen Machtverlust entschädigt werden. Die Vertreter des russischen Adels gaben sich jedoch damit nicht zufrieden, sondern fanden sich zusammen und berieten über eine bessere Regierungsform, die die Cliquenherrschaft von Ausländern unmöglich machen sollte. Führer dieses Kreises war *Volynskij*. Wie stark die Unzufriedenheit des russischen Adels war, geht aus den Berichten der ausländischen Diplomaten hervor, die davon sprachen, daß es in jeder Familie jemand gegeben habe, der mit *Volynskij* und dessen Kreis sympathisierte.[3]

Zu den engsten Freunden *Volynskijs* gehörten *P. M. Eropkin* und *A. F. Chruščov*, die zusammen mit ihm im Sommer 1740 hingerichtet wurden. Aber auch mit *Tatiščev* waren *Eropkin* und *Chruščov* gut befreundet. Bereits 1731 fanden sich

[1] Очерки II, S. 260—266

[2] So der Titel eines Aktenfaszikels, ЦГАДА, Ф. 7, Nr. 384

[3] Сб. РИО, Bd. 85, Petersburg 1893, S. 59; Bd. 86, Petersburg 1893, S. 401

Volynskij, *Tatiščev*, *Eropkin*, *Chruščov* und andere Adlige in einem geheimen Zirkel zusammen.[1] Über die Einzelheiten ihrer Gespräche ist nichts bekannt, doch lassen die weiteren Schicksale dieser Männer auf deren Inhalt schließen.

Eropkin war Architekt und von *Peter dem Großen* zum Studium nach Italien gesandt worden. Seit 1737 war er Mitglied der „Kommission zum Aufbau St. Petersburgs", die Pläne für das Stadtzentrum ausarbeitete. In den Jahren 1737 bis 1740 wurde unter seiner Leitung für die sogenannte Architektur-Expedition, der obersten Behörde für das Bauwesen, ein Reglement zusammengestellt. Gleichzeitig übersetzte er ausländische Darstellungen über die Architektur. Von seinem großen Können und seiner guten Bekanntschaft mit *Tatiščev* zeugt dessen Absicht, ihn zum Leiter einer Abteilung der geplanten Akademie der Handwerke zu machen.[2]

Auch *A. F. Chruščov* hatte im Ausland studiert, und zwar das Seewesen in Amsterdam. Anschließend wurde er Flottenkapitän und arbeitete später in der Admiralität. Im Jahre 1734 wurde er gemeinsam mit *Tatiščev* in den Ural geschickt. Die Entsendung zeigt uns, daß *Chruščov* ein vielseitig interessierter und gebildeter Mann gewesen sein muß, läßt aber auch vermuten, daß bei seiner Entfernung aus Moskau eventuell politische Gründe mitwirkten[3], wie dies ja auch bei *Tatiščevs* zweiter Entsendung in den Ural der Fall gewesen sein dürfte. Im Jahre 1737 ging *Chruščov* mit *Tatiščev* nach Orenburg. Anfang 1738 schickte ihn *Tatiščev* zur Berichterstattung in die Hauptstadt.[4] Dort trat *Chruščov* offensichtlich sofort in Verbindung mit *Volynskij*. Es bleibt sogar zu erwägen, ob die Berichterstattung *Chruščovs*, zu der *Tatiščev* ihn offiziell in die Hauptstadt sandte, nicht nur ein Vorwand war, um dort einen Vertrauten im *Volynskij*-Kreis zu haben. Die Tatsache, daß alle drei bereits 1731 zusammengetroffen waren, könnte darauf hindeuten. Die Ablehnung der *Biron*ovščina beschränkte sich also — wie aus dem Gesagten hervorgeht — nicht auf Einzelpersonen. In dieser Lage mußte ein Mann wie *Biron*, der durchaus wußte, worauf es ankam, zu retten versuchen, was zu retten war. Er mußte auf der einen Seite danach streben, die Verbitterung durch sinnlose Verfolgungen nicht auf die Spitze zu treiben, andererseits aber jede Oppositionsbewegung im Keime zu ersticken.

Daraus resultiert das Vorgehen gegen *Volynskij*, der an sich ja durchaus nichts Strafbares begangen, sondern sich lediglich mit theoretischen Erwägungen beschäftigt hatte, die zwar verwirklicht werden sollten, aber zum Zeitpunkt seiner Verhaftung eben nur Wollen und keine Tat gewesen sind. In seinem Falle galt es vor allem, ein Exempel zu statuieren und seinen Gesinnungsfreunden unter den

[1] W. Buck, A. P. Volynski. Ein russischer Staatsmann aus der 1. Hälfte des 18. Jh., Petersburg 1905, S. 46f.

[2] A. Gorin, Архитектор Петр Еропкин. In: Архитектура СССР, 1940, H. 7

[3] Русский Биографический Словарь, Bd. Фабер — Цявловский, Petersburg 1901, S. 444f.

[4] ЦГАДА, Ф. 11, ед. хр. 626, Bl. 11—11г

Russen zu zeigen, was sie bei offenem Widerstand zu erwarten hatten. *Volynskij* war für *Biron* das gegebene Objekt für die Verwirklichung seiner Absicht, da er ein hohes Staatsamt bekleidete. Für jeden wurde damit sichtbar, daß die herrschende Schicht versuchen würde, ihren Einfluß mit aller Macht zu erhalten. Andererseits hatte er sich im Jahre 1730, als ja letztlich die Grundlage für die *Biron*ovščina geschaffen wurde, nicht aktiv an den Ereignissen beteiligt. Damit fielen alle eventuellen persönlichen Rücksichten weg. Im Gegenteil, *Biron* wurde geradezu auf *Volynskij* hingestoßen, fühlte er sich doch von ihm hintergangen, da er ihn gefördert und sogar zum Minister gemacht hatte.

Ganz anders war die persönliche Stellung *Tatiščevs*. Über ihn hielt wahrscheinlich *Anna* schützend ihre Hand, weil sie ihm nicht zum wenigsten ihren Thron verdankte. Außerdem hatte es *Tatiščev* geschickt verstanden, nach außen hin gute Beziehungen zu dem allmächtigen Favoriten *Biron* herzustellen, was ihm relativ leicht fiel, da er nicht am Hofe lebte und sich auf den schriftlichen Verkehr mit ihm beschränken konnte. Unsere Ansicht findet ihre Bestätigung in den schon erwähnten Berichten, die er sofort nach seiner Ankunft aus Ekaterinburg und später auch aus Orenburg an *Biron* sandte. Darauf beschränkte er sich aber nicht. Es zeugt von seiner Geschicklichkeit, daß er in der Form nachgab, um in der Sache fest bleiben zu können. Er kannte die Schwächen der Menschen und die *Birons* im besonderen. Daher die Berichte, die dem Herzog zweifelsohne schmeichelten und sein Vertrauen in den Russen festigten. Darum aber auch sein Eingehen auf die persönlichen Wünsche des Favoriten, indem er seine Briefe deutsch schreiben ließ und sie eigenhändig deutsch unterzeichnete. Jedermann in Rußland wußte ja, daß der Günstling die russische Sprache nicht liebte, ja sie nicht einmal verstand, daß er seine Freude daran hatte, Diener um sich zu haben, die ihre nationalen Trachten trugen, daß ihm Pferde näherstanden als Menschen. Daher versprach ihm auch *Tatiščev* am 24. Dezember 1737 „die beste race von Pferden und Paßgängern". Gleichzeitig sandte er ihm einige Baškiren, „von mir nach tatarischer Landes Art wohl bekleidet".[1] Bereits am 5. Juni 1737 hatte er *Biron* noch aus „Ekaterinsk" für seine Berufung nach Orenburg und die Beförderung zum Staatsrat gedankt und behauptet, er sei „versichert, daß Er. hochgräfl. Excellence durch dero gnädige Vorstellung das meiste darzu beygetragen".[2] So ganz unrecht hatte er, wie wir gesehen haben, mit seiner Feststellung nicht. Ohne *Birons* „gnädige Vorstellung" hätte er sicherlich weiter für die wirtschaftliche Erschließung des Urals wirken können. So war aber sein Brief sicher nicht gemeint. Wie dem auch sei, durch seine Beweglichkeit, sein Nachgeben in der Form, schuf er für sich die Möglichkeit, für sein Vaterland zu wirken, ohne sachliche Konzessionen machen zu müssen.

[1] Tatiščev an Biron, Samara, 24. 12. 1737. Pekarskij, Новые известия, S. 31f.
[2] Tatiščev an Biron, Ekaterinsk, 5. 6. 1737. Ebd., S. 32f.

Sehr viele Möglichkeiten, den Ausländern, die sich die Herrschaft über Rußland anmaßten, zu zeigen, was er wirklich von ihnen dachte, gab es für *Tatiščev* allerdings nicht, und die wenigen mußten noch mit Vorsicht genutzt werden. Relativ ungefährlich war die Ersetzung deutscher Fachausdrücke wie Zehentner, Berggeschworener, Bergamt, Bergmeister usw. durch russische, die er seit 1734 konsequent durchführte. Dabei berief er sich in einer Eingabe vor allem darauf, daß die Russen mit diesen Begriffen keinen realen Inhalt verbinden konnten.[1] Später, in seinem Lexikon, nannte er als weitere Gründe, daß die Deutschen sich einbilden würden, nur sie allein hätten das Verdienst, den russischen Bergbau geschaffen zu haben, weil ihre Fachausdrücke verwendet würden, und daß Russen sogar unschuldig eingesperrt würden, nur weil sie mit vielen deutschen Begriffen durchsetzte Anordnungen nicht verstanden hätten. Nach seiner eigenen Aussage brachten ihm diese Maßnahmen den Ruf ein, er sei „der böseste Feind der Deutschen" gewesen.[2] In Wirklichkeit war er das natürlich keineswegs, er hat im Gegenteil mit sehr vielen Deutschen gut zusammengearbeitet und auch Deutschland sehr geschätzt. Mit Recht wandte er sich aber gegen eine völlig unberechtigte Überheblichkeit der Deutschen und gegen ihre Versuche, in Rußland zu bestimmen.

Tatiščev konnte seinen Gegnern jedoch auch auf andere Weise zeigen, daß er mit ihrer Politik nicht einverstanden war. Das tat er besonders nach der Einrichtung des General-Berg-Direktoriums im Jahre 1736. Seit 1734 sandte er seine Berichte an das Ministerkabinett, dem die Bergverwaltung direkt unterstellt worden war. Sobald im August 1736 das neue Direktorium mit seiner Arbeit begann, erhielt der Leiter des Bergamtes in Ekaterinburg den Auftrag, seine Berichte in Zukunft an die neue Institution zu senden. Offensichtlich um seine Unzufriedenheit mit der Neuordnung auszudrücken, hat er sich danach aber nicht gerichtet. Mehrmals mußte sich das General-Berg-Direktorium beschweren, es erhalte von *Tatiščev* noch immer keine Arbeitsberichte. Sicher war er formal im Unrecht, wenn er versuchte, auf diese Weise seinen Protest auszudrücken. Andererseits ist es ganz verständlich, wenn sich ein Mensch, der viele Jahre hindurch sein Wissen und sein Können eingesetzt hatte, um das russische Berg- und Hüttenwesen zu entwickeln, durch die Berufung eines Ausländers, der Aufgaben übernehmen sollte, die ein Russe ebenso gut und besser hätte erfüllen können, zurückgesetzt fühlte. *Tatiščev* selbst wäre sicher der beste Leiter einer russischen zentralen Bergbehörde gewesen.

Die Ansichten *Tatiščevs* über die Herrschaft des ausländischen Adels, die freundschaftlichen Beziehungen *Tatiščevs* zu den Mitverschworenen *Volynskijs* und der Prozeß gegen *Volynskij* müssen beachtet werden, wenn die gerichtliche Untersuchung gegen *Tatiščev* beurteilt werden soll. Er wurde bereits unter Anklage gestellt, als *Volynskij* noch Minister war, aber erst im April 1740 verhaftet, als

[1] Pavlenko, Развитие металлургической промышленности, S. 157
[2] Tatiščev, Лексикон, Bd. I, S. 144

die Untersuchung gegen *Volynskij* und seine Freunde bereits im Gange war. Der sächsisch-polnische Gesandte in Petersburg, *Suhm*, dem wir die Nachricht über die Verhaftung *Tatiščevs* verdanken, meldete gleichzeitig, sie stehe in keinem Zusammenhang mit dem Vorgehen gegen *Volynskij*. Dagegen spricht jedoch der Zeitpunkt und vor allem der innere Zusammenhang zwischen beiden Prozessen.

Zusammenfassend ergibt sich also Folgendes: *Tatiščev* wurde vor Gericht gestellt, weil er der Bestechung und anderer Verbrechen angeklagt war. Der Prozeß gegen ihn wurde kompliziert durch das Vorgehen der herrschenden Ausländerschicht gegen den oppositionellen Adel, verkörpert durch *Volynskij* und seine „Konfidenten“, wie sie in den Akten heißen. *Tatiščevs* Ansichten stimmten mit denen *Volynskijs* und seiner Freunde weitgehend überein, jedoch konnte ihm keine Verbindung zum *Volynskij*-Kreis nachgewiesen werden, da er ja erst kurze Zeit in Petersburg war. Außerdem hatten die Initiatoren des *Volynskij*-Prozesses wahrscheinlich gar kein Interesse daran, die Opposition durch Verfolgung vieler Adliger zu stärken, sie wollten nur ein Exempel statuieren. Die hervorragenden Verdienste *Tatiščevs* als Wirtschaftsorganisator und Wissenschaftler sowie sein Anteil an der Thronbesteigung *Annas* im Jahre 1730 trugen wahrscheinlich weiter dazu bei, ihn relativ milde zu behandeln.

Ich bin mir bewußt, daß die Einzelheiten dieser Schlußfolgerung nicht durch Quellen belegt sind, daß sich aber die Gesamteinschätzung des gerichtlichen Vorgehens gegen *Tatiščev* aus der Situation am Ende der dreißiger Jahre des 18. Jahrhunderts ergibt. Dieses Ergebnis entspricht auch der persönlichen Ansicht *Tatiščevs*, die er in einem Brief vom 27. 12. 41 an *Elisabeth* äußerte, wenn er schrieb, die „Staatsfeinde“ hätten ihm seinen langjährigen Dienst für den Staat verübelt.[1] Die Anklage gegen *Tatiščev* war nach seiner eigenen Meinung nur ein Vorwand gewesen. Zu seiner Verteidigung führte er aus, daß er während seiner langjährigen Tätigkeit im Ural bei weitem bessere und ungefährlichere Möglichkeiten gehabt hätte, Bestechungsgelder anzunehmen und sich zu bereichern. Die *Demidovs* und auch die *Osokins* hätten ihm verschiedentlich größere Summen geboten, falls er sich bereit erklärte, ihnen gute Staatswerke zu verkaufen.[2]

Die Frage, ob die gegen *Tatiščev* erhobene Anklage zu recht bestand, kann nicht mit einem klaren Ja oder Nein beantwortet werden. Eine Anklage wegen Bestechung war im 18. Jahrhundert etwas ganz anderes als heute. Bestechlichkeit war in jener Zeit so ungewöhnlich nicht. Es ist bereits von anderen Forschern darauf hingewiesen worden, daß die Zeitumstände durchaus dazu angetan waren, der genannten Vergehen schuldig zu werden; daß die Verhältnisse aber andererseits auch die Möglichkeit boten, eine solche Anklage niederzuschlagen.[3] *Tatiščev* wäre nicht der einzige gewesen, der neben seiner positiven Arbeit für den Staat

[1] Pekarskij, Новые известия, S. 36
[2] Ju. Tatiščev, a. a. O., S. 26f.
[3] Bestužev-Rjumin, Биографии, S. 44f.

auch etwas in die eigene Tasche gewirtschaftet hätte. Für die vorliegende Darstellung ist die Anklage vor allem deshalb von Interesse, weil die mit ihr zusammenhängenden Probleme einen tiefen Einblick in die politischen Verhältnisse in Rußland am Ende der dreißiger Jahre des 18. Jahrhunderts vermittelten.

7. *Gouverneur in Astrachan und Ausscheiden aus dem Staatsdienst*

Die Jahre 1740—1741 kann man als die Zeit der schnellen Auflösung der Ausländerherrschaft in Rußland bezeichnen. Im Oktober 1740 starb die kinderlose Kaiserin *Anna*, nachdem sie *Ivan Antonovič*, einen Urenkel von *Peters des Großen* Halbbruder *Ivan V.* und Sohn ihrer Nichte *Anna*, die mit dem Herzog *Anton Ulrich* von Braunschweig vermählt war, zu ihrem Nachfolger bestimmt hatte. Die Regierung für den erst einige Monate alten Kaiser führte der Herzog von Kurland und Günstling der verstorbenen Kaiserin, *Biron*. Seine Herrschaft währte aber nur etwas mehr als drei Wochen. *Anna Leopol'dovna*, die Mutter des Kaisers, verständigte sich mit dem Gegenspieler des Herzogs, Feldmarschall *Münnich*, und dieser stürzte mit Hilfe der Garde den unbeliebten Regenten, der mit seinen engsten Freunden und seiner Familie nach Sibirien verbannt wurde. Die Kaiserinmutter übernahm nunmehr selbst die Regentschaft und ernannte *Münnich* zum ersten Minister. Diese personellen Veränderungen wirkten sich jedoch nicht auf das Wesen der Herrschaft aus, da die Ausländer weiter eine entscheidende Rolle spielten. Im Gegenteil, die Lage wurde immer unerfreulicher. Es ist uns ein Zeugnis erhalten, daß sich auch die Deutschen, die bei der Akademie arbeiteten und die mit den politischen Verhältnissen relativ wenig zu tun hatten, zu fürchten begannen. In seiner Selbstbiographie schreibt der große Mathematiker *L. Euler*, daß es „bei der darauffolgenden [auf den Tod der Kaiserin *Anna*] Regentschaft ziemlich mißlich auszusehen anfing" und daß diese Situation sich auf seinen Entschluß, Rußland zu verlassen und eine Berufung an die Berliner Akademie anzunehmen, auswirkte.[1] Wenn auch, wie sich später zeigte, die Wissenschaftler und besonders *Euler* nichts zu befürchten hatten, so wird durch dieses Zeugnis die bestehende Lage doch eindrucksvoll beleuchtet. Unter diesen Umständen war es der Tochter *Peters des Großen*, *Elisabeth*, ein Leichtes, sich mit der Garde zu verständigen, die sie in der Nacht vom 24. zum 25. November 1741 zur Zarin ausrief. *Elisabeth* wurde außerdem von dem französischen Botschafter mit Geld unterstützt, da Frankreich an einer Schwächung des deutschen Einflusses in Rußland interessiert

[1] Vgl. E. Winter, Die Registres der Berliner Akademie der Wissenschaften, Berlin 1957, S. 14

war. Das waren jedoch nur die Äußerlichkeiten. Der wirkliche Grund für den schnellen unblutigen Umschwung war die breite Unzufriedenheit des russischen Volkes mit der deutschen Herrschaft. Daher schlug *Elisabeth* von allen Seiten große Sympathie entgegen, besonders von seiten des Adels. Die noch übriggebliebenen deutschen Minister, *Münnich* und *Ostermann*, wurden zunächst zum Tode verurteilt, dann jedoch nach Sibirien verbannt, wo *Ostermann* 1747 starb.

Diese politischen Ereignisse bilden den Hintergrund für den Wiedereintritt *Tatiščevs* in den Staatsdienst. Rangmäßig nahm er als Gouverneur in den folgenden Jahren die höchste Stellung ein, die er jemals erreichte. Sein Einfluß auf die Gesamtpolitik des Reiches, der während seiner Tätigkeit im Ural, während seiner Teilnahme am Verfassungsstreit und auch während seiner Leitung der Orenburger Expedition und der folgenden gerichtlichen Untersuchung so deutlich in Erscheinung trat, war in diesen letzten Jahren jedoch relativ gering. Das lag nicht nur daran, daß er einen Posten in einem abgelegenen Gebiet erhielt, sondern auch daran, daß er ein weitgehend verbrauchter Mann war. Seine Gesundheit war völlig untergraben, er konnte nicht mehr ohne Arzt reisen, sein Haus zeitweilig nicht mehr verlassen, um seine Amtsgeschäfte zu erledigen, ja er konnte sogar manchmal seine Berichte nicht mehr mit der rechten Hand unterschreiben.[1] Aufreibende jahrzehntelange Tätigkeit in den verschiedenen Reichsteilen, dauernde Reisen, das Leben unter primitiven Umständen in den neuerschlossenen Gebieten, die wissenschaftliche Arbeit neben seinen Aufgaben als Staatsmann und Wirtschaftsorganisator hatten die Gesundheit des 55jährigen Mannes geschwächt. Um so höher ist es zu bewerten, daß er trotzdem die Verpflichtungen eines Gouverneurs in einem weit abgelegenen, unruhigen, wenig erschlossenen Gebiet auf sich nahm. Allerdings spielten dabei auch persönliche Gründe eine Rolle.

Die Tätigkeit *Tatiščevs* in Astrachan von 1741 bis 1745 wurde von der Forschung bisher am ausführlichsten von der gesamten staatsmännischen Tätigkeit des Petriners behandelt. In seiner *Tatiščev*-Biographie widmete *Popov* allein diesen vier Jahren fast 200 seiner insgesamt 530 Seiten umfassenden Darstellung. Reichhaltiges Quellenmaterial liegt gedruckt vor. Aus diesen Gründen soll hier nur auf die wichtigsten Ereignisse dieser Jahre hingewiesen werden.

Am 31. Juli 1741 wurde *Tatiščev* zum Leiter der Kalmükischen Kommission ernannt.[2] Die am Unterlauf der Volga im Gouvernement Astrachan wohnenden Kalmüken, die noch zum Teil Nomaden waren, hatten sich eine gewisse Selbständigkeit erhalten können. Ihr Gebiet war nicht fest in die russische Staatsverwaltung eingebaut und wurde von eigenen Khanen beherrscht. Die Kalmükische Kommission hatte vor allen Dingen die Aufgabe, diese einzelnen Gemeinschaften durch eine Vereinigung unter einem Khan, der im Auftrage seiner Stammes-

[1] N. N. Pal'mov, К астраханскому периоду жизни В. Н. Татищева. In: Известия АН СССР, отд. гуманитарных наук, 1928, H. 4–7, S. 318f.
[2] Popov, Татищев, S. 264

genossen allein mit der russischen Regierung hätte verhandeln können, zu festigen. Diese Zentralisierung lag im Interesse des absolutistischen russischen Staates. Für den im Umgang mit den im Russischen Reich wohnenden fremden Völkern geschulten *Tatiščev* war die ihm übertragene Aufgabe als Bewährung gedacht, jedenfalls stellte er es selbst so dar: „Wenn ich diesen Auftrag erfolgreich durchführe, werden die ehemaligen erlogenen Verdächtigungen der Verleumder zurückgewiesen werden." Aus diesem Grunde sei er trotz seiner körperlichen Schwäche, wider die besseren Vorstellungen anderer mit so wenigen Personen in einer so ungünstigen Zeit in die Steppe gereist.[1]

Noch in Petersburg hatte er durch zahlreiche Briefe seine Angelegenheit erledigt. So stellte er den Antrag, wieder sein Gehalt zu bekommen, das seit dem 1. Juli 1739 wegen der gegen ihn erhobenen Anklage ausgesetzt worden war; er versuchte unter Hinweis auf seine wissenschaftlichen Arbeiten, die er seit 1720 betreibe, einige Mitarbeiter zu bekommen; er bat um einen Arzt, der ihn begleiten sollte, und um die notwendigen Medikamente; er beantragte die nötigen Mittel für die Reise und forderte entsprechende Anweisungen für sein Verhalten in Astrachan. All das wurde ihm gewährt. Weiterhin konnte er erreichen, daß ihn sein Sohn *Evgraf* begleiten durfte.[2] Diese Briefe, alle Anfang August 1741 geschrieben, sind wichtige Zeugnisse für die damalige Lage ihres Schreibers. Aus ihnen spricht die bedrängte Situation des verdienten Staatsmannes, aber auch die Freude, der unerträglichen Bedrückung durch seine Gegner entfliehen zu können. Die noch immer unentschiedenen politischen Verhältnisse unter der Regentschaft trugen ein übriges dazu bei, daß er Petersburg so schnell wie möglich verlassen wollte. Am 18. August 1741 reiste er von dort ab und kam am 5. Oktober in Caricyn an[3], wo er sich sofort in die Auseinandersetzungen um die Nachfolge des verstorbenen Khans einschaltete.

In der Entsendung *Tatiščevs* nach Astrachan wird man vor allem eine Art ehrenvolle Verbannung sehen müssen. Außerdem wollte man offensichtlich seine wertvollen Kenntnisse nicht brachliegen lassen. Nur so kann man nach den vorhergegangenen gerichtlichen Untersuchungen seine Ernennung verstehen.

Die Einzelheiten der Verhandlungen zwischen *Tatiščev* und den verschiedenen kalmükischen Führern im Herbst 1741 und auch in den folgenden Jahren sollen hier nicht dargelegt werden. Nur so viel sei gesagt, daß sie außerordentlich kompliziert waren und sehr viel Geduld verlangten. Die Interessen der vielen nomadisierenden Gruppen waren nur schwer zu vereinen, besonders, da hinter *Tatiščev* keine wirkliche Macht stand. Die wenigen Russen und die geringe Zahl der

[1] N. N. Pal'mov, К астраханскому периоду жизни В. Н. Татищева. In: Известия Российской АН, Serie VI, Bd. XIX (1925), S. 203

[2] Ders., К астраханскому периоду . . . Татищева. In: Известия АН СССР, отд. гуман. наук, 1928, S. 318—323

[3] Известия Российской АН, a. a. O., S. 202—204 (Auszüge aus dem Reisetagebuch)

Soldaten konnten nicht viel ausrichten und daher blieben sie auf mündliche und schriftliche Auseinandersetzungen angewiesen. In diese spielten auch die Interessen der nordkaukasischen Völker hinein, zu denen die Gemahlin des verstorbenen Kalmüken-Khans geflohen war, nachdem es ihr nicht gelungen war, die Herrschaft an sich zu reißen. Daher mußte *Tatiščev* sogar seinen Sohn in die Kabardei entsenden, um die Geflohene zurückzuholen (1741/42). Kompliziert wurden die Beziehungen zu diesen verschiedenen Völkerschaften einmal durch das Fehlen genauer geographischer Kenntnisse und vor allem durch die ständige Gefährdung des russisch-persischen Verhältnisses, da sich die von Rußland unterworfenen Stämme in vielen Fällen an den Schah um Hilfe wandten.[1]

Die neue Regierung unter *Elisabeth* sprach *Tatiščev* bald nach dem politischen Umschwang in Petersburg, der im November 1741 stattfand, ihr Vertrauen aus, dankte ihm für seine Tätigkeit in der Kalmükischen Kommission und ernannte ihn gleichzeitig zum Gouverneur von Astrachan (15. Dezember 1741).[2] Damit wurden ihm neue große Aufgaben aufgebürdet, die zwar im engsten Zusammenhang mit seinen Verpflichtungen in der Kalmükischen Kommission, der er weiterhin angehörte, standen, aber trotzdem viel zusätzliche Zeit und Kraft erforderten. *Elisabeth* setzte damit unter die Verfolgungen *Tatiščevs* einen Schlußstrich. Sie schätzte *Tatiščev* als einen erfahrenen Mitarbeiter ihres Vaters.

Die Zustände, die *Tatiščev* in dem ihm unterstellten Gouvernement vorfand, beschreibt er ausführlich in einem Brief vom 27. Februar 1742. Sie waren durchaus nicht dazu angetan, den neuen Gouverneur mit Freude zu erfüllen. Wenn er in seinen Berichten die vorgefundenen Mißstände wahrscheinlich auch besonders hervorhob, um spätere Verdienste unterstreichen oder eventuelle Mißerfolge entschuldigen zu können, wird man als sicher annehmen müssen, daß die meisten seiner Feststellungen der Wahrheit entsprachen. Die Menschen seien vertrieben, über die Staatseinnahmen bestehe kein Überblick oder sie würden vergeudet, von ordentlichen Gerichten oder überhaupt einer Ordnung sehe man nichts. Als Ursachen für diese erschreckenden Verhältnisse nannte er die weite Entfernung vom Zentrum des Landes, die Gewohnheit, Menschen statt in die Verbannung als Gouverneure in die entfernten Gegenden zu senden, und die geringe Bezahlung, die die Staatsangestellten geradezu zwinge, unrechtmäßig Geld zu erwerben. Anschließend versprach er, alles nach bestem Wissen und Können zu verbessern, die Verwaltung zu ordnen und die Wirtschaft zu fördern.[3] Besonders der letzten Aufgabe galt sein Bemühen während der ganzen Zeit seines Aufenthaltes in Astrachan.

[1] Popov, Татищев, S. 268—353; Кабардино-русские отношения в XVI—XVIII вв. Документы и материалы, Bd. II, Moskau 1957, S. 103, 106, 153ff.
[2] Popov, Татищев, S. 289
[3] Pekarskij, Новые известия, S. 39f.

Einer der Hauptwirtschaftszweige des Gouvernements war der Fischfang, dem der neue Gouverneur bereits im ersten Jahre seines Aufenthaltes seine Aufmerksamkeit zuwandte, wie sein entsprechendes Gutachten zeigt.[1] Er mußte sich dabei allerdings im wesentlichen auf die Konstatierung der Mängel beschränken, da er noch keinen genügenden Überblick hatte, um durchgreifende Änderungen vorschlagen zu können. Die von ihm kritisierten Mängel bestanden in der völlig unübersichtlichen Organisation, da zwei „Fisch-Kontore" in Saratov und in Astrachan bestanden. Weitere Unklarheiten ergäben sich aus der teilweisen Verpachtung der Fischfanggebiete. Er schlug eine völlige Verpachtung vor, mußte sich aber später korrigieren, als er sah, daß die Pächter den Staat nur betrogen.[2]

Besonders gute Ergebnisse versprach sich *Tatiščev* von einem verstärkten Baumwollanbau. Daneben widmete er seine Aufmerksamkeit dem Seidenanbau und den Wollmanufakturen. Bald traf er jedoch auch hier wieder auf Schwierigkeiten, da ein Kaufmann ein Privileg für den Seiden- und Baumwollanbau besaß, das er aber schlecht nutzte.[3] Daher war es *Tatiščev* sehr schwer möglich, seine Absicht zu verwirklichen, nicht nur die Einfuhr von Seiden- und Baumwollgeweben überflüssig zu machen, sondern auch zur Ausfuhr überzugehen.[4]

Die größte Schwierigkeit für die Verwirklichung seiner Pläne, die er in seiner Denkschrift „Über die Astrachaner Angelegenheiten" darlegte[5], war seine geringe Machtbefugnis. In wirtschaftlichen Dingen war er vollständig von den Entscheidungen des Manufaktur-Kollegiums abhängig, das aber seine Beschlüsse nicht, wie es *Tatiščev* hätte tun können, aus genauer Kenntnis der Astrachaner Verhältnisse treffen könnte[6], weil ihm die entsprechenden Unterlagen fehlten. Daher wandte er sich immer wieder mit Vorschlägen an das Kollegium, ihn zu unterstützen, besonders bei seinen Versuchen, in dem menschenarmen Gouvernement neue Bewohner anzusiedeln. Er sah ganz genau, daß die geringe Bevölkerungsdichte eines der Haupthindernisse für die ökonomische Erschließung des Landes war.[7] Zwar gelang es ihm gegen Ende seiner Astrachaner Zeit, eine größere Gruppe Gefangener der kaukasischen Bergvölker zu erhalten, die sehr anstellig waren und die er ansiedelte. Hier trat aber sofort wieder ein anderes Hindernis in Erscheinung: es fehlte nämlich an Geld, um diese Menschen mit dem Notwendigsten auszustatten.[8] So ging es ihm während seiner Astrachaner Zeit stets: war die eine Schwierigkeit gerade mit Mühe überwunden, so traten sofort wieder neue auf. Aus

[1] Veröffentlicht von N. Pal'mov in: Известия Российской АН, 1925, S. 211–216
[2] V. Tatiščev, На память о делах астраханских. In: ИА, VII (1951), S. 405
[3] V. Tatiščev, Предложение о размножении фабрик. In: Ebd., S. 409ff.
[4] P. Alefirenko, Экономические взгляды В. Н. Татищева. In: ВИ, XII (1948), S. 90
[5] V. Tatiščev, На память о делах астраханских, a. a. O., S. 403–407
[6] Ebd., S. 403
[7] Ebd., S. 403f.
[8] V. Tatiščev, Предложение о размножении фабрик, a. a. O., S. 409

diesen Gründen ist das Wirken *Tatiščevs* in der Zeit, in der er Gouverneur in Astrachan war, in wirtschaftlicher Hinsicht nicht sehr ergiebig gewesen.

Auch dem Handel widmete der immer regsame Mann in Astrachan seine Aufmerksamkeit. Die Stadt war der Umschlagplatz nicht nur für den russischen, sondern auch für den englischen Persienhandel. *Jonas Hanway*, ein englischer Kaufmann, der in den vierziger Jahren Rußland bereiste, berichtete über seine Begegnung mit *Tatiščev* in Astrachan: „Ich redete vieles mit ihm, und er gab mir häufige Versicherungen, daß er es an seiner Seite an nichts wollte fehlen lassen, was zur Beförderung des Vortheiles der Kaufleute, welche nach Persien handelten, gereichen könnte. Er eröffnete mir einige Entwürfe, in welchen er beydes, den von Großbritannien und Rußland, zur Absicht hatte.“[1] Bei den erwähnten Entwürfen handelt es sich sicher um die von *Tatiščev* ausgearbeitete Zollordnung für den Astrachaner Hafen aus dem Jahre 1744. Darin forderte er die Regelung der Ein- und Ausfuhr durch eine günstige Zollpolitik. Für Waren, die „nicht sehr notwendig aber nützlich sind und in Rußland nicht produziert werden“, sollte man einen geringeren Zoll verlangen als für Waren, die man „in Rußland besser herstellen kann“, da solche Produkte „für die russischen Fabriken schädlich“ seien. Der Export von Rohstoffen sollte zugunsten der Ausfuhr von Fertigfabrikaten eingeschränkt werden. Daneben trat *Tatiščev* für die Entwicklung des Transithandels ein. Auch hierbei sollten die russischen Kaufleute besonders gefördert werden, indem man für sie niedrigere Abgaben festsetzte als für die ausländischen.[2] Alle diese Vorschläge zeigen seine große Sorge um die Entwicklung des russischen Handels.

Es ist selbstverständlich, daß *Tatiščev* auch während seiner Astrachaner Zeit seine wissenschaftlichen Interessen pflegte und der Erforschung dieses Gebietes besondere Aufmerksamkeit zuwandte. Sein bester Helfer in dieser Hinsicht war *Michail Nekrasov*, den er im Jahre 1737 mit anderen jungen Russen von Orenburg aus zur Ausbildung an die Akademie gesandt hatte. *Nekrasov* und seine Mitschüler sollten dort besonders in der Zeichenkunst geschult werden, um Funde und Fundstellen, Pflanzen, Steine usw. genau aufnehmen zu können. Bevor er sich Ende 1741 auf den Weg nach Astrachan machte, erhielt er ein Zeugnis, in dem es heißt, daß er „im zeichnen gute fundament erlernet, besonders nach kupferstichen und gibsstatuen“, und wurde zum Gesellen befördert.[3] Das Gelernte konnte *Nekrasov* ausgezeichnet verwenden, da *Tatiščev* ihn im Sommer 1742 beauftragte, Zeichnungen der Gebäude und aller Dinge, die er in der alten Stadt Madžar (bei Kizljar an der Kuma, Nordkaukasus) finden würde, anzufertigen. Madžar war im 13. Jahrhundert gegründet worden und war eines der Zentren der Goldenen

[1] J. Hanway, Zuverlässige Beschreibung seiner Reisen, von London durch Rußland und Persien und wieder zurück . . . von 1742 bis 1750, Teil I, Hamburg/Leipzig 1754, S. 83

[2] Vgl. I. Бак, Экономические воззрения Татищева, In: ИЗ, Bd. 54, S. 368

[3] Материалы, Bd. IV, S. 746, 750, 752, 762f.

Horde, besonders im 14. Jahrhundert. *Tatiščev* kann als der erste Erforscher dieser vom archäologischen Standpunkt sehr interessanten Stadt angesehen werden. Die Ergebnisse seiner halbjährigen intensiven Arbeit hat *Nekrasov* mit einem ausführlichen Bericht seinem Auftraggeber übergeben[1], der diese Unterlagen zur Weiterbearbeitung an die Akademie sandte.[2] Seit 1743 arbeitete *Nekrasov* bei der Orenburger Kommission, da der dortige Nachfolger *Tatiščevs*, *Nepljuev*, um geeignete Mitarbeiter gebeten hatte.[3] An diesem hier dargestellten Beispiel zeigt sich deutlich die enge Zusammenarbeit *Tatiščevs* mit der Akademie der Wissenschaften und sein Bemühen, sich selbst gute Mitarbeiter heranzubilden.

Sein Hauptanliegen war aber nicht die Aufnahme so kleiner Teilgebiete wie Madžar, sondern die Herstellung oder Verbesserung der Karten des Volga- und des Nordkaukasus-Gebietes. Daher bat er 1742 den Senat um die Übersendung von Kopien aller vorhandenen Karten. Dieser Auftrag wurde der Akademie übergeben, die die gewünschten Karten im Februar 1743 an *Tatiščev* übersandte. Es handelte sich um 25 „richtige Kopien".[4] Trotz dieser Hilfe konnte er nicht sehr viel leisten, da er nicht genügend gut ausgebildete Mitarbeiter hatte. Am 31. Dezember 1743 schrieb er seinem Kollegen in Orenburg, *I. I. Nepljuev*, daß er trotz mehrmaliger Mahnungen vom Regierenden Senat nicht die erforderlichen Geodäten erhalten habe, daß er sich aber, da er den „großen Nutzen" der kartographischen Arbeiten sehe, entschlossen habe, immer wieder zu mahnen.[5] Aus diesem Brief spricht die Not des zu wenig unterstützten Mannes, der nicht so für sein Vaterland wirken konnte, wie er es sich wünschte.

Wenn auch *Tatiščev* während seiner Astrachaner Zeit nicht die gewünschte Hilfe für die wissenschaftliche Erschließung des Gouvernements erhielt, konnte er doch seine eigenen wissenschaftlichen Arbeiten fortführen. In diesen Jahren verfaßte er zwei wichtige geographische Abhandlungen über Rußland[6], schloß den ersten Teil (bis zum Buchstaben K) seines Lexikons ab und widmete sich der Durcharbeitung seiner „Russischen Geschichte". Diese Arbeiten werden im folgenden Teil des vorliegenden Buches ausführlich behandelt werden.

Den im Vergleich zu seiner früheren Tätigkeit relativ geringen Erfolgen der vier Astrachaner Jahre entspricht auch das Ende seiner Tätigkeit als Gouverneur. Wegen seiner körperlichen Schwäche hatte er diese Aufgabe nur ungern übernommen. Seine Hoffnung, sich selbst von den ihm ungerechterweise vorgeworfenen Vergehen zu befreien, und sein Eifer, seinem Vaterland zu dienen, waren die

[1] N. Pal'mov in: Известия АН СССР, 1928, S. 334—338
[2] Материалы, Bd. V, S. 638f.
[3] N. Pal'mov in: Известия Российской АН, 1925, S. 210
[4] Материалы, Bd. V, S. 548—550
[5] N. Pal'mov in: Известия Российской АН, 1925, S. 208
[6] Tatiščev, Избранные труды, S. 143—209

Hauptgründe für seine Bereitschaft, trotz aller Hindernisse dieses ihm übertragene Amt zu übernehmen. Jedoch konnte er keine Anerkennung finden. Im Gegenteil, er erhielt nur geringe Unterstützung und bald begannen auch wieder die Vorwürfe. In einem erschütternden Brief aus dem Jahre 1744 berichtet er über die dauernden Bemühungen seiner Gegner, ihn durch Verleumdungen zu vernichten. Diese hätten schon unter *Peter* begonnen, als ihn *Demidov* so verleumdet habe, „daß alle an meinen Untergang dachten". Später sei er von *Menšikov* bedrückt worden, und nur die Verbannung des Günstlings habe ihn gerettet, aber die nun zur Macht gekommenen *Dolgorukij* hätten dessen Politik gegen ihn fortgesetzt. Kaum habe er diese verschiedenen Angriffe gegen ihn glücklich überstanden, da hätte *Biron*, „der ihm nicht zustehende Macht und Einfluß suchte", begonnen, gerichtliche Verfolgungen gegen ihn einzuleiten. „Nur Gott" hätte ihn damals gerettet. In Wirklichkeit waren es natürlich — wie dargestellt wurde — die gesellschaftlichen Verhältnisse, die zu den Klagen über *Tatiščev* geführt hatten. Nun, 1744, wo er endlich glaubte, daß seine Verdienste für das Vaterland anerkannt würden, begönnen seine Gegner erneut, ihn zu verleumden und zu verfolgen.[1] Aus diesem Brief spricht die ganze Tragik des Lebens und Wirkens des großen Petriners als Wirtschaftsorganisator und als Staatsmann.

Als *Tatiščev* wegen seiner körperlichen Schwäche, wegen der geringen Unterstützung, die er erhielt, und wegen der gegen ihn ausgestreuten Verleumdungen seinen Pflichten in Astrachan nicht mehr nachkommen zu können glaubte, bat er 1745 um seine Entlassung, die ihm im November des gleichen Jahres gewährt wurde. Er wurde angewiesen, sich auf sein Gut Boldino bei Moskau zu begeben. Formal wurde er erneut unter Anklage gestellt, und bis an sein Lebensende stand stets eine Wache vor seinem Hause, die sich aber auf seine wissenschaftliche Tätigkeit, der er seine letzten Lebensjahre ganz widmete, nicht hinderlich auswirkte.

Bis zu seinem Tode am 15. Juli 1750 lebte er zurückgezogen in Boldino, mit der Welt war er nur durch seinen umfassenden Briefwechsel, den er besonders mit der Akademie der Wissenschaften führte, verbunden. Um ihn waren nur seine Schwiegertochter und sein 1742 geborener Enkel *Rostislav-Michail*. Sein Sohn *Evgraf* war Soldat und kam selten nach Hause. Auf die Ausbildung seines Sohnes und seines Enkels hatte *Tatiščev* großen Einfluß genommen. Schon 1731 konnte der 1717 geborene *Evgraf* sich zum Eintritt in das Kadettenkorps melden und angeben, daß er völlig die deutsche und die lateinische Sprache beherrsche, außerdem auch in der Arithmetik und der Geometrie gut geschult sei. Nach vierjährigem Besuch des Landkadettenkorps trat er 1736 in die Armee ein, in der er bis 1764 diente. In seinen letzten Lebensjahren lebte er in Moskau als Staatsrat. Dort starb er auch im Jahre 1781.[2]

[1] Pekarskij, Новые известия, S. 42
[2] Tatiščev, Род Татищевых, S. 97ff.

Da *Vasilij Nikitič* auch von seiner Frau *Anna Vasil'evna Andreevskaja*, verwitwete *Redkina*, seit 1728 getrennt lebte[1], war er im Alter ganz allein. Nur von seinen Büchern war er umgeben, und er lebte ausschließlich für seine wissenschaftlichen Interessen. Seine ganze ihm noch verbliebene Kraft, die er Jahrzehnte hindurch so vielen Aufgaben hatte widmen müssen, setzte er nunmehr ein, um wenigstens einen Teil der begonnenen wissenschaftlichen Forschungen zu Ende zu führen.

[1] Ebd., S. 84

TEIL II

TATIŠČEV ALS WISSENSCHAFTLER

1. Wissenschaftliche Interessen und wissenschaftliche Beziehungen

„Nichts ist mir angenehmer, als mit gelehrten und interessierten Menschen eine Korrespondenz zu unterhalten, ihre Ansichten und ihre Überlegungen kennenzulernen und bei eigener Unkenntnis sie zu fragen; wodurch auch der allgemeine Nutzen gefördert wird.“[1] Nur sechs Wochen vor seinem Tode, am Ende einer mehr als dreißigjährigen wissenschaftlichen Arbeit, als Ergebnis jahrzehntelangen Strebens nach Erkenntnis formulierte *Tatiščev* diesen Satz, der zugleich das Bekenntnis eines gereiften Mannes ist. Das Wirken des Soldaten, des Diplomaten, des Wirtschaftsorganisators und des Staatsmannes ist im ersten Teil der vorliegenden Arbeit in großen Zügen umrissen worden. Bevor *Tatiščevs* Tätigkeit als Historiker, Geograph, Schulgründer und Verfasser des ersten russischen Lexikons sowie seine sozialökonomischen Anschauungen behandelt werden, soll versucht werden, ein allgemeines Bild seiner wissenschaftlichen Bestrebungen und seiner Beziehungen zu anderen Gelehrten zu entwerfen. Die Verdienste des bedeutenden Petriners als vielseitiger Wissenschaftler, besonders als Begründer der modernen russischen Historiographie, werden nur verständlich werden, wenn man sie nicht nur vor dem Hintergrund seines wirtschaftsorganisatorischen und politischen Wirkens, sondern auch im engsten Zusammenhang mit seinen persönlichen Beziehungen zu Gelehrten oder wissenschaftlich interessierten Zeitgenossen betrachtet. Besonders sein umfangreicher Briefwechsel, von dem allerdings nur ein Teil erhalten ist, gibt über diese Beziehungen wichtige Aufschlüsse.

a) Wissenschaftliche Interessen

Die wissenschaftlichen Interessen *Tatiščevs* waren außerordentlich umfangreich. Seine Hauptverdienste erwarb er sich in den Disziplinen Geschichte, Geographie und Pädagogik, die stets im Vordergrund seines wissenschaftlichen Wirkens standen. Aber auch den Naturwissenschaften, der Technik und der Mathematik widmete er seine Aufmerksamkeit. Als Leiter der Uralindustrie mußte er mit der Technik vertraut sein. Als Leiter der geodätischen Arbeiten in den verschiedensten

[1] Tatiščev an Apič, Boldino, 1. 6. 1750; Переписка Татищева, S. 295

Reichsteilen mußte er unbedingt mathematische Kenntnisse besitzen, die er auch als Artillerieoffizier brauchte. Beispiele für seine naturwissenschaftlichen Interessen sind seine Forschungen im Ural, die er in seinen Abhandlungen über die Mammutknochen veröffentlichte, und seine Zusammenarbeit mit den Naturwissenschaftlern in der Orenburger Expedition.

Auch ein Blick in den Katalog seiner Bibliothek[1], die bei seinem Tode 308 Titel enthielt, zeugt von seinen Interessen für die Naturwissenschaften, die Technik und die Mathematik. Dabei muß berücksichtigt werden, daß *Tatiščev* zu dieser Zeit nur noch die ihn in dieser Zeit am meisten interessierenden Bücher bei sich hatte, vor allem die historischen und die geographischen. Den größten Teil seiner Bibliothek, mehr als 1000 Bände, hatte er in Ekaterinburg zurückgelassen; ein entsprechender Katalog fehlt leider. *Tatiščev* besaß verschiedene mathematische Handbücher und Lexica sowie mathematische Schriften von *Christian Wolff*. Erwähnt seien *Wolffs* „Kurzer Unterricht von den vornehmsten mathematischen Schriften" und dessen „Anfangsgründe sämtlicher mathematischer Wissenschaften", die 1710 in Halle erschienen waren. Von seiner großen Wertschätzung des deutschen Philosophen und Naturwissenschaftlers zeugt, daß er auch vier Bände von *Wolffs* „Vernünftigen Gedanken (... von den Kräften des menschlichen Verstandes, 1712; ... von Gott, der Welt und der Seele des Menschen, 1719; ... von der Menschen Tun und Lassen zur Beförderung ihrer Glückseligkeit, 1720; ... von den Absichten der natürlichen Dinge, 1724) und die von *Lomonosov* übersetzte und 1746 in Petersburg erschienene Experimental-Physik in russischer Sprache besaß. Auf *Wolff* berief sich *Tatiščev* nicht nur, wenn es galt, seine eigenen philosophischen Anschauungen darzulegen[2], seine Schriften führte er auch als Zeugnisse für die Kugelgestalt der Erde und für die Erklärung von Naturerscheinungen wie Nordlicht, Regenbogen und Meteore an.[3] Als Beweis für seine Interessen für die Technik sollen zwei Werke des deutschen Mechanikers *Jakob Leupold*[4] nicht unerwähnt bleiben, die *Tatiščev* seiner Bibliothek einverleibt hatte: Prodromus Bibliothecae Metallicae und Theatrum Machinarum. Über seine Beziehungen zu dem schwedischen Mechaniker *Polhem* wurde bereits berichtet.

Obwohl sich *Tatiščev* sehr für die Naturwissenschaften interessierte und gelegentlich in seinen Arbeiten auch auf entsprechende Probleme hinwies, galt sein Forschungseifer jedoch besonders den gesellschaftswissenschaftlichen Fächern.

Es ist außerordentlich bedauerlich, daß *Tatiščev* alle seine wissenschaftlichen Arbeiten aus Gründen, die nicht bei ihm selbst lagen, nicht beenden konnte. Die

[1] Pekarskij, Новые известия, S. 56–63
[2] Tatiščev, История, I, S. 527 (S. 359)
[3] Ebd., S. 156 (S. 172); II, S. 442f., 451f., 475
[4] Vgl. über ihn neuerdings: K. Werner, Aus der Frühzeit physikalischer Werkstätten. Kleiner Beitrag zu einem Lebensbild Jacob Leupolds (1674–1727). In: NTM. Zeitschrift für Geschichte der Naturwissenschaften, Technik und Medizin, 1. Jg., H. 3, S. 45–56

petrinische Zeit brauchte Menschen der Tat, die sich in allen Arbeitsbereichen zurechtfanden, die an jedem Ort, an den sie gestellt wurden, geradezu Unmögliches zu leisten hatten. Deshalb konnte *Tatiščev* neben seiner Tätigkeit als Staatsmann und Wirtschaftsorganisator für seine wissenschaftlichen Interessen stets nur wenig Zeit erübrigen. Obwohl er drei Jahrzehnte hindurch immer wieder zur wissenschaftlichen Arbeit zurückgekehrt ist und auf diesem Gebiet Hervorragendes geleistet hat, war es ihm aber nicht vergönnt, zu einem Abschluß zu kommen und seine Forschungsergebnisse zu veröffentlichen. Bis auf die drei schon genannten kleineren Berichte über geologische Verhältnisse im Ural, die er in Schweden und in den von der Petersburger Akademie herausgegebenen „Anmerkungen zu den Zeitungen“ publizierte, sind seine wichtigsten Werke erst nach seinem Tode der Öffentlichkeit bekannt geworden.

Am frühesten wurden unter der Redaktion des Historikers *Gerhard Friedrich Müller*[1] die ersten vier Bücher der „История Российская . . .“ in den Jahren 1768 bis 1784 in Moskau und in Petersburg veröffentlicht. An der Beschaffung der Manuskripte für den Druck hatten Professor *Zybelin* und der seit Mai 1761 an der Moskauer Universität als Professor für Geschichte wirkende *J. G. Reichel* maßgeblichen Anteil. Bereits am 12. April 1761 schrieb *Reichel* an *Müller*, er habe bei *Evgraf Tatiščev*, dem Sohn des Historikers, „eine Menge rußischer Bücher und mancherley Msc. gefunden, deren größter Teil aber vermodert und unbrauchbar geworden ist“. Am 7. Juni 1761 versprach *Reichel*, „den H. EtatsRath [*Evgraf Tatiščev*] zur communication der noch vorhandenen Ms. zu vermögen“. Wie aus dem weiteren Briefwechsel hervorgeht, hatte es aber *Evgraf* nicht sehr eilig, die Manuskripte herauszugeben.[2] Dem Druck *Müllers* lagen diese Handschriften zugrunde, die aber an Hand des Exemplars, das *Tatiščev* der Akademie zugeschickt hatte und das *Müller* von *Taubert* erhielt, ergänzt und berichtigt wurden.[3] Auch *Schlözer* bemühte sich intensiv um die Drucklegung der Geschichte *Tatiščevs*, wie aus seinen unlängst erschienenen Briefen und Rapporten hervorgeht.[4] Er hatte einen genauen Plan für die Herausgabe ausgearbeitet, da er das Werk *Tatiščevs* für außerordentlich wichtig hielt. Alle diese Bemühungen zeugen von der großen Wertschätzung, die die genannten Historiker dem Werk *Tatiščevs* beimaßen. Das letzte — fünfte — Buch der „Geschichte“ wurde aber trotzdem erst 1848 in den Bänden 4, 5 und 9 der „Чтения в обществе истории и древностей российских при Московском университете“ herausgegeben.

[1] Über seine Bedeutung vgl. P. Hoffmann, Gerhard Friedrich Müller. In: Zeitschrift für Slawistik, Bd. III (1958), S. 771—776

[2] Vgl. U. Lehmann, Der Gottschedkreis und Rußland. Phil. Diss. Berlin 1960 (Masch.-Schrift), S. 225—230, wo auch die Zitate entnommen wurden.

[3] Vgl. A. A. Šachmatov, К вопросу о критическом издании Истории Российской В. Н. Татищева. In: Дела и дни, Bd. I, 1920, S. 80—95

[4] A. L. v. Schlözer und Rußland. Eingel. u. unter Mitarbeit v. L. Richter u. L. Zeil hg. v. E. Winter (= Quellen und Studien zur Geschichte Osteuropas IX), Berlin 1961

Der erste Teil des ersten Buches der „Geschichte“ enthält eine ausführliche Einführung in die russische Geschichte, außerdem legt der Verfasser hier auch sehr breit den Beginn und den Fortgang seiner historischen Studien dar. Die folgenden Bände behandeln die russische Geschichte bis zum Ende des 16. Jahrhunderts in einer heute nicht mehr gebräuchlichen Darstellungsform. Als Ergebnis seiner dreißigjährigen Forschungsarbeit wird ein auf der Grundlage vieler Chroniken zusammengestellter fortlaufender Bericht vorgelegt, den der Bearbeiter im Anhang ausführlich kommentiert. Für diese Kommentare hat er viel — auch westeuropäische — Literatur benutzt.

Da *Müller* trotz seines Eifers nicht die Möglichkeit hatte, für seine Aufgabe alle Handschriften seines russischen Kollegen zu benutzen, die sich in mancher Hinsicht, besonders im Umfang der Kommentare, unterscheiden, wurde schon wiederholt an eine Neuausgabe der „Geschichte“ gedacht. Der bedeutende russische Linguist *A. A. Šachmatov* gab im Jahre 1920 einen genauen Überblick über die vorhandenen Handschriften und regte gleichzeitig eine kritische Ausgabe dieses Werkes an.[1] Dieser Wunsch wurde 1936 aufgegriffen, konnte aber damals leider nicht verwirklicht werden.[2] Der verdienstvolle, 1959 verstorbene sowjetische Forscher *A. Andreev* arbeitete an der Edition von *Tatiščevs* Lebenswerk. Der erste Band dieser Ausgabe ist im Frühjahr 1962 erschienen.

Neben der allgemeinen politischen Geschichte Rußlands widmete *Tatiščev* der russischen Rechtsgeschichte besondere Aufmerksamkeit. Bereits in seiner „Geschichte“ ist er gerade auf diese Probleme besonders eingegangen. Ihrem ersten großen Vertreter verdankt die russische Historiographie die erste Auswertung der „Русская Правда“, des ältesten russischen Rechtsdenkmals, für die historische Forschung. Leider blieben auch die Bearbeitungen dieser Quelle durch *Tatiščev* bis in die neueste Zeit unveröffentlicht und wurden erst 1957 publiziert. Es handelt sich um zwei Redaktionen der „Правда“ aus den Jahren 1740 und 1749/50.[3] Aber auch mit Rechtsdenkmälern aus der späteren russischen Geschichte beschäftigte sich *Tatiščev*. Er bearbeitete beispielsweise den „Судебник“ *Ivans IV.*, den er auch ausführlich kommentierte.[4]

[1] Šachmatov, a. a. O.

[2] Vgl. A. Andreev, Переписка В. Н. Татищева за 1746—1750гг. In: ИА, VI (1951), S. 246

[3] S. N. Valk, Татищевские списки Русской Правды. In: Материалы по истории СССР, Bd. V, Moskau 1957, S. 607—657; vgl. auch ders., Русская Правда в изданиях и изучениях XVIII-начала XIX века. In: Археографический Ежегодник за 1958 год, Moskau 1960, S. 124—160

[4] Die Texte wurden mehrfach, auch schon im 18. Jh., veröffentlicht, so von P. Chitrovo, Законодательные памятники XVI и XVII ст., собр. В. Н. Татищевым и изд. акад. Г. Ф. Миллером в 1768 году, вместе с примечаниями, к памятникам этим, В. Н. Татищева и приложением письма Царя Иоанна IV-го Васильевича к архиепископу казанскому Гурию, Moskau 1905

Einen wichtigen Platz neben seinen historischen Studien nehmen die geographischen Arbeiten ein. Beide Disziplinen müssen bei ihm im engsten Zusammenhang gesehen werden, da er sich vorwiegend mit der politischen und der ökonomischen Geographie beschäftigte und besonders bei seinen Abhandlungen über Sibirien Geographie und Geschichte ineinander übergehen. Seine wichtigsten geographischen Arbeiten liegen jetzt in einem von *A. Andreev* herausgegebenen Sammelband vor[1], bis 1950 waren sie fast alle unveröffentlicht und der Forschung daher nur bedingt zugänglich. Für die Geschichte Rußlands, besonders die sibirische Geschichte im 17. Jahrhundert und in der ersten Hälfte des 18. Jahrhunderts sind *Tatiščevs* Arbeiten sehr wertvoll, da er während seines vieljährigen Aufenthalts im Ural nicht nur alle ihm persönlich zugänglichen Nachrichten über die Geschichte, die Wirtschaft, die geographischen und ethnographischen Verhältnisse sowie über die natürliche Beschaffenheit des Landes sorgfältig sammelte, sondern auch durch Enquêten die weiter entfernt liegenden Gebiete zu erforschen suchte. Zu diesem Zwecke stellte er ein 198 Fragen umfassendes Verzeichnis zusammen, das er an die örtlichen Verwaltungsorgane versandte.[2] Dieser Fragebogen geht auf alle Probleme ein, die für eine Beschreibung Rußlands in der ersten Hälfte des 18. Jahrhunderts wichtig und von Interesse sind, und die Antworten, die zum Teil erhalten sind, haben für die heutige Forschung großen Wert.

Im Jahre 1887 veröffentlichte der *Tatiščev*-Biograph *Nil Popov* das bis dahin nur dem Titel nach bekannte Werk *Tatiščevs* „Разговор двух приятелей о пользе наук и училищ".[3] Dieses „Gespräch" enthält das philosophische Bekenntnis des aufgeklärten Russen und legt darüber hinaus seine Stellung zu Wissenschaft und Bildung ausführlich dar. Es zeugt von der ausgezeichneten und umfassenden Bildung dieses Petriners und ist nicht nur für die *Tatiščev*-Forschung, sondern auch für eine Darstellung der geistigen Entwicklung in Rußland in der ersten Hälfte des 18. Jahrhunderts von außerordentlich großer Bedeutung.

Die Ergebnisse seiner wissenschaftlichen Tätigkeit und seine Erfahrungen als Soldat, Staatsmann und Wirtschaftsorganisator faßte *Tatiščev* in seinem „Географический, исторический, политический и гражданский лексикон" zusammen. Wie viele seiner Arbeiten ist auch das „Lexikon" unvollendet geblieben, er konnte es nur bis zum Buchstaben „K" ausarbeiten. Jedoch zeugt schon der Torso von der gewaltigen Arbeit, die der Autor auf sich genommen hatte, die aber die Kraft eines Einzelnen fast überstieg. Das „Lexikon" enthält wertvolle Nachrichten zur Biographie des Verfassers und über die Verhältnisse in Rußland in der petrinischen Zeit. Als Nachschlagewerk war es, als es gedruckt wurde, schon weit-

[1] Tatiščev, Избранные труды

[2] Предложение о сочинении истории и географии российской. In: Ebd., S. 77—95

[3] In: Чтения в обществе истории и древностей российских, 1887, Bd. I, Moskau 1887, S. 1—171; ein Auszug neuerdings in: Anthology of Eighteenth Century Russian Literature. By Clarence A. Manning, Vol. I, New York 1951

gehend überholt, da das „Geographische Lexikon“ von *F. A. Polunin* bereits in zwei Auflagen erschienen war. Die erste Auflage war 1773 von *G. F. Müller* und die zweite Auflage in den Jahren 1786—1789 in sechs Teilen von *L. Maksimovič* herausgegeben worden.[1] Dessenungeachtet ist *Tatiščevs* Werk als historische Quelle noch heute sehr wertvoll.

Außer den genannten Arbeiten, die von vornherein für den Druck bestimmt waren, hat *Tatiščev* auch wichtige ökonomische Abhandlungen hinterlassen, die meist als Gutachten für Verwaltungsstellen, als Mitteilungen an Freunde oder für den eigenen Bedarf geschrieben wurden. Der älteren Forschung waren nur die „Краткие экономические до деревни следующие записки“[2] bekannt, in denen der Gutsbesitzer *Tatiščev* sehr ausführlich über die nach seiner Meinung beste Organisation der Gutswirtschaft spricht und daneben auch landwirtschaftlich-technische Probleme behandelt. In diese Gruppe seiner Schriften gehört auch eine wichtige Abhandlung über die Bauernflucht, die bereits *N. Popov* veröffentlicht hat.[3] Wichtige Aufzeichnungen des Wirtschaftsorganisators über die Entwicklung der Manufakturen und des Handels legte *P. K. Alefirenko* vor, die besonders über die ökonomischen Anschauungen *Tatiščevs* gearbeitet hat.[4] Von großer Wichtigkeit für die Erforschung seiner Ansichten über die beste Wirtschaftsorganisation sind die unter seiner aktiven Teilnahme und auf seine Anregung entstandenen Reglements für die Verwaltung des Bergwesens im Ural, deren Entstehungsgeschichte und deren Inhalt bereits dargelegt wurden.

Eine wichtige Quelle für die pädagogischen Anschauungen *Tatiščevs* ist seine Instruktion für die Schulen in den Uralwerken aus dem Jahre 1736, die an entsprechender Stelle zu würdigen sein wird.[5] Auch in seinen anderen Schriften und in Briefen hat er sich verschiedentlich zu pädagogischen Problemen geäußert.

Große Bedeutung für die *Tatiščev*-Forschung hat seine umfangreiche Korrespondenz, die allerdings an vielen Stellen verstreut aufbewahrt wird. Viele Briefe wurden in die wichtige zehnbändige Quellensammlung zur Geschichte der Akademie der Wissenschaften in Petersburg aufgenommen[6], ein großer Teil liegt jedoch noch heute unveröffentlicht im Akademie-Archiv in Leningrad. Lediglich

[1] Andreev, Труды Татищева, S. 25. M. S. Bodnarskij, Первый русский географический словарь. In: Землеведение, Bd. 29 (1927), H. 3—4, S. 61—70

[2] In: Временник Имп. Московского общества истории и древностей российских, Bd. XII, Abt. III, Moskau 1852, S. 12—32; einen Auszug daraus druckte V. Gitermann, Geschichte Rußlands, Bd. II, Hamburg 1949, S. 447—450, unter dem Titel ab: Regeln für die vorbildliche Verwaltung eines Landgutes.

[3] Рассуждение о беглых мущинах и о пожилых женщинах за побег. In: Popov, Татищев, S. 759—778

[4] V. N. Tatiščev, Экономические записки. In: ИА, Bd. VII (1951), S. 403—426

[5] Veröffentlicht von N. F. Demidova in: ИА, Bd. V (1950), S. 166—178, und Nečaev, Горнозаводские школы, S. 198—203

[6] Материалы, Bd. 1—10

Tatiščevs Briefe an die Akademie aus den Jahren 1746—1750 wurden vollständig gedruckt.[1] Weitere Teile seiner Korrespondenz befinden sich im Zentralarchiv alter Akten in Moskau und in der Handschriftenabteilung der Akademiebibliothek in Leningrad.

Damit ist ein Überblick über die wichtigsten Arbeiten *Tatiščevs* gegeben und gleichzeitig auf das Material hingewiesen worden, das einer Darstellung des Wirkens *Tatiščevs* als Wissenschaftler zugrunde liegen muß.

b) Beziehungen zur Akademie der Wissenschaften

Mit der seit 1725 bestehenden Akademie der Wissenschaften in Petersburg ist *Tatiščev* schon recht früh in Verbindung gekommen. In seiner Abhandlung „Разговор двух приятелей о пользе наук и училищ" überlieferte er uns den Inhalt eines Gesprächs, das er im Jahre 1724 — wenige Monate vor seiner Abreise nach Schweden — mit *Peter* und dem designierten Akademiepräsidenten *Laurentius Blumentrost* führte. Die wissenschaftlichen Interessen *Tatiščevs* waren seinen beiden Gesprächspartnern bekannt, und es ist daher nicht verwunderlich, daß *Blumentrost*, der mit der Gewinnung von Mitarbeitern für die Akademie beauftragt war, die Gelegenheit nutzen wollte und ihn bat, sich in Schweden nach geeigneten Wissenschaftlern umzusehen. *Tatiščev* äußerte daraufhin, ob es nicht nützlicher sei, das russische Bildungswesen von Grund auf auszubauen und erst nach der Ausbildung eigener russischer Wissenschaftler die Entwicklung durch die Gründung der Akademie zu krönen. *Peter*, der genau wußte, daß ein schneller Fortschritt nur mit außergewöhnlichen Mitteln zu erreichen war, überzeugte *Tatiščev*, indem er die Akademie mit einer Mühle verglich. Wenn die Zeit eines Menschenlebens, so sagte er, nicht ausreiche, sowohl die Mühle als auch den Kanal, der ihr das Wasser zuführt, zu bauen, müsse man zunächst die Mühle errichten und dann mit der Grabung des Kanals beginnen. Dadurch würden die Späteren gezwungen — um den Betrieb der Mühle zu gewährleisten —, mit dem Bau des Kanals fortzufahren. Die Mühle sei die Akademie, der Kanal seien die Mathematik- und die Bischofsschulen, schloß *Peter* seine Ausführungen.[2]

Es kommt hier nicht auf die Worte des Vergleichs an, sondern auf den Sinn. *Peter* wollte durch die Akademiegründung die Entwicklung der Wissenschaften in Rußland fördern. Die Akademie sollte zum Motor der wissenschaftlichen Forschung in Rußland werden. Zu diesem Zweck zog *Peter* Ausländer ins Land, die die Ausbildung junger Russen in die Hand nehmen sollten. Trotz aller Hemmnisse,

[1] A. Andreev, Переписка В. Н. Татищева за 1746—1750гг. In: ИА, Bd. VI (1951), S. 245—314

[2] Tatiščev, Разговор, S. 110; in anderen Worten findet sich dieser Bericht auch in einem Brief Tatiščevs an Schumacher vom 11. August 1747. Vgl. Переписка Татищева, S. 262

denen die Entwicklung der Akademie später ausgesetzt war, kann man doch feststellen, daß sie die von *Peter* gestellten Aufgaben im wesentlichen erfüllte und der Kristallisationspunkt aller wissenschaftlichen Bestrebungen in Rußland wurde. *Tatiščev* hatte, obwohl er nicht Mitglied der Akademie war, daran bedeutenden Anteil.

Es ist interessant und zeugt von der großen Einsicht, die *Tatiščev* in die wissenschaftlichen Bestrebungen *Peters* hatte, daß er die Anfänge der Akademie bis in das Jahr 1716 zurückdatierte. Dem Historiker war klar, daß die Gründung einer wissenschaftlichen Institution eine lange Vorbereitungszeit brauchte. So teilt er mit, daß zunächst „der berühmte Philosoph *Leibniz*", dann nach dessen Tod *Christian Wolff* Akademiepräsident werden sollte. *Tatiščev* wußte also von den intensiven Verhandlungen, die mit den beiden Deutschen und anderen viele Jahre hindurch über die Einrichtung einer Akademie geführt wurden. *Tatiščev* hob besonders die gute Ausstattung der Akademie mit einer großen Bibliothek, einem Observatorium, einer Kunstkammer und einem Münzkabinett hervor.[1] Alle diese Einrichtungen fanden natürlich das besondere Interesse des Wissenschaftlers.

Als die Akademie Ende 1725 ihre Tätigkeit aufnahm, war *Tatiščev* noch im Ausland. Bald nach seiner Rückkehr 1727 ging er als Mitarbeiter des Geldkontors nach Moskau. In den ersten Jahren seines Aufenthaltes in Moskau unterhielt er keine Verbindungen zu der in Petersburg arbeitenden Akademie. *Tatiščev* nutzte diese Jahre für seine wissenschaftliche Weiterbildung, besonders für seine historischen Studien. In diese Zeit emsiger wissenschaftlicher Arbeit fällt auch seine schon dargestellte aktive staatspolitische Tätigkeit. Die Ereignisse des Jahres 1730, an denen er an führender Stelle teilnahm, waren auch der Anlaß für seine nun nicht mehr abreißende enge Verbindung zur Akademie der Wissenschaften. Zunächst war es lediglich darum gegangen, daß er als Zeremonienmeister der Kaiserin *Anna Ivanovna* für die gebührende Würdigung der neuen Herrscherin sorgen mußte. Der Druck eines repräsentativen Werkes über die Krönung *Annas* wurde der Akademie übertragen. Die Oberaufsicht übernahm *Tatiščev*, der mit dem Leiter der Akademiekanzlei, *J. D. Schumacher*, einen umfangreichen Briefwechsel über die Herstellung dieses Werkes führte.[2] In diesen Briefen findet man aber auch sehr oft Bemerkungen über wissenschaftliche Arbeiten oder Bücherwünsche, die für die *Tatiščev*-Forschung von großem Wert sind.

Von 1730 bis zu seinem Tode im Jahre 1750 stand *Tatiščev* fast ständig im Briefwechsel mit der Akademie. Da die Briefe *Tatiščevs* nahezu ausschließlich an den Leiter der Akademiekanzlei, *J. D. Schumacher*, gerichtet waren, ist es notwendig, die Stellung *Schumachers* in der Akademie mit wenigen Worten zu umreißen.

[1] Tatiščev, Лексикон, Bd. I, S. 19

[2] Dieser Briefwechsel befindet sich im Архив АН СССР, ф. 121, оп. 2, Nr. 130 und ф. 1, оп. 3, Nr. 16. Teilweise veröffentlicht in: Материалы, Bd. I und II

Schumacher, der noch zu *Peters* Zeiten in russische Dienste eingetreten war, hatte bei den organisatorischen Vorbereitungen für die Gründung der Akademie mitgewirkt.[1] Da er ein erfahrener, wissenschaftlich gut geschulter Verwaltungsmann war und außerdem gut verstand, sich unentbehrlich zu machen, gelang es ihm bald nach der Gründung der Akademie, als Leiter der Kanzlei großen Einfluß zu bekommen. Durch die schon erwähnte Umsiedlung des Hofes nach Moskau und die dadurch bedingte ständige Abwesenheit des Präsidenten — *Blumentrost* war gleichzeitig Leibarzt des Zaren — wuchs der Einfluß *Schumachers* noch mehr, da die Verbindung der Akademiemitglieder mit dem Präsidenten in der Regel über die Kanzlei ging. Zu diesen Umständen kam in den dreißiger Jahren noch der mehrmalige Wechsel der Akademiepräsidenten. Es handelte sich fast ausschließlich um Günstlinge der Kaiserin, die manchmal nur kurze Zeit Chefs der Akademie waren, sich daher kaum einarbeiten konnten und weitgehend von den Einflüsterungen des Leiters der Kanzlei abhängig waren. Das kann natürlich nicht bedeuten, daß alle Präsidenten unfähige Leute waren — Baron *Korff* z. B. hat zweifellos Verdienste um die Akademie —, aber das Konstante in einer ständigen Fluktuation hatte schon an sich einen Vorteil. Dazu kam, daß *Schumacher* keinen geringen Anteil an der trotz aller Hemmnisse in den dreißiger Jahren aktiven Tätigkeit der Akademie hatte, besonders dadurch, daß er an der Sicherung der finanziellen Grundlage der Institution nicht unbeteiligt war. Außerdem war er durch den jahrzehntelangen Briefwechsel, den er im Auftrage der Akademie mit Wissenschaftlern, Buchhändlern und Institutionen im Ausland führte, praktisch unentbehrlich geworden. Das zeigte sich, als er 1742 verhaftet wurde und *A. Nartov* die Leitung der Kanzlei übernahm.

Ein ständiger Streitpunkt zwischen *Schumacher* und den Akademiemitgliedern war die Stellung der akademischen Werkstätten, die ein integrierender Bestandteil der Akademie waren. Ausgehend von ihren westeuropäischen Erfahrungen wollten die Wissenschaftler diese Einrichtungen und ihre besondere Förderung nicht gutheißen, stießen jedoch in dieser Hinsicht auf *Schumachers* Widerstand, der vorgab, die russischen Anliegen besser zu verstehen als die anderen Ausländer. Möglicherweise war er in diesem Falle auch noch weitgehend von *Peter dem Großen* beeinflußt, mit dem er als dessen Bibliothekar mehrere Jahre zusammengearbeitet hatte. Allerdings darf man nicht unterschätzen, daß *Schumacher* in diesem Falle auch ureigenste Interessen vertrat, denn zweifellos mußte es ihm unter den nun einmal in den dreißiger Jahren in Rußland herrschenden Zuständen leichter fallen, sich gegenüber den Mitarbeitern der Werkstätten durchzusetzen, als gegenüber den immerhin in gewisser Hinsicht privilegierten Akademiemitgliedern. Ein Übergewicht der technischen Seite der Akademie half also letztlich wiederum

[1] Vgl. den instruktiven Artikel von Andreev, Основание Академии наук в Петербурге. In: Петр Великий. Сборник статей, I, Moskau/Leningrad 1947, S. 284—333

Schumacher beim Ausbau seiner diktatorischen Herrschaft der Akademie. Die begrüßenswerte enge Verbindung zwischen Wissenschaft und Praxis, die in der Einbeziehung der Werkstätten in die Akademie ihren Ausdruck fand, wurde also durch *Schumacher* teilweise in ihr Gegenteil verkehrt. Andererseits darf aber auch die Gefahr nicht übersehen werden, daß das Verhältnis zwischen wissenschaftlichen und technischen Kräften in der Akademie sich zu sehr verschob. Einige Details mögen diesen Prozeß veranschaulichen: Die Zahl der Akademiemitglieder sank von 1727 bis 1735 von 17 auf 14, während im gleichen Zeitraum die Anzahl aller Mitarbeiter der Akademie von 84 auf 158 stieg.[1] Eine Akademie der Handwerke oder der Künste wurde also immer notwendiger; verwirklicht wurde dieser Gedanke allerdings erst 1757.[2]

In diesem Zusammenhang muß man unbedingt auf ein weiteres Faktum hinweisen. Die Stellung *Schumachers* wird im letzten erst verständlich, wenn man stets die innere Lage Rußlands in den dreißiger und vierziger Jahren im Auge behält. Die Reglementierung und die einflußreiche Stellung eines Beamten — der *Schumacher* ja war — entsprachen letztlich dem System des adligen Beamtenstaates. Nur auf dieser Grundlage konnte *Schumacher* so lange bestimmenden Einfluß ausüben. Es sei hier auch an *Nartov* erinnert, der sofort mit ähnlichen Maßnahmen wie *Schumacher* regieren wollte[3], weil eben der Aufbau der Akademie dem einer Verwaltungsstelle nicht unähnlich war. Die ständigen Auseinandersetzungen zwischen *Schumacher* und den Mitgliedern wurden also nicht zuletzt durch den Gegensatz zwischen dem Beamten, dem Wissenschaftsorganisator, und den Wissenschaftlern bestimmt. Ähnlich verlief ja auch die Entwicklung der friederizianischen Akademie, nur daß der König hier höchst persönlich eingriff. In einem absoluten Staate war eben eine Selbstverwaltung, wie sie von manchen Professoren in Petersburg angestrebt wurde, eine Utopie, da sie einfach nicht den gesellschaftlichen Bedingungen entsprach.

Schumacher hatte selbst studiert und war an der wissenschaftlichen Forschung durchaus nicht uninteressiert. Für ihn stand jedoch nicht die Wissenschaft, sondern die Organisation der Wissenschaft an erster Stelle. Aus dieser Grundkonzeption heraus ergeben sich sowohl die Vor- als auch die Nachteile seiner Arbeit, und seine häufigen Zusammenstöße mit den Akademiemitgliedern werden erklärlich.

Von dieser seiner Grundkonzeption aus muß man auch das Verhältnis zwischen *Schumacher* und *Tatiščev* sehen. Letzterem lag die Entwicklung der Wissenschaften in Rußland am Herzen, und in dieser Hinsicht arbeitete er mit allen Gutwilligen zusammen. Daher der umfangreiche Briefwechsel mit *Schumacher*, der sich nicht allein auf die mit der Drucklegung der Krönungsbeschreibung zusammenhängenden Fragen beschränkte. *Schumacher* hingegen ließ sich nur von Nützlichkeits-

[1] Vgl. Материалы, Bd. I, S. 273—275; Bd. II, S. 617—629
[2] Vgl. История АН, Bd. I, S. 47ff.
[3] Vgl. ebd., S. 155

erwägungen oder von höheren Anweisungen leiten. In dieser Hinsicht gibt ein Brief *Schumachers* an *G. F. Müller* aus dem Jahre 1737[1] einigen Aufschluß. *Schumacher* teilt mit, daß *Tatiščev* Leiter der Orenburger Kommission geworden sei und fährt dann fort: „Weilen derselbe im Stand ist, ein vieles zum Aufnehmen der Wissenschaften zu kontribuieren, so werden Sie nicht übel tun, wann Sie sich um dessen Freundschaft bewerben und mit ihme eine fleißige Korrespondenz unterhalten werden. Der Herr Kammerherr [Präsident *Korff*] tut dasselbe und hat befohlen, ihme alles zu kommunizieren, was zu des Herrn Geheimen Rats Absicht dienen mag."

Diese in ihrer Klarheit nur zu begrüßende Äußerung, mit der *Schumacher*, der die historischen Interessen *Müllers* kannte, diesem die Verbindung zu dem besten russischen Historiker seiner Zeit verschaffen wollte, gewinnt ihre volle Bedeutung aber erst in der Gegenüberstellung mit einem andern Brief desselben Absenders.[2] *Schumacher* berichtete dort über die Bemühungen *Tatiščevs*, durch seine an alle Voevoden verschickte Enquête historische, geographische, ethnographische und ökonomische Angaben über Sibirien zu erhalten, und fügt hinzu: „Seither etliche Wochen hat er [*Tatiščev*] dem Herrn Kammerherrn [*Korff*] wieder aufs neue ein weitläufiges Projekt zugesandt, um solches bei IKM zu unterstützen. So willig als auch der Herr Kammerherr ist, so weiß er doch, wie weit man in dergleichen Fällen sich mit ihm einzulassen hat." Deutlicher hätte *Schumacher* seine geheimsten Gedanken nicht auszusprechen brauchen. Ihm kam es in erster Linie darauf an, die Kenntnisse und Fähigkeiten *Tatiščevs* nutzbar zu machen, ohne sich jedoch dabei zu sehr zu engagieren. Es ist mit Sicherheit anzunehmen, daß *Schumacher* in diesem Brief seine eigenen Gedanken nicht weniger als die des Präsidenten ausgesprochen hat. Durch diese internen persönlichen Auseinandersetzungen ließ sich *Tatiščev* jedoch nicht hindern, weiter im Interesse Rußlands zu arbeiten.[3] In dem sehr ausführlichen Briefwechsel zwischen *Tatiščev* und *Schumacher* stehen sich stets nur der führende russische Staatsmann und Wissenschaftler und ein leitender Mitarbeiter der Akademie gegenüber. Die von *Schumacher* geschriebenen Briefe sind offizielle Schriftstücke der Akademie, in denen allerdings manchmal ein etwas persönlicherer Ton leise anklingt.

[1] Schumacher an G. F. Müller vom 19. März 1737. Архив АН СССР, ф. 1, оп. 3, Nr. 16, Bl. 302r—303

[2] Ohne Adressenangabe, wahrscheinlich an die Kamčatka-Expedition, vom 3. Juli 1736. Ebd., Bl. 285r—286

[3] In einem Brief an Trediakovskij vom 15. November 1747 erklärt sich Tatiščev damit einverstanden, daß Trediakovskij seinen Namen in einem vorbereiteten Buch nicht erwähnt, „ибо я не исчу себе честь, но паче пользу отечеству и честь Академии . . ." Vgl. Переписка Татищева, S. 226

Die Hilfe *Tatiščevs* für die Akademie der Wissenschaften zeigt sich besonders in seinen vielen Anregungen, durch die er deren Arbeit zu unterstützen trachtete, und in der Übersendung von ihm gesammelter Materialien und von ihm geschriebener Abhandlungen. Diese Hilfe wurde desto größer, je länger er wissenschaftlich arbeitete und je mehr er während seines Staatsdienstes entsprechendes Material sammeln konnte. Daher werden diese wissenschaftlichen Verbindungen gegen Ende seines Lebens, als er Zeit und Muße hatte, sein Lebenswerk zu sichten, besonders intensiv. Aber an Anregungen fehlte es schon in der früheren Zeit nicht.

Im Jahre 1732 hatte *G. F. Müller* der Akademie seinen Plan für die Herausgabe einer „Sammlung russischer Geschichte" vorgelegt, den er sofort in die Tat umzusetzen trachtete. Da *Tatiščevs* historische Interessen bekannt waren, hat *Müller*, der von *Schumachers* Korrespondenz mit dem Russen wußte, ihn offensichtlich gebeten, *Tatiščev* für diese Arbeit zu interessieren. Daher schickte *Schumacher* bereits am 11. September 1732 die „Eröffnung eines Vorschlages zu Verbesserung der Russischen Historie durch den Druck einer stückweise herauszugebenden Sammlung von allerley zu den Umständen und Begebenheiten dieses Reichs gehörigen Nachrichten" an *Tatiščev* und betonte, daß in dessen Verwirklichung das beste Mittel für die Förderung der geschichtlichen Studien in Rußland liege. Auf die Mitarbeit *Tatiščevs* mache man sich in Petersburg große Hoffnungen.[1] Das war keineswegs unberechtigt. Sofort nach Erhalt des Schreibens, am 19. September 1732, sagte *Tatiščev* seine Mitarbeit zu. Das Projekt erwecke in ihm die gute Hoffnung, daß daraus ein großer Nutzen hervorgehen werde. Er werde dem aufgezeigten Ziel mit Eifer dienen und hoffe sehr, daß er einiges werde beitragen können.[2]

Zu einer Weiterführung dieser hoffnungsvollen Ansätze ist es allerdings nie gekommen, wofür im wesentlichen zwei Gründe verantwortlich zu machen sein dürften. Einmal war *Tatiščev* durch seinen 1734 erfolgten Wiedereintritt in den aktiven Staatsdienst, der zu seiner Entsendung in den Ural und damit auch zu einer räumlichen Trennung von den wissenschaftlichen Institutionen des Landes führte, daran gehindert, sich intensiv seinen wissenschaftlichen Studien zu widmen. Zum anderen begab sich *Müller*, der spiritus rector des ganzen Unternehmens, im gleichen Jahre als Teilnehmer der zweiten Kamtschatka-Expedition ebenfalls nach Sibirien. Zwar konnte die einmal begonnene „Sammlung russischer Geschichte" einige Zeit fortgesetzt werden, es fehlte aber ein interessierter und energischer Organisator, so daß im wesentlichen vorhandenes Material verwendet wurde. Dann wurde die Edition sogar für zwei Jahrzehnte ganz unterbrochen. Zwar hatte *Schumacher* Ende 1737 im Zusammenhang mit der Veröffentlichung eines von *Tatiščev* übersandten Artikels über die religiösen Gebräuche in Asien

[1] Архив АН СССР, Ф. 1, оп. 3, Nr. 16, Bl. 226. Die „Eröffnung" umfaßte 8 Seiten. Sie erschien 1732 bei der Akademie.
[2] Материалы, Bd. II, S. 180

im Kalender auf das Jahr 1738 an ihn geschrieben: „Es ist nur ein Auszug, die ganze Piece aber wird in die Russischen Sammlungen gerücket werden[1]“, aber dazu ist es bereits nicht mehr gekommen.

Obwohl es somit zu einer Zusammenarbeit, die sich in Publikationen des Historikers *Tatiščev* zeigte, nicht kam, hat dieser doch die „Sammlung“ aufmerksam verfolgt und auch mit seiner Kritik nicht zurückgehalten, wenn ihm die Wissenschaftlichkeit in den publizierten Arbeiten nicht gewährleistet schien. Am 3. Mai 1738 schrieb er aus Samara, daß er die ersten fünf Teile der „Sammlung“ noch einmal genau durchgesehen habe. Dabei habe er besonders in einem Artikel zur kalmükischen Geschichte Fehler festgestellt, die auf eine Unkenntnis dieses Volkes zurückzuführen seien. Er habe ausgezeichnete Verbindungen zu einer gebildeten kalmükischen Fürstin, mit der er sich oft über die Geschichte ihres Volkes unterhalte. Er erbot sich daher, Berichtigungen des fehlerhaften Artikels an die Akademie zu senden und regte außerdem an, ihm entsprechende Artikel vor ihrer Veröffentlichung zur Begutachtung zuzusenden.[2] Das ist nur ein Beispiel dafür, wie ergebnisreich eine enge Zusammenarbeit zwischen *Tatiščev* und der Akademie hätte sein können, zumal er nicht nur die Geschichte einer Nationalität des Russischen Reiches ausgezeichnet kannte, sondern mit Nachrichten über viele Völkerschaften und über die Geschichte des russischen Staates dienen konnte, die er während seiner eifrigen, jahrzehntelangen Sammlertätigkeit zusammengetragen hatte.

Die Akademiemitglieder in Petersburg wußten das durchaus und bemühten sich, die Arbeitsergebnisse und die Kenntnisse des Russen zu verwerten. Als man 1735 beabsichtigte, *Johann Hübners* Lexikon nachzudrucken, wurde allen Professoren ein Exemplar übergeben, „damit ein jeder das seinige ratione der Correctur und Ausbesserung beytragen könne“. Gleichzeitig gab Professor *Bayer* zu Protokoll, „daß Hr. Etats-Rath *Tatistschew* ratione dieser Materie bereits viel praestiret, dessen beliebter Arbeit man sich mit Nutzen, insonderheit was Rußland betrifft, bedienen könne.“[3] Über diese Ergänzungen hatte *Tatiščev* bereits 1725 während seines Aufenthaltes in Schweden mit seinem Freunde *Strahlenberg* gesprochen und sogar die Absicht gehabt, sie *Hübner* selbst zuzusenden. Schon 1733 schrieb *Tatiščev* in einem Brief an *Schumacher*, er halte eine Neuausgabe oder eine Übersetzung des Lexikons von *Hübner* für sehr lobenswert. Er machte aber gleichzeitig auf die großen Schwierigkeiten aufmerksam, die wegen der vielen Ungenauigkeiten in den einzelnen Artikeln damit verbunden sein würden.[4] *Bayer*, der selbst Historiker war, hat sich natürlich, wenn auch seine Liebe vorwiegend der alten Geschichte gehörte, für die Arbeiten seines russischen Kollegen besonders interessiert, wie dieser auch umgekehrt aus den Werken der Deutschen schöpfte. Beide waren

[1] Schumacher an Tatiščev, 11. 11. 1737. Архив АН СССР, ф. 1, оп. 3, Nr. 16, Bl. 292
[2] Материалы, Bd. III, S. 682f. [3] Протоколы, I, S. 142
[4] Tatiščev an Schumacher, 17. 10. 1735. Архив АН СССР, ф. 1, оп. 3, Nr. 17, Bl. 118—119. Vgl. Beilagen, Nr. 3

bereits seit 1725 durch die Vermittlung gemeinsamer schwedischer Bekannter miteinander bekannt geworden. Noch Anfang der dreißiger Jahre war *Bayer* verschiedentlich der Mittelsmann zwischen *Tatiščev* und schwedischen Gelehrten. Eine rege Korrespondenz haben beide offensichtlich niemals geführt. Solange *Tatiščev* in Moskau war (bis 1734), übernahmen deutsche Freunde beider Wissenschaftler, vor allem *Groß*, über dessen Beziehungen zu *Tatiščev* noch zu sprechen sein wird, die Vermittlung. In späterer Zeit hat *Bayer* aus dem Briefwechsel *Tatiščevs* mit der Akademie alles Wissenswerte erfahren können. Nur bei persönlichen Wünschen schrieb er direkt nach Ekaterinburg, wie ein Antwortbrief *Tatiščevs* zeigt, in dem er ihm Nachrichten über die Geschichte und die Geographie Sibiriens und besonders über Gräberfunde, die den Professor der Altertümer natürlich besonders interessierten, versprach.[1]

Wie sehr *Bayer* nicht nur die wissenschaftlichen Arbeiten seines russischen Kollegen, sondern auch dessen Anregungen für die Bearbeitung der russischen Geschichte und Geographie schätzte, möge ein Beispiel beleuchten. Nach der Abreise *Müllers* nach Sibirien war *Bayer* beauftragt worden, die Edition der „Sammlung" fortzusetzen. In einem Memorandum aus dem Jahre 1735, „wie die Sammlungen russischer Geschichte continuiret werden können", hatte er vorgeschlagen, eine von *Tatiščev* übersandte Enquête von 92 Fragen abzudrucken, damit sie allen bekannt werde und entsprechende Materialien gesammelt werden könnten.[2] Zu diesem Abdruck ist es nicht gekommen, vor allem wohl deshalb, weil *Tatiščev* selbst mit seinem Fragebogen nicht zufrieden war. Er glaubte, den Vorschlag noch weiter detaillieren zu müssen, damit die historisch und geographisch wenig vorgebildeten Voevoden und andere Verwaltungsbeamte, denen die Enquête zugeschickt werden sollte, genau antworten und somit der Forschung helfen konnten. Das zweite, auf 198 Fragen erweiterte Verzeichnis stellte er erst 1737 fertig.

Die Veröffentlichung in der „Sammlung" unterblieb aber auch deshalb, weil man *Tatiščev* von seiten der Akademie nicht genügend unterstützte. Man nahm zwar gern seine Mitarbeit in Anspruch, wertete auch seine Forschungsergebnisse aus, ließ es aber meist doch an dem nötigen Eifer bei der Verbreitung seiner Arbeiten fehlen. Hier spielte die Angst *Schumachers*, sich zu sehr zu engagieren, eine Rolle. Er sparte nicht mit rhetorischen Beteuerungen der Verdienste, die sich *Tatiščev* um die Akademie erworben habe, obwohl es diesem darauf gar nicht ankam. Ihm lag lediglich die Sache am Herzen. Mit Äußerungen, wie: „Ew. Exzell. edle Bemühungen vor das Aufnehmen der Wissenschaften sind so groß, daß die Akademie sehr undankbar sein würde, wann dieselbe nicht bei allen Gelegenheiten solche der gelehrten Welt sollte anrühmen"[3], konnte *Tatiščev* wenig anfangen, wenn dahinter nicht eine wirkliche Hilfe, besonders die Publikation seiner For-

[1] Tatiščev an Bayer, Ekaterinburg, 25. 10. 1733. Архив АН СССР, ф. I, оп. 72, Nr. 5, Bl. 65–65 r. Vgl. Beilagen, Nr. 6

[2] Протоколы, I, S. 135

[3] Schumacher an Tatiščev, 26. 11. 1736. Архив АН СССР, ф. 1, оп. 3, Nr. 16, Bl. 301

schungsergebnisse, stand. Es gibt weitere Tatsachen, die ganz deutlich zeigen, daß die Akademie ihre Versprechungen in dieser Hinsicht nicht einhielt.

Noch während seines Aufenthaltes in Moskau hatte *Tatiščev* begonnen, eine Rezension zu dem 1730 erschienenen Buch seines Freundes *Strahlenberg*, Das Nord- und Ostliche Teil von Europa und Asia, zu schreiben. Mit großer Sorgfalt setzte er sich mit dem vorgelegten Material auseinander, ergänzte hier, verbesserte dort, so daß eine recht kritische, ausführliche Arbeit zustande kam. Während seines zweiten Aufenthaltes im Ural nach 1734 fand er weitere wichtige Nachrichten, die die Ausführungen *Strahlenbergs* ergänzten. Die Zusätze und die Kritik *Tatiščevs* waren besonders wichtig, weil *Strahlenberg* die russische Sprache nur sehr mangelhaft beherrschte und sein Buch daher manche Mißdeutungen von Worten und Fakten enthielt. Wenn man in Betracht zieht, daß *Strahlenbergs* Buch eine der ersten und umfangreichsten westeuropäischen Darstellungen über Sibirien war, die zum größten Teil aus eigener Anschauung schöpfte, versteht man den Eifer *Tatiščevs*, die dort vorgetragenen Nachrichten zu ergänzen und zu berichtigen, um die Wahrheit über sein Vaterland zu verbreiten. Daher schickte er seine Rezension sofort nach der Fertigstellung im Jahre 1737 an die Akademie, damit diese sie auswerten konnte. *Schumacher* bestätigte dankend den Empfang und teilte mit, er habe „die über *Strahlenberg* eingeschickte Remarquen in eine solche Ordnung bringen lassen, damit sie denen russischen Sammlungen können einverleibet werden".[1] Auch hier verspricht er also wieder, die übersandten Materialien zu publizieren. Leider ist es dabei geblieben.

Der Hinweis auf die von der Akademie vorgenommene Umarbeitung der Rezension erklärt sich daraus, daß *Tatiščev* seine Besprechungen nicht als fortlaufende Darstellung, sondern als Bemerkungen zu jeder Seite eines Buches niederzuschreiben pflegte. Offensichtlich hielt man aber in Petersburg eine Veröffentlichung in dieser Form nicht für angebracht. Wenn man auch mehrere Gründe für die Nichterfüllung des gegebenen Versprechens anführen könnte — die Edition der „Sammlung" wurde vorläufig eingestellt, die Form der Abhandlung sagte den Akademiemitgliedern nicht ganz zu — so muß man doch betonen, daß *Tatiščev* in seiner publizistischen und wissenschaftlichen Arbeit nicht die notwendige Unterstützung erhielt. Seine Mitteilungen wurden dankend zur Kenntnis genommen — und wanderten ins Archiv.

Auch wenn er direkte Aufträge der Akademie erfüllte, war es leider nicht anders. Davon zeugen die rechtshistorischen Studien des Akademiemitgliedes *Friedrich Heinrich Strube de Piermont*.

Nach den Angaben des Reglements der Akademie von 1747 hatte *Strube* die Aufgabe, die „Natur- und Volksrechte zu interpretieren". 1748 veröffentlichte er

[1] Schumacher an Tatiščev, 8. 5. 1737. Ebd., ф. 1, оп. 3, Nr. 82, Bl. 102r. Die Rezension: Ebd., ф. 95, оп. 5, Nr. 26 (Abschrift), und Handschriftenabt. БАН, Nr. 17. 9. 7. Vgl. auch Beilagen, Nr. 2

ein achtseitiges Programm für seine Vorlesungen an der akademischen Universität, in denen er sich vor allem mit den Grundlagen des Natur- und Völkerrechts beschäftigen wollte, da die russischen Gesetze und das russische Recht insgesamt noch nicht genügend erforscht seien. Im Dezember des gleichen Jahres erhielt *Strube* den Auftrag, eine „kurze Anleitung zu den russischen Rechten" als Lehrbuch für die Studenten zu verfassen. Diese Abhandlung, an der er längere Zeit arbeitete, ist Manuskript geblieben, da sie nicht die Approbation der Akademie fand.[1]

Es zeigte sich jedoch bald, daß *Strube* diese Arbeit allein nicht ausführen konnte. Also blieb keine andere Möglichkeit, als sich an *Tatiščev* zu wenden und ihn um Mitteilungen zu bitten. Diese Aufgabe übernahm im Auftrage der Akademie *Schumacher*. Er schrieb: „Da er [*Strube*] nun weiß, daß Ew. Exzellenz sowohl von der russischen Historie als denen Gesetzen einen großen Vorrat kurieuser Nachrichten haben, so hat er mir [!] ersucht, die hier angehängten 5 Punkten Ew. Exzell. zuzuschicken und Ihme eine Antwort darauf auszubitten." Dann folgen detaillierte Fragen darüber, wo man die Gesetze finde, die vor oder nach dem Sudebnik von *Ivan Vasil'evič* erlassen wurden und welche Anweisungen für das Privatrecht es gebe.[2] Aus dem Brief geht nicht hervor, ob es sich hier um den Sudebnik *Ivans III. Vasil'evič* von 1497 oder den bekannteren *Ivans IV. Vasil'evič Groznyj* von 1550 handelte.

Obwohl *Tatiščev* krank war und keinen Gehilfen hatte, der ihm beim Abschreiben hätte helfen können, unterzog er sich sofort der Mühe, der Akademie die entsprechenden Mitteilungen und Erklärungen zukommen zu lassen, weil er wußte, wie sehr er damit auch seinen eigenen Zielen diente, an der Verbreitung von Kenntnissen über die russische Geschichte mitzuwirken. Er sprach daher auch die Hoffnung aus, daß die alten Gesetze von der Akademie möglichst bald publiziert werden möchten.[3] Dieser Brief vom 14. Februar 1750 kann aber gar nicht die erste Antwort *Tatiščevs* auf die Anfrage *Schumachers* vom 6. November 1749 gewesen sein, da sich letzterer bereits am 8. Februar 1750 für Nachrichten des russischen Historikers über russische Gesetze bedankte: „Dieser Mann [*Strube*] hat sich die Mühe gegeben, erstgedachte Gesetze [von *Jaroslav*] ins französische zu übersetzen und mit Anmerkungen illustrieret. In selbigen hat er Ew. Exzell. auf das rühmlichste gedacht. Ohne Zweifel kann was Gutes aus Ew. Exz. und des Prof. *Strube* Arbeit gemacht werden." Und am 8. März 1750 teilte er seinem Briefpartner mit: „An d. H. Prof. *Strube* habe die Communicata abgegeben."[4]

[1] Vgl. S. N. Valk, Русская Правда в изданиях и изучениях XVIII — начала XIX века. In: Археографический Ежегодник за 1958 год, Moskau 1960, S. 131f.; über Strube vgl. noch P. Pekarskij, История АН, Bd. I, S. 680—683

[2] Schumacher an Tatiščev, 6. 11. 1749. Архив АН СССР, ф. 1, оп. 3, Nr. 38, Bl. 4—4r

[3] Tatiščev an Schumacher, 14. 2. 1750. Переписка Татищева, S. 291f.

[4] Schumacher an Tatiščev, 8. 2. 1750. Архив АН СССР, ф. 1, оп. 3, Nr. 38, Bl. 212r; 8. 3. 1750. Ebd., Bl. 213

Dieses Beispiel ist ein Zeichen für die enge Zusammenarbeit zwischen *Tatiščev* und der Akademie der Wissenschaften, aber auch dafür, wie fruchtbar dieses gemeinsame Wirken war. Es half der Akademie und auch *Tatiščev* selbst, wie er ausdrücklich in seinem Brief vom 14. Februar 1750 betonte: Die Beantwortung der Anfrage habe ihn gezwungen, seine gesamten historischen Aufzeichnungen noch einmal intensiv durchzuarbeiten, was ihm bei der Arbeit an seiner „Geschichte“ sehr geholfen habe. Um so mehr hätte man aber auch erwarten können, daß sich *Strube* offiziell auf die Mitarbeit *Tatiščevs* berufen hätte, dem er so viel verdankte. Das hatte *Schumacher* ja auch versprochen. In seiner Rede vor der Akademie am 6. September 1756: „Discours sur l'origine et les changemens des Lois Russiennes“ (veröffentlicht russisch und französisch bei der Akademie 1756) sucht man aber vergeblich einen Hinweis auf die Vorarbeiten seines russischen Kollegen, auf die *Strube* sich stützte. Es zeigt sich hierin eine offene Mißachtung der wissenschaftlichen Arbeiten *Tatiščevs*.

Obwohl *Strube* in diesem Falle *Tatiščev* gegenüber nicht richtig gehandelt hat, so bleibt ihm dennoch das Verdienst, die internationale wissenschaftliche Welt mit der russischen Gesetzgebung des Mittelalters bekannt gemacht zu haben. Zwar schmückte er sich zum Teil mit fremden Federn, weil ja der Eindruck entstehen mußte, er habe allein seine eigenen Forschungsergebnisse vorgetragen, aber der Wissenschaft leistete er einen großen Dienst. Dafür wurde *Strube*, der zum *Gottsched*kreis in Rußland gehörte, in die Leipziger „Gesellschaft der freien Künste“ aufgenommen, die das organisatorische Zentrum der *Gottsched*ianer war. In der Zeitschrift des *Gottsched*kreises, „Das Neueste aus der anmuthigen Gelehrsamkeit“, wurde *Strubes* Buch bereits 1757 ausführlich besprochen.[1] Die Bedeutung *Strubes*, der zwar auf *Tatiščevs* Forschungen aufbaute, ihm aber nicht blindlings folgte, für die russische Rechtsgeschichte wird von der sowjetischen Forschung vollauf anerkannt. Sein Verdienst besteht vor allem darin, die „Русская Правда“ erstmalig in einer für seine Zeit sehr sorgfältigen und gut durchdachten Übersetzung veröffentlicht zu haben.[2]

Der Akademie stellte *Tatiščev* nicht nur seine Materialsammlungen zur russischen Geschichte, sondern auch die Forschungsergebnisse der ihm unterstellten Geodäten zur Verfügung. So hat sich, um ein Beispiel zu nennen, bis heute unter dem Titel „*Tatischtews* Atlas, welcher A-o 1734 und 1735 von Geodesisten *Iwan* und *Wasilie Schischkow* gemacht worden“ eine Kartensammlung erhalten, die er der Akademie übergab. In der Geschichte der geographischen Abteilung der Akademie der Wissenschaften wird der Name *Tatiščev* immer wieder erwähnt.[3] Zwischen den Akademikern, die in Petersburg an einer Generalkarte und einem

[1] Vgl. U. Lehmann, Der Gottschedkreis und Rußland. Phil. Diss. Berlin 1960, S. 179f.
[2] S. N. Valk, Русская Правда, a. a. O., S. 134
[3] Vgl. V. F. Gnučeva, Географический департамент Академии наук XVIII века, Moskau/Leningrad 1946

Atlas des Russischen Reiches arbeiteten — vor allem *Leonhard Euler*, *J. N. Delisle*, *Gottfried Heinsius* —, und dem russischen Geographen bestanden engste Beziehungen. *Tatiščev* lieferte ständig Karten und Nachrichten und erbat dafür die Hilfe der Akademie, die Instruktionen für die Geodäten ausarbeiten und Instrumente zur Verfügung stellen sollte. Besonders eng waren diese Beziehungen Ende der dreißiger Jahre, als er die kartographische Aufnahme des Orenburger Gebietes leitete. Damals, im Jahre 1739, wandte er sich auch mit einer speziellen Eingabe über die geographischen Arbeiten an die Akademie und führte mit vielen Mitgliedern sicher auch Gespräche darüber. Es war ein stetes Geben und Nehmen zum Wohle der Erforschung des Reiches, an der Ausländer und Russen Hand in Hand arbeiteten.[1]

Eine solche aktive Anteilnahme an der Arbeit der Akademie ließ *Tatiščev* natürlich auch besonders aufmerksam deren Publikationen verfolgen. Seine Hauptaufmerksamkeit galt dem 1745 herausgegebenen „Russischen Atlas", der 19 Spezialkarten und eine Generalkarte des Reiches enthielt. Obwohl er feststellte, daß diese Karten „durch Richtigkeit und guten Inhalt" alle bisher bekannten überragen, wies er doch darauf hin, daß noch viele Ungenauigkeiten bei der Einzeichnung der Städte, Berge, Flüsse und Völker und auch bei der Gradeinteilung der Karten übersehen wurden. Sofort erklärte er sich auch bereit, von ihm gesammelte geographische Nachrichten zur Verbesserung der Karten zu übermitteln. In mehreren Briefen an die Akademie ging er auf diese Probleme ein und gab immer wieder Hinweise, wie die russischen Landkarten zu verbessern seien.[2]

In engster Verbindung stand *Tatiščev* mit dem Geographen *Christian Nikolaus Winsheim*, der seit 1731 in Petersburg wirkte und von 1735 bis zu seinem Tode 1751 Professor der Astronomie an der Petersburger Akademie war. Im Jahre 1745 veröffentlichte *Winsheim* in deutscher und russischer Sprache eine „kurzgefaßte politische Geographie zur Erläuterung eines kleinen in russischer Sprache publizierten Atlas, entworfen bei der Kayserlichen Academie der Wissenschaften" (Petersburg 1745), die auch einen Abschnitt „Über das Russische Reich" enthielt. Diesen Abschnitt hatte *Tatiščev* zur Durchsicht erhalten und zahlreiche Bemerkungen dazu gemacht. Aus den Ausführungen von *Winsheim* geht auch hervor, daß er unveröffentlichte Arbeiten *Tatiščevs* benutzen konnte, so seine Abhandlungen über Sibirien.[3] Das ist ein Beispiel für die fruchtbare Zusammenarbeit zwischen einem russischen und einem deutschen Wissenschaftler.

Tatiščev verfolgte nicht nur die editorische Tätigkeit der Akademie auf geographischem und historischem Gebiet. Er würdigte auch die 1748 erschienene

[1] Vgl. C. Grau, Tatiščev und Deutschland. In: Die deutsch-russische Begegnung und Leonhard Euler (= Quellen und Studien zur Geschichte Osteuropas, I), Berlin 1958, S. 145f.

[2] 30. 9. 1746; 24. 12. 1747; 16. 3. 1749. Переписка Татищева, S. 255f., 269, 284

[3] Vgl. V. I. Grekov, Очерки из истории русских географических исследований в 1725 до 1765гг., Moskau 1960, S. 279, 383

„Kurze Anleitung zur theoretischen Geometrie" von *G. W. Krafft*, die bereits 1747 angekündigt worden war. Dreißig Jahre vorher hatte sich *Tatiščev* im Auftrage *Peters* und des Grafen *Bruce* selbst mit diesen Problemen beschäftigt. Er erklärte sich daher sofort bereit, seine Aufzeichnungen, die sich vorwiegend auf die praktische Geometrie bezogen, zur Verfügung zu stellen, damit eine Anleitung für die Geodäten erarbeitet werden könnte. Die theoretische Geometrie sei zwar „nützlich", „wir aber brauchen zum großen Nutzen für den Staat sehr notwendig eine praktische Planimetrie".[1]

Ausführlich äußerte sich *Tatiščev* über eine „zum Gebrauch der russischen Jugend bei der Akademie teutsch und russisch gedruckte Mechanik", die ihm *Schumacher* 1738 zusandte.[2] Es handelte sich dabei ebenfalls um eine Arbeit des Akademiemitglieds *G. W. Krafft*, der mehrere Lehrbücher für das Gymnasium geschrieben hat. Die Übersetzung stammte von *V. E. Adadurov*. *Tatiščev* betonte in seiner Rezension, daß er auf Grund seiner theoretischen Studien bei *Bruce* und bei dem schwedischen Mechaniker *Polhem* und wegen seiner langen praktischen Erfahrungen durchaus in der Lage sei, eine solche Arbeit zu bewerten. Daher müsse er bedauernd feststellen, daß er dieses Buch „mit Verwunderung durchgelesen" habe. Der Verfasser habe nicht genügend Erfahrungen, habe sich auch wohl nicht genügend Zeit zur Ausarbeitung des Werkes genommen. Viele notwendige Vorgänge seien nicht erklärt, verschiedene komplizierte Vorgänge nicht einmal erwähnt worden. Trotzdem wäre das Buch nicht ganz nutzlos, wenn wenigstens die Übersetzung stimmen würde. Leider sei „der Herr Übersetzer in den mechanischen Termini der russischen Sprache nicht genügend erfahren". Deshalb wies der Rezensent darauf hin, daß man unmöglich solche Bücher übersetzen könne, wenn man nicht die Praxis genau kenne oder wenigstens erfahrene Handwerker konsultiere.[3]

Für *Tatiščev* gab es — und das mit Recht — nur ein Kriterium, und das war die Praxis. Das erklärt, warum er Publikationen der Akademie ohne Ansehen der Person kritisierte. Er wußte, daß schlechte Bücher mehr schadeten als nützten und glaubte sich zu Recht verpflichtet, die Akademie ganz ernst auf ihre Aufgabe hinweisen zu müssen, indem er das Negative besonders hervorhob. So versuchte er anregend und fördernd auf die Arbeit der Akademie zu wirken und ihr zu helfen, die ihr übertragenen Aufgaben zu erfüllen.

Dieses Anliegen spricht besonders deutlich aus seinen Vorschlägen für die Übersetzung wichtiger Werke. Bereits 1731 führte er mit der Akademie Verhandlungen über die Edition der wichtigsten Predigten seines Freundes *Prokopovič* in deutscher Sprache.[4] Diese Reden des aufgeklärten Erzbischofs, in denen er sich für die Durch-

[1] Brief an Schumacher, 7. 8. 1747. Переписка Татищева, S. 261; vgl. auch Brief an Razumovskij vom 11. 8. 1747. Ebd., S. 264

[2] Schumacher an Tatiščev, 28. 3. 1738. Архив АН СССР, ф. 1, оп. 3, Nr. 16, Bl. 309r

[3] Tatiščev an Schumacher, 1738 (o. D.). Материалы, Bd. III, S. 776—778

[4] Tatiščev an Schumacher, 1. 11. 1731. Архив АН СССР, ф. 121, оп. 2, Nr. 130, Bl. 44—44r

setzung der Aufklärung in Rußland einsetzte, sollten also auch in Westeuropa gelesen werden. Aus den Forschungen von *E. Winter* und *J. Tetzner*[1] ist bekannt, welche wichtige Stellung *Prokopovič* in der Geschichte der russischen Aufklärung einnahm und wie außerordentlich wichtig und entscheidend gerade sein Wirken war. *Tatiščevs* Ansichten gingen zwar über die seines Freundes hinaus, da er nicht so stark wie der Theologe religiös gebunden war. Aber in vieler Hinsicht waren sie einer Meinung und arbeiteten besonders nach dem Tod *Peters* eng zusammen. Daraus erklärt sich auch das Bemühen *Tatiščevs* um die Verbreitung der aufklärerischen Ansichten des Erzbischofs.

Dem gleichen Geist entsprang auch seine Freude über die Verbreitung von Werken der westeuropäischen Aufklärung in Rußland. In seiner Bibliothek stand eines der Grundbücher der Aufklärung, *Fontenelles* „Entretiens sur la pluralité des mondes" in der russischen Ausgabe von 1740, die von dem Gesinnungsfreund *Tatiščevs*, *Antioch Kantemir*, angefertigt worden war. Die schriftstellerische Tätigkeit *Kantemirs* verfolgte er sehr aufmerksam, wie aus einem undatierten Brief hervorgeht, in dem er schrieb: „Wenn die Satiren *Kantemirs* gedruckt werden, bitte ich . . . sie mir zu senden."[2] Aus einem Brief vom 7. August 1747 geht hervor, daß er diese Satiren genau kannte.[3] Sein Interesse für die aufklärerische Literatur dürfte damit genügend dokumentiert sein. Er beschränkte sich aber keineswegs darauf, das Vorhandene kennenzulernen, er bemühte sich auch um die stärkere Verbreitung der Aufklärung.

Da *Tatiščevs* Korrespondenz mit der Akademie nicht vollständig erhalten ist, kann nur aus einigen Hinweisen in Briefen an ihn auf diese Bemühungen geschlossen werden. Aus einem Schreiben *Schumachers* an *Tatiščev* vom 27. Oktober 1749 geht hervor, daß sich *Tatiščev* sehr für die Schrift des holländischen Arztes *van Dale* gegen die Orakel interessierte, vor allem wohl aus historischem Interesse. Diese Arbeit wurde besonders durch die Bearbeitung von *Fontenelle* bekannt, der sie als Grundlage für seine „Historie des Oracles" benutzte. Beide Schriften hat *Tatiščev* in seiner „Geschichte" verschiedentlich positiv zitiert. Er regte sogar eine Übersetzung des Werkes von *Fontenelle* an, das ihm für den Kampf gegen Mystizismus und Aberglauben sehr wichtig erschien.[4]

Im Jahre 1747 wurde *Fénélons* Télémaque in russischer Sprache herausgegeben, eine Tat, „die ich für die Vernünftigen für ebenso nützlich halte, wie sie für die

[1] Winter, Rußlandkunde; J. Tetzner, Theophan Prokopovič und die russische Frühaufklärung. In: Zeitschrift für Slawistik, Bd. III (1958), S. 351–368; unlängst erschien eine Auswahl der Werke F. Prokopovičs: Сочинения. Под редакцией И. П. Еремина, Moskau/Leningrad 1961

[2] Архив АН СССР, ф. 1, оп. 3, Nr. 82, Bl. 23

[3] Tatiščev an Schumacher, 7. 8. 1747. Переписка Татищева, S. 260

[4] Vgl. den Brief Schumachers an Tatiščev, 27. 10. 1749. Архив АН СССР, ф. 1, оп. 3, Nr. 38, Bl. 9–10. Tatiščev, История, I, S. 10, 46 (S. 98, 116); II, S. 378

im Urteil Schwachen ein Stein des Anstoßes sein kann", wie *Tatiščev* am 22. Februar 1748 schrieb. Und er fügte hinzu: „Mir scheint jedoch, es wäre ... nützlicher, ‚Die Fahrt des großen Cyrus' ... zu übersetzen."[1] Bei letzterer Schrift handelte es sich um das Werk *Andreas Michael Ramsays*: Les Voyages de Cyrus, das in der Übersetzung von *A. Volkov* 1765 russisch erschien. *Tatiščev* interessierte sich schon 1732 für das Werk und schlug bereits damals eine Übersetzung ins Russische vor.[2] *Ramsay* war ein Freund *Fénélons* und sein Werk eine Imitation des Télémaque. Beide Werke setzen sich vom Standpunkt der Aufklärung aus kritisch mit dem Altertum auseinander und halfen damit, den Weg für eine neue Sicht der Geschichte freizumachen. Sie waren Waffen im Kampf für die neue, fortschrittliche Weltanschauung und wurden von *Tatiščev* als solche erkannt.

In dem Brief an *Schumacher* vom 22. Februar 1748, in dem *Tatiščev* das Erscheinen des „Télémaque" so begeistert begrüßte, äußerte er sich auch grundlegend über die Übersetzertätigkeit an der Akademie. Es sollten nach seiner Meinung nur Bücher übersetzt werden, die die Verbreitung wissenschaftlicher Kenntnisse, die Aufklärung der Menschen, die Beseitigung des Aberglaubens und schädlicher Ansichten förderten, und die gleichzeitig zur Förderung des staatlichen Nutzens notwendig wären. Damit war das Ziel der wissenschaftlichen Arbeit der Akademie genannt, dem sie nach der Ansicht der Petriner im Interesse der Aufklärung dienen mußte. Gleichzeitig formulierte *Tatiščev* damit die Aufgabe seines eigenen wissenschaftlichen Wirkens, der er durch eigene Arbeiten oder durch Anregungen für andere stets diente. Er begrüßte daher die Aufforderung der Akademie, übersetzungswürdige Bücher vorzuschlagen, kritisierte aber gleichzeitig deren formales Herangehen an diese Aufgabe. Die Akademie müßte anregend wirken, die wichtigsten Werke selbst vorschlagen, alle Menschen, die übersetzen können, heranziehen, ihnen Belohnungen versprechen und vor allem daran denken, durch die Herausgabe guter Lexica die Voraussetzungen für gute Übertragungen ausländischer Werke zu schaffen. Er selbst erbot sich, durch finanzielle Zuwendungen zur Erfüllung dieser Aufgabe beizutragen. Die Akademie müßte die Möglichkeiten schaffen, daß jeder mit seinen Wünschen, seinen Vorschlägen und auch mit seinen Nachrichten an sie herantreten könne, damit mit Hilfe aller ein Fortschritt erzielt werden könne.[3] Er selbst hat diese Verpflichtung immer gefühlt und betrachtete sich als einen Mitarbeiter der Akademie, der er half, von der er aber andererseits auch Unterstützung erwartete.

[1] Tatiščev an Schumacher, 22. 2. 1748. Переписка Татищева, S. 276

[2] Tatiščev an Schumacher, 30. 11. 1732. Материалы, Bd. II, S. 199; 28. 12. 1732. Архив АН СССР, ф. 95, оп. 5, Nr. 2, Bl. 126; Schumacher an Tatiščev, 8. 1. 1733. Ebd., ф. 1, оп. 3, Nr. 16, Bl. 268r

[3] Tatiščev an Schumacher, 22. 2. 1748. Переписка Татищева, S. 274f.; vgl. auch den Brief vom 3. 3. 1748. Ebd., S. 278

Daß *Tatiščev* regelmäßig die periodischen Publikationen der Akademie und neue Bücherprospekte las, ist nach dem Gesagten selbstverständlich. Manchmal machte er sich sogar Sorgen über den Absatz der „Anmerkungen zu den Zeitungen", weil sie ihm nicht gut genug gearbeitet waren. So beklagte er z. B. 1731 das Fehlen eines Jahresregisters; deshalb „werden sich . . . nicht gar viele Liebhabers finden".[1] Infolge seiner Verbindungen zu Angehörigen der herrschenden Klasse war er durchaus in der Lage, ein Urteil über die allgemeine Aufnahme der Akademiepublikationen abzugeben und der Akademie dadurch zu helfen. Als die „Anmerkungen" Mitte 1736 ihr Erscheinen aus bisher nicht bekannten Gründen einstellten, hat *Tatiščev* über *Schumacher* sofort beim Akademiepräsidenten *Korff* protestiert und auch das Versprechen erhalten, „daß sie mit dem künftigen Jahre wieder angefangen werden".[2] Tatsächlich erschienen die „Anmerkungen" seit 1738 wieder. Wahrscheinlich hatten sich aber auch andere Interessenten deswegen an die Akademie gewandt.

Tatiščev bemühte sich auch, von ihm gesammelte Materialien in den Akademiepublikationen zu veröffentlichen. Außerdem gab er Hinweise, welche Themen die Leser der Zeitschriften interessierten. Seine Arbeiten über die geologischen Verhältnisse im Ural in den „Anmerkungen zu den Zeitungen" sind bereits erwähnt worden. Im Jahre 1731 regte er an, in den „Anmerkungen" eine Abhandlung über „die physikalischen Beweistümer" des Gewitters zu veröffentlichen.[3] Diese Anregung wurde dankend angenommen und versprochen, eine entsprechende Darstellung zu veröffentlichen, obwohl in der gleichen Zeitschrift schon einmal darüber geschrieben worden sei.[4] Es handelte sich dabei um einen kurzen Bericht „Über den Donner und seine Ursachen" aus dem Jahre 1730.[5] Bereits vierzehn Tage, nachdem *Tatiščev* die Versicherung erhalten hatte, daß eine umfassende Abhandlung erscheinen würde, wurde der erste Teil, der noch drei Fortsetzungen erhielt, der Öffentlichkeit vorgelegt.[6]

Auch Nachrichten, die *Tatiščev* während seiner Tätigkeit in Sibirien gesammelt hatte, stellte er der Akademie zur Veröffentlichung zur Verfügung. So schickte er 1736 aus Ekaterinburg der Akademie eine Abhandlung über religiöse Gebräuche. Er schrieb: „P. S. übersende auch hiebey eine Nachricht, wie der Kutuchta Anno

[1] Tatiščev an Schumacher, 22. 11. 1731. Архив АН СССР, ф. 121, оп. 2, Nr. 130, Bl. 42 bis 42r

[2] Schumacher an Tatiščev, 11. 11. 1737. Ebd., ф. 1, оп. 3, Nr. 16, Bl. 291r

[3] Архив АН СССР, ф. 121, оп. 2, Nr. 130, Bl. 33, Brief Tatiščevs vom 16. 8. 1731 aus Moskau; vgl. auch P. N. Berkov, История русской журналистики, Moskau/Leningrad 1952, S. 70, der den genannten Brief russisch zitiert.

[4] Schumacher an Tatiščev, Petersburg, 2. 9. 1731. Архив АН СССР, ф. 1, оп. 3, Nr. 16, Bl. 208

[5] Исторических, генеалогических и географических примечаниев в Ведомостях часть 73, Jg. 1730, 10. Sept., S. 291–294

[6] Ebd., Jg. 1731, Teil 74–75, 88–89, S. 301–308, 359–366

1722 erwehlet worden, wovon man noch bis dato keine Nachricht gehabt."[1] Dieser Bericht wurde 1737, sicher nicht ohne nochmalige Mahnung des Übersenders, unter dem Titel „Kurtze Beschreibung derjenigen Gebräuche, welche 1729[!] vom 22. Juni bis den 12. Juli in dem Flecken Urga, am Fluße Elbina, bei Kundthuung der Wiedergebuhrt des Kutuchta, eines der vornehmsten Götzen-Priester in der Mungaley, beobachtet worden" als wissenschaftliche Beilage des „Calender auf das Jahr 1738" veröffentlicht (ohne Paginierung, 6 1/2 S.). Bisher war nicht bekannt, daß dieser Artikel auf *Tatiščev* zurückgeht.

Ein solcher Artikel, der heute relativ abwegig erscheint, mußte in damaliger Zeit auf großes Interesse stoßen. Die verstärkten Bemühungen der herrschenden Klasse in Rußland, die zahlreichen im Osten des Reiches lebenden Völker fester an den russischen Staat zu binden, führten dazu, daß man sich immer mehr für deren Christianisierung einsetzte. Seit dem Anfang des Jahrhunderts kam daher der Tätigkeit des Bischofs von Tobolsk, dem ganz Sibirien unterstand, größere Bedeutung zu.[2] Je enger aber die Beziehungen zwischen dem europäischen und dem asiatischen Teil Rußlands durch wirtschaftliche Verbindungen und durch die intensive Erforschung Sibiriens wurden, desto mehr wuchs auch das Interesse an den Sitten und Gebräuchen jener weitgehend unbekannten Völker. Auch während seines Aufenthaltes unter den islamischen Völkern an der Volga hatte sich *Tatiščev* bemüht, deren Religion genau kennenzulernen.

In der Korrespondenz *Tatiščevs* mit der Akademie werden zahlreiche periodische Schriften[3] und Bücherkataloge[4] erwähnt, die *Tatiščev* von der Akademie erhielt. Anhand der Bücherkataloge bestellte er bei der Akademie die ihn interessierenden Bücher, deren Titel hier nicht alle genannt werden können. Nur so viel sei gesagt, daß es vor allem zwei Wege waren, auf denen die Akademie *Tatiščev* bei seiner wissenschaftlichen Arbeit half. Wenn *Tatiščev* in Petersburg war, lieh er sich Bücher aus der Akademie-Bibliothek aus. So war es z. B. 1733, als er sich ein lateinisches Lexikon ausgeborgt hatte und gleichzeitig um die Ausleihe einer slavischen Grammatik, des Wörterbuchs von *Fedor Polikarpov* und eines philosophischen Lexikons

[1] БАН, Handschr.-Abt., Собр. воспр. Nr. 90, Bl. 17. Der Kutuchta war der Oberlama der Mongolei.

[2] Über die kirchliche Durchdringung Sibiriens vgl. die freilich einseitige Darstellung von J. Glazik M. S. C., Die russisch-orthodoxe Heidenmission seit Peter dem Großen, Münster 1954

[3] Tatiščev an Schumacher, 14. 1. 1731. Архив АН СССР, ф. 121, оп. 2, Nr. 130, Bl. 3—4; 27. 5. 1731, ebd., Bl. 19—19r; 3. 1. 1732, ф. 3, оп. 1, Nr. 6, Bl. 243; 5. 11. 1734, ф. 121, оп. 2, Nr. 130, Bl. 46—47; 29. 6. 1742, ф. 1, оп. 3, Nr. 31, Bl. 162; Schumacher an Tatiščev, 29. 9. 1736, ф. 1, оп. 3, Nr. 16, Bl. 282r; 8. 2. 1737, ebd., Bl. 295r; 11. 11. 1737, ebd., Bl. 291r; Verzeichnis der am 13. 7. 1736 an Tatiščev versandten Drucksachen, ф. 1, оп. 3, Nr. 16, Bl. 281

[4] Tatiščev an Schumacher, 23. 5. 1732. Архив АН СССР, ф. 95, оп. 5, Nr. 2, Bl. 105—106; 25. 10. 1736, ф. 1, оп. 3, Nr. 17, Bl. 172r; Schumacher an Tatiščev, 17. 12. 1730. Материалы, Bd. I, S. 689f.

„von den besten“ bat.[1] Auch aus dem Jahre 1741, wenige Tage vor seiner Abreise nach Astrachan, ist die Nachricht erhalten, daß er acht aus der Bibliothek ausgeliehene Bücher zurückgab.[2] Wahrscheinlich handelte es sich hier ebenfalls um Handbücher oder Nachschlagewerke, die er selbst nicht besaß.

Bücher, die *Tatiščev* für seine Arbeit immer wieder benötigte, hat er sich selbst angeschafft. Wo er auch hinkam, bemühte er sich um die Vervollständigung seiner Bibliothek. So war es während seiner Aufenthalte in Deutschland, in Schweden und auf den Alands-Inseln, so ist es auch in Rußland gewesen. Bereits in den ersten Jahren seiner engen Verbindung zur Akademie nutzte er die Gelegenheit, seine Bibliothek zu vervollständigen. Dabei fällt uns besonders die Vielseitigkeit seiner Interessen auf, die praktisch alle Wissensgebiete betrafen. Da sind zuerst die historischen Bücher zu nennen: Theatrum Europaeum, von dem er schreibt, daß er bereits 19 Teile besitze und die Fortsetzungen zu haben wünsche; *F. Chr. v. Khevenhüllers* Annales *Ferdinandei [II.]*, von dem er ebenfalls bereits 10 Teile habe; Gespräche im Reiche der Toten, von diesen historischen Nachrichten besitze er bereits „48 Entrevues“. Weiterhin bat er um geographische Werke (beispielsweise die von *Dapper*, eines der bedeutendsten beschreibenden Geographen der 2. Hälfte des 17. Jahrhunderts, über Asien und Afrika; dessen Werk über Amerika besitze er bereits), Zeitschriften (Acta Eruditorum, die auch nur vervollständigt werden müßten), mathematische und technische Bücher (von *Leupold* besitze er beispielsweise schon einige Werke) und vor allem Lexica: ein deutsch-griechisches, ein griechisch-lateinisches, ein ökonomisches, ein philosophisches, ein juristisch-moralisch-politisches, ein geographisches, ein „Frauenzimmer-Lexicon“, ein „Heiligen-Lexicon“, ein „Küch- und Keller-Lexicon“. Für alle diese Lexica gab er keine Verfasser an, wollte sich also lediglich über das eventuell vorhandene informieren. Dagegen nennt er ausdrücklich *Benjamin Hederichs* 1717 in Leipzig in erster Auflage erschienenes „Reales Schullexicon“.[3] Pädagogischen Problemen wandte er ja gerade am Anfang der dreißiger Jahre besondere Aufmerksamkeit zu.

Ähnliche umfangreiche Verzeichnisse von Büchern, die *Tatiščev* erhalten hat, sind auch aus den Jahren 1747 und 1749 erhalten.[4] Aus dieser Aufstellung seien nur einige wichtige Titel genannt: *Gottfried Arnolds* 1699 erschienene „Unparteiische Kirchen- und Ketzerhistorie“, ein Werk, das *Thomasius* das beste und nützlichste Buch nach der Bibel nannte, sowie die Kirchengeschichte von *Fleury*.

[1] Tatiščev an Schumacher, 17. 10. 1733. Архив АН СССР, ф. 1, оп. 3, Nr. 17, Bl. 119. Vgl. Beilagen, Nr. 3

[2] Mitteilung Tatiščevs, 5. 8. 1741. Материалы, Bd. IV, S. 719

[3] Tatiščev an Schumacher, 18. 10. 1731. Архив АН СССР, ф. 121, оп. 2, Nr. 130, Bl. 40–40r

[4] Schumacher an Tatiščev, 6. 11. 1749. Ebd., ф. 1, оп. 3, Nr. 38, Bl. 5–5r; Bücher, die Tatiščev 1747 und 1749 aus dem Buchladen der Akademie erhalten hat, ф. 3, оп. 1, Nr. 111, Bl. 197–198; ф. 3, оп. 1, Nr. 132, Bl. 1–4r

Weiterhin erwähnte er andere historische, geographische, naturwissenschaftliche und allgemeine Werke. Zu nennen ist noch das vielseitige, kompilatorische, auf die Verbreitung von Wissen und die Bekämpfung des Aberglaubens gerichtete Werk von *F. Ph. Florinus*, das 1702 erstmals aufgelegt wurde: „Oeconomus prudens et legalis", das man in der zeitgenössischen Literatur oft unter dem Titel findet: *Florini* Hausvater. *Florinus* schrieb in neun Kapiteln über alle Gebiete der Hauswirtschaft: Haushalts- und Wirtschaftsführung, Acker-, Garten- und Waldbau, Vieh-, Seiden-, Bienen- und Fischzucht, Medizin und Technik, bot also Anregungen für die Wirtschaftsführung, die den Gutsbesitzer interessieren mußte. Daraus wird auch verständlich, daß das Werk bereits 1734 bei der Akademie auch ins Russische übersetzt wurde.[1]

Neben diesen Sammelbestellungen enthält nahezu jeder Brief an oder von *Tatiščev* Mitteilungen über Bücher, die er erhalten hatte oder die er haben wollte. Es kann nicht Aufgabe dieser Darstellung sein, sämtliche Titel zu nennen. Bei der Behandlung seiner Tätigkeit auf den einzelnen Wissensgebieten wird das eine oder das andere Buch noch zu erwähnen sein. Hier kommt es vor allen Dingen darauf an, die Formen der wissenschaftlichen Zusammenarbeit darzustellen.

c) Beziehungen zu einzelnen Mitgliedern der Akademie und zu wissenschaftlich interessierten Zeitgenossen

Im Vorhergehenden ist bereits verschiedentlich auf die Beziehungen und Bekanntschaften *Tatiščevs* mit einzelnen Professoren der Akademie hingewiesen worden. Mit *Bayer* verbanden ihn historische Interessen. *Strube de Piermont* stellte er Material für dessen rechtshistorische Studien zur Verfügung. Die mathematischen und mechanischen Schriften *Kraffts* rezensierte er. Mit *Euler*, *Delisle* und *Winsheim* arbeitete er vorwiegend auf geographischem Gebiet zusammen. Damit ist der Kreis seiner Bekannten aber keineswegs erschöpft. So stand er z. B. auch mit dem Professor der Politik und der Moral, später der Eloquenz, *G. F. W. Junker*, in Verbindung, wie dieser am 13. Januar 1735 der Akademie mitteilte. Er habe „aus des *Hübners* ihm gehöriger neusten Geographie die Beschreibung von Rußland genommen und dem Hrn. Etats-Rath *Tatistschew* auf dessen Verlangen zugestellet".[2] Weiterhin muß man *J. G. Gmelin* nennen, mit dem zusammen *Tatiščev* seine Mitteilungen über die geologischen Verhältnisse im Ural in den „Anmerkungen zu den Zeitungen" veröffentlichte. Dieser Kreis von Wissenschaftlern — zu dem noch *Chr. Friedr. Groß* zu rechnen ist, dessen Beziehungen zu *Tatiščev* noch behandelt werden — ist es wohl auch gewesen, mit dem *Tatiščev*

[1] Материалы, Bd. II, S. 485f.; vgl. auch Материалы, Bd. IV, S. 13
[2] Протоколы, I, S. 135

Anfang der dreißiger Jahre über die in seinem „Gespräch“ behandelten Probleme gesprochen hat.[1] Diese Personen waren es wahrscheinlich auch, denen er über *Schumacher* mehrmals Grüße bestellte oder Briefe übergeben ließ.[2]

So ergibt sich ein Bild wissenschaftlichen Kontaktes nicht nur mit der Akademie in ihrer Gesamtheit, der allerdings immer im Vordergrund stand, sondern auch mit einzelnen Akademiemitgliedern. Das war aber nicht nur während seiner Moskauer Zeit so, sondern auch in späteren Jahren.

Hier sei zunächst auf die Bekanntschaft zwischen *Tatiščev* und *Trediakovskij* hingewiesen. *Vasilij Kirilovič Trediakovskij*, der am 25. Juli 1745, am gleichen Tage, an dem *Lomonosov* Chemieprofessor der Akademie wurde, zum Professor der Eloquenz und damit zum Akademiemitglied berufen wurde, arbeitete bereits seit 1732 als Übersetzer bei dieser Institution. Er hatte sich als Übersetzer der französischen „Reise auf die Liebesinsel“ ins Russische einen Namen gemacht (1730 erschienen). Große Verdienste erwarb er sich als Leiter der „Russischen Versammlung“ der Akademie, die 1735 eingerichtet worden war und die durch Begutachtung russischer Übersetzungen die Aufgaben einer philologischen Klasse der Akademie erfüllte. Bereits auf der ersten Zusammenkunft dieser Versammlung am 14. März 1735 betonte *Trediakovskij* in einer Rede, daß es nicht nur gelte, die Übersetzer zu betreuen, sondern auch Grammatiken und Wörterbücher zu erarbeiten.[3] Diese philologischen Interessen *Trediakovskijs* und seine aufklärerische Gesinnung brachten ihn *Tatiščev* nahe. *Schumacher* hatte nämlich die Rede *Trediakovskijs*, die bei der Akademie noch 1735 gedruckt wurde, umgehend an seinen Korrespondenten nach Ekaterinburg gesandt. Dessen Antwort muß wegen ihrer Wichtigkeit hier ausführlich zitiert werden: „Ich habe mich über des Herrn *Tretjakowski* Rede sehr gefreuet, indem er dieselbe über der höchst nötigen Materie sehr wohl apliziert, daß er aber an den zufälligen Schaden und Verbesserungsnutzen der Sprache nicht gedacht, solches möchte er wegen Kürze der Zeit bis auf eine andere [Gelegenheit] eingestellt haben. Ob mir nun zwar meine Studien inhibieren, ihm darin Hilfe zu leisten, so habe doch aus bewußten und durch mich erfahrenen Historien ihm etwas beigefüget, wie auch von der Ordnung des Dictionairs ein weniges vorgestellet, könnte ihm auch wohl noch mehres erinnern, wie ich aus verschiedenen Lexicis ersehen . . .“ Er nannte ausdrücklich das Wörterbuch von *F. Polikarpov*, der aber „nur slawonische und keine gemeine oder fremde gebräuchliche Wörter eingeführet“ und sich in der Anordnung der Worte zu sehr an die Orthographie und zu wenig an den inneren Zusammenhang der Begriffe gehalten habe. Weiterhin erwähnte er das in Arbeit befindliche Wörterbuch des Rektors der Schule in Ekaterinburg, *Bernhard Störmer*, worin „nicht wenig gemeine

[1] Tatiščev, Разговор, Vorwort des Herausgebers, S. IX

[2] Tatiščev an Schumacher, 17. 5. 1731. Архив АН СССР, ф. 121, оп. 2, Nr. 130, Bl. 16; o. D., ebd., Bl. 21; 16. 9. 1731, ebd., Bl. 37; 8. 4. 1734, ebd., ф. 1, оп. 3, Nr. 17, Bl. 137

[3] Vgl. История АН, Bd. I, S. 119—122

Wörter zusammengebracht, ist aber doch unnütze, weilen er die slawonische nachgelassen, denn ohne dieselben kann man es zur Translation der gedruckten Bücher nicht gebrauchen.“[1]

Das ist eine ganze Fülle von Hinweisen auf die philologischen Interessen *Tatiščevs*. Auffällig ist besonders ein scheinbarer Widerspruch. Während er in einem Vorwort zu seinem eigenen Lexikon aus den dreißiger Jahren ausdrücklich betonte, er habe „nur solche Worte, die vom einfachen Volk verwendet werden“, gesammelt[2], kritisierte er die Arbeit seines Mitarbeiters *Störmer* aus dem gleichen Grunde, lehnte aber auch den entgegengesetzten Weg *Polikarpovs* ab. Die letzte Kritik wird verständlich, wenn man beachtet, daß es Aufgabe war, die „slawonische“ oder kirchenslawische Sprache zu überwinden und eine eigene russische Literatursprache zu schaffen. Dieses Ziel konnte aber nur durch eine Synthese zwischen der kirchenslawischen und der „gemeinen“ Sprache erreicht werden, bei einem Übergewicht der letzteren. Dazu waren zwei grundsätzlich voneinander unterschiedene Aufgaben zu erfüllen. Es mußte einmal der „gemeine“ Wortschatz gesammelt werden und andererseits ein brauchbares Wörterbuch aus Elementen beider Sprachen geschaffen werden. Die erste Aufgabe übernahm *Tatiščev*, der sich in dieser Hinsicht klug beschränkte. Nicht so sein Rektor, der sofort beides tun wollte, sammeln und ein brauchbares Wörterbuch schaffen. Das kritisierte *Tatiščev*.

Dabei ist es keineswegs so gewesen, als habe — wie man aus dem Brief an *Schumacher* schließen könnte — ein scharfer Gegensatz zwischen *Störmer* und *Tatiščev* bestanden, sie arbeiteten im Gegenteil eng zusammen. *Wilhelm Bernhard Störmer* war 1735 in den Ural gegangen, weil *Tatiščev* einen Lehrer der deutschen Sprache für die Ekaterinburger Schule angefordert hatte. *Störmer* hatte bereits seit 1729 an einem russisch-deutschen Lexikon gearbeitet und war gleichzeitig als Lateinlehrer beim Akademischen Gymnasium in Petersburg tätig gewesen. In einem Gutachten der Akademie über ihn wurde besonders hervorgehoben, daß er russisch spreche und auch schon in der deutschen Sprache unterrichtet habe, daß er der einzige sei, der sich für die vorgesehene Aufgabe eigene. Im Juni 1735 schloß die Akademie einen Vertrag mit ihm, der ihn verpflichtete, für fünf Jahre nach Sibirien zu gehen und „unter der Hauptaufsicht des Wirklichen Staatsrates *Vasilij Tatiščev*“ die Kinder in deutscher Sprache zu unterrichten. Er sollte jährlich 400 Rubel — doppelt soviel wie in Petersburg — erhalten und wurde außerdem von einem Gehilfen, *Johann Christoph Heinsch*, begleitet, der ihn während des Unterrichtes unterstützen sollte.[3] *Störmer* hat bis 1741 zuerst in Ekaterinburg,

[1] Tatiščev an Schumacher, 20. 1. 1736. Handschriftenabt. БАН, Собр. воспр. 90, Bl. 15 bis 17 (Fotokopie)

[2] Vgl. A. P. Averjanova, Рукописный лексикон Татищева. In: Ученые Записки der Leningrader Universität, Philolog. Fak., Nr. 197, 1957, S. 25f.

[3] Материалы, Bd. I, S. 603; Bd. II, S. 500, 527, 530, 533, 747—749

später in Tobolsk als Lehrer gewirkt. In Tobolsk ist er Anfang Februar 1741 gestorben, wie *G. F. Müller* der Akademie mitteilte. *Müller* verdanken wir auch die Erhaltung von *Störmers* umfangreichen Vorarbeiten für ein Wörterbuch. Er kaufte die Aufzeichnungen von der Witwe *Störmers*.[1]

Das Manuskript (1418 Blätter) und die Reinschrift (940 Blätter) dieses Lexikons[2] zeugen von einer engen Zusammenarbeit zwischen *Störmer* und *Tatiščev*. Das Wörterbuch enthält in alphabetischer Folge russische Wörter mit nachfolgender lateinischer und deutscher Übersetzung. Beinahe auf jeder Seite, besonders im ersten Teil, findet man Zusätze von der Hand *Tatiščevs*, die ein untrügliches Zeugnis für sein Interesse an der Arbeit seines Rektors sind. Wie weit er dabei auch die in seiner Kritik geäußerten Mängel zu verbessern suchte, müßte von einem Philologen untersucht werden. Jedenfalls ist soviel sicher, daß sich diese Kritik nur auf die Teile des Lexikons bezogen haben kann, die *Störmer* bereits nach Ekaterinburg mitgebracht hatte. Er arbeitete ja bereits seit 1729 an diesem Werk und kann im Januar 1736, als *Tatiščev* seinen Brief schrieb, erst ganz kurze Zeit im Ural gewesen sein, da sein Vertrag in Petersburg erst im Juni 1735 unterzeichnet worden war. Soviel kann man aber mit Sicherheit sagen, daß beide Philologen in den anderthalb Jahren (bis Mai 1737), die *Tatiščev* noch in Ekaterinburg wirkte, oft miteinander sprachen und ihre Gedanken austauschten.

Doch zurück zu den Beziehungen zwischen *Tatiščev* und *Trediakovskij*. *Tatiščev* schickte seine versprochenen Mitteilungen über die russische Philologie am 18. Februar 1736 an *Trediakovskij*.[3] Aus diesem Brief sind vor allem zwei Anregungen erwähnenswert, die charakteristisch sind für sein Bemühen, der russischen Sprache die ihr zukommende Geltung zu verschaffen. Selbstverständlich unterstützte er voll und ganz die Schriftreform *Peters*, er wollte aber sogar noch weiter gehen, wenn er feststellte, daß es im russischen Alphabet einige überflüssige Buchstaben gäbe, die das Schriftbild nur belasten. Es ist kein Zufall, daß die „Russische Versammlung" Anfang 1736 beschloß, fünf Buchstaben in den russischen Drucken in Zukunft nicht mehr zu benutzen.[4] Obwohl keine direkte Verbindung zwischen dem Vorschlag und der Ausführung besteht, wird doch klar, wie sehr die Anregung *Tatiščevs* einem bestehenden Bedürfnis entgegenkam.

Den größeren Teil des Briefes nahmen Ausführungen *Tatiščevs* über die Bereicherung des russischen Wortschatzes ein. Vor allen Aufklärern in Rußland stand die Aufgabe, für philosophische oder wissenschaftliche Begriffe neue Ausdrücke zu

[1] Müller an Schumacher, Tobolsk, 25. 2. 1741. Архив АН СССР, ф. 1, оп. 3, Nr. 31, Bl. 70

[2] Handschriftenabt. БАН, Nr. 17. 2. 1. und Nr. 17. 2. 2.

[3] Der Brief Tatiščevs an Trediakovskij ist veröffentlicht in: Хрестоматия по истории русского языка. Hg. v. S. P. Obnorskij u. S. G. Barchudarov, Teil 2, Lief. 2, Moskau 1948, S. 86–92

[4] История АН, Bd. I, S. 122, und A. Morozov, M. B. Ломоносов.Путь к зрелости 1711 до 1741, Moskau/Leningrad 1962, S. 217ff.

schaffen, wenn sie nicht ausländische übernehmen wollten. Meist ging es nur darum, ausländische Worte zu übersetzen, so schrieb *Tatiščev* zum Beispiel statt „Bergamt", wie es in den ersten Jahrzehnten des 18. Jahrhunderts getan wurde, stets „Горное начальство", eine Übersetzung, die jedem Russen verständlich war, mit der er einen ganz bestimmten Sinn verband, der bei „Bergamt" in den meisten Fällen, besonders bei den weniger gebildeten Menschen, fehlte. Wie *Kantemir* — besonders durch seine Übersetzung *Fontenelles* — und später *Lomonosov* hat *Tatiščev* manches neue Wort in die russische Sprache eingeführt, so z. B. den russischen Begriff für „Nordlicht" „северное сияние". Viele lateinische Begriffe (z. B. Optik, Mikroskop, Barometer, sphärisch) hat *Tatiščev* in seinen Schriften transkribiert.[1] Da die Schriften *Tatiščevs* zu seinen Lebzeiten nicht publiziert wurden, konnte sich allerdings seine sprachschöpferische Arbeit damals kaum auswirken. Eingang in den allgemeinen Wortschatz fanden die neuen Begriffe vielfach erst durch die wissenschaftlichen Veröffentlichungen *Lomonosovs*. Andere von *Tatiščev* geprägte Begriffe bürgten sich in den von ihm gedachten Inhalt nicht ein. So schrieb er oftmals „геометрия или землемерие". Das Wort „землемерие" gibt es bis heute in der russischen Sprache, aber in dem engeren Sinne von „Geodäsie". Dem Philologen bieten sich im Werk *Tatiščevs* sicher noch viele Beispiele für eine solche Bereicherung des russischen Wortschatzes, besonders in seinem philosophischen Werk „Gespräch". Ganz seinem Wirken in der Praxis entsprechend, wandte er sich in seinem Brief an *Trediakovskij* gegen die Überwucherung der russischen Sprache mit ausländischen Wörtern und schlug vor, ihren Gebrauch in der Verwaltung zu verbieten und ihm durch Satiren — sicher dachte er dabei an die seines Freundes *Kantemir* — entgegenzuwirken.

Alles, was *Tatiščev* über die russische Sprache sagte, hatte eine berechtigte Überzeugung zur Grundlage, daß die russische Sprache „für die Philosophie, die Mathematik und die übrigen Wissenschaften nicht schlechter ist als die französische und die deutsche", im Gegenteil, daß man sich in ihr noch kürzer ausdrükken könne. Wenn die Meinung gegenwärtig — so schrieb er — noch eine andere sei, so liege das besonders daran, daß die Sprachentwicklung in anderen Ländern, in Frankreich sogar durch eine eigene Akademie, besonders gefördert werde. In neuester Zeit sei aber besonders durch die verdienstvollen Arbeiten *Lomonosovs*, *Trediakovskijs* und *Sumarokovs* die russische Sprache sehr bereichert und nachgewiesen worden, daß sie wie die anderen Sprachen verwendet werden könne.[2] Das ist ein weiteres Beispiel dafür, wie aufmerksam *Tatiščev* die wissenschaftliche Tätigkeit seiner Zeitgenossen verfolgte.

Mit *Trediakovskij* hat *Tatiščev* auch noch zehn Jahre später korrespondiert, ebenfalls über philologische Probleme. Der inzwischen zum Professor avancierte

[1] Vgl. G. Hüttl-Worth, Die Bereicherung des russischen Wortschatzes im 18. Jh., Wien 1956, S. 27f.; dort auch die Nachweise

[2] Tatiščev, История, Bd. I, S. 493f. (S. 342)

Trediakovskij teilte seinem Korrespondenten 1747 mit, daß er weiter an der Verbesserung des russischen Alphabets arbeite, was von *Tatiščev* selbstverständlich begrüßt wurde. Aus diesem Grunde bat *Trediakovskij* um die nochmalige Zusendung der Hinweise von 1736, damit er sie verarbeiten könne. Offensichtlich waren sie in der Petersburger Akademie nicht mehr auffindbar. *Tatiščev* versprach die nochmalige Übersendung und wies *Trediakovskij* außerdem auf einige Bücher hin, die ihm zum Vergleich verschiedener Schrifttypen dienen konnten, so *Chamberlains* Sammlung verschiedener Vaterunser und *J. H. G. Ernestis* Wohleingerichtete Buchdruckerei, die 1721 in erster, 1733 in zweiter Auflage in Nürnberg erschienen war. *Ernesti* druckte sämtliche damals bekannten Alphabete ab.[1] Die enge Zusammenarbeit zwischen *Tatiščev* und *Trediakovskij* ist einmal ein weiterer Beweis für die vielseitigen Interessen *Tatiščevs* und andererseits auch für sein Bemühen zu helfen, wo er nur konnte. Beide standen mindestens bis 1748 in engem Kontakt untereinander. Wenn sie auch offensichtlich nicht persönlich miteinander korrespondierten, so tauschten sie doch über *Schumacher* ihre Forschungsergebnisse aus.[2]

Ein Überblick über die Beziehungen *Tatiščevs* zur Akademie der Wissenschaften und ihren Mitgliedern wäre unvollständig, wenn man nicht auch auf seine Verbindungen zu *Lomonosov* hinwiese. Diese wurden erst 1749 geknüpft, sind aber außerordentlich wichtig. Viele Dinge, die *Tatiščev* nur beginnen, auf die er nur hinweisen konnte, sind von *Lomonosov* verwirklicht worden. Sein Wirken, seit 1742 als Adjunkt und seit 1745 als Professor, leitete nicht nur eine neue Etappe in der Geschichte der Akademie ein, in der jetzt die Russen selbst die Führung übernahmen, es bedeutete auch eine Weiterentwicklung der russischen Aufklärung. Was *Peter* und seine „Nestlinge" begonnen hatten, setzte *Lomonosov* fort. *Tatiščev* hat *Lomonosov* genau gekannt und sich Großes von ihm versprochen. Daher legte er im wahrsten Sinne des Wortes sein Werk in dessen Hände, wenn er ihn aufforderte, ein Vorwort zu seiner „Geschichte" zu schreiben. *Lomonosov* hat diesen Wunsch erfüllt und damit seinen Dank an die erste Generation des „veränderten", des aufgeklärten Rußlands abgestattet, die die Voraussetzung für sein Wirken als Wissenschaftler geschaffen hat.[3]

Der Brief *Lomonosovs* und die von ihm verfaßte Widmung für *Tatiščevs* „Geschichte" sind nach Diktion und Inhalt kennzeichnend für die Wertschätzung, die *Tatiščev* unter den jüngeren russischen Aufklärern genoß. *Lomonosov* spricht davon, „daß ein jeder Veranlassung hat, Euer Exzellenz besonders zu verehren"

[1] Tatiščev an Trediakovskij, 15. 11. 1747. Переписка Татищева, S. 265f.
[2] Schumacher an Tatiščev, 5. 10. 1748. Архив АН СССР, ф. 1, оп. 3, Nr. 36, Bl. 128
[3] Lomonosov an Tatiščev, 27. 1. 1749. In: M. W. Lomonossow, Ausgewählte Schriften in zwei Bänden, Bd. II, Berlin 1961, S. 172–174. Vorwort Lomonosovs ebd., S. 174–175; Schuhmacher an Tatiščev, 30. 1. 1749, 11. 3. 1749. Архив АН СССР, Ф. 1, оп. 3, Nr. 36, Bl. 13, 11

und er „seit jeher den Wunsch“ gehegt habe, „Euer Exzellenz meinen Diensteifer zu beweisen“. Besonders erfreut ist *Lomonosov* darüber, „daß Euer Exzellenz solche Erfolge in der russischen Geschichte erreicht haben“. In der *Tatiščev* übersandten Widmung für dessen „Geschichte“ äußert sich *Lomonosov* über die Gedanken, von denen sich nicht nur *Tatiščev* und er selbst, sondern alle russischen Aufklärer leiten ließen: „Meine aufrichtige Liebe und meine glühende Begeisterung für das Vaterland spornten mich an ...“

Aus dem über die wissenschaftlichen Beziehungen *Tatiščevs* zur Akademie Gesagten wurde deutlich, daß diesen Verbindungen große Bedeutung zukam. Die Akademie in Petersburg war das wissenschaftliche Zentrum des Reiches, hier konzentrierten sich alle wissenschaftlichen Bestrebungen. Das wurde von *Tatiščev* erkannt und genutzt. Ebenso hat er aber zu wissenschaftlich interessierten Zeitgenossen Verbindungen gehabt. Hier ist an erster Stelle der enge Mitarbeiter *Peters* und Mitkämpfer *Tatiščevs* im Jahre 1730, *Feofan Prokopovič*, zu nennen. Beide, der Erzbischof und der Laie, unterschieden sich zwar in Einzelheiten ihrer Anschauungen, gingen aber ihren Weg gemeinsam, wie ihr Wirken für die Aufklärung in Rußland zeigt. Eine Schrift *Prokopovičs* gibt Auskunft, wo sich die Ansichten der beiden Petriner schieden: Es waren theologische Probleme. Während einer Unterredung hatte *Tatiščev* — nach der Darstellung von *Prokopovič* — geäußert, das Hohe Lied Salomos in der Bibel enthalte nichts anderes als weltliche Liebesgedichte. Diese Äußerung konnte der Erzbischof nicht unwidersprochen lassen. Er widmete daher der Verteidigung der Bibel eine kleine Schrift.[1] Diese Episode beleuchtet schlaglichtartig das zwischen beiden bestehende Verhältnis, sie zeigt die Grenzen *Prokopovičs* und die kritische Einstellung *Tatiščevs* gegenüber jeder bisher als unumstößlich hingenommenen Autorität, sogar gegenüber der des eigenen Glaubens. Nichts spricht allerdings dafür, daß durch diese kleine Fehde die Beziehungen beider Petriner getrübt worden wären. *Tatiščev* bemühte sich sogar um eine deutsche Ausgabe der Predigten *Prokopovičs*. Auch die Bibliothek des Erzbischofs hat er nachweislich gekannt, wie seine Vermittlung von Büchern an *Bayer* bezeugt.[2]

Die Büchersammlung des Erzbischofs *Prokopovič* war mit ihren ca. 3000 Titeln eine der größten Privatbibliotheken in Rußland, in der der Benutzer keineswegs nur theologische und russische Literatur finden konnte. Großen Raum nahm in ihr die westeuropäische wissenschaftliche Literatur ein, die der aufgeklärte *Prokopovič* eifrig gesammelt hatte. Eine Analyse der deutschen Bücher *Prokopovičs* hat gezeigt, daß in seiner Bibliothek zahlreiche wichtige geistesgeschichtliche Werke,

[1] Vgl. M. M. Persic, „Разговор двух приятелей о пользе наук и училищ“ В. Н. Татищева как памятник русского свободомыслия XVIII века. In: Вопросы истории религии и атеизма, III, 1956, S. 283f.

[2] Tatiščev an Schumacher, 14. 6. 1731. Архив АН СССР, ф. 121, оп. 2, Nr. 130, Bl. 24

darüber hinaus auch viele andere, enthalten waren.[1] Von den Zeitgenossen wurde diese bedeutende Bibliothek außerordentlich geschätzt, wobei sie besonders darauf hinwiesen, daß sie de facto eine öffentliche Bibliothek war. So schrieb sogar der spanische Dominikanerpater *Ribera*, einer der ärgsten Feinde des Erzbischofs während der Auseinandersetzungen nach *Peters des Großen* Tod und Hausgeistlicher des spanischen Gesandten in Petersburg, Herzog *de Liria*, über diese Büchersammlung: „Seine Bibliothek, die allen Wissenschaftlern zur Verfügung steht, ist bedeutend größer als die Kaiserliche oder die Bibliothek des Troickij-Klosters; mit ihrem Reichtum ist keine andere in Rußland, das ein Land ist, in dem es wenig Bücher gibt, zu vergleichen.“[2] Dort konnte *Tatiščev* also ungestört arbeiten und alles finden, was er für seine eigene Weiterbildung und für seine wissenschaftlichen Forschungen benötigte.

In seiner Hilfe für *Tatiščev* ging aber *Prokopovič* noch weiter. Der Erzbischof war selbst an der Geschichte interessiert und wußte, welche große Bedeutung den historischen Forschungen seines jüngeren Zeitgenossen zukam. Um ihn in seiner Arbeit zu fördern, stellte er ihm einen seiner Mitarbeiter zur Verfügung, der auch diese Aufgabe übernahm und mit *Tatiščev* nach Ekaterinburg ging. Es war *Kir'jak Andreevič Kondratovič*, der sich als Übersetzer, besonders lateinischer, aber auch polnischer Werke, große Verdienste erworben hat. Zwei vorhandene kurze Biographien des Übersetzers behandeln vor allen Dingen seine zweite Lebensperiode, über seine Zusammenarbeit mit *Tatiščev* sagen sie wenig.[3]

Kondratovič stammte aus der Ukraine und hatte die Kiewer Hochschule besucht, wo er seine guten Lateinkenntnisse erworben hatte. Auch Polnisch hat er sicher schon in seiner Jugend gelernt. Die deutsche Sprache beherrschte er nach seiner eigenen Mitteilung nicht. Der aufgeklärte Geistliche, Mitarbeiter *Peters* als Übersetzer und Freund *Prokopovičs*, *Gavriil Bužinskij*[4], mit dem *Kondratovič* entfernt verwandt war, vermittelte wahrscheinlich die Bekanntschaft mit dem Erzbischof, als dessen Mitarbeiter wir *Kondratovič* Anfang der dreißiger Jahre finden. Wie er in seiner Selbstbiographie anläßlich seines Antrages für eine Anstellung bei der Akademie 1742 schrieb, hatte er zunächst in der Palastkanzlei *Annas* gedient und war von dort als Übersetzer zu *Prokopovič* gegangen, der ihn mit seiner eigenen Zustimmung an *Tatiščev* vermittelte, als dieser 1734 für die Ekaterinburger Schule

[1] Vgl. J. Tetzner, Bücher deutscher Autoren in Prokopovičs Bibliothek. In: Die deutsch-russische Begegnung und Leonhard Euler (= Quellen und Studien zur Geschichte Osteuropas I), Berlin 1958, S. 125–142

[2] Zitiert nach G. V. Plechanov, Сочинения, Bd. XXI, S. 50

[3] P. Pekarskij, Русский прозаик и стихотворец, филолог и бельлетрист XVIII столетия. In: Современник, 1858, Nr. 6, S. 452–484 (bei der Paginierung sind die S. 457–472 ausgelassen); N. S. Tichonravov, Кирьяк Кондратович, переводчик прошлого столетия. In: Сочинения, Bd. III, T. 2, Moskau 1898, S. 32f. (erstmalig 1858 in Библиографические Записки, Nr. 8)

[4] Vgl. Winter, Rußlandkunde, S. 139f.

einen Lateinlehrer brauchte. Als solcher und als Übersetzer sei er bis jetzt tätig.[1] Im September 1743 wurde er als Übersetzer an der Akademie angestellt.[2] Unter Anleitung von *Tatiščev* hat er es von 1734 bis 1742 zu einer stattlichen Anzahl Übersetzungen gebracht, wie er in einem Bericht 1743 schreibt: *Martin Kromers* Polnische Chronik, *Christian Friedrich Kirchers* Chronologie der Tartaren, *Helmolds* Slawenchronik, die Fortsetzung *Arnolds* dazu, die Geographie von *Plinius*, die Geschichte der Orakel *van Dales*. Außerdem habe er eine slawisch-russische Grammatik verfaßt, verschiedene weitere — nicht näher bezeichnete — Bücher übersetzt, Material für Wörterbücher einiger sibirischer Sprachen gesammelt und *Störmer* bei seiner Arbeit am russischen Lexikon unterstützt.[3] Man ist über diese Produktivität erstaunt!

Außerdem arbeitete *Kondratovič* auf Wunsch *Tatiščevs* an einem Universal-Lexikon der lateinischen Sprache, das aber bei Vorlage der ausgearbeiteten Teile nicht die Approbation der Akademie fand. Der Gutachter, *Jakob Stählin*, wies darauf hin, daß dieses Lexikon nicht den wissenschaftlichen Anforderungen entspreche. Es wäre besser, ein reines lateinisches Lexikon zu schaffen, dann „könnten viele hier vorkommende vocabula historica, scil. obscuriora, wie auch alle biblica“ wegfallen. In diesem Falle wäre es angebrachter, *Johann Matthias Gesners* 1726 und 1735 erschienene Neuausgabe von *Basilius Fabri*, Thesaurus eruditionis scholasticae (1. Aufl. 1571) zu übersetzen. Das Werk von *Fabri* galt bis zur Mitte des 18. Jahrhunderts als eines der besten Werke zum Studium des Lateinischen. „Zur absicht aber eines lexici universalis schiene gegenwärtigen Versuchs einrichtung noch bey weitem zu mager. Denn da müßten noch sehr viel historische artikel, wie auch zum wenigsten die vornehmsten termini technici omnium scientiarum gastium [!, wohl: partium] mit eingeschalten, erklärt und bewähret werden.“ Daher wurde *Kondratovič* gebeten, seine Arbeit am Lexikon einzustellen.[4]

Die Übersetzungen *Kondratovičs*, die er für *Tatiščev* persönlich anfertigte, wurden in den Berichten nicht erwähnt. Dabei handelte es sich besonders um die in den Commentarii der Akademie erschienenen lateinischen Abhandlungen *Bayers* über die älteste russische Geschichte, die *Tatiščev* in überarbeiteter und kommentierter Form in den ersten Band seiner „Geschichte“ aufnahm. Während seiner fast vierzigjährigen Tätigkeit als Übersetzer bei der Akademie — er ist wahrscheinlich in den achtziger Jahren gestorben — hat er weitere Abhandlungen von *Bayer* und Reden *Ciceros* übersetzt und veröffentlicht. Weiterhin publizierte er ein russisches und ein polnisches Wörterbuch. Am Anfang oder am Ende seiner Bücher druckte er eigene Verse, die allerdings manchmal keine Verbindung zu

[1] Материалы, Bd. V, S. 407f.
[2] Ebd., S. 854, 861
[3] Ebd., S. 539, 542; Bd. III, S. 418
[4] Ebd., Bd. III, S. 863f.; Bd. IV, S. 151f., 174f.

dem Werk selbst hatten. Seine ersten Gedichte veröffentlichte er 1759 in *Sumarokovs* „Трудолюбивая пчела“.[1]

Wenn auch *Kondratovič* nicht durch *Tatiščev* zum Übersetzen selbst angeregt wurde, so verdankte er ihm doch Hinweise auf übersetzungswürdige Werke. Daher mußte er in einer Biographie des Petriners unbedingt erwähnt werden. Das war auch deshalb notwendig, weil die Anfänge der Zusammenarbeit zwischen *Tatiščev* und *Kondratovič* auf den freundschaftlichen Verkehr zwischen *Tatiščev* und *Prokopovič* schließen lassen.

Neben der Bibliothek seines Freundes *Prokopovič* bot auch die Bibliothek *D. M. Golicyns*, die ungefähr 6000 Bände enthielt, gute Forschungsmöglichkeiten. Wenn auch der fortschrittliche Russe und der Bojar verschiedene Anschauungen vertraten, wie besonders während der Verfassungskämpfe 1730 deutlich geworden war, so schloß das doch nicht aus, daß beide sich mit ähnlichen wissenschaftlichen Forschungen über die Geschichte Rußlands beschäftigten. In der Bibliothek *Golicyns* standen Arbeiten in russischer und in fast allen westeuropäischen Sprachen über nahezu alle Wissensgebiete, daneben viele Übersetzungen ins Russische und seltene kirchenslawische Bücher.[2] Bevor *Golicyn* Präsident des Kammerkollegiums wurde, hatte er mehrere Jahre als Gouverneur in Kiev gelebt. Dort verkehrten bei ihm Professoren der Akademie und auch viele Studenten, die in seinem Auftrage historische, geographische und philosophische Werke übersetzten. Daher konnte man z. B. handschriftliche Übersetzungen der Werke von *Pufendorf* (De jure naturae et gentium; De statu rei publicae germanicae) und *Grotius* (De jure belli et pacis) in seiner Bibliothek finden.[3] Gerade diese Arbeiten über das Natur- und das Völkerrecht, aber auch über die politischen Verhältnisse im Deutschen Reich mußten den Politiker *Tatiščev*, der die Absichten des Hochadels 1730 mit der Politik der deutschen Kurfürsten verglich, außerordentlich interessieren. Dem Historiker boten natürlich besonders die alten Handschriften zur russischen Geschichte, die die Grundlage für seine wissenschaftliche Arbeit waren, reichhaltiges Material. Später bedauerte er sehr, daß diese wertvolle Bibliothek nach dem Tode *Golicyns* (1737) auseinandergerissen wurde. Einen Teil der Bücher erhielt die Akademie-Bibliothek, die „besten“ bekam *Biron*, wie *Tatiščev* bedauernd feststellte.[4]

Auch die ausgezeichnete Bibliothek seines ehemaligen Vorgesetzten *J. Bruce* stand *Tatiščev* zur Verfügung. Diese Büchersammlung, die der Generalfeldzeugmeister *Peters* während seiner jahrzehntelangen Dienstzeit auch im Ausland zusammengetragen hatte, umfaßte nahezu 2000 Bände in fast allen westeuropäischen

[1] P. Pekarskij, Русский прозаик, a. a. O., S. 476–484

[2] Vgl. I. N. Koblenc, A. И. Богданов 1692–1766. Из прошлого русской исторической науки и книговедения, Moskau 1958, S. 123

[3] Vgl. P. Pekarskij, Наука и литература в России при Петре Великом, Bd. I, S. 255f.

[4] Tatiščev, История, I, S. 62 (S. 124). Das Verzeichnis der an die Akademie abgegebenen Bücher und Handschriften in: Материалы, Bd. IV, S. 178–190

Sprachen und enthielt besonders viel zeitgenössische Literatur. Die wichtigsten westeuropäischen Zeitschriften und wissenschaftlichen Werke des 17. und des 18. Jahrhunderts, vor allem auch naturwissenschaftliche und technische, waren dort vorhanden. Der gedruckte Katalog dieser Bibliothek liegt vor[1] und müßte unbedingt für die Erforschung der russisch-westeuropäischen Wechselseitigkeit ausgewertet werden.

Darüber hinaus gehörte *Bruce* — im Gegensatz zu *Golicyn* — zum engsten Freundeskreis *Tatiščevs* in Moskau, in dem außerdem zwei Deutsche verkehrten: *Chr. Fr. Groß* und *J. G. Vockerodt*, die auch enge Vertraute des Dichters *A. Kantemir* waren, der sich 1730 ebenso wie *Tatiščev* für die Verteidigung des Absolutismus aktiv eingesetzt hatte.

Christian Friedrich Groß war 1725 zusammen mit dem an die Akademie der Wissenschaften berufenen *G. B. Bülfinger* nach Petersburg gekommen. Er war Schüler von *Chr. Wolff*, der von ihm sagte, daß er den Sinn seines Systems ganz gefaßt habe, und in seinen philosophischen Anschauungen ein Verteidiger des Absolutismus. In diesem Sinne erzog er seinen Schüler *Kantemir*.[2] Im Januar 1726 wurde *Groß* Professor der Moral, kurze Zeit darauf jedoch Erzieher im Hause des Vizekanzlers *Ostermann*, der ihn bei der Überführung des Hofes im Jahre 1728 nach Moskau mit in diese Stadt nahm. Dort muß er *Tatiščev* sehr bald kennengelernt haben, denn bereits am 3. Februar 1729 schrieb er an *Bayer* nach Petersburg und versprach ihm, „die Übersetzung derjenigen Tangutischen Schrift zu schicken, welche Ew. Hochedlen schon vor etlichen Jahren nach Schweden gesendet. Ich werde alsdann auch melden, wie ich hier durch unvermutete Wege dazu gekommen . . .“[3] Hier handelte es sich ganz offensichtlich um das oben schon erwähnte „diploma“, das *Bayer* am 22. 12. 25 an *Strahlenberg* geschickt hatte, der es dann *Tatiščev* zur Übersetzung übergab. Daß *Tatiščev* und *Groß* mehrere Jahre hindurch miteinander verkehrten, zeigt *Groß*' Bericht an *Bayer* vom 7. Juni 1731: „Er [*Tatiščev*] wohnet von mir sehr weit weg, so daß ich eine Stunde zu fahren habe, so oft ich will zu ihm kommen. Und diese Reise habe ich diese Wochen 2 mal vergeblich getan, indem ich ihn nicht zu Haus gefunden.“[4] Die Freundschaft zwischen den beiden sich geistig Verwandten ging sogar soweit, daß *Groß* für seinen Freund deutsche Briefe an die Akademie schrieb, die *Tatiščev* dann nur unterzeichnete. Einmal hat der Deutsche in der Eile gleich selbst unterschrieben, und erst nach einer leichten Rasur konnte der Russe seinen Namenszug unter das Schriftstück setzen.[5] Diese wenigen erhaltenen Hinweise auf die freundschaftlichen

[1] Материалы, Bd. V, S. 152—245
[2] Vgl. H. Graßhoff, A. D. Kantemir (1709—1744) und seine Beziehungen zur westeuropäischen Kultur, Phil. Diss. Berlin 1958 (Maschinenschrift), S. 56—86
[3] Архив АН СССР, Р. I, оп. 72, Nr. 2, Bl. 310
[4] Ebd., Р. I, оп. 72, Nr. 3, Bl. 101r—102
[5] Tatiščev an Schumacher, 3. 9. 1731. Ebd., ф. 121, оп. 2. Nr. 130, Bl. 34

Verbindungen zwischen *Groß* und *Tatiščev* sagen nichts über den Inhalt ihrer Gespräche aus. In seinen Briefen an *Bayer* teilte *Groß* diesem natürlich nur Dinge mit, die entweder die Akademie oder die wissenschaftlichen Arbeiten *Bayers* betrafen. Wenn *Tatiščev* jedoch in seinem philosophischen Werk „Gespräch zweier Freunde über den Nutzen der Wissenschaften und der Schulen" sagte, daß er die dort behandelten philosophischen Probleme mit vielen Wissenschaftlern diskutiert habe, so kann als sicher angenommen werden, daß auch *Groß* zu diesem Kreis gehörte, mit dem ihn gleiche philosophische Anschauungen verbanden und mit dem er in enger Verbindung stand. Wie sehr *Groß* von den russischen Petrinern geschätzt wurde, formulierte wohl am deutlichsten der Erzbischof *Prokopovič*, der in einem Brief an *Bayer* von „D. *Grossium*, qui et ipse meus fautor et amicus est . . .," spricht.[1] *Groß* stellte auch die Verbindung zwischen *Tatiščev* und dem Akademiemitglied *J. G. Leutmann* her, der Professor der Mechanik und der Optik war und mit *Tatiščev* als Mitarbeiter des Geldkontors in Moskau zusammenarbeitete. Im Jahre 1729 bat ihn *Groß* im Auftrage von *Tatiščev* um die Übersendung von Gewichten, die zur Prüfung nach Petersburg gesandt worden waren.[2]

Über *Groß* konnte *Tatiščev* auch ständige Verbindungen zu *J. G. Vockerodt* unterhalten, denn: „Hr. Leg. Sekr. *Vockerodt* ist jederzeit mein guter Freund bishero gewesen", schrieb *Groß* am 12. Juli 1731 an *Bayer* nach Petersburg[3] und fügte hinzu: „so viel ich mich kenne, glaube auch, daß er es bleiben werde". *Johann Gotthilf Vockerodt* kannte *Tatiščev* sicher schon seit langem durch seine Zusammenarbeit mit *Bruce*. Dieser hatte nämlich *Vockerodt* im Jahre 1711 als Hauslehrer für die Kinder seines Bruders angeworben. Später war *Vockerodt* dann Erzieher der Kinder des Hospodars der Moldau, *D. Kantemir*, und trat 1718 als Sekretär des preußischen Gesandten *G. Mardefeld* in den diplomatischen Dienst ein. Bis 1737 hatte er nicht geringen Einfluß auf die preußische Rußlandpolitik, die er auch von 1737—1756 als Kabinettsrat in Berlin nicht aus den Augen verlor. Seine auf Wunsch *Friedrichs II.* für *Voltaire* angefertigte Denkschrift über das petrinische Rußland ist auch heute noch eine wichtige Quelle, wenn auch *Vockerodt* Rußland natürlich nur mit den Augen eines — zwar gut informierten — Ausländers sah.[4] Außerdem war *Vockerodt* historisch sehr interessiert und fand daher besonders auf diesem Gebiet Anknüpfungspunkte mit *Tatiščev*.

[1] Ebd., P. I, оп. 72, Nr. 3, Bl. 80r—81
[2] Vgl. V. L. Čenakal, Письма Я. В. Брюса к И. Г. Лейтману. In: Научное наследство, Bd. II, Moskau 1951, S. 1097f.
[3] Архив АН СССР, P. I, оп. 72, Nr. 3, Bl. 111
[4] Der Bericht ist gedruckt bei E. Herrmann, Zeitgenössische Berichte zur Geschichte Rußlands, Bd. I, 1872; über Vockerodt und seine Tätigkeit in Rußland vgl. Winter, Rußlandkunde, S. 84—87, und H. Graßhoff, A. D. Kantemir, a. a. O.; neuerdings O. Haintz, Peter der Große, Friedrich der Große und Voltaire. Zur Entstehungsgeschichte von Voltaires „Histoire de l'empire de Russie sous Pierre le Grand". (=Akad. d. Wiss. u. d. Lit., Abh. d. geistes- u. sozialwiss. Kl., Jg. 1961, Nr. 5)

Tatiščev stand also mit vielen bedeutenden Wissenschaftlern seiner Zeit in Rußland in Verbindung. Zu seinem Bekanntenkreis gehörten sowohl Russen als auch Deutsche. Sie alle waren durch ihr Streben verbunden, das Dunkel der Unwissenheit zu durchdringen, ganz gleich auf welchem Gebiet sie arbeiteten und inwieweit sich ihre Wirksamkeit graduell unterschied. An diesen wissenschaftlichen Bestrebungen, die vor allem von der Akademie getragen wurden, war *Tatiščev* führend beteiligt.

2. Historische Forschungen

Die Entwicklung der Geschichtswissenschaft im 18. Jahrhundert ist durch den Übergang von der annalistischen zur pragmatischen Geschichtsschreibung gekennzeichnet. An die Stelle der einfachen Faktenaufzeichnung und -vermittlung trat in steigendem Maße der Versuch, das Material geistig zu durchdringen, es zu interpretieren, und dadurch erzieherisch zu wirken. Die Anwendbarkeit der erzielten Forschungsergebnisse auf die Praxis, die moralische Stützung der aufgeklärten Ideologie durch die Schlußfolgerungen der Geschichtsuntersuchung wurden mehr und mehr zum entscheidenden Kriterium. Aus dieser Zielsetzung ergab sich die Notwendigkeit, über das bekannte Material hinaus nach neuen historischen Quellen zu suchen, denn je größer deren Zahl war, desto überzeugender konnte man argumentieren. Diese Bestrebungen setzten bereits im 17. Jahrhundert ein. Wer in der Geschichte durchschlagende Argumente für seine politischen Ansichten finden wollte, der mußte bemüht sein, immer neue Quellen für seine Forschungen heranzuziehen. Daraus ergab sich die enge Wechselbeziehung zwischen der entstehenden modernen Geschichtsforschung und der sich dauernd erweiternden Quellenbasis infolge der Heranziehung zahlreicher neuer Quellen. Kennzeichnend für das Neue waren in der 2. Hälfte des 17. und in der 1. Hälfte des 18. Jahrhunderts die eingehenden Quellenstudien und -veröffentlichungen von *Muratori* in Italien, *Leibniz* und *Pufendorf* in Deutschland, *Bentley* in England und vielen anderen. Große Bedeutung hatte eine deutsche historische Gesellschaft, das Collegium Germanicum Historicum, dessen Mitglied auch *Leibniz* war und das sich besonders der Quellenedition annahm, aber auch erstmalig eine Planung der historischen Forschung versuchte. Bienenfleißig trugen die Gelehrten nicht nur Chroniken, sondern auch Urkunden und Gesetze zusammen und bemühten sich um ihre kritische Einschätzung. Ohne zunächst selbst — vielleicht mit Ausnahme *Pufendorfs* — zu umfangreichen Darstellungen zu gelangen, war ihre große Stärke die Quellenedition, die die Voraussetzung für eine neue Sicht der Geschichte schuf, wenn es auch erst allmählich zu einer Synthese zwischen der Sammlung von Material und seiner Verarbeitung in Darstellungen kam. Seit dem Ende des 17. Jahrhunderts entwickelte sich die Geschichtsschreibung aus einer Sammlung „merkwürdiger Begebenheiten“ — sich äußernd vor allem in annalistischen Darlegungen, die immer bis in die neueste Zeit fortgesetzt wurden —, die in das Schema der biblischen Vier-Monarchien-Theorie gepreßt wurden, soweit es sich um die Weltgeschichte handelte, allmählich zu einer wissenschaftlichen Geschichtsschreibung.

Die seit der 2. Hälfte des 17. Jahrhunderts in der Geschichtsschreibung Mittel- und Westeuropas stark hervortretenden neuen Tendenzen müssen auch bei der Betrachtung der russischen Historiographie dieser Zeit beachtet werden. Während der hundert Jahre von ungefähr 1650 bis 1750, während sich in dauernden Auseinandersetzungen, auch wohl unter zeitweiligen Rückschlägen, durch die Arbeit ganzer Generationen und herausragender einzelner Forscher, die jeder ein Teil zu der neuen Methode beitrugen, das Neue durchsetzte, wurde auch in Rußland an der Begründung der neuen Geschichtsschreibung gearbeitet.[1] In den sechziger und siebziger Jahren arbeitete *F. A. Griboedov* an seiner „Geschichte der Zaren und Großfürsten des russischen Landes“, es entstand die „Synopsis“, ein Überblick über die russische Geschichte, als deren Verfasser *I. Gizel'* gilt. *Peter der Große* beauftragte *F. Polikarpov*, dessen philologische Arbeiten bereits erwähnt wurden, schon 1708 mit der Abfassung einer Geschichte Rußlands. 1715 hatte *A. I. Mankiev* seinen in schwedischer Gefangenschaft — er war Sekretär des dort 1700 vom Krieg überraschten russischen Gesandten — geschriebenen „Kern der russischen Geschichte“ fertiggestellt. Wenn sich auch das Neue in Rußland zunächst nicht mit der gleichen Intensität und in der gleichen Breite durchsetzte wie im Westen, so läßt sich doch hier wie dort eine wesensmäßige Gleichartigkeit der Bestrebungen feststellen. Eine neue Etappe in Rußland setzte dann mit dem Wirken *Tatiščevs* ein, der, wie auf vielen anderen Gebieten, auch als ein Bahnbrecher der neueren russischen Historiographie angesehen werden muß. Besonders durch sein Wirken als Historiker stellte er sich in die erste Reihe der als Wissenschaftler für ihr Vaterland wirkenden Russen.

Als den Beginn seiner historischen Studien gab *Tatiščev* selbst in zwei Briefen das Jahr 1720 an, in einem anderen nennt er das Jahr 1727.[2] Diese unterschiedlichen Daten können nicht überraschen, da seine wissenschaftlichen Studien 1720 durch seine Entsendung in den Ural unterbrochen wurden und er erst wieder seit 1727 während seiner Tätigkeit im Moskauer Geldkontor zu intensiver Arbeit an der russischen Geschichte kam. Der eigentliche Ausgangspunkt seiner historischen Studien war die Geographie, der er sich im Auftrage des Zaren unter Anleitung von

[1] Die Geschichte der russischen Geschichtsschreibung an der Wende vom 17. zum 18. Jh. behandelt ausführlich S. L. Peštič, Русская историография XVIII в., Teil I, Leningrad 1961

[2] Vgl. N. Pal'mov, К астраханскому периоду жизни В. Н. Татищева. In: Известия Российской АН, 1925, S. 208f.

Bruce widmete. Dabei stellte er bald fest, daß zu diesem Zwecke unbedingt Kenntnisse der russischen Geschichte erforderlich waren. Auch hier half ihm *Bruce*, indem er ihm aus der Bibliothek des Zaren die Chronik Nestors vermittelte. Die Hilfe seines Vorgesetzten hat *Tatiščev* besonders lobend hervorgehoben, weil er von ihm viel lernen konnte.[1] Wenn auch in den nächsten 25 Jahren seine staatlichen Verpflichtungen im Vordergrund standen, hat er doch seine historischen Forschungen nie aus dem Auge verloren und intensiv alte Chroniken, Gesetze und Urkunden gesammelt.

Tatiščevs historisches Hauptwerk ist seine „История российская с самых древнейших времен", die in vier Teilen die russische Geschichte bis zur Mitte des 16. Jahrhunderts behandelt: 9. Jahrhundert bis 1149, bis 1237, bis 1462. Der 4. Teil schließt im wesentlichen im Jahre 1558 ab, wenigstens in der Handschrift, die der Veröffentlichung im 18. Jahrhundert zugrunde lag. Er enthält außerdem einige Nachrichten aus der weiteren Regierungszeit *Ivan Groznyjs* und eine „Повесть" des Patriarchen *Iov* über *Fedor Ivanovič*. Veröffentlicht wurde dieser Text, den *Tatiščev* als die Teile 1 bis 4 bezeichnete, als Buch II (1773), III (1774), IV (1784) von *G. F. Müller* und als Buch V (1848) von *O. Bodjanskij*. Die Bearbeitung der Materialien für die folgenden 100 Jahre, vom Tode *Ivans IV*. bis zum Tode von *Aleksej Michajlovič* 1676, konnte *Tatiščev* nicht mehr abschließen. Für diese Zeit sind nur Vorarbeiten erhalten.[2] Für die Darlegung der historischen Ansichten *Tatiščevs* wichtiger ist das 1768 und 1769 in zwei Teilen mit durchlaufender Paginierung erschienene erste Buch, das Auskunft über seine theoretischen Anschauungen, seine Auseinandersetzungen mit anderen Historikern, die Einordnung der russischen Geschichte in die Geschichte der anderen slawischen Völker gibt und Nachrichten über die frühe Geschichte des Gebietes, das später Rußland bilden sollte, enthält. Die letzteren sind aus ausländischen, besonders griechischen und nordischen, Quellen zusammengetragen worden. Am besten durchgearbeitet hat *Tatiščev* die Teile 1 und 2 seiner „Geschichte", die er ausführlich kommentiert hat. Er nennt dort verschiedene Lesarten, teilt mit, wenn über ein Ereignis mehrere Chroniken berichten oder weiteres Quellenmaterial vorliegt, kritisiert in den Quellen mitgeteilte Nachrichten, verweist auf Darstellungen, die durch von ihm gefundene Mitteilungen ergänzt, widerlegt oder bestätigt werden oder versucht Interpretationen unklarer Stellen. Zu einer Kommentierung der letzten beiden Teile ist er nicht mehr gekommen. Die Ergebnisse der Forschungsarbeit *Tatiščevs* sind also in erster Linie in den Kommentaren zu diesen beiden Teilen dargelegt.

Das Material für seine „Geschichte" hat sich *Tatiščev* in ganz Rußland mühselig zusammensuchen müssen. Dafür einige wenige Beispiele. Eine Fassung der

[1] Tatiščev, История, I, S. XVI, XXf. (S. 86, 88f.)
[2] Vgl. S. L. Peštič, a. a. O., S. 275

Nestor-Chronik hat er, wie schon gesagt, durch *Bruce* von *Peter* erhalten. Eine andere Handschrift dieser Chronik konnte er 1721 von den Raskolniki in Sibirien erwerben.[1] Weiterhin erhielt er Chroniken von *D. Golicyn*, von *P. Eropkin*, von *A. Chruščev* und von *A. Volynskij*.[2] Im Senatsarchiv und im Archiv des Kollegiums für auswärtige Angelegenheiten hat er selbst nach Chroniken gesucht. Er regte auch an, in allen anderen Archiven zu forschen und die Akademie der Wissenschaften sofort über neue Funde zu informieren. Besondere Unterstützung erwartete er vom Synod, dem er vorschlug, in allen Klöstern alte Dokumente zu sammeln, deren Verzeichnis dann als „Russische Bibliothek" veröffentlicht werden sollte, damit den Geschichtsforschern die Arbeit erleichtert würde.[3] *Peter der Große* hatte die Klöster bereits in Ukazen aus den Jahren 1720 bis 1722 zu der gleichen Sammelaktion aufgerufen.

In seiner „Geschichte" verzeichnet *Tatiščev* 11 Chroniken, die er für seine Forschungen auswertete. Diese Chroniken sind, bis auf eine, heute alle bekannt, und *Tatiščevs* Angaben können daher zum größten Teil überprüft werden. Die Benutzung und Bewertung so vieler Quellen in einer historischen Arbeit war für die damalige Zeit etwas ganz Neues. *Tatiščev* wurde damit zum Begründer der russischen Geschichts- und Quellenforschung. Auf eine quellenkundliche Analyse der „Geschichte" *Tatiščevs* und auf einen detaillierten Überblick über die erhaltenen Handschriften der „Geschichte" muß in diesem Zusammenhang verzichtet werden, da diese den Rahmen einer Biographie *Tatiščevs* sprengen und eine eingehende Behandlung der russischen mittelalterlichen Chronistik erfordern würden. Es kann daher nur eine kurze Zusammenfassung der Forschungsergebnisse von *S. L. Peštič* gegeben werden, der im 1961 erschienenen 1. Teil seines Buches „Русская историография XVIII века" ausführlich über die Bedeutung der „Geschichte" für die spätere russische Geschichtsforschung, über den Wert der in der „Geschichte" enthaltenen Nachrichten und über die erhaltenen Handschriften der „Geschichte" gehandelt hat. Die Forschungen *Peštičs* sind auch die Grundlage für die seit 1962 erscheinende Neuauflage der „Geschichte" *Tatiščevs*. Der erste Band dieser Neuauflage enthält eine ausführliche Würdigung *Tatiščevs* als Historiker und eine Beurteilung seines Werkes von *M. N. Tichomirov* und *S. N. Valk*.

S. L. Peštič kommt zu dem Ergebnis, daß *Tatiščevs* „Geschichte" nicht — wie früher oft behauptet wurde — eine reine Sammlung von Chronik-Nachrichten, sondern ein historisches Werk in der Form einer Chronik ist, daß ein Widerspruch zwischen Form und Inhalt existiert. Durch seine Beweisführung hat *Peštič* deutlich gemacht, daß die seit beinahe 200 Jahren geführten Diskussionen über die Glaubwürdigkeit der in der „Geschichte" *Tatiščevs* enthaltenen Nachrichten oftmals am Kern der Sache vorbeigegangen sind, weil sie das Werk als eine Sammlung

[1] Tatiščev, История, I, S. 61 (S. 123)
[2] Ebd., S. 58f., 61, 64 (S. 122f, 125)
[3] Ebd., S. 51, 60 (S. 119, 123)

von Chroniken betrachteten. Eine solche ist es aber nicht und wollte es auch gar nicht sein. Die „Geschichte" *Tatiščevs* muß wie jedes historische Werk als eine Interpretation der Vergangenheit vom Standpunkt seines Verfassers betrachtet werden.[1] Da der Inhalt und nicht die Form entscheidend ist, muß man das Werk *Tatiščevs* unbedingt in die oben gekennzeichnete Entwicklung der Geschichtsforschung an der Wende vom 17. zum 18. Jahrhundert einordnen.

S. L. Peštič gibt auch ein Verzeichnis der erhaltenen Handschriften der „Geschichte" *Tatiščevs*. Er ermittelte insgesamt 30 Handschriften der verschiedenen Teile der „Geschichte", die auf drei Redaktionen entfallen. Die „ursprüngliche Redaktion" aus dem Jahre 1739 — von *Tatiščev* noch als „Собрание из древних русских летописцев" bezeichnet — ist nicht erhalten. Bekannt sind lediglich eine spätere deutsche Übersetzung des „Vorworts" und 350 Anmerkungen, die ebenfalls ins Deutsche übersetzt worden sind. Die „1. Redaktion" hatte *Tatiščev* 1747 endgültig fertiggestellt. Sie enthielt ein Vorwort („Vorbericht"), den Text der „Geschichte" bis zum Jahre 1237 in altrussischer Sprache und 500 Anmerkungen. Einige Handschriften der im Jahre 1750 abgeschlossenen „2. Redaktion" liegen der im 18. und 19. Jahrhundert gedruckten Ausgabe der „Geschichte" zugrunde.[2] Diese „2. Redaktion" unterscheidet sich von der „1. Redaktion" durch die Heranziehung weiterer Quellen, durch eine größere Zahl von Anmerkungen und durch die Übersetzung des Textes in die Sprache des 18. Jahrhunderts. Alle ermittelten Handschriften und alle Aufzeichnungen *Tatiščevs* zur russischen Geschichte werden erstmals in der zur Zeit erscheinenden Neuauflage seiner „Geschichte" allseitig ausgewertet.

Die Beschäftigung mit der Geschichte und ihre Kenntnis war für *Tatiščev* nicht Selbstzweck, sondern Voraussetzung für politisches Wirken. Dabei wollte er unter Politik die Innen- und Außenpolitik sowie das Kriegswesen verstanden wissen. Auf allen drei Gebieten könne ohne historische Kenntnisse nichts begonnen werden, da die Vergangenheit ständig auf die Gegenwart wirke. Daraus ergebe sich die Notwendigkeit, die Weltgeschichte und auch die seines Vaterlandes zu kennen.[3] Ein Beispiel dafür, wie sich seine historischen Forschungen auf sein eigenes Handeln auswirkten, sind die Ereignisse des Jahres 1730, als er die Vorteile der Monarchie gegenüber der Aristokratie mit der Begründung hervorhob, daß Rußland unter Monarchen groß und mächtig, unter der aristokratischen Herrschaft aber schwach gewesen sei und große Gebiete verloren hätte. Er setzte damit den einheitlichen Staat der Rus', wie er bis ins 11. Jahrhundert hinein bestand, mit der Monarchie des 18. Jahrhunderts und die Zeit der feudalen Zersplitterung mit einer von den Verchovniki erstrebten Epoche gleich und suchte so am historischen Beispiel zu

[1] Vgl. S. L. Peštič, a. a. O., S. 222—262 (Источниковедческое значение „Истории Российской" В. Н. Татищева)

[2] Vgl. ebd., S. 263—275 (Описание рукописей „Истории Российской" В. Н. Татищева)

[3] Tatiščev, История, I, S. IVf. (S. 81)

beweisen, daß die Bestrebungen der Verchovniki dem Staatsinteresse widersprachen.

Auch als *Tatiščev* die Regierung dazu veranlassen wollte, die wirtschaftliche Entwicklung Rußlands zu fördern, berief er sich auf Beispiele aus der Geschichte. In seiner Abhandlung „Über die Kaufleute und das Handwerk" widmete er einer Darstellung der Wirtschafts- und Handelspolitik der russischen Herrscher von *Oleg* bis zu *Elisabeth* mehrere Seiten.[1] *Oleg* habe in seinen Verträgen mit den Griechen, obwohl sie sich auf politische Ereignisse bezogen hätten, die Kaufleute nicht vergessen; andere Fürsten hätten Städte gegründet und die Ausfuhr von Edelmetallen verboten — hier sprach der Merkantilist des 18. Jahrhunderts —; *Vladimir I.* hätte für die Sicherheit des Handels gesorgt; *Andrej Bogoljubskij* und *Ivan III.* hätten Handwerker aus dem Ausland berufen; Novgorod sei stark gewesen durch seinen Handel. Im 16. und 17. Jahrhundert seien diese Tendenzen dann immer stärker geworden: *Ivan Groznyj* habe Handelsverträge mit Holland und England geschlossen und Kaufleute zum Studium in fremde Länder gesandt. Unter *Boris Godunov* sei diese richtige Politik fortgesetzt worden und habe unter *Aleksej* und *Peter I.* ihre höchste Entwicklung erfahren. *Tatiščev* suchte hier ganz offensichtlich den Eindruck zu erwecken, als brauche man nur die Anordnungen früherer Herrscher zu wiederholen und schon sei der wirtschaftliche Aufschwung des Landes gesichert. Zwar erkannte er in seinen Ausführungen an, daß in seiner Zeit manches anders war als früher, daß vieles geändert oder erst geschaffen werden mußte, der Grundton war aber stets: Sieh, Deine Vorfahren auf dem Thron handelten so und so und haben dadurch die und die Erfolge erreicht. Also tue dasselbe. Eine wesentliche Aufgabe der Geschichtsforschung im 18. Jahrhundert bestand gerade darin, in dieser Form befruchtend auf die Gegenwart zu wirken.

Daneben diente nach *Tatiščevs* Meinung die Beschäftigung mit der Geschichte dem Zweck, praktische politische Entscheidungen zu beeinflussen. In diesem Zusammenhang erinnerte er besonders an die Berücksichtigung des historisch Gewordenen bei der administrativen Einteilung des Landes.[2] Aber nicht nur in diesem Falle, bei jeder praktischen politischen Entscheidung seien historische Kenntnisse unbedingt erforderlich. Diese Ansicht führte ihn zu der Formulierung seines Grundsatzes, daß kein Mensch, welchen Standes er auch sei, und noch weniger eine Regierung ohne historische Kenntnisse vollwertig, weise und nützlich sein könne. Die Geschichte „verschafft sowohl dem Staatsmann, als auch dem Theologen und dem Juristen Erfahrung; die moralische Bedeutung der Geschichte besteht darin, daß sie zeigt, wie der gute Mensch stets belohnt und der schlechte stets bestraft

[1] Tatiščev, Например представление о купечестое и ремеслах. In: ИА, VII (1951), S. 411–416

[2] Tatiščev, Изъяснение на присланные начала исторические. In: Избранные труды, S. 138–140

wird".[1] Daher forderte *Tatiščev* seine Zeitgenossen auf, sich mit der politischen, der Kirchen- und der Rechtsgeschichte zu beschäftigen. Der politischen Geschichte wies er allerdings stets den ersten Platz zu.

Obwohl sich *Tatiščev* mit der Weltgeschichte nur am Rande beschäftigte, seien seinen Gedanken über die Weltgeschichte einige Ausführungen gewidmet. Im 17. Jahrhundert war die Diskussion um die Periodisierung der Weltgeschichte in Gang gekommen, und zwar besonders im Zusammenhang mit der Entwicklung der nationalen Historiographie. In der sich an das Buch Daniel der Bibel anlehnenden Vier-Monarchien-Theorie — danach war das Imperium Romanum das vierte und letzte Reich auf Erden — war für diese nationale Geschichtsschreibung kein Platz. Hand in Hand mit der Säkularisierung des Denkens und dem bürgerlichen Nationwerden ging daher die Ablehnung dieser biblischen Anschauung. Es wurden neue Wege für die Behandlung der Universalgeschichte gesucht. Kritik an der geltenden Periodisierung war bereits von *Macchiavelli* geübt worden, der die Völkerwanderung als Ausgangspunkt der neueren Geschichte betrachtete. Auch *Justus Lipsius* hatte bereits 1601 seiner Universalgeschichte ein neues Einteilungsschema zugrunde gelegt, wenn er zwischen orientalischer, griechischer, römischer und barbarischer Geschichte unterschied. Aber erst gegen Ende des 17. Jahrhunderts schuf das bürgerliche Nationwerden in Europa die Voraussetzung für eine endgültige Überwindung der alten Denkschemata. Hier hat besonders der in Jena und Halle wirkende *Christoph Cellarius* große Verdienste, der eine Einteilung der Geschichte in die historia antiqua — bis zum Ende des weströmischen Reiches —, die historia medii aevi — bis 1452, dem Ende des oströmischen Reiches — und die historia nova — saeculi XVI et XVII — vornahm. Vor ihm hatten bereits sein Jenaer Lehrer, der Historiker *J. A. Bose*, und *Georg Horn* ähnliche Gedanken über die Periodisierung geäußert. Der französische Philologe *Du Cange* hatte 1671 im Hinblick auf die lateinische Literatur von einer media aetas gegenüber der klassischen Literatur geschrieben. Es ist aber kein Zufall, daß sich gerade an den von der Frühaufklärung und dem Pietismus am stärksten berührten deutschen Universitäten Jena und Halle diese neue Anschauung zuerst durchsetzte. Die deutsche Geschichte war ja mit der Vier-Monarchien-Theorie aufs engste verbunden, galt doch das Deutsche Reich als die Fortsetzung des Imperium Romanum. Somit berührten sich hier Universal- und Nationalgeschichte aufs engste. Der als Ideologie des aufstrebenden Bürgertums anzusehende weltoffene frühe Pietismus nahm daher die neue Einteilung der Geschichte in eine alte, eine mittlere und eine neue sofort auf, wie die Lehrbücher des seit 1705 am Franckeschen Pädagogium wirkenden *Hieronymus Freyer* bezeugen.[2]

[1] Tatiščev, История, I, S. II f.

[2] Vgl. F. X. v. Wegele, Geschichte der deutschen Historiographie seit dem Auftreten des Humanismus, München/Leipzig 1885 (= Geschichte der Wissenschaften in Deutschland. Neuere Zeit, Bd. 20), S. 345; F. Günther, Das Lehrbuch der Universalgeschichte im

Diese Auseinandersetzungen über die Periodisierung der Weltgeschichte waren *Tatiščev* bekannt, und er billigte die Unterteilung in die alte, die mittlere und die neue Geschichte.[1] Wichtiger, da für seinen Fortschrittsglauben kennzeichnend, ist jedoch seine Betrachtung der Geschichte unter dem Gesichtspunkt des allmählichen Fortschreitens zu größerer Erkenntnis. *Tatiščev* nennt drei Hauptfaktoren, die auf die Entwicklung der Welt und der Menschheit von entscheidendem Einfluß waren und die den Ablauf der Geschichte bestimmten. Der erste wäre die Erfindung der Buchstabenschrift gewesen, wodurch überhaupt erst die Voraussetzung für eine Beschäftigung mit der Wissenschaft geschaffen worden sei. Als zweiten Faktor erwähnt er Christi Geburt, wodurch es möglich geworden sei, den Schöpfer zu erkennen. Der dritte Faktor, der auf die Menschheitsentwicklung entscheidend einwirkte, sei die Erfindung des Buchdrucks gewesen, „wodurch die Welt eine große Aufklärung erhielt, weil sich dadurch die freien Wissenschaften entwickelten und sich die Zahl der nützlichen Bücher vermehrte".[2]

Es werden hier Tatsachen als Faktoren einer Periodisierung der Weltgeschichte genannt, die zwei völlig entgegengesetzten Gebieten entstammen: zwei Erfindungen wird eine moralsetzende Lehre hinzugefügt. Dieser Gegensatz wird nur aus dem Entwicklungsstand der Wissenschaft im 18. Jahrhundert verständlich. Bei aller Kritik am Überkommenen und trotz kritischer Auseinandersetzung mit der christlichen Lehre blieb diese doch — mindestens in ihrer deistischen Interpretierung — weitgehend die Grundlage des Denkens. So war es auch bei *Tatiščev*, obwohl er sich der Religion gegenüber stets kritisch verhielt. Er forderte vor allem eine strenge Trennung von Wissenschaft und Theologie, weil die letztere seiner Ansicht nach die wahre Wissenschaft behindere. Als Beispiel für diese Bedrückung nannte er die katholische Kirche, die das Volk, besonders durch das Verbot, die Bibel auch in der Landessprache zu lesen, ganz bewußt und überlegt in die Dunkelheit („темнота") zu führen und dort zu halten suche. Jedoch seien solche Bestrebungen auch in der orthodoxen Kirche nicht unbekannt.[3] Obwohl *Tatiščev* also Unterschiede zwischen den einzelnen Religionen sah, war die Toleranz für ihn doch etwas Selbstverständliches, denn für einen verständigen Menschen sei ein Streit über religiöse Dinge gar nicht denkbar, ihm sei es gleich, ob er mit Lutheranern, Kalvinisten oder Heiden in einer Stadt wohne und mit ihnen Handel treibe, „weil er nicht auf seinen Glauben, sondern auf seine Ware, seine Taten und seine Sitten sieht".[4] *Tatiščev* stand damit ganz auf dem Boden des petrinischen Toleranzedikts von 1702.

18. Jh. In: Deutsche Geschichtsblätter, Bd. VIII, Heft 10, Juli 1907, S. 263—278; O. Feyl, Beiträge zur Geschichte der slawischen Verbindungen und internationalen Kontakte der Universität Jena, Jena 1960, S. 241

[1] Tatiščev, История, I, S. VIII (S. 82)

[2] Tatiščev, История, I. S. XXVIII (S. 92); Tatiščev, Разговор, S. 38

[3] Vgl. Tatiščev, Разговор, S. 57, 59 [4] Vgl. ebd., S. 71

Dieser toleranten Auffassung von der Religion widerspricht keineswegs das oben über seine Bemühungen Gesagte, die Kirche als eine Stütze des feudalen Staates zu erhalten und auszunutzen. Entscheidend war für *Tatiščev* — wie für alle Aufklärer —, ob die Religion oder ihre Institution, die Kirche, den wissenschaftlichen Fortschritt behinderte oder nicht. In die Wissenschaft sollten sich die Theologen nach der Ansicht der Aufklärer nicht einmischen. Daher schätzte *Tatiščev* auch die Erfindung des Buchdrucks so hoch ein, weil nunmehr diejenigen, die an einer Verbreitung der Bildung desinteressiert waren — und hier dachte er besonders an die Kirche —, mehr und mehr an Einfluß verloren hätten. In diesem Zusammenhang wies er ausdrücklich darauf hin, daß eine Entwicklung der Wissenschaft im 16. und 17. Jahrhundert — er nennt *Hugo Grotius*, *S. Pufendorf*, *R. Descartes*, *N. Kopernikus* und *G. Galilei* — ohne die Buchdruckerkunst unmöglich gewesen wäre, und betonte, daß sich dieser Fortschritt gegen den starken Widerstand besonders der katholischen Kirche durchsetzen mußte, die schließlich die bewiesenen Wahrheiten anerkennen mußte: „. . . Der Buchdruck brachte der Welt viel Licht und unbeschreiblichen Nutzen . . .“[1]

Die Erfindung des Buchdrucks wurde verschiedentlich, auch noch im 19. Jahrhundert, zu Periodisierungszwecken benutzt. Die Behauptung, daß „die weit wichtigere Entdeckung der Buchstabenschrift“ niemals zu diesem Zwecke herangezogen worden sei[2], ist jedoch falsch, wie aus der dargelegten Auffassung *Tatiščevs* hervorgeht. Wenn sein Standpunkt auch heute überholt ist, so ist er doch wissenschaftsgeschichtlich sehr interessant, weil er von einem tiefen Durchdenken der Menschheitsgeschichte zeugt.

Dieses allgemeine Schema war natürlich für eine Nationalgeschichte nicht anwendbar, deren Ablauf *Tatiščev* ganz nach politischen Gesichtspunkten periodisierte. Er hat sich zu diesem Problem mehrmals und nicht immer ganz gleichgültig geäußert. Die eigentliche russische Geschichte begann nach seiner Meinung im Jahre 860. Die erste Epoche hätte bis 1132 gedauert, als an die Stelle der Selbstherrschaft die feudale Zersplitterung getreten sei, oder — wie es bei ihm heißt — als „die Aristokratie eingerichtet wurde“. Die Periode der feudalen Zersplitterung endete nach *Tatiščevs* Meinung 1462, als „die Monarchie wiederhergestellt“ wurde. Diese „monarchische“ Periode hätte mit dem Interregnum am Ende des 16. und zu Beginn des 17. Jahrhunderts ihren Abschluß gefunden. Neben dieser Periodisierung, die die Tatarenherrschaft in Rußland nicht berücksichtigte, nannte er jedoch eine zweite, in der dieser Zeitraum — 1238 bis 1462 — als eigener Abschnitt der russischen Geschichte genannt wird. Die Schlußfolgerung, die *Tatiščev* aus der von ihm vorgelegten Periodisierung der russischen Geschichte zog, lautet: „Aus all dem kann jeder ersehen, wie viel nützlicher als andere die monar-

[1] Ebd., S. 58
[2] Vgl. H. Spangenberg, Die Perioden der Weltgeschichte. In: Historische Zeitschrift, Bd. 127, 1925, S. 13

chische Regierung für unseren Staat ist. Durch sie wird der Reichtum, die Macht und der Ruhm des Staates vermehrt, während er durch die anderen verringert wird und verloren geht."[1] Das war die Anwendung seiner Forschungsergebnisse auf die Gegenwart.

Wenn man überhaupt Jahresdaten als zeitliche Begrenzung historischer Epochen angeben will, kann man sich mit den von *Tatiščev* genannten Zahlen im wesentlichen einverstanden erklären. Nach dem an der Entwicklung des Feudalismus, der in diesem Stadium zur feudalen Zersplitterung führte, gescheiterten Versuch *Vladimir Monomachs* zu Beginn des 12. Jahrhunderts, die Einheit der Kiewer Rus' zu retten, setzte sich diese feudale Zersplitterung voll durch. Das Datum für den Beginn der Tatarenherrschaft ergibt sich von selbst aus dem Einfall *Batus* in die Rus'. Am problematischsten ist zweifellos die Bestimmung des Endpunktes der feudalen Zersplitterung und der Tatarenherrschaft, für die man keinesfalls ein Jahr und schon gar nicht — wie das *Tatiščev* tut — den Regierungsantritt eines Zaren (*Ivan III.*, 1462—1505) angeben kann. Soviel kann man aber sagen, daß im 15. Jahrhundert die Bildung des zentralisierten russischen Staates und damit die Abschüttelung des seit zwei Jahrhunderten auf dem russischen Volk lastenden Tatarenjoches abgeschlossen wurde.

Daß sich das Periodisierungsschema *Tatiščevs* mit seiner Darstellung in der „Geschichte" nicht deckt, ergibt sich aus der Anlage seiner Arbeit, in der er sich weitgehend an die Einteilung der ihm vorliegenden Chroniken hielt. Hier zeigt sich wieder der schon genannte Widerspruch zwischen Form und Inhalt in *Tatiščevs* Arbeit. Es war ihm nicht gelungen, sich von seinen Vorlagen ganz zu lösen.

Dennoch verhielt er sich zu seinen Quellen durchaus kritisch, wie *S. L. Peštič* in seiner quellenkundlichen Analyse der „Geschichte" *Tatiščevs* nachgewiesen hat. Zwar legte er seine Ansichten über die Quellenkritik nicht ausführlich dar, bekannte sich aber zu dem Grundsatz, das in den Chroniken Mitgeteilte nicht ohne Überprüfung hinzunehmen. Als Hilfswissenschaften der Geschichte betrachtete er die Chronologie, die Geographie und die Genealogie, deren Kenntnis für wissenschaftliche historische Studien grundsätzlich Voraussetzung sein müsse. Besonders hervorzuheben ist sein Hinweis, daß für die Behandlung der russischen Geschichte Kenntnisse der anderen slawischen, der tatarischen und der sarmatischen Sprachen unbedingt notwendig seien.[2]

Von großem Interesse ist, daß der erste moderne russische Geschichtsschreiber auch der Archäologie bereits seine Aufmerksamkeit widmete. Bereits bei der Darstellung der Tätigkeit *Tatiščevs* im Wolgagebiet wurde erwähnt, wie sehr er sich um die Aufnahme der Reste alter Städte bemühte. In seiner „Geschichte" werden oftmals archäologische Funde ausgewertet. Das beste Zeugnis dafür, welche Be-

[1] Tatiščev, История, I, S. XXII, S. 542, 544f. (S. 89, 366f.)
[2] Ebd., S. VII, X (S. 82f.)

deutung *Tatiščev* der Archäologie beimaß, sind seine Enquêten von 1735 und 1737, die gerade in dieser Hinsicht wissenschaftlich von großem Wert sind. Den ihm unterstellten Geodäten, besonders in Sibirien, erteilte er stets den Auftrag, auch archäologische Denkmäler aufmerksam zu beachten.[1] Die Forschungen des Akademiemitgliedes *Bayer* förderte er durch Mitteilungen über sibirische Gräberfunde.

Tatiščev gab in der russischen Historiographie auch erstmalig einen Überblick über den Wert historischer Quellen. Wenn seine Einteilung auch etwas formal ist, zeugt sie doch von seinen intensiven Studien. An erster Stelle nannte er die Berichte von Augenzeugen, denen als zweite Gruppe die Berichte von Zeitgenossen an Wert fast gleichkommen, da diese vieles selbst gehört haben können. Die dritte Kategorie — man könnte sie als Darstellungen bezeichnen — bildeten die Quellen, die aus Archiven und Dokumenten geschöpft haben. Am wenigsten zuverlässig waren nach seiner richtigen Ansicht die Berichte von Ausländern über Rußland.[2] Den archivalischen Quellen widmete er besondere Aufmerksamkeit, wie sein Angebot zeigt, der Akademie fünf Folianten mit Auszügen aus den Archiven in Kazan', Astrachan, Tomsk, Tobolsk und Tarsk zur Verfügung zu stellen.[3] Er hat also alle erreichbaren Quellen — archäologische Funde, allgemeine russische Chroniken, örtliche Chroniken (in seiner Terminologie „Topographien"), zeitgenössische Berichte und Darstellungen von Ausländern — in seine Studien einbezogen, wenn er auch nicht alles in seiner „Geschichte" verwertete. Das war besonders bei den beiden letzten Quellenarten nicht in breitem Maße möglich, weil er in seiner „Geschichte" die neuere Zeit, das 17. Jahrhundert, nicht behandelte. Erst für diese Zeit liegen aber im größeren Umfange zeitgenössische Berichte und ausländische Werke vor.

Trotzdem ist es angebracht, einige ausländische Arbeiten zu nennen, die *Tatiščev* für sein Studium der russischen Geschichte benutzte. Zu den frühesten westeuropäischen Berichten über Rußland gehören die Reisebeschreibungen von *Plano Carpini*, *Wilhelm Rubruck* und *Paulus Venetus*, die *Tatiščev* in seiner „Geschichte" erwähnt, ohne allerdings ein Urteil abzugeben. Aus seinem Vorschlag, diese Berichte ins Russische zu übersetzen, kann man jedoch schließen, daß er deren Berichte als Quellen geschätzt hat.[4] Weiterhin kannte er die Schrift von *Paulus*

[1] Einen guten Überblick über Tatiščevs Interesse für die Archäologie und über seine Verdienste auf diesem Gebiet vermittelt D. M. Gurvič, B. H. Татищев и русская археологическая наука. In: Советская археология, Bd. XXVI, Moskau 1956, S. 153 bis 164

[2] Tatiščev, История, I, S. IX—XIII (S. 83—85)

[3] Tatiščev an Razumovskij, 24. 12. 1747. Переписка Татищева, S. 270

[4] Tatiščev, История, I, S. 75 (S. 131); Schumacher an Tatiščev, 9. 4. 1750, Архив АН СССР, Ф. 1, оп. 3, Nr. 38, Bl. 216

Jovius[1] über Rußland aus dem Jahre 1525. Dieser war nicht selbst in Rußland gewesen, sondern stützte sich auf Mitteilungen des russischen Gesandten *Dmitrij Gerasimov*. Auch die Berichte von *Sigismund Herberstein*,[2] *Peter Petrejus*[3] und *Adam Olearius*[4] waren dem russischen Historiker bekannt. Über alle diese Schriften hat er sich leider weder positiv noch negativ geäußert, auch aus anderen Angaben kann man nicht auf sein Urteil schließen. Allein ihre Erwähnung ist jedoch ein Zeugnis dafür, daß sich der russische Historiker mit ausländischer Literatur über Rußland beschäftigte.

Sehr viele westeuropäische Werke über Rußland, besonders kirchengeschichtliche, fand *Tatiščev* in dem Werk des Leipziger Professors *Johann Michael Heineccius*, das dieser 1711 unter dem Titel „... Abbildung der alten und neuen Griechischen Kirche ..." veröffentlicht hatte und das auf 84 Seiten die erste umfassende Bibliographie zur russischen Geschichte enthielt.[5]

Auch die wohl zu seiner Zeit neueste ausländische Arbeit zur russischen Geschichte, *Gottlieb Samuel Treuers* 1720 erschienene „Einleitung zur moscovitischen Historie", hat *Tatiščev* gekannt. *Treuer* war seit 1713 Professor in Helmstedt und seit 1734 in Göttingen. Es war das Hauptanliegen *Treuers*, der die russische Geschichte seit dem 15. Jahrhundert behandelte, zu zeigen, welche enge Verbindung zwischen der Politik aller neueren russischen Zaren bestand und wie weitgehend *Peter I.* auf der Vorarbeit seiner Vorgänger aufbauen konnte, als er die Reform des Russischen Reiches begann. *Treuers* Arbeit muß in Rußland sehr verbreitet und anerkannt gewesen sein, denn aus dem Jahre 1741 existiert eine handschriftliche russische Übersetzung. *Tatiščev*, der die russische Geschichte ja ausgezeichnet kannte, stellte in *Treuers* Buch allerdings bald viele Fehler fest; besonders kritisierte er, daß verschiedentlich Personen verwechselt wurden. *Treuer* stand mit der Akademie in Petersburg im Briefwechsel und sandte ihr auch seine Arbeiten über die russische Geschichte zu. In der „Allgemeinen Deutschen Biographie"

[1] I. Senigov, Историко-критические исследования о Новгородских летописях и о Российской Истории В. Н. Татищева. In: Четния ОИДР, 1887, Bd. IV, S. 184. Pauli Jovii Novocomensis libellus de legatione Basilii magni Principis Moschoviae ad Clementum VII Pont. Max., Romae 1525

[2] Tatiščev, История, I, S. 395 u. ö. (S. 293 u. ö.) Über seinen Rußlandbericht vgl. E. Donnert, S. v. Herberstein. Zur deutschen Rußlandkunde des 16. Jh. In: Wiss. Ztschr. d. Univ. Jena, Jg. 7 (1957/58), Gesellsch.- u. sprachwiss. Reihe, H. 1, S. 77—80

[3] Tatiščev, История, I, S. 296 (S. 243) Petrus Petrejus de Erlesunda, Historien und Bericht von dem Großfürstenthumb Muschkow, Leipzig 1620

[4] Bibliothekskatalog bei Pekarskij, Новые известия, S. 61. Adam Olearius, Vermehrte Moscovitische und Persianische Reisebeschreibung, Schleswig 1656; Tatiščev, История, 2. Aufl., Bd. I, S. 421

[5] Bibliothekskatalog bei Pekarskij, Новые известия, S. 61; O. Feyl, Deutsche Bibliographen und Bibliothekare und ihr Anteil der deutsch-russisch-sowjetischen Wechselseitigkeit. In: Wiss. Ztschr. d. Univ. Jena, Jg. 6, 1956/57, Gesellsch. u. sprachwiss. Reihe, H. 6, S. 662

fehlt leider jeder Hinweis auf seine Studien zur russischen Geschichte. Die große Bedeutung *Treuers* und seines Kreises, in dem u. a. eine Dissertation „De perpetua amicitia germanicum inter et russicum imperium" geschrieben wurde, für die deutsch-russische Wechselseitigkeit ist noch keineswegs bekannt und verdiente eine eingehendere Erforschung.[1]

Besser ist *Tatiščevs* Urteil über polnische historische Werke bekannt, weil diese weitgehend auch die russische Geschichte betrafen und sich der russische Historiker deshalb intensiver mit ihnen auseinandersetzen mußte. So äußerte er sich sehr negativ über das Werk *Martin Kromers* über Polen (1577), „darinnen über das Russische Reich viele Lügen und boshafte Kalomnien enthalten". Trotzdem hatte *Kondratovič* das Werk ins Russische übersetzen müssen. *Tatiščev* schickte es an die Akademie und regte gleichzeitig eine Widerlegung an, da „ihm [*Kondratovič*] die Zeit und die notwendigen Bücher" fehlten.[2] Positiver äußerte er sich dagegen über den polnischen Historiker *Maciej Strzykowski*, der eine Geschichte Osteuropas geschrieben hatte. Er berichtige die Ausführungen *Kromers* an vielen Stellen.[3]

Es könnten noch mehrere Titel ausländischer Werke angeführt werden, die *Tatiščev* in seiner „Geschichte" oder in anderen Werken erwähnt. Das muß aber einer späteren Bibliographie der ihm bekannten Bücher vorbehalten bleiben, um den Rahmen der vorliegenden Arbeit nicht zu sprengen. Etwas näher muß dagegen auf sein Verhältnis zu den historischen Schriften des mit ihm persönlich bekannten Historikers der Petersburger Akademie *Gottlieb Siegfried Bayer* eingegangen werden. Um das Verhältnis *Tatiščevs* zu *Bayer* richtig verstehen zu können, ist es notwendig, kurz auf die Arbeiten des letzteren zur russischen Geschichte hinzuweisen.

Bayer[4] gehörte zu den ersten nach Petersburg berufenen Akademiemitgliedern und hatte durch sein mehr als zehnjähriges Wirken in Rußland großen Anteil an der erfolgreichen Entwicklung der Akademie. Mit den Petrinern *Prokopovič*, *Tatiščev* und *Kantemir* stand er in enger Verbindung. Sein vielseitiges Wirken als

[1] Tatiščev, История, I, S. 2 (S. 93); Tatiščev an Korff, 21. 12. 1735, БАН, Handschr.-Abt., Собр. воспр. Nr.89, Bl. 13; V. F. Ščerbina, Г. С. Трейер [Treuer] и его сочинения по истории Московского государства. In: Чтения Ист. Общ. Нестора Летописца, 1895, Buch IX; Протоколы, Bd. I, S. 123, 127; ADB, Bd. 38, S. 582f.; P. N. Berkov, Deutsch-russische kulturelle Beziehungen im 18. Jh. In: Die deutsch-russische Begegnung und Leonhard Euler (= Quellen und Studien z. Gesch. Osteuropas I), Berlin 1958, S. 85

[2] Tatiščev an AdW, 22. 11. 1736. Архив АН СССР, ф. 3, оп. 1, Nr. 27, Bl. 270—270r; russ. in: Материалы, Bd. III, S. 257f.

[3] Vgl. Beilagen, Nr. 5

[4] Vgl. über sein Wirken in Rußland Winter, Rußlandkunde, S. 191—198 und an vielen anderen Stellen; weiterhin die Biographie von F. Babinger, G. S. Bayer (1694—1738). Ein Beitrag zur Geschichte der morgenländischen Studien im 18. Jh., Phil. Diss. München 1915

Wissenschaftler und Pädagoge — er war lange Jahre Direktor des Akademischen Gymnasiums — beeinflußte die wissenschaftliche Arbeit der Akademie positiv. *Bayer* war einer der produktivsten Mitarbeiter der Akademie, der sowohl mehrere Bücher als auch viele Aufsätze in den „Commentarii" veröffentlichte. Neben seinen Studien über asiatische Völker und Sprachen wurde er besonders durch seine materialreichen Arbeiten zur frühen russischen Geschichte bekannt. Er hatte es sich zur Aufgabe gemacht, alle Nachrichten lateinischer, byzantinischer und nordischer Schriftsteller über Rußland zu sammeln und zu publizieren.[1] Diese Arbeit führte ihn aber zu Fehleinschätzungen der frühen russischen Geschichte. *Bayer* konnte nicht Russisch und war, wenn er russische Quellen benutzen wollte, auf Übersetzungen angewiesen. Diese lieferte ihm meist der als Übersetzer bei der Akademie tätige *Johann Werner Paus*, der sich sehr für die frühe russische Geschichte interessierte. Durch die Auswertung der genannten ausländischen Quellen suchte *Bayer* die in den russischen Chroniken enthaltenen Nachrichten über die Berufung der Waräger zu stützen. Er wurde damit zum eigentlichen Begründer der sogenannten Normannentheorie, deren Grundlage die These ist, die aus dem Norden gekommenen Waräger hätten entscheidenden Einfluß auf die Gründung und Entwicklung des russischen Staates gehabt. Diese These wurde erstmalig von *Lomonosov* scharf angegriffen.[2] Erst der sowjetischen Geschichtswissenschaft ist es gelungen, die Thesen der Normannisten zu widerlegen und ihre Unhaltbarkeit nachzuweisen. Das war vor allem durch eine starke Einbeziehung der archäologischen Forschungsergebnisse in die Untersuchungen über den Anteil der Normannen an der russischen Geschichte der 2. Hälfte des 1. Jahrtausends u. Z. möglich.[3] Die Erschließung von bis dahin nicht genutzten Quellen durch *Bayer* — die allerdings oftmals von geringem Wert waren — führte also zu einer Fehldeutung der frühen russischen Geschichte, die bis in die neueste Zeit nachwirkte.

Die Arbeiten *Bayers* betrachtete *Tatiščev* als Materialsammlungen. Er hat einige Aufsätze seines Kollegen, die *Kondratovič* aus dem Lateinischen ins Russische übersetzt hatte, in seine „Geschichte" aufgenommen, weil die Arbeiten *Bayers* in

[1] Die wichtigsten Titel nennt N. L. Rubinštejn, Русская историография, Moskau 1941, S. 96f.; vollständige Bibliographie bei Babinger, a. a. O., S. 76f.

[2] Vgl. P. Hoffmann, Lomonosovs Bedeutung für die Erforschung der alten russischen Geschichte. In: Lomonosov-Schlözer-Pallas. Deutsch-russische Wissenschaftsbeziehungen im 18. Jh. (= Quellen und Studien zur Geschichte Osteuropas XII), Berlin 1962; vgl. auch ders., Lomonosov als Historiker. In: Jahrbuch für Geschichte der UdSSR und der volksdemokratischen Länder Europas, Bd. 5, Berlin 1961, vor allem S. 364—368

[3] Einen Überblick über den modernen Normannismus gibt I. P. Šaskol'skij in der История СССР, 1960, H. 1. Deutsch: I. P. Schaskolski, Die Normannentheorie in der modernen bürgerlichen Geschichtsschreibung. In: Sowjetwissenschaft. Gesellschaftswiss. Beiträge, 1960, H. 9, S. 993—1017. Ausführlicher H. Łowmiański, Zagadnienie roli Normanów w genezie państw słowiańskich, Warschau 1957. Dazu B. Widera, Zur Normannenfrage in Osteuropa. Überblick über 230 Jahre Forschung. In: Zeitschrift für Geschichtswissenschaft, Jg. 7 (1959), H. 1, S. 210—216

der Form ähnlich angelegt waren wie die „Geschichte" *Tatiščevs*. Auch sie waren in erster Linie Materialsammlungen zur russischen Geschichte. Daher äußerte sich *Tatiščev* auch nicht zu der Normannentheorie, sondern behandelte die Arbeiten *Bayers* ähnlich wie die russischen Chroniken, er überarbeitete und kommentierte sie. Er sagte ausdrücklich, daß „des gelehrten Professors *Bayer* Werke in den Commentarii viel Unbekanntes enthalten, so daß ich sie verkürzt aufnehme und einiges erkläre".[1] Er hat auch stets genau angegeben, was er von *Bayer* übernahm und wie weit er es bearbeitete. So z. B. die Nachrichten des *Konstantin Porphyrogenitos* über Rußland, die er etwas gekürzt habe, da sie für seine Darstellung zu ausführlich seien. Einige Fehlinterpretationen, deren Ursache *Bayers* Unkenntnis des Russischen und der russischen Geschichte sei, habe er stillschweigend verbessert, um nicht über jeden Fehler eine Anmerkung machen zu müssen. Interessenten könnten seinen Text mit denen der Commentarii vergleichen.[2] Völlig gleich behandelte er beispielsweise *Bayers* „Geographia Russiae ex scriptoribus septentrionalibus".[3] Es könnten noch weitere Beispiele angeführt werden, da der erste Band der „Geschichte" mehrere Abhandlungen *Bayers* enthält. Die Form der Veröffentlichung war stets die gleiche. Vor allem wies *Tatiščev* ständig darauf hin, daß *Bayer* infolge seiner geringen Kenntnis Rußlands in seinen Urteilen, sobald er über die Darlegung des Inhalts der ausländischen Quellen hinausging, nicht zuverlässig sei.

Die „Geschichte" *Tatiščevs* war die umfassendste Darlegung der russischen Geschichte, die es im 18. Jahrhundert gab. Ihr Wert bestand darin, daß in ihr alles damals bekannte Quellenmaterial erfaßt und bearbeitet worden war. Infolge dieses wertvollen Inhalts und der Erörterung zahlreicher theoretischer Probleme — Periodisierung, Quellenkritik, Hilfswissenschaften, Wert der Geschichtsforschung — wurde das Werk zum Ausgangspunkt der wissenschaftlichen russischen Historiographie, auf dem im 18. Jahrhundert sowohl *Lomonosov* wie *Schlözer* aufbauten.[4] Aus der gesamten Anlage des Werkes, des großen Umfangs und der Behandlung vieler Einzelprobleme, ergab sich aber auch zwangsläufig, daß sich seine Auswirkung im wesentlichen auf Rußland beschränkte, daß es im Ausland unbekannt blieb. Dazu trug natürlich auch bei, daß die „Geschichte"

1 Tatiščev, История, I, S. XXIV (S. 90)

2 Ebd., S. 213 (S. 201); Bayers Abhandlung „Geographia Russica ex Constantino Porphyrogenito" aus „Commentarii", Bd. IX (1744), S. 367ff., bei Tatiščev, История, I, S. 177 bis 213

3 Commentarii, Bd. X (1747), S. 371ff.; Tatiščev, История, I, S. 225—261 (S. 208—232)

4 Vgl. P. Hoffmann, Lomonosovs Stellung in der russischen Geschichtsschreibung des 18. Jahrhunderts. In: Zeitschrift für Geschichtswissenschaft IX (1961), vor allem S. 1557ff. und C. Grau, Zur Stellung Tatiščevs, Lomonosovs und Schlözers in der russischen Geschichtsschreibung. In: Lomonosov-Schlözer-Pallas. Deutsch-russische Wissenschaftsbeziehungen im 18. Jh. (= Quellen und Studien zur Geschichte Osteuropas XI), Berlin 1962, S. 150ff.

erst fast zwanzig Jahre nach dem Tod des Verfassers zu erscheinen begann (1768). Inzwischen waren bereits *Lomonosovs* „Краткой российской летописец с родословием“ und „Древняя российская история“ erschienen, die in Übersetzungen auch dem deutschen Publikum bekannt wurden.[1] Solche kürzeren, übersichtlichen Bücher waren auch für ausländische Leser besser geeignet, ganz abgesehen davon, daß schon die Übersetzung eines so umfassenden Werkes, wie es das von *Tatiščev* war, sehr schwierig gewesen wäre. Trotzdem hat der Autor selbst versucht, durch eine Übersetzung zu einer Verbreitung seines Werkes in Westeuropa beizutragen.

Bekanntlich war *Tatiščev* in Astrachan mit dem englischen Kaufmann *Jonas Hanway* zusammengetroffen. Dieser berichtet in seiner Reisebeschreibung[2] von seinen weiteren Verbindungen mit dem Russen: Nachdem *Tatiščev* aus Astrachan abberufen worden war, „so schickte er mir einen Theil davon [der „Geschichte“] geschrieben zu und ersuchete mich, eine Übersetzung davon zu besorgen“. Da *Tatiščev* nicht englisch verstand und bei dem schwierigen Text mit Recht Ungenauigkeiten befürchtete, schlug er vor, die „Geschichte“ zunächst ins Deutsche zu übersetzen, das er verstehe und das er daher selbst korrigieren könne. Eine Übersetzung aus dem Deutschen ins Englische wäre dann nicht schwer und ohne seine Kontrolle vertretbar. Nun, *Hanway* war Kaufmann und fügt daher hinzu: „welches aber keine Sache war, die sich für meine Umstände schickte . . .“ Die Verwirklichung dieses Planes wäre tatsächlich recht schwierig, wenn nicht unmöglich gewesen. Dafür, daß sich *Tatiščev* dennoch auf ein so unsicheres Geschäft einlassen wollte, gibt es zwei Gründe. Einmal lag ihm unbedingt daran, auf das ausländische Rußlandbild im positiven Sinne einzuwirken. Zum anderen spürte er ständig die Schwierigkeiten, die eine Publikation der „Geschichte“ in Rußland verzögerten. Es war vielleicht nicht so sehr Absicht, wenn das Werk nicht erschien, sondern wohl in erster Linie Nachlässigkeit der Akademie und Unterschätzung der von *Tatiščev* geleisteten Arbeit.

Wenn die „Geschichte“ — allerdings sehr verspätet — doch noch erschien, so war das weitgehend das Verdienst des Historikers *Gerhard Friedrich Müller*.[3] Er

[1] M. V. Lomonosov, Краткой российской летописец с родословием, Petersburg 1760; ders., Древняя российская история от начала российского народа до кончины великого князя Ярослава Первого или до 1054, Petersburg 1766. Deutsche Ausgaben: Kurzgefaßtes Jahr-Buch der Russischen Regenten. A. d. Russischen des... M. Lomonossoff übers. durch Peter von Stählin, Copenhagen/Leipzig 1765, 2. Aufl. Riga 1771; Alte Russische Geschichte von dem Ursprunge der Russischen Nation bis auf den Tod des Großfürsten Jaroslaws des Ersten oder bis auf das Jahr 1054, abgefaßt von M. Lomonossow, A. d. Russ. ins Dt. übers., Riga/Leipzig 1768

[2] J. Hanway, Zuverlässige Beschreibung seiner Reisen . . ., Hamburg/Leipzig 1754, S. 83

[3] Über Leben und Werk Müllers vgl. P. Hoffmann, G. F. Müller — Die Bedeutung seiner geographischen Arbeiten für das Rußlandbild des 18. Jh., Phil. Diss. Berlin 1958 (Masch.-Schrift)

verfolgte die historischen Forschungen seines russischen Kollegen aufmerksam und regte bereits im Juli 1747 an, alle von *Tatiščev* gesammelten Materialien noch zu dessen Lebzeiten durch die Akademie zu übernehmen. Da er ein halbes Jahr später erneut den gleichen Antrag stellte, muß man annehmen, daß er nicht die notwendige Unterstützung fand.[1] Das ist sehr bedauerlich, da ein solcher Schritt die Publikation sicher hätte beschleunigen können. *Tatiščev* kannte *Müller* und seine Fähigkeiten und bat daher 14 Tage vor seinem Tode, *Müller* „als ein dazu sehr geeigneter Mensch" möge die Durchsicht des 1. Teils seiner „Geschichte" übernehmen.[2]

Es ist sehr interessant und zeugt für die Wertschätzung *Tatiščevs*, daß *Müller* gleichzeitig mit der russischen Ausgabe der „Geschichte" (seit 1768) auch eine deutsche besorgen wollte. Darüber verhandelte er mit dem Inspektor des Gymnasiums an der Petersburger Akademie, *H. L. Chr. Bacmeister*. Dieser schrieb, daß er *Müllers* „wiederholten Vorschlag, den *Tatyschtschew* deutsch herauszugeben", gern annehmen würde, wenn er Zeit hätte und wenn er sich entscheiden könnte, ob ein solches Unternehmen ratsam sei. Er wiederholte mehrmals, nach der ganzen Anlage der Arbeit scheine sie für Ausländer wenig geeignet zu sein. Das waren die gleichen Bedenken, die oben bereits geäußert wurden, die aber über den Wert der Arbeit an sich nichts aussagen. Es ging nur um die Wirkung auf Ausländer. *Bacmeister*, der durchaus ein gültiges Urteil fällen konnte, schätzte die Arbeit *Tatiščevs* außerordentlich. „Es wird dieses Werk immer noch zu rechter Zeit kommen und in seiner Art noch lange das beste bleiben"[3], war das kurze und prägnante Urteil *Bacmeisters*, dem man sich nur anschließen kann.

An der Ablehnung *Bacmeisters*, die Übersetzung zu übernehmen, wird neben den angeführten und gewiß triftigen Gründen der Einfluß *Schlözers* nicht unbeteiligt gewesen sein. Beide standen in engem persönlichen Kontakt, und *Schlözer* versuchte sogar, nach seiner Rückkehr nach Deutschland *Bacmeister* nachzuziehen. Eine Geschichte Rußlands für Deutsche stellte sich *Schlözer* anders vor als es das Werk *Tatiščevs* war. Es sollte erstens nicht so umfangreich, zweitens stilistisch gut geschrieben sein und drittens nur das Wichtigste enthalten. Damit verband er keine negative Beurteilung der Arbeit *Tatiščevs*, ganz im Gegenteil, er schätzte sie sehr und setzte sich sogar für die Herausgabe der „Geschichte" ein, wie ein Brief *Tauberts* an *Müller* vom 18. September 1767 zeigt, dem *Schlözers* Entwurf für die Drucklegung der „Geschichte" beigegeben war. Aber für eine Informierung der Ausländer hielt er das Werk *Tatiščevs* doch für ungeeignet. Über *Tatiščev* schrieb *Schlözer*: „*Tatiščev* ist ein Russe, er ist der Vater der russischen

[1] Müller an die Kanzlei der Akademie, 11. 7. 1748. Er bezieht sich auf seine Eingabe vom 23. 12. 1747. Архив АН СССР, ф. 21, оп. 1, Nr. 18, Bl. 14–16

[2] Tatiščev an Schumacher, 30. 6. 1750. Переписка Татищева, S. 297

[3] H. L. Chr. Bacmeister an Müller, 8. 9. 1768; 16. 10. 1768; 23. 2. 1769. Архив АН СССР, ф. 21, оп. 3, Nr. 311 (ohne Blattzählung)

Geschichte, und die Welt soll es wissen, daß ein Russe und kein Deutscher in der russischen Geschichte das Eis gebrochen."[1] Und an anderer Stelle sagte er über *Tatiščevs* Geschichte: „Sie ist ein rühmliches Denkmal von dem wunderwürdigen Fleiße des Verfassers."[2]

Der politischen Geschichte galt die Hauptaufmerksamkeit *Tatiščevs*. Daneben wandte er aber auch der Kirchen- und der Rechtsgeschichte sein Interesse zu. Über die Kirchengeschichte hat er keine eigene Arbeit geschrieben, ist auf sie aber in einem Brief an *Schumacher* vom 26. Oktober 1735 sehr ausführlich eingegangen.

Der Anlaß zu diesem Brief[3] war das Erscheinen von *Johann Arndts* „Wahrem Christentum" in russischer Sprache. „Ich höre, daß *Arndts* Buch vom wahren Christentum übersetzt wurde und gedruckt wird, was ich für nützlich halte", schrieb *Tatiščev*. *Arndts* Buch war in Halle von einem dort studierenden Ukrainer, *Simeon Todorskyj*, übersetzt worden und 1735 erschienen. Die hallischen „Missionare" begannen sofort mit der Verbreitung des Werkes in Rußland, wo im August 1735 die ersten Exemplare eintrafen.[4] Es zeugt sowohl von der intensiven Wirksamkeit der Hallenser in Rußland wie von der engen Verbindung *Tatiščevs* zu diesen Kreisen, daß er bereits im Oktober 1735 im fernen Ural von diesem Buch wußte. Er mußte natürlich mit Recht annehmen, daß die Verbreitung eines solchen Buches in Rußland nicht ohne Genehmigung oder mindestens stillschweigende Duldung möglich war. Sicher hatte er auch von seinem Verbindungsmann erfahren, daß *Prokopovič* und der Akademiepräsident *Korff* aufs engste mit der Herausgabe des Buches verbunden waren. Deswegen erschien ihm die Gelegenheit günstig, einen Vorschlag über die Verbesserung der kirchengeschichtlichen Studien in Rußland zu machen.

Wie jede wissenschaftliche Arbeit war für ihn natürlich auch die Beschäftigung mit der Kirchengeschichte nicht Selbstzweck, sondern sie sollte der ideologischen Festigung des Staates dienen. Das Fehlen guter Kirchenbücher und einer guten Kirchengeschichte sei für den Staat schädlich, weil auf diesem Mangel die Stärke der Raskolniki beruhe. Der Raskol war eine Folge der in der zweiten Hälfte des 17. Jahrhunderts durchgeführten Kirchenreform des Patriarchen *Nikon*, deren Hauptaufgabe es war, die seit Jahrhunderten in die russischen Kirchenbücher eingedrungenen Fehler zu korrigieren und vor allem durch eine einheitliche kirch-

[1] Vgl. seine Ausführungen in: A. L. Schlözer und Rußland, Berlin 1961, S. 191 u. ö.

[2] A. L. Schlözer, Probe russischer Annalen, Bremen/Göttingen 1768, S. 150

[3] Tatiščev an Schumacher, 26. 10. 1735. Архив АН СССР, ф. 1, оп. 3, Nr. 17, Bl. 173–173r. Vgl. Beilagen, Nr. 8. Einen Brief gleichen Inhalts in lateinischer Sprache hatte Tatiščev bereits am 21. 9. 1735 an Schumacher geschrieben, Handschr.-Abt. БАН Собр. воспр., Nr. 88 (Fotokopie)

[4] Über den Druck und seine Verbreitung vgl. Winter, Rußlandkunde, S. 227–243 (Todorskijs russische Drucke); ders., „Einige Nachricht von Herrn Simeon Todorski". In: Zeitschrift für Slawistik, Bd. I, H. 1 (1956), S. 73–100

liche Liturgie, in dem für örtliche Abweichungen kein Platz war, den Einfluß der Kirche als Stütze der Adelsherrschaft weiter zu festigen. Die persönlichen Bestrebungen des Patriarchen *Nikon* gingen aber noch weiter — er wollte die kirchliche Gewalt über die des Zaren stellen. Das ist ihm nicht gelungen. Er wurde 1666 von einem Konzil abgesetzt, seine Reformen aber bestätigt. Diese Reformen, die fortschrittlich waren, weil sie der Festigung des zentralen Staates dienten, führten jedoch zu einer Kirchenspaltung, da sie von vielen Gläubigen und einem Teil des niederen Klerus — den Raskolniki oder Altgläubigen — nicht anerkannt wurden. Diese Raskolnikibewegung, die sich während der Reformen *Peters* bedeutend verstärkte, war einerseits ein Protest des Volkes gegen die wachsende Ausbeutung, andererseits war der reaktionäre Einfluß, der sich gegen die im Zuge der historischen Entwicklung liegende Tendenz zur absoluten Monarchie, der die Kirche untergeordnet wurde, richtete, vorherrschend und wurde vom Staate aktiv bekämpft. *Tatiščev* hat stets betont, daß das beste Mittel gegen die Raskolniki die Aufklärung wäre. Für diese seine Bemühungen wollte er auch die Kirchengeschichte ausnutzen, d. h. die Ansichten der Altgläubigen durch historische Beispiele ad absurdum führen. Der Erfolg war sicher nicht bedeutend, denn bei einem Kampf der Vernunft gegen den Fanatismus wird die erstere nur schwer einen Sieg erringen können. Sein Vorgehen entsprach jedoch ganz dem „aufgeklärten Jahrhundert“.

Welche Aufgaben mußten nach seiner Meinung in Angriff genommen werden, um die kirchengeschichtlichen Studien in Rußland zu fördern? Erstens sollte man Werke über die byzantinische Geschichte edieren und zweitens die Schriften der Kirchenväter vollständig übersetzen. Weiterhin regte er an, die jüdischen Altertümer russisch herauszugeben und schlug die Übertragung englischer, deutscher (er nennt ausdrücklich *Arnold* und meint wahrscheinlich dessen „Kirchen- und Ketzerhistorie“) und französischer Kirchengeschichten vor. Den französischen — nicht näher bezeichneten — Werken gab er den Vorzug vor den deutschen, wie er ja auch Frankreich als das führende Land auf dem Gebiet der Theologie und der Geschichte ansah.[1] Die Frage, an welche französischen Historiker der Briefschreiber dachte, ist nicht zu entscheiden. Man kann aber wohl mit Sicherheit annehmen, daß die ihm bekannte Kirchengeschichte von *Fleury* zu diesen Werken zählte. Zu der Verwirklichung seiner Anregungen wollte *Tatiščev* durch finanzielle Zuwendungen selbst beitragen. Er schloß seine Ausführungen über die Förderung kirchengeschichtlicher Studien in Rußland mit der Bitte, seine Vorschläge der Akademie vorzutragen und betonte, daß er sich in dieser Angelegenheit auch an *Prokopovič* wenden wolle. Von diesem Brief und von einer Vorlage des Vorschlags in den Akademiesitzungen ist nichts bekannt, jedenfalls wird in den Protokollen dieser Zeit nichts davon erwähnt. Wahrscheinlich hat

[1] Tatiščev, Разговор, S. 120

also *Schumacher* die Gedanken *Tatiščevs* nicht weitergegeben. Allerdings muß man in diesem Zusammenhang darauf hinweisen, daß die Beschäftigung mit der Kirchengeschichte nicht zu den Aufgaben der Akademie gehörte, sondern in den Kompetenzbereich des Synods fiel.

Zum Abschluß der Ausführungen über den Historiker *Tatiščev* sei noch kurz auf seine schon mehrfach erwähnten rechtshistorischen Studien eingegangen. Bereits 1740 wandte er sich an die Akademie mit dem Vorschlag, eine Sammlung alter russischer Gesetze und Akten zu edieren, in die alle Materialien aufgenommen werden sollten, für die in seiner Gesamtgeschichte Rußlands kein Platz war und die außerdem eine umfassendere Kommentierung erforderten. Diese Quellenedition — die keine Chroniken, sondern ausschließlich Dokumente berücksichtigen sollte — gedachte er in vier Bänden herauszugeben. Der erste sollte die „alten Gesetze" — d. h. also in erster Linie die „Русская Правда" — der zweite „die Testamente der Großfürsten", der dritte „einige alte Urkunden" und der vierte die Akten der russischen Kirchenversammlungen enthalten. Mit diesem Brief übersandte er gleichzeitig eine von ihm kommentierte und übersetzte Fassung der „Русская Правда" von 1017. Aus den Jahren 1749—1750 ist eine zweite von *Tatiščev* kommentierte und übersetzte Fassung der „Правда" erhalten.[1]

Beiden Redaktionen hat *Tatiščev* ein recht umfangreiches Vorwort vorangestellt, das interessanterweise nicht nur auf die „Правда", sondern auch auf spätere Gesetze eingeht, die in der von ihm vorgeschlagenen Sammlung veröffentlicht werden sollten. Dabei handelte es sich besonders um den „Судебник" *Ivans IV.* von 1550 und um einige Ukaze aus der Zeit an der Wende vom 16. zum 17. Jahrhundert, also um diejenigen, die 1768 von *G. F. Müller* veröffentlicht wurden.[2] In seinen Vorworten betonte *Tatiščev* den Nutzen, der sich aus dem Studium der alten Gesetze nicht nur für die Behandlung der Geschichte Rußlands, sondern vor allem auch für die Gegenwart ergebe. Das sei einmal der Fall, weil viele Gesetze noch ihre Gültigkeit hätten und weil man andererseits aus ihrer Kenntnis Nutzen für die Abfassung neuer Gesetze ziehen könnte. So versuchte er also auch seine rechtshistorischen Studien für seine Zeit nutzbar zu machen. Wenn das von ihm Gesammelte auch erst später, zum Teil sogar erst zwei Jahrhunderte nach seinem Tode, publiziert werden konnte, so schließt das doch nicht aus, daß besonders die Akademie von seinen Forschungen profitierte, wie bereits gezeigt werden konnte. Die Arbeit des Akademiemitgliedes *Strube de Piermont* basierte

[1] Tatiščev an Schumacher, 14. 1. 1740. Архив АН СССР, ф. 1, оп. 3, Nr. 31, Bl. 40. Vgl. Beilagen, Nr. 11. Die beiden „Pravda"-Redaktionen veröffentlichte S. N. Valk in Материалы по истории СССР, Bd. V, Moskau 1957, S. 628—657

[2] Судебник ... Иоанна Васильевича и некоторые сего Государя и ближних его преемников Указы, собранные и примечаниями из-ясненные ... В. Н. Татищевым, Moskau 1768. Neudruck von N. P. Chitrovo, Законодательные памятники XVI и XVII столетий, Moskau 1905

zum großen Teil auf den Vorarbeiten *Tatiščevs*. *Tatiščev* war der erste russische Historiker, der sich eingehend mit der „Русская Правда“ beschäftigte. Neben *Strube* haben sich auch *Lomonosov*, *Schlözer* und alle späteren Forscher auf *Tatiščevs* Forschungen stützen können, wenn auch natürlich stets neue Gesichtspunkte in die Auseinandersetzungen einbezogen wurden.[1]

Auf die Einzelheiten der rechtshistorischen Studien *Tatiščevs* kann hier so wenig eingegangen werden wie auf die Details seiner Beschäftigung mit der politischen russischen Geschichte, weil das zu tief in einzelne Probleme der Geschichte Rußlands führen würde. Es kam besonders darauf an, die Vielseitigkeit *Tatiščevs* und seine Forschungsmethode darzulegen. Es sollte gezeigt werden, daß er sowohl für die russische Historiographie im allgemeinen, wie für die politische, die Kirchen- und die Rechtsgeschichte im besonderen, in gewissen Grenzen sogar für die Wirtschaftsgeschichte, der eigentliche Bahnbrecher war.

Aus dieser von ihm selbst gewählten Aufgabe, deren Erfüllung durch seine Verpflichtungen als Staatsmann noch erschwert wurde, ergeben sich sowohl die Form und die Vorteile seiner Forschungen wie auch die Nachteile. Die Hauptaufgabe, die gelöst werden mußte, war die Sammlung von Quellen. Dabei halfen ihm außerordentlich seine engen und vielseitigen Verbindungen zu wissenschaftlich interessierten Zeitgenossen und seine Reisen in Rußland, durch die er sehr viele bis dahin unbekannte Quellen auffinden konnte. Erst im Anschluß an diese Sammlertätigkeit konnte mit der Darstellung der Geschichte begonnen werden. Diese zweite Stufe hat *Tatiščev* nicht mehr ganz erreichen können, weil ihm die Zeit für die Vollendung und Abrundung seines Werkes fehlte. Seine Fortsetzer stützten sich zwar auf sein Werk, konnten ihm aber unter dem Eindruck der schnellen Weiterentwicklung der Geschichtsforschung nicht voll gerecht werden. Erst in allerneuester Zeit ist man dazu übergegangen, *Tatiščev* durch die Neuauflage seiner „Geschichte“ endgültig den Platz zuzuweisen, der ihm auf Grund seiner Verdienste als Historiker zukommt. *Tatiščev* ereilte das Schicksal vieler Menschen, die etwas Neues beginnen und deren Verdienste von ihren Zeitgenossen und den unmittelbaren Nachfolgern nicht voll erkannt werden. Seine Forschungsarbeiten wurden viel gelesen und ausgewertet, aber nicht genügend gewürdigt. Heute ist jedoch ganz sicher, daß die bahnbrechenden Arbeiten und Anregungen, besonders aber die Sammlertätigkeit *Tatiščevs* die russische Geschichtswissenschaft entscheidend beeinflußten.

[1] Vgl. S. N. Valk, Русская правда в изданиях и изучениях XVIII — начала XIX века. In: Археографический ежегодник за 1958 год, Moskau 1960, S. 124—160

3. *Geographische und lexikographische Arbeiten*

In seinem „Lexikon“[1] stellt *Tatiščev* die allgemeine Geographie, die den ganzen Erdkreis beschreibt, der speziellen Geographie gegenüber, die einzelne Länder oder auch einzelne Gebiete behandelt. Außerdem nennt er als Spezialgebiete der geographischen Forschung die historische oder die politische Geographie, die sich mit den Grenzen und der Lage eines Gebietes, mit den Bewohnern und der Regierung eines Landes beschäftige und wie die Geschichte in eine alte, eine mittlere und eine neue zerfalle, die mathematische Geographie, deren Aufgabe die Herstellung von Landkarten sei, und die physikalische Geographie, die sich der Erde, dem Wasser und der Luft, d. h. also den Oberflächenerscheinungen der Erde widme. Eine etwas andere Einteilung der Geographie bietet er in einer Arbeit, in der er an Stelle von mathematischer von astronomischer Geographie spricht und zwischen politischer und historischer Geographie unterscheidet.[2] Diese Einzelheiten sind jedoch von untergeordneter Bedeutung.

In seinen Anschauungen über die Einteilung der Geographie stützte sich *Tatiščev* weitgehend auf die ihm bekannte und von ihm geschätzte „Geographia Generalis“ des *Bernhard Varenius.* Dessen Werk, in erster Auflage 1650 erschienen, war eines der am weitesten verbreiteten geographischen Handbücher; allein im 17. Jahrhundert erlebte er mindestens fünf Auflagen. Zwei davon (1672, 1681) hatte *Newton* besorgt — ein Zeichen für die Wertschätzung, die *Varenius* genoß. Besonders wertvoll war dessen Werk, weil es viele Ansichten über das Weltsystem darlegte, dabei aber ganz eindeutig das heliozentrische System von *Kopernikus* verteidigte. Darin besteht nicht zuletzt die große Bedeutung dieses Werkes. Bereits 1718 erschien *Varenius'* Buch auch in russischer Sprache, und zwar in der Übersetzung des vielseitigen *Fedor Polikarpov*, der als Lexikograph und als Historiker bereits genannt wurde. *Tatiščev* hatte dieses Werk von *Varenius* auch in seiner Bibliothek zu stehen.[3]

Allen genannten Disziplinen der Geographie hat *Tatiščev* seine Aufmerksamkeit zugewandt, ohne allerdings bei seinen Darstellungen stets zwischen den einzelnen Teilgebieten so streng zu unterscheiden, wie er es in der Theorie tat.[4]

[1] Tatiščev, Лексикон, Bd. II, S. 38—40 [2] Tatiščev, Избранные труды, S. 203—205

[3] L. S. Berg, Географические труды В. Н. Татищева. In: Вопросы Географии. Сборник, Bd. 31, Moskau 1953, S. 33f.; Bibliothekskatalog Tatiščevs bei Pekarskij, Новые известия, S. 59; über die Bedeutung Varenius' für Rußland: B. E. Rajkov, Очерки по истории гелиоцентрического мировоззрения в России, Moskau/Leningrad 1937, S. 117—122; 2. Aufl., Moskau/Leningrad 1947, S. 170—177

[4] Über die Entwicklung der geographischen Forschung in Rußland informiert neuerdings eingehend V. I. Grekov, Очерки из истории русских географических исследований в 1725—1765 гг., Moskau 1960

Die Geographie war der eigentliche Ausgangspunkt seiner wissenschaftlichen Studien, und dreißig Jahre hindurch hat er ihr stets seine Aufmerksamkeit gewidmet. Das Ergebnis waren neun Abhandlungen, die, zu verschiedenen Zeiten geschrieben, verschieden umfangreich und auch unterschiedlich an Bedeutung, heute einen Band von ca. 200 Seiten füllen. Alle diese Aufsätze, zum Teil handelt es sich um Vorarbeiten für größere Werke, sind zu seinen Lebzeiten unveröffentlicht geblieben, größtenteils sogar erst in den letzten Jahren erstmalig publiziert worden. Der Herausgeber dieser Arbeiten, der verdienstvolle *Tatiščev*-Forscher *A. I. Andreev*, hat in einer 35 Seiten umfassenden Einleitung die Entstehungsgeschichte jeder einzelnen Abhandlung eingehend dargelegt. Daher wird hier nur ein Überblick über die wichtigsten Arbeiten gegeben.

Die erste wissenschaftliche geographische Arbeit *Tatiščevs* stammt aus dem Jahre 1736 und führt den Titel „Allgemeine geographische Beschreibung ganz Sibiriens". Die Anlage des Werkes — das Inhaltsverzeichnis nennt 45 Kapitel, von denen aber nur 13 ausgearbeitet wurden — zeigt, daß über die Geographie hinausgehend auch politische, kirchliche, wirtschaftliche und militärische Probleme behandelt werden sollten. Außerdem gedachte der Autor jedem in Sibirien lebenden Volk ein besonderes Kapitel zu widmen, fügte jedoch ausdrücklich hinzu: „wenn es möglich ist, Nachrichten zu erhalten."[1] Diesem Ziel diente auch die von ihm ausgearbeitete Enquête, durch die er von allen „Generalgouverneuren, Gouverneuren, Vizegouverneuren, Voevoden und anderen Beamten" aus ganz Rußland Nachrichten anforderte.

Das erste derartige Verzeichnis von 92 kurzen Fragen hatte *Tatiščev* bereits 1734 fertiggestellt und an die Akademie versandt, in der, wie schon erwähnt, darüber beraten wurde. Damals hatte bekanntlich auch *Bayer* den Abdruck dieser Fragen in der „Sammlung russischer Geschichte" empfohlen. Da die 1737 einlaufenden Antworten der örtlichen Verwaltungsorgane aber keineswegs den Erwartungen *Tatiščevs* entsprachen, entschloß er sich zur Ausarbeitung einer neuen Enquête, die nunmehr 198 bei weitem detailliertere Fragen enthielt. Eine Abschrift davon erhielt auch die Akademie, die am 2. Dezember 1737 über diese Fragen diskutierte und die Professoren zur Begutachtung aufforderte.[2] Eine Einschätzung des Planes *Tatiščevs* ist jedoch bisher nicht bekannt, genausowenig wie dem Autor eine Beurteilung seiner Beschreibung Sibiriens von 1736 zugesandt wurde, obwohl ihm *Schumacher* mitgeteilt hatte, daß er sie den Mitgliedern zur Beurteilung übergeben habe.[3] Noch zwei Jahre später mußte *Tatiščev* die Akademie an seine Arbeit erinnern: „Von dem an Sie geschickten Anfang der sibirischen Geographie bitte mir gleichfalls eine Nachricht aus, worumb sie der Akademie nicht

[1] Tatiščev, Избранные труды, S. 40
[2] Протоколы, Bd. I, S. 442
[3] Schumacher an Tatiščev, 8. 5. [1737]. Архив АН СССР, ф. 1, оп. 3, Nr. 62, Bl. 102r

gefallen, denn ob ich schon viele Nachrichten gesammlet, allein ich will damit nicht fortfahren, weil ich nicht weiß, wie solches ist aufgenommen worden . . ."[1]

Die von *Tatiščev* angewandte Methode zur Nachrichtensammlung hätte, wenn sie richtig vorbereitet und von den örtlichen Verwaltungsorganen genügend unterstützt worden wäre, zu großen Erfolgen führen müssen. Die gleiche Methode hatte bereits 200 Jahre früher der von ihm sehr geschätzte deutsche Kosmograph *Sebastian Münster* angewandt, dessen Werk der russische Geograph sogar in zwei Exemplaren in seiner Bibliothek besaß. *Münster* hatte seinerzeit ein gedrucktes Verzeichnis von Fragen versandt und dadurch aus vielen Ländern Nachrichten, aber auch Skizzen und Karten erhalten. *Tatiščev* bezeichnete *Münster* als den ersten Geographen der neuen Zeit, wenn er dessen Werk auch, besonders in den Teilen, die Osteuropa betrafen, kritisierte.[2]

Alle in der Enquête aufgeführten Fragen können hier natürlich nicht genannt werden. Die Enquête zerfällt in folgende Abschnitte: 1. Probleme, die das gesamte Russische Reich betreffen. Dieser Abschnitt ist nochmals untergliedert. Es wird nach verschiedenen Bezeichnungen von Orten, Landstrichen usw., nach den Grenzen, nach den klimatischen Verhältnissen, nach den Flüssen, Seen usw., nach der natürlichen Beschaffenheit des Landes, nach den Bodenschätzen, nach den Bewohnern und nach den Siedlungen gefragt. 2. Über die heidnischen Völker. 3. Über die Mohammedaner. 4. Einige allgemeine Fragen, die sich unter anderem auf verschiedene abergläubische Ansichten beziehen. Aus dem Gesagten geht bereits hervor, daß der Rahmen ziemlich weit gespannt war und die Fragen alle Lebensgebiete betrafen. So wollte der Autor wissen, wann der letzte Aufstand war und wie er niedergeschlagen wurde, wann die Russen kamen, wie sie von den Bewohnern und wie diese von den Russen und von ihren Nachbarn genannt werden. Besonders zahlreich sind die Fragen über ethnographische Verhältnisse, aber auch die über die wirtschaftlichen Zustände: Über die angebauten Kulturen, über Fauna und Flora, über die Fruchtbarkeit des Bodens, über alle Bodenschätze und über die hauptsächlichsten Industriezweige.[3] Von den auf seine Anfragen erhaltenen Materialien hat *Tatiščev* nur wenige für seine eigenen Arbeiten auswerten können. Sie sind bis heute der Forschung noch nicht voll erschlossen.[4]

Der Sammlung von Material und der Organisation der geographischen Erschließung Rußlands wandte *Tatiščev* stets seine besondere Aufmerksamkeit zu. Dabei suchte er neben der Versendung seiner Enquête auch alle anderen sich bietenden Möglichkeiten zu nutzen. Eine solche war die Auswertung der Materia-

[1] Tatiščev an Schumacher, 28. 12. 1738. Ebd., ф. 121, оп. 2, Nr. 130, Bl. 49

[2] Tatiščev, История, I, S. 308; Bibliothekskatalog bei Pekarskij, Новые известия, S. 61, 63

[3] Tatiščev, Избранные труды, S. 77–95

[4] Einiges Material veröffentlichte E. Ju. Šapot in ihrer Kandidatendissertation, В. Н. Татищев и его деятельность в области русской географии, Leningrad 1950, S. 357–401 (Masch.-Schrift)

lien, die die zweite Kamtschatka-Expedition der Akademie, der *G. F. Müller*, *J. G. Gmelin* und andere angehörten, gesammelt hatte. Durch die Bezeichnung Kamtschatka-Expedition darf man sich nicht täuschen lassen, die Halbinsel im Fernen Osten war nur das Endziel der Forschungsreise. Viele Jahre hindurch reisten die Mitglieder in Sibirien und sammelten dabei sehr viel Material, das *Tatiščev* besonders interessierte. Es war aber gar nicht leicht, an das Gesammelte heranzukommen, weil es wie ein Staatsgeheimnis behandelt wurde.[1] Es ist deswegen sogar zu Auseinandersetzungen zwischen *Gmelin* und *Tatiščev* gekommen. Alle Materialien, die der russische Geograph erhalten wollte, mußte er sich über die Akademie beschaffen, obwohl er sie von *Gmelin*, der allerdings an seine Weisungen gebunden war, leichter hätte erhalten können. So wurde beispielsweise am 21. Mai 1737 auf der Sitzung der Akademiemitglieder, nachdem *Tatiščev* am 21. Juli 1736 aufgefordert worden war, die Expedition zu unterstützen, beschlossen, ihm einen Teil der inzwischen eingegangenen Unterlagen zu übersenden.[2]

Tatiščev hielt das mit Recht für einen überflüssigen Umweg und war daher, wie aus einem Brief *Gmelins* an *Schumacher* hervorgeht[3], bereits Anfang 1735 an die Expedition, deren Verbindungsmann zur Akademie er war, mit der Bitte herangetreten, ihm alle wichtigen Nachrichten zuzusenden: „Gedachter Herr Etatsrat [*Tatiščev*] verlangte von uns, wir sollten ihme alles, was zu der Geographie Sibiriens gehörte, kommunizieren, weil er von Ihrer Kaiserl. Maj. beordert wäre, eine genaue Beschreibung des ganzen Landes zu machen und deswegen auch Geodäsisten bei sich hätte." *Gmelin* schrieb weiter an *Schumacher*, daß er sich keineswegs verpflichtet fühle, auf „ein bloßes Privatschreiben" Materialien herauszugeben. „Allein dieser Ursach habe in der Antwort [an *Tatiščev*] nicht gedacht, sondern nur so viel gemeldet, daß wir uns zwar die größte Freude machten, alles was er verlangt, zu geben, wir wären aber und alle unsere Leute so mit Geschäften obruieret [eingedeckt], daß wir kaum Zeit hätten, Kopien von allem an den ... Senat, ... viel weniger dann doppelte Kopien machen zu lassen." *Tatiščev* solle sich alles durch die Akademie beschaffen. Die Expeditionsmitglieder wären bereit, einen entsprechenden Antrag beim Präsidenten zu unterstützen und bäten hiermit *Schumacher* um entsprechende Intervention. Zum Schluß betonte *Gmelin* noch einmal ausdrücklich: „Die Ursache indessen, die wir dem Herrn Etatsrat gemeldt, ist gewiß wahr."

Der größte Schaden, den diese schlechte Zusammenarbeit zur Folge hatte, war noch nicht einmal der, daß *Tatiščev* keine Unterlagen für seine eigene Darstellung

[1] Im Senatsukas über die Aussendung dieser Expedition hieß es u. a.: „... прежде того, пока о том повелено будет ..., ни тайно ни явно о том, о чем не надлежит, до времени публиковать, никуда не объявлять и не писать ..." ПСЗ, Bd. 8, Nr. 6291, S. 1215

[2] Протоколы, Bd. I, S. 288, 392f.

[3] Gmelin an Schumacher, Jakutsk. 21. 3. 1735. Архив АН СССР, ф. 1, оп. 3, Nr. 17, Bl. 161–162r

erhielt, sondern er bestand darin, daß sich die Forschungen der Akademie-Expedition und die der von *Tatiščev* ausgesandten Geodäten überschnitten, weil die einen nicht wußten, was die anderen taten. Eine engere Zusammenarbeit hätte zu entschieden größeren Erfolgen führen können.

Trotz dieses Mißerfolges, dessen Ursache *Tatiščev* nicht kannte, da ihn *Gmelin* über das oben erwähnte Verbot des Senats nicht informiert hatte, versuchte es der russische Forscher jedoch stets von neuem, von der Kamtschatka-Expedition Materialien zu erhalten, wie aus einem Brief *Gmelins* an *Tatiščev* hervorgeht. Letzterer hatte am 14. Oktober 1735 von *Gmelin* nähere Mitteilungen über Silberfunde in Sibirien erbeten, seine Wünsche aber nicht als Privatmann angemeldet, sondern als Leiter der Sibirischen Bergkanzlei ein offizielles Schreiben geschickt. Darauf erfolgte eine scharfe Antwort, daß nämlich die Angehörigen der Expedition als Akademiemitglieder und Forschungsreisende nur dem Senat unterstünden und von der Bergverwaltung keine Ukaze anzunehmen brauchten. „Wir sind bloß zu Entdeckungen und Untersuchungen in denen Wissenschaften geschickt. Von der Ökonomie des Reichs ist uns nichts anbefohlen. Wir verstehen auch dieselbe nicht ...“[1]

Diese Beispiele vermitteln ein eindrucksvolles Bild davon, wie schwierig und kompliziert die Erforschung eines so großen Landes wie Rußland im 18. Jahrhundert war und welche gewaltige Arbeit, aber auch welche Auseinandersetzungen hinter manchen heute selbstverständlich anmutenden geographischen Nachrichten standen. Es wird aber auch deutlich, welche große Bedeutung einer exakten Organisation der geographischen Arbeiten zukam und daß entscheidende Erfolge nur bei einer umfassenden Zusammenarbeit verschiedener Expeditionsgruppen erreicht werden konnten. Daher entschloß sich *Tatiščev*, sobald er wieder in der Hauptstadt weilte, durch eine Eingabe auf eine bessere Organisation der geographischen Forschungsarbeiten hinzuwirken. Dabei konnte er sich auf seine langjährigen praktischen Erfahrungen im Ural und in Orenburg stützen.

Der Grundgedanke dieser Eingabe vom 30. April 1739[2] besteht darin, die geographischen Forschungsarbeiten zu zentralisieren und einheitlich zu leiten. Die bisherige Trennung zwischen der Akademie, bei der die Professoren mit der Herstellung russischer Landkarten beschäftigt waren, und den im Lande reisenden Geodäten sollte aufgehoben werden, weil nur dann eine erfolgversprechende Arbeit möglich sei. Damit hatte der Verfasser auf das wichtigste Problem hingewiesen. Es mußte ein Teufelskreis durchbrochen werden: Bei der Akademie konnten keine guten Karten hergestellt werden, weil die entsprechenden Unterlagen fehlten. Diese konnten aber wiederum nur von den Geodäten zusammengetragen

[1] Gmelin an Tatiščev, Irkutsk, 31. 12. 1735. Ebd., Ф. 21, оп. 1, Nr. 10, Bl. 6–9; dass. russisch, Ф. 21, оп. 5, Nr. 66, Bl. 316–319
[2] Tatiščev, Избранные труды, S. 98–103

werden, die jedoch nicht die notwendige Unterstützung erhielten, da die Akademie keine umfassende Instruktion mit Hinweisen für die Forschungsarbeit ausarbeitete und auch keine Meßinstrumente zur Verfügung stellte. Die Folge war, wie *Tatiščev* schrieb, daß nicht nur keine mangelhaften, sondern überhaupt keine Karten hergestellt wurden. Mit der Meinung des langjährigen Leiters der kartographischen Arbeiten an der Akademie, *Joseph Nicolas Delisles*, lieber gar keine als unrichtige Karten herzustellen, erklärte sich der russische Geograph nicht einverstanden und verwies darauf, daß das bisher nicht einmal in Frankreich möglich gewesen sei, wie die Karten der französischen Geographen *Nicolas Sanson* und *Guillaume Delisle* zeigten. Wenn man dazu übergehe, wenigstens erst einmal Karten zu drucken, könnten diese auch leichter korrigiert werden, da jeder dann sähe, woran es noch mangele. In dieser Hinsicht wußte sich *Tatiščev* einig mit *L. Euler*, der 1751 über den 1745 erschienenen „Russischen Atlas" schrieb: „Wann inzwischen dieser Atlas nicht wäre ausgegeben worden, so würden diese Fehler niemals seyn erkannt worden, und eben diese Erkänntnüß wird die Academie in Stand setzen, inskünftig bessere Carten zu liefern."[1]

Tatiščev sprach vor allem als Praktiker, dem es nicht darauf ankam, in dringenden Fällen auch einmal zu improvisieren. Er wußte aus täglicher praktischer Erfahrung, wie nachteilig das Fehlen von Landkarten für die Verwaltung und die Wirtschaft war und drang daher auf Abhilfe. Das bedeutete jedoch keineswegs, daß nunmehr alles übereilt werden sollte. Neben den genannten Maßnahmen, die zu einer schnellen Änderung führen sollten, machte er auch weitergehende Vorschläge, die sich vor allem auf eine verbesserte Ausbildung und eine höhere Bezahlung der Geodäten bezogen, um deren Interesse an der wissenschaftlichen Arbeit zu fördern. Eine detaillierte Instruktion sollte sie auf die wichtigsten Aufgaben hinweisen und sie zu besserer Arbeit anleiten. Dieser Vorschlag, den er dem Senat überreichte, führte zwar nicht zu sofortigen Ergebnissen, war aber auf die offizielle Übernahme der geographischen Arbeiten durch die Akademie im Oktober 1739 von großem Einfluß. Seit dieser Zeit war das Geographische Departement, das faktisch bereits seit 1735 im Rahmen der Akademie bestand, eine offizielle Einrichtung dieser Institution. Das erste sichtbare Zeichen für die erfolgreiche Arbeit dieser Abteilung war der 1745 erschienene „Russische Atlas", der 19 Spezial- und eine Generalkarte Rußlands enthielt.

In jenen Petersburger Jahren arbeitete *Tatiščev* auch an einer geographischen Beschreibung Rußlands, die trotz ihrer Kürze ein umfassendes Bild der politischen und wirtschaftlichen Verhältnisse in Rußland am Ende der dreißiger Jahre des 18. Jahrhunderts gibt. Neben der genauen administrativen Einteilung sind die Mitteilungen über Bodenschätze und Industrie besonders wertvoll. Der Verfasser

[1] Die Berliner und die Petersburger Akademie im Briefwechsel Leonhard Eulers, Teil 2 (= Quellen und Studien zur Geschichte Osteuropas III/2), Berlin 1961, S. 257

nennt die Fundstellen von Gold, Silber, Kupfer, Eisen, Salz, Schwefel und Edelsteinen und macht wertvolle Angaben nicht nur über die Standortverteilung der Industrie, sondern — in summarischen Angaben — auch über den Produktionsumfang. So teilt er beispielsweise mit, daß die Eisenwerke bei Tula fast die Hälfte der Armeeausrüstung liefern, daß die Uralwerke dagegen mehr für den friedlichen Bedarf arbeiten, aber auch Waffen produzieren.[1] Er schuf damit ein wichtiges Informationsmittel über die physische Beschaffenheit und über die politischen und ökonomischen Verhältnisse seines Vaterlandes, das aber leider erst fast hundert Jahre nach seinem Tode erstmalig publiziert wurde. Das ist um so bedauerlicher, weil es in der ersten Hälfte des 18. Jahrhunderts keine Darstellung gab, die den Leser so kurz und umfassend hätte informieren können.

Noch wertvoller und etwas umfangreicher ist seine 1744 beendete „Einführung zu einer historischen und geographischen Beschreibung des Großrussischen Reiches“[2], in der er wie auch in seinen schon genannten anderen Arbeiten die Zustände in Rußland genau beschreibt. Er geht dabei nicht nur auf die natürliche Beschaffenheit des Landes ein, sondern beschreibt auch alle in Rußland wohnenden Völkerschaften, die militärische Stärke des Landes, die Staatseinnahmen, die Wirtschafts- und Schulverhältnisse und die administrative und kirchliche Einteilung des Landes. Bei der Aufzählung der Völker Sibiriens stützte er sich auf „Manuskripte“, die er von einem „sehr gebildeten Herrn N.“ erhalten hatte.[3] Bisher ist nicht geklärt, um wen es sich hier gehandelt hat.

Tatiščev war neben *Kirilov*, auf dessen Beschreibung Rußlands bereits verwiesen wurde, der erste Russe, der sich so umfassend mit dem geographischen Studium Rußlands beschäftigte; wie auf vielen anderen Gebieten gebührt ihm auch als Geograph das Verdienst, etwas Neues begonnen und einen wichtigen Beitrag zur Erforschung seiner Heimat geleistet zu haben. Aber wie er stets über die Grenzen seines Landes hinausschaute, so tat er es auch als Geograph und versuchte, sich einen Überblick über den Stand dieser Wissenschaft im Ausland zu verschaffen. Als das führende Land in der geographischen Forschung sah er Frankreich an. Dabei dachte er keineswegs nur an die Kartographie, sondern vor allem an die mathematische Geographie im allgemeinen.[4] Seine Überzeugung gründete sich besonders auf die Forschungsergebnisse von *Maupertuis*, der 1735 und 1736 in Lappland astronomische Messungen durchgeführt hatte. *Maupertuis* bewies damit die *Newton*sche Theorie von der Abplattung der Erde an den Polen. *Tatiščev* nannte zwar *Maupertuis* nicht ausdrücklich, wies aber auf die Auseinandersetzungen über die Form der Erde an den Polen hin.[5]

[1] Ebd., S. 107—135
[2] Ebd., S. 143—194
[3] Ebd., S. 173
[4] Tatiščev, О географии вообще и о русской. Ebd., S. 211f.
[5] Tatiščev, Лексикон, Bd. II, S. 43f.

Besonders interessierten *Tatiščev* aber natürlich Werke, die die russische Geographie behandelten. Zu diesen gehörten *Johann Hübners* „Kurze Fragen aus der alten und neuen Geographie" (1. Aufl. 1693; insgesamt 36 Auflagen). Seine Schrift wurde in nahezu alle europäischen Sprachen übersetzt, darunter 1719 auch in die russische. In dieser Ausgabe wurde jedoch der Rußland betreffende Teil ausgelassen, weil er gar zu falsch war. Trotzdem hat sich *Tatiščev* darangemacht, eine ausführliche Rezension zu diesem Kapitel zu schreiben, die er der Akademie zusandte.[1] Diese Rezension ist nicht als fortlaufender Text abgefaßt, sondern sie besteht aus Bemerkungen zu den einzelnen Paragraphen. Nachdem der Rezensent die von *Hübner* — wie auch von vielen anderen Forschern — vertretene Theorie, daß die Brüder Čech und Lech die Stammväter der Tschechen und Polen (Lachen) gewesen seien, als völligen Unsinn bezeichnet hatte, kam er bei der Durchsicht von *Hübners* Beschreibung der Grenzen Rußlands zu der Überzeugung, daß „*Hübner* nie eine russische Landkarte sah". Weiterhin kritisierte er, daß einige russische Flüsse nicht erwähnt wurden, und wies auf andere kleinere Mängel hin, so z. B. daß die Volga bei Tver' entspringe, oder daß er Städte verwechsele. Besonders viele Fehler enthielt natürlich die Beschreibung Sibiriens. *Hübner* schrieb beispielsweise, daß am Ob die Samojeden wohnen. Dazu bemerkte *Tatiščev* richtig, daß dieses Volk an der Pečora, am Ob aber die Ostjaken ansässig seien. Besonders mußten den Russen Behauptungen aufbringen, die in ihrer Verallgemeinerung keineswegs zutrafen, wie: Die Russen halten Sibirien für ein verfluchtes Land, oder: Die Kupfer- und Eisenwerke liegen „itzo ganz stille". Zu solchen und ähnlichen Feststellungen bemerkte der Rezensent nur: „falsch" oder „sehr falsch".

Die Kritik richtete sich natürlich nicht in erster Linie gegen *Hübner* persönlich, sondern gegen die in Westeuropa herrschenden Anschauungen über Rußland, für die seine Darstellung eine wichtige Quelle ist. Von entscheidender Bedeutung ist in diesem Falle die Frage, welche Ausgabe von *Hübners* „Fragen" *Tatiščev* benutzt hat. Einen Hinweis gibt uns eine Nachricht über die Stadt Verchotur'e im Ural, die nach *Hübners* Mitteilung 1720 bekannt wurde, wozu der russische Geograph richtig bemerkte, daß die Stadt bereits seit 150 Jahren bestand. Das von *Tatiščev* rezensierte Exemplar stammte also aus dem dritten Jahrzehnt des 18. Jahrhunderts und ist somit ein wichtiges Zeugnis dafür, wie falsch die westeuropäischen Vorstellungen von Rußland damals noch waren. Diese Erkenntnis war es unter anderem, die *Tatiščev* immer wieder antrieb, Nachrichten über die Geschichte und die Geographie seines Vaterlandes zu sammeln und sie der Akademie zur Publizierung zuzusenden. Dadurch sollte auch die Behauptung *Hübners*, daß in Rußland große Unwissenheit herrsche, widerlegt werden. *Tatiščev* wies darauf hin, daß bereits im 16. und 17. Jahrhundert, wenn auch in geringem Maße, griechische und lateinische Bildung vermittelt wurde. Der Rezensent wußte zwar

[1] Архив АН СССР, Р. II, оп. 1, Nr. 205, Bl. 187—195 (Abschrift)

selbst, wie groß der Rückstand gegenüber dem übrigen Europa und wie weit Rußland, besonders aber Sibirien, noch terra incognita war. Er wandte sich aber vor allem gegen die schon genannten unrichtigen Verallgemeinerungen und gegen die Darstellung Rußlands als eines halbbarbarischen Landes und kam zu dem Schluß, daß *Hübners* Geographie in ihren Rußland betreffenden Teilen nichts tauge. Damit bestätigte er durch seine eigenen Forschungen, wie richtig der Entschluß war, den Rußland betreffenden Teil *Hübners* nicht ins Russische zu übersetzen.

Tatiščevs Bemühungen, das westeuropäische Rußlandbild zu beeinflussen, kam die Publikation von Büchern über Rußland besonders entgegen, und er hat daher entsprechende Neuerscheinungen aufmerksam beachtet. So befand sich in seiner Bibliothek beispielsweise das 1725 in Nürnberg erschienene Werk „Der allerneueste Staat von Sibirien" (246 S.). Ein Urteil über dieses Werk ließ sich leider nicht feststellen. Ebensowenig ist geklärt, wer der oder die Verfasser dieses Werkes waren. Vielleicht sollte man ihn oder sie in den Kreisen der schwedischen Gefangenen in Rußland suchen, die bis 1720 in Sibirien lebten und als Forscher sehr aktiv waren. Zu diesem Kreis gehörte ja auch *Strahlenberg*, der mit *Tatiščev* eng befreundet war und dessen Werk über Sibirien der Russe ausführlich besprach.

Strahlenberg hat über Rußland das schon mehrfach erwähnte Buch „Das Nord und Ostliche Theil von Europa und Asia" (Stockholm 1730) herausgegeben und sich außerdem zusammen mit dem Bibliothekar des Schwedischen Kollegiums für die Erforschung des Altertums, *Brenner*, um die Kommentierung der Geschichte der Tataren von *Abulgazi* bemüht.[1] *Abulgazi* (1603—1663) war Khan von Chiwa gewesen und hat in seiner Arbeit auch wichtiges Material zur russischen Geschichte zusammengetragen. Veröffentlicht hat *Strahlenberg* dieses Werk nicht, weil ihm ein anderer zuvorkam. 1726 erschien in Leyden die „Historie généalogique des Tatars. Traduit du manuscrit tatare d'*Abulgasi*-Bayadur Chan par D.***". *E. Winter* hat feststellen können, daß der ehemalige schwedische Kriegsgefangene *A. Lados* der Herausgeber war[2], während man bisher vermutete, daß sich hinter dem Pseudonym ein Engländer verbarg.[3] 1768 erschien eine russische Übersetzung der französischen Ausgabe von *Trediakovskij*, deren Handschrift aber *Tatiščev* bereits kannte. Er wußte auch, daß die Anmerkungen — die nach seiner Meinung „teils aus Unkenntnis, teils aus Voreingenommenheit" schlecht waren — von einem Schweden stammten.[4] Offensichtlich hatte er bei seinem Aufenthalt in Schweden mit *Strahlenberg* über *Abulgazis* Werk gesprochen und dort auch erfahren, welchem Schweden das Manuskript noch bekannt war.

[1] Tatiščev, История, I, S. 353 (S. 270)
[2] Winter, Rußlandkunde, S. 317 f.
[3] Vgl. die Anmerkungen von A. Andreev zum Briefwechsel Tatiščevs. In: ИА, Bd. VI, S. 299
[4] Tatiščev an Razumovskij, 25. 9. 1746. Переписка, S. 254

Vor allem drehten sich die Gespräche der beiden Forscher aber um *Strahlenbergs* eigenes geplantes Werk. *Strahlenberg* bat *Tatiščev* um die Vermittlung beim Zaren, da er *Peter* sein Buch widmen wollte. Daher haben beide viel über den Zaren gesprochen, und der Russe konnte *Strahlenberg* wichtige Mitteilungen machen.[1] Diese Widmung ist später, wahrscheinlich infolge *Peters* Tod, unterblieben, und das Werk ist dem schwedischen König gewidmet. Es ist bereits mit Recht darauf hingewiesen worden, daß hinter der von *Strahlenberg* gegebenen Einschätzung des Nordischen Krieges wahrscheinlich *Tatiščev* stand.[2] Es wird an der entsprechenden Stelle (S. 262) gegen die Meinung polemisiert, „daß solcher [der Nordische Krieg] mehr zu des Imperatoris Gloire als Nutzen des Landes geführt worden." *Strahlenberg* zitiert die Meinung eines Russen, daß Rußland durch diesen Krieg eine „Vormauer" bekommen habe; außerdem sei der Krieg „wegen vor Zeiten verlohrner Provintzen" notwendig gewesen. Mit anderen Worten gesagt: Der Krieg wurde zum Nutzen des Vaterlandes geführt; ein völlig petrinischer Gedankengang.

So eingehend sich also *Tatiščev* und *Strahlenberg*, wie aus dem Mitgeteilten hervorgeht, über das Rußland *Peters* unterhalten haben, so wenig wirkte sich ihre Zusammenarbeit offensichtlich auf *Strahlenbergs* Darstellung der Geographie, Ethnographie, Geschichte und Sprachentwicklung Rußlands aus. Sonst hätte *Tatiščev* wohl kaum nach dem Erscheinen des Buches noch so viele Fehler darin finden können.

Bei einer Beurteilung dieser Kritik, auf die noch etwas näher einzugehen sein wird, muß unbedingt die Situation beachtet werden, in der sich *Strahlenberg* befand, als er sein Material zusammentrug. Er konnte sehr schlecht russisch, und er war Gefangener, wenn er auch in Sibirien relativ große Freiheit genoß, da er eine Karte des Landes angefertigt hatte, die *Peter* sehr gefiel. Dieser versuchte daher, *Strahlenberg* als Leiter der geodätischen Arbeiten in Rußland zu halten. Das ist ihm nicht gelungen, obwohl *Strahlenberg* den Zaren sehr schätzte.[3] Bei einer Einschätzung seines Werkes hat *I. Kirilov* daher mit Recht darauf verwiesen, daß *Strahlenberg* zwar sehr viel Material sammeln, aber keine genauen Beobachtungen anstellen konnte, da ihm die notwendigen Instrumente fehlten. Außerdem habe ihn wahrscheinlich die Bevölkerung nicht sehr unterstützt, weil sie in den Gefangenen stets Spione vermutete.[4] *Kirilovs* Hinweis ist nicht ganz unberechtigt. Vereinzelt versuchten schwedische Gefangene tatsächlich, unter dem sich zurückgesetzt fühlenden russischen Hochadel Stimmung gegen *Peter* zu machen. Gegen

[1] Brief Tatiščevs vom 2. 1. 1725 bei Pekarskij, Новые известия, S. 16
[2] Doerries, Rußlands Eindringen, S. 38f.
[3] N. Katanov, Швед Филипп-Иоганн Страленберг и труды его по России и Сибири, 5 Seiten, Vortrag in der Общество Археологии, Истории и Этнографии при Имп. Казанском университете am 30. 4. 1902 (eingesehen in der Lenin-Bibl. Moskau)
[4] I. Kirilov an die Akademie, April 1735. Материалы, Bd. II, S. 707—709

solche Wühlereien wandte sich ein Ukaz *Peters* aus dem Jahre 1715, der zur Anzeige solcher Vorgänge aufforderte.[1] Unter diesen Umständen verhielt sich die Bevölkerung selbstverständlich zurückhaltend, weil sie ständig fürchtete, in gerichtliche Untersuchungen verwickelt zu werden. Alle diese geschilderten Umstände mußten sich natürlich negativ auf die Erforschung des Landes auswirken, bei der die Forscher stets auf die enge Zusammenarbeit mit der Bevölkerung angewiesen waren.

Tatiščev beschäftigte sich mit dem Werk *Strahlenbergs* sehr ausführlich, betraf es ja fast ausschließlich auch sein eigenes Forschungsgebiet, und ging auf sehr viele einzelne Probleme ein, die hier nicht alle genannt werden können.[2] Es soll lediglich versucht werden, eine auf *Tatiščevs* Mitteilungen beruhende grundsätzliche Einschätzung von *Strahlenbergs* Buch zu geben.

Zunächst stellte der Rezensent fest, daß *Strahlenberg* wegen seines Eifers und wegen der Mühe, die er auf sich genommen hatte, sehr gelobt werden müsse, weil er seiner Mitwelt nicht wenige Nachrichten über die Herkunft der Völker vermittle und zu weiteren Forschungen anrege, weil er ,,über viele Verhältnisse der Welt ein Fenster aufgestoßen hat". Diese große Bedeutung des Werkes werde aber etwas gemindert, da der Autor die russische und die tatarischen Sprachen nicht beherrsche, da ihm viele wichtige Nachrichten nicht zugänglich gewesen wären und da die gesamte Vorbereitung des Buches zu sehr dem Zufälligen unterworfen gewesen wäre. Der Rezensent sah es als seine Aufgabe an, ,,ohne Voreingenommenheit" die wichtigsten Fehler des Werkes festzustellen, damit die Wahrheit über Sibirien verbreitet werde. Den gleichen Grundton findet man auch in einem Urteil *Vockerodts* über *Strahlenbergs* Buch. Auch er fand „darinne viel Gutes, woraus man den migrationibus gentium in vielen Stücken ein Licht geben kann". Wie *Tatiščev* wandte er sich aber besonders gegen die „Ethymologien" des Schweden, worin „er öfters sehr unglücklich ist", da er die slawischen Sprachen nicht genügend kenne. Als Beispiel führten beide Rezensenten den Namen der Slawen an, der nicht, wie *Strahlenberg* behauptete, von слово „Wort", sondern von слава „Ruhm" herkomme.[3]

Diese Übereinstimmung ist kein Zufall. Der seit Jahrzehnten in Rußland lebende *Vockerodt* war wie *Tatiščev* ein guter Kenner der russischen Geschichte und Sprache und hatte durch seine engen Verbindungen zu Russen und Ausländern viele Nachrichten über Rußland sammeln können. Besondes wichtig ist es, sich daran zu erinnern, daß *Vockerodt* und *Tatiščev* durch ihre gemeinsamen Freunde *Groß* und *Kantemir* Anfang der dreißiger Jahre in engem freundschaftlichen Verkehr miteinander standen. In diesem Kreis wurde mit sehr großer Wahrschein-

[1] Doerries, Rußlands Eindringen, S. 37f.
[2] Ich benutzte die in der БАН, Sign. 17. 9. 7, 75 Bl., aufbewahrte Rezension und eine Abschrift im Архив АН СССР, ф. 95, оп. 5, Nr. 26. Vgl. auch Beilagen, Nr. 2
[3] Vockerodt an Bayer, Moskau, 8. 3. 1731. Архив АН СССР, ф. 1, оп. 72, Nr. 3, Bl. 91r

lichkeit ausführlich über das gerade erschienene Rußlandbuch des Schweden gesprochen. Zu diesen Diskussionen konnte besonders *Tatiščev* wegen seiner intensiven Studien und seiner persönlichen Kenntnis der sibirischen Verhältnisse viel beitragen, und man darf daher wohl mit Recht in *Vockerodts* Beurteilung nicht nur seine eigene Meinung suchen, sondern vor allem das Ergebnis der freundschaftlichen Aussprachen in Moskau.

Während sich *Vockerodt* auf eine allgemeine Einschätzung von *Strahlenbergs* Buch beschränkt, ging *Tatiščev* in seiner Rezension auf sehr viele Details ein, die hier nicht alle genannt werden können. Es handelt sich dabei um historische Ergänzungen, philologische Richtigstellungen sowie um geographische, ethnographische, naturwissenschaftliche und auch wirtschaftliche Zusätze. Abschließend verwies *Tatiščev* auf seine eigenen vorbereiteten Arbeiten über Sibirien, in denen er hoffe, ein richtigeres Bild der dortigen Verhältnisse geben zu können.

Ebenso fehlerhaft wie zeitgenössische westeuropäische Darstellungen über Rußland waren aber auch die Nachrichten über Rußland in den Lexica, von denen *Tatiščev* einige gut durchgearbeitet hat. Es sind dies des Jenaer Professors *Franz Budde* vierbändiges „Allgemeines historisches Lexikon", das 1709 in 1. Auflage in Leipzig erschien; „Le Grand Dictionnaire géographique et critique" von *Antoine Augustin Brusen de la Martinière* (10 Bde, 1726—1739); *Pierre Bayles* „Dictionnaire historique et critique" (1. Aufl. 1697, 2 Bde), von dem *Tatiščev* wahrscheinlich die von *Gottsched* besorgte vierbändige deutsche Ausgabe (1741—1744) benutzte, da in seinem Bibliothekskatalog ausdrücklich vier Bände des Lexikons genannt werden. Weiterhin kannte er zwei von *Hübner* herausgegebene Lexica, dessen „Natur-, Kunst-, Berg-, Gewerk- und Handlungslexikon" und das „Staats- und Zeitungs-Lexikon".[1] Über das letztere hatte er bekanntlich schon 1725 *Strahlenberg* in Stockholm seine Bemerkungen vorgelegt, die aber bisher nicht gefunden wurden. Wie sehr das zuletzt genannte Lexikon *Hübners* und *Buddes* Lexikon in Rußland geschätzt wurden, zeigt der Versuch *Peters*, beide in den Jahren 1716—1721 in Prag von einer böhmisch-russischen Übersetzergruppe ins Russische übertragen zu lassen. Abgeschlossen wurde nur die Übersetzung des Lexikons von *Budde*. Das unveröffentlichte Manuskript blieb im Archiv des Synods erhalten.[2] Es ist durchaus möglich, daß *Tatiščev* diese Übersetzung gekannt hat.

Ohne auf jede einzelne Bemerkung zu jedem Lexikon einzugehen, sei hier nur die allgemeine Einschätzung dieser Nachschlagewerke durch *Tatiščev* wiedergegeben. *Buddes*, *Martinières* und *Bayles* Lexica „haben mir große Hilfe erwiesen. Aber obwohl sie mit großen Fleiß und ausreichender Kenntnis gearbeitet sind, so fehlt doch — was Rußland angeht — nicht nur der zehnte Teil, sondern sogar in

[1] Vgl. Bibliothekskatalog bei Pekarskij, Новые известия

[2] Vgl. O. Feyl, Beiträge zur Geschichte der slawischen Verbindungen und internationalen Kontakte der Universität Jena, Jena 1960, S. 115f.

dem, was geboten wird, findet sich kaum ein Artikel, der eine richtige und ausreichende Beschreibung gibt. Die Ursache dafür ist ihre Unkenntnis der russischen Geschichte und Geographie, was aber nicht ihre Schuld ist, weil es so etwas [Bücher über die russische Geschichte und Geographie] auch bei uns nicht gibt. Es ist nur verwunderlich, daß auch viele der Namen nicht erwähnt werden, von denen sie Kenntnis haben müßten." So beispielsweise alte Völker und Staatsmänner.[1]

Um diesem großen Mangel abzuhelfen, begann *Tatiščev* bereits in den dreißiger Jahren damit, selbst ein Lexikon abzufassen, das er 1745 an die Akademie schickte. Wie viele andere Arbeiten hat er jedoch auch dieses nicht beenden können, sondern nur bis zum Buchstaben „K" ausgearbeitet. In dieser Form ist es 43 Jahre nach seinem Tode in drei Bänden erschienen. Der Verfasser hat in sein Lexikon keine Personen aufgenommen und behandelt ausschließlich Rußland, besonders die Geographie. In dieser Hinsicht ist es außerordentlich vielseitig und gibt ein umfassendes Bild des Mitte der vierziger Jahre des 18. Jahrhunderts Bekannten. In den Artikeln über einzelne Städte und Gebiete wird stets ausführlich auf die wirtschaftlichen Verhältnisse eingegangen. So bei Archangel'sk auf die Entwicklung der Stadt als Handelsplatz und seine Ablösung durch Petersburg (Bd. I, S. 67), bei Astrachan auf die Seiden- und Baumwollproduktion, auf die „drei steinernen Handelshöfe, den russischen, den armenischen und den indischen" (I, 75—79), auf die großen Erzfundstellen in Sibirien (I, 164), auf Ekaterinburg mit seinen Eisenwerken (II, 191f), auf Irbit im Ural mit seiner jährlichen Messe vom 6. Januar bis zum 20. Februar (III, 94). Über das Ausgearbeitete und Gedruckte hinaus hatte der Autor weitere 2000 Stichworte zusammengetragen, die aber nicht veröffentlicht sind.[2]

Auch ein sehr wichtiges Verzeichnis von ungefähr 200 Namen, wahrscheinlich Vorarbeiten für ein biographisches Lexikon, ist nur als Handschrift bekannt.[3] Es werden in ihm fast ausschließlich Ausländer aus allen Zeiten genannt, wobei es oftmals schwer ist, die zum Teil verstümmelten Namen zu ermitteln. Von denjenigen Westeuropäern, die über Rußland schrieben, nennt *Tatiščev R. Heidensteins* „De bello Moscovitico, quod Stephanus, Rex Poloniae, gessit, Commentariorum libri VI" (Cracoviae 1584), *Herbersteins* „Moscovia" (1. Aufl. 1546)[4], *Evert Isbrandsz Ides'* „Bericht über seine Reise durch Rußland nach China 1692 bis 1694" (Amsterdam 1704), *N. Witsens* „Noord en oost Tatarye" (Amsterdam 1705),

[1] Tatiščev, История, I, S. XXIIIf. (S. 90)

[2] Leningrader Abt. d. Instituts f. Gesch. d. Akad. d. Wiss. d. UdSSR, Handschr.-Abt., Samml. handschr. Bücher, Nr. 579/412, Bl. 1—19

[3] Öffentl. Saltykov-Ščedrin-Bibliothek Leningrad, Ermitage-Sammlung, Nr. 555, „Tatischtschews Schriften", Bl. 195—197

[4] Vgl. über seinen Rußlandbericht E. Donnert, S. v. Herberstein. Zur deutschen Rußlandkunde des 16. Jh. In: Wiss. Ztschr. d. Univ. Jena, Jg. 7 (1957/58), Gesellsch.- und sprachwiss. Reihe, H. 1, S. 77—80

A. Olearius' „Beschreibung der moscovitischen und persischen Reise" (1. Auflage 1647), um nur die wichtigsten zu erwähnen. Von den neueren deutschen Denkern hat er *Leibniz, Pufendorf* und *Thomasius* in sein Verzeichnis aufgenommen. Obwohl er gerade *Wolff* sehr schätzte, suchen wir seinen Namen vergeblich. Wahrscheinlich war ihm seine Aufnahme in die endgültige Fassung so selbstverständlich, daß er an dieser Stelle eine Erwähnung nicht für notwendig hielt. Er könnte den Namen aber auch ausgelassen haben, weil *Wolff* noch lebte und in das geplante Lexikon nur Verstorbene aufgenommen werden sollten.

Wie *Tatiščevs* historische und geographische Arbeiten sollten auch seine Lexica dazu dienen, alles Material über Rußland zu sammeln und der europäischen Öffentlichkeit zugänglich zu machen. Leider sind jedoch die geographischen und lexikographischen Arbeiten *Tatiščevs* noch unbekannter geblieben als seine historischen, und erst heute ist es möglich, seinem gesamten wissenschaftlichen Wirken den Platz zuzuerkennen, der ihm zukommt.

4. Bemühungen um das Bildungswesen

„Ob ich zwar in meiner Jugend keine Gelegenheit gehabt zu studieren, jedoch habe durch einen und andern Umgang mit erfahrnen Leuten in einigen Stücken etwas zu profitieren das Glück gehabt, kann aber nicht sagen, daß den Nutzen des Studierens so recht einsehe, als einer, der selbst fait davon machet, jedoch so viel ist mir bewußt, daß das Studieren das einzige Mittel ist, welches nicht allein einen Menschen, sondern ganze Länder glückselig machet und emporbringet."[1] Dieser Satz *Tatiščevs* enthält seine grundsätzliche Stellungnahme zur Ausbildung der Jugend, die für seine Zeit und seine eigenen Erfahrungen und Anschauungen charakteristisch ist. Die sich in der ersten Hälfte des 18. Jahrhunderts durchsetzende Aufklärung, für die die Vernunft das Kriterium für die Beurteilung von Menschen und Dingen war, mußte der Ausbildung des Individuums besondere Aufmerksamkeit widmen, wenn sie ihren Prinzipien zum Sieg verhelfen wollte. Nur der Wissende konnte vernünftig handeln. Diese Hochschätzung des Wissens gerade in jener Zeit war kein Zufall. Sie ist lediglich der Ausdruck der gesellschaftlichen Bedürfnisse im Zeitalter des sich entwickelnden Kapitalismus, als für die schnelle Entwicklung der Produktivkräfte vor allem umfassende naturwissenschaftliche und technische Kenntnisse notwendig waren. Diesen Anforderungen kamen aber die bestehenden Ausbildungsstätten — die Lateinschulen und die Universitäten —

[1] Tatiščev an Korff, 21. 12. 1735. БАН Leningrad, Handschr.-Abt., Собр. воспр. Nr. 89, Bl. 11

in vielen Fällen nicht nach, weil sie in Form und Inhalt des Unterrichts oftmals dem Mittelalter zu stark verhaftet waren und formales Wissen in den Vordergrund stellten und weil in ihnen den Naturwissenschaften und der Technik kein oder nur geringer Platz eingeräumt wurde. Dieser Disziplinen nahmen sich daher besonders die in dem Jahrhundert von 1650 bis 1750 in allen wichtigen europäischen Staaten entstehenden Akademien an.[1]

So erklärt sich auch der scheinbare Widerspruch bei *Tatiščev*, der einerseits den Nutzen des Studierens nicht recht einsehen wollte, andererseits aber fest davon überzeugt war, daß die Menschheit nur durch das Studieren vorankomme. Er dachte offensichtlich an die zu seiner Zeit meist praktizierte Form des Studiums, die die neuen Bedingungen unberücksichtigt ließ, daher den neuen Anforderungen nicht genügte und keinen oder wenigstens nicht den gewünschten Nutzen brachte. Einem solchen Studium war nach seiner Meinung die Ausbildung durch die Praxis, wie er sie selbst weitgehend genossen hatte, vorzuziehen. Das konnte aber keine endgültige Lösung sein. Daher wandte er dem Bildungswesen in Rußland seine besondere Aufmerksamkeit zu und arbeitete intensiv an dessen Ausbau.

In seiner „Einführung zu einer historischen und geographischen Beschreibung des Großrussischen Reiches“[2], die *Tatiščev* 1744 schrieb, gab er auch einen Überblick über die in Rußland bestehenden Bildungsstätten und nannte folgende: Die Akademie der Wissenschaften, die Admiralitätsakademie, das Kadettenkorps, die Schule der Artilleriekanzlei und die Schule im Alexander-Nevskij-Kloster in Petersburg; hinzu kämen in Moskau die Slawisch-griechisch-lateinische Akademie und die Mathematikschule; er erwähnte weiterhin das Priesterseminar im Troickij-Kloster bei Moskau und die Kiever Akademie; die Bischofsschulen „in fast allen Eparchien“ und die Soldatenschulen „in allen Garnisonsstädten“ zählte er nicht alle einzeln auf. Diese Übersicht müßte allerdings ergänzt werden durch die medizinischen Ausbildungsstätten[3] und durch die besonders im Ural bestehenden Werksschulen, die gerade für die Vermittlung technischer Kenntnisse von außerordentlich großer Bedeutung waren, die *Tatiščev* aber in diesem Zusammenhang nicht berücksichtigte.

Neben der Akademie als zentraler Forschungsstätte und dem Kadettenkorps als Ausbildungszentrum des Adels sowie den Bischofs-, Soldaten- und Werksschulen gab es also in der Mitte der vierziger Jahre des 18. Jahrhunderts in Rußland drei zentrale weltliche Ausbildungsstätten: die Admiralitätsakademie, die

[1] Über den Zusammenhang zwischen Manufakturentwicklung und Akademiegründungen vgl. die Ausführungen von M. Teich, Tschirnhaus und der Akademiegedanke. In: E. W. v. Tschirnhaus und die Frühaufklärung in Mittel- und Osteuropa (= Quellen und Studien zur Geschichte Osteuropas VII), Berlin 1960, S. 93—107

[2] Tatiščev, Избранные труды, S. 187f.

[3] Vgl. B. Palkin, Русские госпитальные школы XVIII века и их воспитанники, Moskau 1959

Schule der Artilleriekanzlei und die Mathematikschule. In ihnen lag, wie der Autor ausdrücklich betonte, das Hauptgewicht auf dem Unterricht in den naturwissenschaftlich-technischen Fächern. Diesen drei Schulen standen vier kirchliche gegenüber, in denen vor allem philosophische und theologische Kenntnisse vermittelt wurden.

Dieser formale zahlenmäßige Vergleich sagt aber nichts über die Bedeutung der einzelnen Anstalten. In Wirklichkeit kam den weltlichen Lehranstalten die größere Bedeutung zu, sowohl hinsichtlich der Schülerzahl, wie auch hinsichtlich der vermittelten Kenntnisse. Wichtig war außerdem, daß auch viele Schüler vorwiegend theologisch ausgerichteter Schulen oftmals nicht Theologen wurden, sondern sich nach ihrer ersten Ausbildung naturwissenschaftlich-technischen Fächern zuwandten. Hier wären beispielsweise *Lomonosov* und *Kraševinnikov* zu nennen, die ihren ersten Unterricht in der Slawisch-griechisch-lateinischen Akademie in Moskau genossen. Daß sie nicht die einzigen Zöglinge waren, die sich später anderen Wissensgebieten, die in Moskau nicht oder nur am Rande gelehrt wurden, zuwandten, davon zeugt u. a. ein Bericht des Rektors dieser Schule aus dem Jahre 1735. Dort heißt es, nur wenige Schüler würden Geistliche werden; die meisten würden nach Petersburg — zu diesen gehörte ja auch *Lomonosov* —, zur Kamtschatka-Expedition, nach Astrachan — um dort Sprachen zu studieren —, zu *Tatiščev* nach Sibirien oder zu *Kirilov* nach Orenburg gehen. Andere würden sich in der Moskauer Druckerei oder im Geldkontor Arbeit suchen.[1] Diese Klage an den Synod, dem diese Akademie unterstand, ist deutlich genug. Die jungen Russen wußten also, wo sie gebraucht wurden und wo die Zukunft lag.

Besondere Aufmerksamkeit wandte *Tatiščev* der Petersburger Akademie der Wissenschaften, mit der er — wie bereits dargestellt wurde — eng verbunden war, der Bildung des Adels, der technischen Ausbildung der Jugend und den Werksschulen im Ural zu.

Bekanntlich war die 1725 gegründete Akademie in Petersburg in erster Linie Forschungszentrum des Landes, übernahm aber gleichzeitig die Aufgaben einer Universität, indem alle aus dem Ausland berufenen Mitglieder verpflichtet wurden, Adjunkten mitzubringen, die ihre Kenntnisse vervollständigten und später selbst Mitglieder werden sollten. Außerdem war der Akademie von Anfang an ein Gymnasium[2] angegliedert, und einzelne Professoren oder auch Adjunkten übernahmen auch außerhalb des Gymnasiums den Unterricht junger Russen. So studierte beispielsweise der russische Dichter *Antioch Kantemir* bei den mit *Bülfinger* nach Rußland gekommenen Adjunkten und späteren Professoren *Groß* und *Mayer* Philosophie und Mathematik. Später wurde dann *Groß* auch Erzieher der Kinder

[1] Zitiert bei B. Rajkov, Очерки по истории гелиоцентрического мировоззрения в России, Moskau/Leningrad 1937, S. 93; 2. Aufl., Moskau/Leningrad 1947, S. 136

[2] Vgl. dazu neuerdings E. Amburger, Beiträge zur Geschichte der deutsch-russischen kulturellen Beziehungen, Gießen 1961, S. 183ff.

des Vizekanzlers *Ostermann*. Die Akademie bot *Tatiščev* 1731 auch an, die Ausbildung seines Sohnes *Evgraf* zu übernehmen, was allerdings offensichtlich auf ein Mißverständnis zurückzuführen ist. *Tatiščev* hatte in einem Brief vom 19. April 1731 beiläufig erwähnt, daß die Einrichtung von Schulen in Moskau nur langsam vorangehe und daß eventuell ein Professor aus Petersburg notwendig wäre. Dieser für sein Interesse an der Entwicklung des Schulwesens zeugende Brief wurde in Petersburg so verstanden, als ob sich der Absender um die Ausbildung seines eigenen Sohnes sorgte. Daher wurde ihm von der Akademie angeboten, seinen Sohn zu unterrichten, und hinzugefügt, „daß er nirgends in der Welt besser dazu kommen kann als hier. Er hat Gelegenheit, sich nicht allein in literis humanioribus, in denen mathematischen Disziplinen, sondern auch in einen [! = einigen?] andern einen [!] Nobili wohlanständigen Künsten, als Tanzen, Zeichnen und Malen zu üben." Als Lehrer schlug *Schumacher* den Naturwissenschaftler *G. W. Krafft* vor.[1]

Auf einen solchen Unterricht reflektierte *Tatiščev* für seinen Sohn aber nicht, da er ihm einen deutschen Privatlehrer hielt. Leider habe ich den Namen dieses Mannes nicht feststellen können. Wie jedoch aus einem Brief *Tatiščevs* vom 13. Dezember 1731 hervorgeht, war es „ein Landsmann und Bekannter des Braunschweig-Wolfenbüttelschen Legationssecretarii Herrn *Großens*". Daraus wird erneut deutlich, wie eng und freundschaftlich die Beziehungen zwischen dem Russen und *Groß* waren, zumal *Groß* offensichtlich auch der Vermittler dieses Hauslehrers gewesen war. *Tatiščev* bat *Schumacher* gleichzeitig, dem Lehrer bei der Akademie nach Möglichkeit eine Stelle zu verschaffen, „weil auf zukünftigen Mai mein Sohn gleichfalls nacher Petersburg zu der daselbstigen Akademie derer Cadets gehen wird". Bei seinem Informator hatte *Evgraf Vasil'evič* Unterricht in den Fächern Latein, Französisch und Geschichte erhalten.[2]

Wenn also *Tatiščev* aus den genannten Gründen auch kein direktes persönliches Interesse an der pädagogischen Arbeit der Akademie hatte, so hat er diese doch stets aufmerksam verfolgt und sich offensichtlich auch detaillierte Berichte schikken lassen, wie aus einem Brief aus dem Ural vom 25. Oktober 1735 hervorgeht, in dem er seiner Freude über die Fortschritte des Gymnasiums Ausdruck gibt.[3] Trotz dieser positiven Stellung zur pädagogischen Arbeit der Akademie sah der Petriner darin doch mit Recht nicht deren Hauptaufgabe, besonders nicht in Hinsicht auf die Unterrichtung des Adels. Für ihn war die Akademie in erster Linie Forschungszentrum. Die Akademie-Mitglieder hätten durch die Erforschung der einzelnen Wissensgebiete für deren Vervollkommnung zu sorgen und die Öffent-

[1] Tatiščev an Schumacher, 19. 4. 1731. Архив АН СССР, ф. 121, оп. 2, Nr. 130, Bl. 10—10r Schumacher an Tatiščev, 13. 5. 1731. Ebd., ф. 1, оп. 3, Nr. 16, Bl. 208

[2] Tatiščev an Schumacher, 13. 12. 1731. Ebd., ф. 121, оп. 2, Nr. 130, Bl. 45—45r

[3] Tatiščev an Schumacher, 25. 10. 1735. Ebd., ф. 1, оп. 3, Nr. 17, Bl. 172. Vgl. Beilagen, Nr. 7

lichkeit durch die Edition wissenschaftlicher Werke über ihre Forschungsergebnisse zu informieren. Erst an zweiter Stelle hätte der Unterricht zu stehen.[1]

Als Angehöriger und Verteidiger des Adels lag *Tatiščev* natürlich besonders an der guten Ausbildung der adligen Jugend, für die bis 1730 keine geeignete Ausbildungsstätte bestand. Die Slawisch-griechisch-lateinische Akademie könne, wie er schrieb, den Ansprüchen nicht genügen, da ihr große Mängel anhaften. Der Lateinunterricht sei schlecht, die Rhetoriker der Schule seien besser als Schwätzer zu bezeichnen, die neuen Philosophen „wie *Cartesius*, *Malebranche* und andere" seien dort unbekannt.[2] Aus dieser Kritik kann man bereits ablesen, daß *Tatiščev* der philosophischen Schulung des Adels im Sinne der Aufklärung besondere Aufmerksamkeit gewidmet wissen wollte, wenn er auch keineswegs an eine einseitige Ausbildung dachte, sondern verlangte, die jungen Adligen allseitig auf ihre späteren Verpflichtungen als Angehörige der staatstragenden Klasse vorzubereiten.

Tatiščev wandte viel Mühe auf, um seine Klassengenossen von der Notwendigkeit der Bildung zu überzeugen. Dabei betonte er ausdrücklich, daß eine gute Schule zwar viele Kenntnisse vermitteln könne, aber allein keineswegs genüge; denn jeder Mensch müsse sein ganzes Leben hindurch lernen, da der Bereich des Wissens sich ständig ausdehne.[3] Diese Auffassung stellt einen völligen Bruch mit der bisher fast ausschließlich üblichen Annahme absoluter Wahrheiten dar, deren Kenntnis allein bis dahin den Menschen zu einem Gebildeten machte. *Tatiščev* begegnet uns also auch in diesem Zusammenhang als ein vorwärtsweisender Geist.

Die Ausbildung der adligen Jugend sollte den Aufgaben des Adels im Staats- und Militärdienst völlig untergeordnet werden. *Tatiščev* schlug daher vor, die Kinder bereits im Alter von fünf Jahren in öffentliche Lehranstalten zu schicken. Der Lehrplan in diesen adligen Unterrichtsanstalten sollte sehr umfassend sein. Er dachte an eine allseitige Allgemeinbildung, die sich auf die exakten Wissenschaften (Mathematik, Mechanik, Astronomie, Architektur), die Naturwissenschaften (Geographie, Physik, Chemie, Botanik, Medizin) und die Humaniora (Muttersprache, Philosophie, Logik, Geschichte, Fremdsprachen) erstrecken sollte. Daß auch der Religionsunterricht nicht fehlen sollte, ist nicht verwunderlich. Neu für Rußland sind allerdings die Vorschläge *Tatiščevs* über die Ausbildung in den „eleganten Wissenschaften", als da sind: Poesie, Musik, Malerei, Tanzen, Reiten.[4] Dieser Lehrplan *Tatiščevs* lehnte sich weitgehend an das von ihm selbst entwickelte Wissenschaftssystem an[5], in dem er nützliche, „interessante", „elegante" und schäd-

[1] Tatiščev, Разговор, S. 111f.
[2] Ebd., S. 116 [3] Ebd., S. 36
[4] Vgl. P. Alefirenko, Социально-политические воззрения В. Н. Татищева. In: ВИ, 10, 1951, S. 107
[5] Tatiščev, Разговор, S. 79—83

liche Wissenschaften unterschied. Zu den „interessanten" Wissenschaften rechnete er z. B. die Astrologie, die Physiognomie, die Chiromantie und die Alchimie, zu den schädlichen besonders die Zauberei in ihren verschiedensten Formen.

Tatiščev dachte auch daran, junge adlige Russen zum Studium ins Ausland zu schicken, hatte er doch selbst bei seinen Aufenthalten in Deutschland und Schweden vieles gewonnen. Allerdings sollten diese Reisen einen etwas anderen Charakter als unter *Peter dem Großen* — als die Bildungsmöglichkeiten in Rußland noch sehr gering waren — tragen und vor allen Dingen der Vervollständigung und Abrundung der Kenntnisse dienen. *Tatiščev* dachte besonders an diejenigen, die einmal führende Stellungen im Staate einnehmen oder später diplomatische Vertreter werden sollten. Dasselbe empfahl er auch für die hohen Offiziere, damit endlich die Durchsetzung des Offizierkorps mit vielen Ausländern überwunden werden könnte. Er wandte sich dagegen, daß die ausländischen Generale immer noch mehr Fremde ins Land holten und forderte die Wiederanerkennung der Grundsätze *Peters des Großen*, der Ausländer nur zur Ausbildung junger Russen zeitweise ins Land geholt habe.[1] Hier wie stets tritt uns *Tatiščev* als Verfechter berechtigter nationaler Interessen entgegen.

Sehr wichtig sind *Tatiščevs* Ausführungen über die Notwendigkeit des Fremdsprachenstudiums. Die Kenntnis fremder Sprachen sei nicht nur für die Verständigung mit den fremdländischen Untertanen Rußlands, sondern besonders für die Entfaltung des Handels mit dem Ausland, für das Studium ausländischer wissenschaftlicher Werke sowie für die diplomatischen Beziehungen und eventuell bei kriegerischen Verwicklungen notwendig. Aus diesen Bemerkungen sprechen jahrzehntelange Erfahrungen des Staatsmannes. Welche Schwierigkeiten erwuchsen ihm während seines Aufenthaltes bei den Baškiren aus der Unkenntnis ihrer Sprache! Wie kompliziert war für den Gouverneur in Astrachan die Verständigung mit den nach Persien handelnden englischen Kaufleuten! Alle diese Erschwernisse wollte er seinen Standesgenossen ersparen. *Tatiščev* wies aber nicht nur auf die Notwendigkeit hin, die in Rußland gesprochenen Fremdsprachen zu erlernen, er ergriff auch selbst praktische Maßnahmen, wie die Einrichtung der schon erwähnten tatarischen Schule in Samara im Jahre 1737 zeigt.

An diesen Forderungen für eine gute Ausbildung des Adels maß *Tatiščev* die Erfolge des 1731 eingerichteten Kadettenkorps, das er, da er an seiner Begründung mitgewirkt und da sein Sohn dort von 1732 bis 1736 studiert hatte, sehr gut kannte. Er hielt diese Anstalt für eine gute Ausbildungsstätte, bedauerte jedoch, daß auch in ihr wegen des Mangels geeigneter Lehrer der philosophische Unterricht nicht ausreichend sei und daß in der „Arithmetik, der Geometrie, der Fortifikationslehre und anderen notwendigen Wissenschaften nur Anfangskenntnisse vermittelt" würden. Bedauerlich sei ferner die schlechte sprachliche Schulung, da die Kinder

[1] Ebd., S. 117—118

erst mit zwölf Jahren in das Kadettenkorps aufgenommen würden, aber eigentlich schon im Alter von fünf bis sechs Jahren beginnen müßten, Sprachen zu lernen. Außerdem sei diese Schule mit ihren 360 Plätzen für Rußland zu klein, sei als ein Beginn jedoch zu begrüßen.[1]

In seinem Lexikon[2] macht *Tatiščev* weitere Angaben über die Einrichtung des Kadettenkorps, die von dem General *P. I. Jagužinskij* angeregt worden war. Bekanntlich hatte die Masse des russischen Adels, als sie sich 1730 gegen die Pläne der Verchovniki wandte, bereits eine solche Ausbildungsstätte gefordert. Mit *Jagužinskij*, der ein Feind der Verchovniki war und von diesen sogar verhaftet wurde, hat *Tatiščev* bei der Gründung des Kadettenkorps eng zusammengearbeitet. Bereits im August 1731 berichtete er an die Akademie, daß er an einer Schulordnung für das Kadettenkorps arbeite und hoffe, bald die richtigen Lehrer für die Anstalt zu finden.[3]

Nach *Tatiščevs* Angaben sollten zunächst zwei Korps mit je 500 Plätzen in Petersburg und in Moskau gegründet werden, für die die Initiatoren 25000 Rubel jährliche Unterhaltungskosten veranschlagten. *Jagužinskij* wurde jedoch 1732 als russischer Gesandter nach Berlin entsandt, und die Einrichtung eines Korps in Petersburg übernahm *Münnich*, der es auch bis zu seinem Sturz im Jahre 1741 leitete. Da *Tatiščev* in Moskau lebte und sein Einfluß auf die Kaiserin um so mehr nachließ, desto stärker sich die Ausländerschicht in den Vordergrund spielte, hatte er auf die weiteren Geschicke des Korps keinen Einfluß mehr. In dem Abschnitt in seinem Lexikon fügte er am Schluß lediglich hinzu, daß *Münnich* statt der veranschlagten 25000 Rubel für 1000 Kadetten 65000 Rubel für 360 benötigte und damit den Staat sehr belastete, daß aber trotzdem aus dieser Anstalt „viele erfahrene Offiziere" hervorgegangen seien.

Obwohl durch die Entfernung *Jagužinskijs* — seine Berufung auf einen diplomatischen Posten nach Berlin entspricht völlig der *Kantemirs* nach London und der etwas späteren Entsendung *Tatiščevs* nach Sibirien — der Einfluß der Russen am Kaiserhof weiter geschwächt wurde, ließ sich *Tatiščev* nicht hindern, weitere Pläne für eine bessere Ausbildung des Adels auszuarbeiten. Da es mit der staatlichen Anstalt nicht so geklappt hatte, wie er es sich wünschte, besonders da sie durch die Berufung *Münnichs* weitgehend unter den Einfluß der allmählich immer mächtiger werdenden Ausländer gekommen war, dachte er daran, vom russischen Adel selbst unterhaltene „Ritterschulen" zu gründen, wie er in dem schon genannten Brief vom 21. Dezember 1735 an den Akademiepräsidenten *Korff* darlegte.[4]

[1] Ebd., S. 113—114
[2] Tatiščev, Лексикон, Bd. III, S. 115f.
[3] Материалы, Bd. II, S. 63
[4] Tatiščev an Korff, 21. 12. 1735. БАН, Handschr.-Abt., Собр. воспр. Nr. 89, Bl. 11

In diesem Brief schrieb *Tatiščev,* daß er sich 1732 um die Einrichtung von „Ritterschulen“ bemüht habe, für deren Unterhaltung „die von Adel, ein jeder nach seinem Vermögen, gleich wie in anderen Ländern diese gute Einrichtung vorlängst gemacht worden, etwas gewisses an Geld herschießen möchten“. Die Schüler dieser Anstalt sollten anschließend das Kadettenkorps besuchen oder Wissenschaftler werden. Sein Vorschlag wurde, wie er mitteilte, von einigen akzeptiert, „von andern aber gänzlich verworfen, vorgebende, daß solches zu meinen Affairen nicht gehöre“. Mit *Prokopovič* wäre der Plan genau abgesprochen und dann an die Akademie der Wissenschaften weitergeleitet worden. *Tatiščev* bat nunmehr auch den Präsidenten, ihn bei der Verwirklichung seiner Absichten zu unterstützen.

Dieser m. W. bisher nicht ausgewertete Brief ist in mehrfacher Hinsicht interessant und aufschlußreich. Einmal zeigt er die ständige Sorge des Aufklärers um die Verbreitung der Bildung und auch die Wege, wie er sein Ziel zu verwirklichen gedachte. Zum andern ist kennzeichnend, daß *Tatiščev* die zu gründenden Ausbildungsstätten nach westeuropäischen Vorbildern einrichten wollte. Man darf darin keine unkritische Nachahmung des Auslands sehen, sondern dieser Vorschlag zeugt lediglich von seiner guten Kenntnis des westeuropäischen Bildungssystems im 17. und 18. Jahrhundert, in dem den sogenannten Ritterakademien als Ausbildungsstätten des herrschenden Adels große Bedeutung zukam.[1] Erstmalig war eine ähnliche Anstalt in Rußland schon 1703 in Moskau gegründet worden. Sie wurde von *Ernst Glück* geleitet, und *Peter* schenkte ihr große Aufmerksamkeit.[2] Besonders muß man aber hervorheben, daß *Tatiščev* teilweise über seine Vorbilder hinausgehen wollte, denn während die westeuropäischen Ritterakademien, wie auch teilweise die erste russische Anstalt dieser Art, staatliche Einrichtungen waren, erstrebte er offensichtlich nur vom Adel unterhaltene Schulen. Dafür gibt es mehrere Ursachen. Einmal entsprach das Kadettenkorps nicht ganz seinen Vorstellungen, vor allem deshalb, weil es keine Ausbildung der Kinder vorsah, zum andern wollte er seine Standesgenossen dazu veranlassen, für die Ausbildung ihrer Kinder zu sorgen. Wenn ihm das gelungen wäre, hätte er damit auch ihr politisches Interesse gefördert.

Selbstverständlich stand für *Tatiščev* die Ausbildung des Adels, in dem er die tragende Klasse des Staates sah, stets im Vordergrund. Langjährige Erfahrungen hatten ihn jedoch erkennen lassen, daß auch eine Verbesserung der handwerklichen, technischen und künstlerischen Ausbildung angestrebt werden müßte. Deshalb regte er bereits 1730 die Gründung einer Akademie der Handwerke an, der mit ihren Abteilungen für Architektur, Zeichnen, Bildhauerei und Mechanik

[1] Vgl. dazu F. Paulsen, Geschichte des gelehrten Unterrichts, Bd. I, 2. Auflage, Leipzig 1896, S. 501–511

[2] Winter, Rußlandkunde, S. 161–175

für den wirtschaftlichen Aufbau große Bedeutung zukommen mußte. Durch eine Fehlinterpretation der einzigen zur Verfügung stehenden Quelle galt bisher die Meinung, *Tatiščev* selbst habe die Leistung einer dieser Abteilungen übernehmen wollen. In seinem „Lexikon" (I, 19) nennt *Tatiščev* die Personen, die nach seiner Meinung in die Akademie berufen werden sollten: „ . . . Главным *Татищева* в архитектуре, *Еропкина* в живописи, *Каравака* в скулптуре, *Растреллия* в механике, из профессоров искуснейшаго . . ." Die *Tatiščev*-Forscher *Bestužev-Rjumin* und *Čupin* interpretierten diese Stelle so[1], daß sich Tatiščev in den Angaben geirrt habe und er selbst die Leitung der Abteilung Mechanik übernehmen, *Rastrelli* aber für die Architektur verantwortlich zeichnen sollte. Eine einfache Umstellung der Kommata, deren Verwendung im 18. Jahrhundert an keinerlei Regeln gebunden war, ergibt jedoch, daß neben *Tatiščev* als Leiter *Eropkin* für die Architektur, *Caravaque* für die Malerei, *Rastrelli* für die Bildhauerei und ein noch auszuwählender Professor für die Mechanik verantwortlich zeichnen sollten. Mit allen Genannten stand *Tatiščev* in enger persönlicher Verbindung und alle waren erste Fachleute auf ihrem Gebiet.

In beiden Fällen, bei den Ritterschulen und bei der Akademie der Handwerke, ist *Tatiščev* die Verwirklichung seiner Pläne nicht gelungen. Genauso erfolglos war sein Vorschlag „über die Notwendigkeit der Einrichtung von Handwerkerschulen in Rußland", den er zusammen mit Gedanken über die Reorganisation des Geldkontors in Moskau Anfang der dreißiger Jahre einreichte.[2] Die hier angeregten Schulen sollten die Grundlage für eine Akademie der Handwerke bilden. Weil es nicht angehe, dauernd Ausländer zu berufen, für die entweder sehr viel Geld ausgegeben werden müsse oder die ihre Pflichten schlecht erfüllten und besonders die Ausbildung junger Russen versäumten, wären entsprechende Schulen unbedingt erforderlich. In ihnen sollten die Schüler in der Arithmetik und in der Geometrie, im Zeichnen und in der Mechanik ausgebildet werden sowie gleichzeitig chemische und metallurgische Kenntnisse erwerben, die besonders für „alle Manufakturen" sehr nützlich wären. Das Ziel der Vorschläge war also ganz eindeutig die Praxis; das Ausbildungssystem sollte den ökonomischen Bedürfnissen des Landes angepaßt werden. Obwohl die Erfolge nicht den aufgewandten Mühen entsprachen, so bleibt *Tatiščev* doch das Verdienst, einer der ersten Russen gewesen zu sein, der sich so eingehend mit der Ausbildung eines russischen wissenschaftlichen und technischen Nachwuchses beschäftigte.

Während *Tatiščev* in Moskau und Petersburg Erfolge im wesentlichen versagt blieben, konnte er während seiner mehrmaligen Aufenthalte im Ural gute Ergebnisse erzielen. Bereits in den Jahren 1720 und 1721 hatte er in den dortigen Werken

1 Popov, Татищев, S. 436f.; N. Čupin, Сборник статей казающихся пермской губернии, Perm' 1882, S. 95; Bestužev-Rjumin, Биографии, S. 27

2 ЦГАДА, F. 19, ед. хр. 139, 10 Bl. Abschrift davon Архив АН СССР, ф. 95, оп. 5, Nr. 1, S. 79—104

zwei Elementar- und zwei Mathematikschulen einrichten können.[1] In dem Maße, wie die neue Stadt Ekaterinburg zum Zentrum des Berg- und Hüttenwesens im Ural wurde, wurde es auch zum Mittelpunkt der technisch-wissenschaftlichen Ausbildung. *Hennin*, der Nachfolger *Tatiščevs*, hatte dessen Hinweise und Anregungen aufgegriffen und in den etwas mehr als zehn Jahren seiner leitenden Tätigkeit im Ural (1722–1733) auch dem Schulwesen seine Aufmerksamkeit gewidmet, wenn ihm auch der weite Blick seines russischen Kollegen fehlte und er glaubte, sich im wesentlichen auf die Ekaterinburger Schule beschränken zu können, während *Tatiščev* stets bestrebt war, ein ganzes Netz von Schulen zu schaffen.

Diese Pläne verwirklichte er während seines zweiten Uralaufenthaltes in den Jahren 1734 bis 1737. Als er Ekaterinburg verließ und nach Orenburg ging, bestanden in elf der Bergverwaltung unterstehenden Werken insgesamt 16 Schulen, davon fünf in Ekaterinburg. Dabei sind vier verschiedene Schultypen zu unterscheiden. Grundlage des Ausbildungssystems sollten die Elementarschulen, in denen die Kinder Lesen und Schreiben lernten, und die Mathematikschulen sein, die *Tatiščev* nach Möglichkeit in jedem Werk einrichten wollte, wie er im Schichtmeister-Nakaz schrieb: „... es ist notwendig, in jedem Werk eine besondere Schule zu haben, dort alle am Ort wohnenden Kinder von sechs bis zwölf Jahren, die keine Bildung haben, zu versammeln, sie einem Kirchenschreiber zu unterstellen oder einen besonders fähigen Menschen zu suchen, und sie im Lesen und Schreiben zu unterrichten und dann Arithmetik und Geometrie zu lehren."[2] Die höhere Form waren die in Ekaterinburg bestehende lateinische und die deutsche Schule, die zwei Aufgaben erfüllten. Sie waren die Ausbildungsstätten für die Kinder der ausländischen Spezialisten, wurden gleichzeitig aber auch von jungen Russen besucht, denen dort die Voraussetzungen für das Studium ausländischer, besonders technischer, Fachliteratur vermittelt wurden. Nach neuesten Berechnungen wurden die genannten 16 Schulen 1737 von insgesamt 654 Schülern besucht. Allein in den Ekaterinburger Schulen wurden 300 Schüler — gegenüber 57 im Jahre 1734 — von 30 Lehrern unterrichtet, davon 81 in der lateinischen und in der deutschen Schule. Später, als die Zahl der Ausländer im Ural geringer wurde und erste russische Fachbücher oder russische Übersetzungen ausländischer Werke erschienen waren, verloren die zuletzt genannten Schulen mehr und mehr an Bedeutung. Sie wurden daher und auch als Reaktion auf die *Biron*ovščina bereits in den vierziger Jahren aufgelöst.[3]

In einer 1736 von *Tatiščev* ausgearbeiteten Instruktion über den Unterricht in den Schulen des Urals hat er sich auch zu methodischen Problemen geäußert.[4]

[1] Nečaev, Горнозаводские школы, S. 55f.
[2] ИА, Bd. VI, S. 224–225
[3] Nečaev, Горнозаводские школы, S. 74–76
[4] Ebd., Anhang, S. 198–203. Erstmalig veröffentlicht von N. F. Demidova in ИА, Bd. V, S. 166–177

Den Anschauungen der Zeit entsprechend, sollten die Kinder zunächst lesen und dann schreiben lernen. Die Schüler sollten sich den Stoff nicht nur formal aneignen, sondern ihn auch verstehen. Als Lehrbücher empfahl *Tatiščev* den 1720 erschienenen Katechismus von *Prokopovič*, „Первое учение отроком", und eine 1717 von *Bruce* herausgegebene Schrift über die Jugenderziehung: „Юности честное зерцало или показание к житейскому обхождению". Das Lehrbuch *Prokopovičs* war besonders für den Anfangsunterricht an den Bischofsschulen gedacht, war aber auch sonst sehr verbreitet. Bis weit ins 19. Jahrhundert hinein wurde es stets neu aufgelegt. Von den Gegnern der Aufklärung wurde es dagegen als zu weltlich kritisiert, da der Autor nicht genügend Psalmen und Gebete aufgenommen hätte.[1] Das Büchlein von *Bruce* erschien in vier Auflagen (Februar und Juli 1717, 1719, 1723) und war eine Kompilation, die von dem Herausgeber gemeinsam mit *G. Bužinskij* und *J. W. Paus* zusammengestellt worden war. Es enthielt Auszüge aus westeuropäischen Büchern, z. B. aus des *Erasmus von Rotterdam* „Liber aureus *Erasmi Roterodamio* de civilitate morum puerilium, das ist: Ein güldenes Büchlein . . .von Höffligkeit der Sitten und Geberden der blühenden Jugend" (Hamburg 1687). Diese übersetzten Abschnitte wurden durch in Rußland verfaßte Teile ergänzt, wie aus dem Inhalt des Buches hervorgeht. Welche große Bedeutung dieses Werk für die russische Jugenderziehung hatte, zeigt sich darin, daß es in kurzer Zeit vier Auflagen erlebte (von den ersten drei Ausgaben wurden insgesamt 2400 Exemplare gedruckt) und daß es von *Tatiščev* sehr geschätzt wurde.[2]

An die Vermittlung dieser Grundkenntnisse sollte sich die mathematische und die geometrische Ausbildung anschließen. Weiterhin sind in der Instruktion genaue Angaben über das Verhalten des Lehrers, die sittliche Erziehung der Kinder und die Dauer des Unterrichts enthalten.

Besondere Aufmerksamkeit widmete *Tatiščev* jedoch der Ausbildung technischer Spezialisten. In dieser Hinsicht stellte er sich im Ural die gleiche Aufgabe, der auch die von ihm in Moskau angeregten Handwerkerschulen dienen sollten. Im Vordergrund standen dabei Kenntnisse in der Metallurgie und in der Mechanik. So schrieb er in seiner Instruktion, in den Werken würde „zum Nutzen der Werke" gelernt, wozu in erster Linie gehöre, die Erze untersuchen, die Maschinen bedienen und neue erfinden zu können. Der Grundgedanke war also auch hier, die Bildung ausschließlich in den Dienst der technischen und wirtschaftlichen Weiterentwicklung Rußlands zu stellen.

[1] Описание изданий напечатанных кириллицей (1689—Januar 1725), u. d. Red. v. P. N. Berkov zusammengest. v. T. A. Bykova u. M. M. Gurevič, Moskau/Leningrad 1958, S. 259—261

[2] Ebd., S. 349; Описание изданий гражданской печати (1708—Januar 1725), u. d. Red. v. P. N. Berkov zusammengest. v. T. A. Bykova u. M. M. Gurevič, Moskau/Leningrad 1955, S. 205, 209, 263—264, 417—418; V. Desnickij, Избранные статьи по русской литературе XVIII—XIX вв., Moskau/Leningrad 1958, S. 20

Vieles, was *Tatiščev* auf dem Gebiet des Bildungswesens vorschlug, ist leider Plan geblieben, teils weil die Voraussetzungen für eine Verwirklichung nicht gegeben waren, teils weil die verantwortlichen Personen sich nicht genügend für die Realisierung einsetzten. Das große Verdienst des Petriners jedoch, neben seiner intensiven Arbeit auf den verschiedensten Gebieten auch der Volksbildung große Aufmerksamkeit gewidmet zu haben, wird dadurch nicht geschmälert.

5. Sozialökonomische und philosophische Anschauungen

In den sozialökonomischen und philosophischen Anschauungen *Tatiščevs* spiegeln sich die russische Wirklichkeit der ersten Hälfte des 18. Jahrhunderts und die Erfahrungen seines politischen, wirtschaftsorganisatorischen und wissenschaftlichen Wirkens wider. Seine jahrzehntelange Tätigkeit wurde durch seine Herkunft und vor allem durch die Reformen *Peters* bestimmt, durch die günstige Bedingungen für den weiteren Aufstieg Rußlands geschaffen wurden. Die Entwicklung der Produktivkräfte im 17. Jahrhundert hatte zur allmählichen Herausbildung eines gesamtrussischen Marktes, zu einem festeren ökonomischen Zusammenschluß der bis dahin weitgehend isolierten Reichsteile geführt und machte nunmehr eine maximale politische Zentralisation des Landes notwendig. Ausdruck dieser Zentralisation waren die Aufhebung der ständischen Verfassung und damit die Brechung der Vorrechte des Hochadels, der Bojaren. An die Stelle eines adligen beratenden Gremiums, das den Monarchen bei der Regierung unterstützte, trat seit Anfang des 18. Jahrhunderts ein lediglich vom Monarchen abhängiger Verwaltungsapparat, der die Anweisungen des absoluten Herrschers auszuführen hatte. Wie in anderen europäischen Staaten der damaligen Zeit, wurde also auch in Rußland die ständische von der absolutistischen Monarchie, die die höchste Entwicklungsstufe der Feudalgesellschaft darstellte und die die Entwicklung der kapitalistischen Produktionsweise bis zu einem gewissen Grade förderte, abgelöst. Diese Veränderungen in der Regierungsform hatten auf den Inhalt der Herrschaft jedoch keinen Einfluß; Rußland blieb ein feudaler Staat, in dem der Adel die herrschende Klasse war. Im gut verstandenen eigenen Interesse unterstützten jedoch die besten Vertreter des Adels besonders die wirtschaftliche Entwicklung und trugen dadurch objektiv zur Schwächung des Feudalismus bei. Ausdruck dieser Entwicklungstendenzen waren die im Jahre 1730 innerhalb der Adelsklasse geführten Auseinandersetzungen, an denen *Tatiščev* entscheidend beteiligt war. Die Ergebnisse der damaligen Auseinandersetzungen hat er in dem in anderen Zusammenhang bereits behandelten „Произвольное и согласное рассуждение и мнение собравшегося шляхетства русского о правлении государственном“ zusammengefaßt, das der Festigung der Adelsherrschaft diente und gleichzeitig die ökonomische Entwicklung berücksichtigte, wie aus der Forderung hervorgeht, Industrie und Handel durch den Staat zu fördern.

Nach der Auffassung *Tatiščevs* zerfiel die Gesellschaft in drei Stände, deren Verpflichtungen „durch die Natur“ bestimmt seien: den Adel, die Kaufmannschaft und die Bauern. Der Adel als „erster und ehrenhaftester Stand des Staates“ hätte sich der Regierung und der Verteidigung und die Kaufmannschaft dem Handel, der Industrie und dem Handwerk zu widmen. Die Bauernschaft müßte durch ihre Arbeit beide Stände unterhalten. Eine Sonderstellung nahm bei *Tatiščev* die Geistlichkeit ein, deren Verpflichtung er nicht ausdrücklich formulierte. Trotz dieser Einteilung der Gesellschaft in verschiedene Stände standen sich nach *Tatiščev* als Klassen nur zwei Gruppen gegenüber: der Adel und die „Untertanen“. Wenn er von den Vorrechten des Adels sprach, stellte er diesem die Gesamtheit des Volkes, „die anderen Stände: Geistlichkeit, Kaufmannschaft und Gemeine“, gegenüber. Welche Vorrechte besaßen die Adligen nach seiner Meinung? „1. Sie haben Wappen . . . 2. Sie haben das Recht, unbewegliches Eigentum zu erwerben, zu besitzen und zu verkaufen, ihre Leibeigenen selbst zu verurteilen, körperlich zu bestrafen und zu verbannen. 3. Sie werden nach 30jährigem Militär- oder nach 35jährigem Zivildienst von allen Diensten befreit. 4. Sie können außer für Staatsverbrechen nicht gefoltert werden.“[1]

Das waren Forderungen, die der Adel als herrschende Klasse stets erhoben hat. Den Rechten des Adels sollten jedoch auch Pflichten gegenüberstehen. So forderte *Tatiščev* beispielsweise keine Steuerfreiheit für den Adel, wie es in vielen westeuropäischen Ländern Brauch war. Auch die Dienstzeit ist ja keineswegs nur ein Vorrecht, sondern in erster Linie eine von *Peter* neuformulierte Pflicht des Adels, die große Teile dieser Klasse stets ungern erfüllt haben, weil sie dadurch ihre Aufgaben als Grundherren vernachlässigen mußten. *Tatiščev* erkannte die Verpflichtung des Adels zum Staats- und Militärdienst grundsätzlich an, forderte aber im Gegensatz zu *Peter* eine Begrenzung der Dienstzeit. Ebenso wandte er sich gegen den von *Peter* erlaubten Erwerb von Grundbesitz durch Nichtadlige und verlangte eine strenge gesetzliche Trennung zwischen Adel und „Untertanen“.[2]

Die Erwerbung von Grundbesitz durch Kaufleute und Manufakturbesitzer war von *Peter* nicht zufällig gestattet worden, sie hatte im Letzten ökonomische Ursachen. Die erste Voraussetzung für die Entwicklung des Manufakturwesens ist bekanntlich neben der Akkumulation von Kapital das Vorhandensein der notwendigen Arbeitskräfte. Die Kapitalfrage wurde gelöst, indem der Staat den Unternehmern in vielen Fällen Kapital in Form privatisierter Werke zur Ver-

[1] Tatiščev, Лексикон, Bd. II, S. 120f; P. Alefirenko, Социально-политические воззрения Татищева. In: ВИ, 10, 1951, S. 105

[2] Tatiščev, Рассуждение о ревизии поголовной . . .In: Popov, Татищев, S. 171

fügung stellte. In diesen Werken wurde dann das im Handel und in der Produktion selbst erworbene Kapital der Unternehmer angelegt. Schwieriger war die Lösung des Arbeitskräfteproblems, weil dadurch die Interessen jedes einzelnen Adligen unmittelbar betroffen wurden. Dem Entwicklungsstand der Produktivkräfte hätte die Aufhebung der Leibeigenschaft entsprochen; dadurch hätte man freie Lohnarbeiter erhalten. Der Adel war jedoch noch zu stark, um einer Aufhebung der Leibeigenschaft der Bauern, die seine Existenz weitgehend sicherte, zuzustimmen. Daher wurde eine neue Form gefunden, die sowohl die Interessen der herrschenden Klasse, als auch die Erfordernisse der ökonomischen Entwicklung berücksichtigte: feudal gebundene Bauern wurden den entstehenden Manufakturen „überschrieben". Diese Lösung barg jedoch einen Widerspruch in sich. Die Bauern, die in der Industrie arbeiteten, waren juristisch Leibeigene, in Wirklichkeit waren sie in vielen Fällen Lohnarbeiter, da sie für ihre Arbeit Lohn erhielten.[1] Dieser Widerspruch wurde von einigen auch empfunden, konnte aber von den Ideologen der Adelsherrschaft nicht gelöst werden. Die Äußerungen *Tatiščevs* sind ein sprechendes Beispiel dafür.

Jahrelange wirtschaftsorganisatorische Tätigkeit hatte *Tatiščev* die Erkenntnis vermittelt, daß die Arbeitsproduktivität in den Fabriken bedeutend größer war, wenn freie Lohnarbeit verwendet wurde. Er konnte aber nicht über seinen Schatten springen und versuchte es daher immer wieder mit Kompromissen, indem er auf eine Bezahlung der „überschriebenen" Bauern drängte. Dadurch wurden diese der Pflicht enthoben, nebenbei noch in der Landwirtschaft zu arbeiten, um überhaupt existieren zu können. Mit Vorliebe stellte er auch flüchtige Bauern in den Werken ein und wandte sich sogar gegen die Aufforderung zur Auslieferung von Flüchtlingen mit dem Hinweis, daß man in diesem Falle die Zahl der Werke nicht nur nicht vermehren, sondern auch die bestehenden nicht erhalten könne. Beim Bau neuer Fabriken spielte daher die Frage, ob in der entsprechenden Gegend freie Arbeiter zu finden seien, stets eine entscheidende Rolle.[2] Aus dem Gesagten geht die ganze Widersprüchlichkeit seiner Ansichten über die Leibeigenschaft hervor. Die Wirklichkeit der ökonomischen Entwicklung war einfach stärker als die Interessen des einzelnen Feudalherrn und verstrickte den Ideologen des Adels in unlösbare Widersprüche.

Mit diesen Problemen, mit der Arbeit der leibeigenen Bauern, mußte sich aber nicht nur der Wirtschaftsorganisator, sondern auch der Grundbesitzer *Tatiščev* beschäftigen. Hier wie dort wollte er durchgreifende Änderungen vermeiden und beschränkte sich auf Bemühungen, die Lage der Leibeigenen im Rahmen der bestehenden Verhältnisse zu verbessern, ohne das Wesen der Beziehungen zwischen

[1] S. G. Strumilin, История черной металлургии в СССР, Bd. 1, Moskau 1954, S. 267

[2] Die Äußerungen Tatiščevs zu diesem Problem hat aus unveröffentlichten Quellen zusammengestellt I. Bak, Экономические воззрения Татищева. In: ИЗ, Bd. 54 (1955), S. 374 bis 377

Grundherrn und Bauern zu berühren. Die Ursache der Leibeigenschaft war nach seiner Meinung ein zwischen Grundherrn und Bauern geschlossener Vertrag, eine freiwillige Übereinkunft zwischen beiden, die im Interesse der Aufrechterhaltung der Ordnung nicht gebrochen werden durfte, denn die Bindung des Bauern an den Gutsherrn schaffe die Voraussetzung für dessen Staatsdienst. Obwohl er theoretisch den zeitweiligen Charakter dieser Abhängigkeit anerkannte, wandte er sich doch praktisch gegen eine grundsätzliche Lösung des Problems, wenn er auch in Einzelfällen, wie im Ural, sein Prinzip durchbrach.[1]

Die von westeuropäischen bürgerlichen Ideologen ausgearbeitete Vertragstheorie, die dazu diente, nachzuweisen, daß die feudalen Abhängigkeitsverhältnisse unter bestimmten Bedingungen entstanden waren, und die dadurch letztlich zu deren Überwindung beitrug, wurde hier also modifiziert; sie verlor ihren revolutionären Inhalt. Das wird besonders bei der Übertragung der Vertragstheorie auf die gesamte Gesellschaft deutlich. Während in Ländern, in denen das Bürgertum bereits große ökonomische Macht besaß, wie in England im 17. und in Frankreich im 18. Jahrhundert, daraus die Schlußfolgerung gezogen wurde, daß der Monarch, dessen Gewalt auf einem freiwilligen Vertrage zwischen ihm und den Untertanen beruhe, abgesetzt werden könne, erkannte beispielsweise *Prokopovič* zwar den Grundgedanken dieser Theorie an, lehnte aber die sich daraus ergebenden Schlußfolgerungen entschieden ab. Die Ursache dafür waren die noch schwach entwickelten Keime des Kapitalismus in Rußland und die Möglichkeit, daß sich die absolutistische Monarchie die Ergebnisse der ökonomischen, wissenschaftlichen und kulturellen Auseinandersetzungen des Westens nutzbar machen konnte und damit progressive Bedeutung erlangte in einer Zeit, als zum Beispiel der französische Absolutismus bereits ein Hemmnis für die weitere Entwicklung geworden war.

Wenn also *Tatiščev* auch als Ideologe des absolutistischen Staates eine Aufhebung der Leibeigenschaft ablehnte, so war er doch bestrebt, den unter den bestehenden Verhältnissen größtmöglichen wirtschaftlichen Nutzen aus der Arbeit der Bauern zu ziehen und deren Lage entsprechend zu erleichtern. Daher wandte er sich entschieden gegen die Sorglosigkeit seiner Klassengenossen und gegen eine zu starke Bedrückung der Bauern. Als wichtigste Maßnahme zur Verbesserung der Lage der Bauern sah er deren Versorgung mit Land an. Den Grundbesitzern schlug er daher vor, das von ihm unmittelbar bewirtschaftete Land an einem Ort zu konzentrieren, d. h. nur an einer Stelle seines Besitzes die Barščina, die Fronarbeit der Bauern, anzuwenden, „damit er selbst die gesamte Wirtschaft übersehen kann“. Das restliche Land sollte er den Bauern zur Bewirtschaftung übergeben und nur den Obrok, eine Geldabgabe, einziehen. Wenn der Grundherr keine

[1] Tatiščev, Разговор, S. 140–141; ders., Рассуждение о беглых мужчинах ... In: Popov, Татищев, S. 760; P. Alefirenko, Экономические взгляды Татищева. In: ВИ, 12, 1948, S. 96

Möglichkeit hätte, die Wirtschaft selbst zu führen, wäre die einträglichste Methode, das gesamte Land den Bauern zur Bewirtschaftung zu übergeben, da die Einstellung eines Verwalters nicht günstig wäre.[1]

Tatiščev wandte sich also nicht grundsätzlich gegen die Barščina, drang aber darauf, daß der Bauer daneben eine bestimmte Fläche Land erhielt, für die er nur den Obrok abzugeben brauchte. Diese Fläche müßte nach seiner Ansicht mindestens drei Desjatinen betragen. Wenn die gleichzeitige Verwendung von Barščina und Obrok nicht möglich war, gab *Tatiščev* dem Obrok den Vorzug.[2] Unter grundsätzlicher Beibehaltung der Leibeigenschaft versuchte er also, die reine Fronarbeit zugunsten von Abgaben einzuschränken und hoffte, dadurch die Bauern zu besserer Arbeit anregen zu können, weil bei genau festgelegten Geldabgaben mit dem größeren Ertrag auch ihr eigener Anteil wachsen mußte. Diese seine Gedankengänge zeugen davon, wie tief er ökonomische Probleme durchdacht hatte und wie er versuchte, unter Beibehaltung der bestehenden Verhältnisse die Entwicklung der Landwirtschaft zu fördern.

Er beschränkte sich nämlich keineswegs auf diese allgemeinen Erwägungen, sondern machte auch Angaben über die Wirtschaftsführung, die in allen Einzelheiten hier jedoch nicht wiederholt werden können. Erwähnt werden muß aber sein Hinweis auf die Wichtigkeit der Viehzucht, weil diese große Bedeutung für die Ertragssteigerung hätte. Er schlug daher vor, so viel Vieh zu halten, daß sämtliche Äcker gedüngt werden könnten.[3] Mit dieser Forderung, die damals noch keineswegs Allgemeingut war, stellte er sich auf den Standpunkt der fortschrittlichen Agrarwissenschaft, um deren Verbreitung in Rußland sich bereits *Peter* durch Übersetzungen westeuropäischer Werke in die russische Sprache bemüht hatte. So hatte er 1723 die Übersetzung des in Westeuropa mit großem Beifall aufgenommenen Werkes von *W. H. v. Hohberg* (auch *Hochberg*) „Georgica curiosa oder Unterricht für den Landbau ..." (Nürnberg 1682, 2 Bände, weitere Auflagen: 1687, 1695, 1701, 1715, 1749) veranlaßt, das sämtliche landwirtschaftliche Probleme umfassend behandelte. Die Übersetzung ist zwar nicht veröffentlicht worden, ist aber den interessierten Zeitgenossen sicher bekannt gewesen. Ganz wie *Tatiščev* sah auch *Hohberg* in der Arbeit der Bauern die Grundlage für die Existenz eines Staates.[4]

Aus dem Gesagten geht bereits hervor, daß *Tatiščev* nicht aus reiner Menschenfreundlichkeit eine Besserung der Lebenslage der Bauern erstrebte, sondern vor

[1] Tatiščev, Краткие экономические до деревни следующие записки. In: Временник ОИДР, XII, 1852, Abt. III, S. 29

[2] Ebd., S. 13 [3] Ebd., S. 14—17

[4] A. L'vov, Попытка Петра I к распространению среди русского народа научных сельскохозяйственных знаний. In: Чтения ОИДР, 1892, Buch I, Abt. III; über Hohberg: O. Brunner, Adeliges Landleben und europäischer Geist. Leben und Werk Wolf Helmhards von Hohberg 1612—1688, Salzburg 1949

allem auch eigene Interessen damit verfolgte. Eine höhere Arbeitsproduktivität mußte ja letztlich dem Grundherrn selbst zugute kommen. Daher schlug er auch vor, den Bauernkindern, sowohl den Jungen als auch den Mädchen, den Schulbesuch zu ermöglichen und sie ein Handwerk lernen zu lassen. Dadurch wäre ihre Beschäftigung im Winter, wenn in der Landwirtschaft wenig oder nichts zu tun sei, gesichert.[1] Aus diesem Vorschlag spricht ganz deutlich das Interesse des Grundbesitzers, der die Arbeitskraft seiner Bauern in jeder Hinsicht auszunutzen trachtete.

Die Vorschläge, die *Tatiščev* über die Landwirtschaft im allgemeinen und zur Verbesserung der Lage der Bauern im besonderen machte, halfen zwar auch den Bauern etwas, lagen aber in erster Linie im Interesse des Grundbesitzers. Er sah die Notwendigkeit, die bestehenden Verhältnisse zu verändern, schreckte aber vor durchgreifenden Maßnahmen zurück und beschränkte sich auf einen Appell an seine Klassengenossen, ohne die Privilegien seiner Klasse im wesentlichen anzutasten. Durch eine Intensivierung der Landwirtschaft sollte der Anteil des Adels am wirtschaftlichen Aufschwung des Landes gesichert werden. Er wußte aber ebenfalls, daß eine schnelle Weiterentwicklung der gesamten Wirtschaft Rußlands dem Adel zugute kam und hat ihr daher seine besondere Aufmerksamkeit zugewandt.

Infolge seiner mehrjährigen wirtschaftsorganisatorischen Tätigkeit im Ural und in anderen Gebieten des Reichs war *Tatiščev* mit den ökonomischen Problemen seiner Zeit gut vertraut. Als weitere Quellen für seine Kenntnisse auf wirtschaftlichem Gebiet sind die oft recht ausführlichen, in Form kurzer Abhandlungen gehaltenen Ukaze *Peters* über wirtschaftliche Probleme und das Studium ausländischer Werke über die Wirtschaft anzusehen. Obwohl er die Wirtschaftspolitik *Peters* grundsätzlich billigte, betonte er doch, daß man diese nicht unverändert weiterführen könne, sondern sie neuen ökonomischen Verhältnissen anpassen, sie verändern und ergänzen müsse.[2]

Entscheidend für die Stärke eines Landes war nach seiner Meinung nicht der Stand der Landwirtschaft, obwohl diese eine wichtige Voraussetzung war, sondern der von Industrie und Handel. „Alle, die Kenntnisse über die Gesellschaft haben, wissen, daß der Reichtum auf jedem Gebiet, die Macht und die Ehre ausschließlich von der Befähigung des Volkes zum Handwerk und vom guten Zustand des Handels abhängen.“[3] Dabei dachte er aber nicht nur an den Handel im allgemeinen, sondern besonders an den Außenhandel: „Den größten Reichtum und Nutzen bringt der Außenhandel“, schrieb er an anderer Stelle.[4] Hier ist *Tatiščev* der Verkünder merkantilistischer Ansichten, die das ökonomische Denken seiner Zeit be-

[1] Tatiščev, Краткие экономические . . . записки, a. a. O., S. 18
[2] Tatiščev, О купечестве и ремеслах. In: ИА, VII (1951), S. 415—416
[3] Ebd., S. 410
[4] Ebd., S. 148

stimmten. Die große Bedeutung des Merkantilismus, der die Quelle des Mehrwerts nicht in der Arbeit, sondern in der Zirkulationssphäre, im Handel, suchte, bestand darin, durch ein Schutzzollsystem die Entwicklung der nationalen Wirtschaft gefördert zu haben. Nach dieser Lehre bestand der Reichtum eines Landes in den ihm gehörenden Edelmetallen, die durch eine geschickte Handelspolitik, durch Förderung der Ausfuhr von Fertigprodukten und durch die Behinderung der Ausfuhr von Rohstoffen, möglichst vermehrt werden sollten.

Ganz folgerichtig regte *Tatiščev* daher an, die Einfuhr von Gold und Silber, aber auch die von Rohstoffen nicht mit Steuern zu belegen, denn die Ausfuhr der aus diesen Rohstoffen hergestellten Produkte würde dem Staat später Gewinn verschaffen. Als wichtige Einnahmequelle sah er auch den Transithandel an, der durch den Staat allseitig unterstützt werden müßte. Geringe Steuern sind nach *Tatiščevs* Meinung für Erzeugnisse erforderlich, die „nicht sehr notwendig, aber nützlich sind und die in Rußland nicht hergestellt werden", hohe dagegen für Produkte, die „in Rußland besser hergestellt werden können", weil deren Einfuhr „für die russischen Fabriken schädlich ist". Entsprechend dieser Zollpolitik sollte die Ausfuhr von Rohstoffen gänzlich verboten werden.[1] Die gesamte Handelspolitik sollte also darauf ausgerichtet sein, den Reichtum des Landes — wie er von den Merkantilisten verstanden wurde — zu vermehren.

Bei der relativ schwach entwickelten russischen Industrie mußte es dem Lande natürlich schwer fallen, im Konkurrenzkampf mit den weiterentwickelten Staaten Westeuropas zu bestehen. Aus dieser Erkenntnis heraus lenkte *Tatiščev* das Interesse des russischen Handels besonders auf Asien, wo ein großer noch nicht erschlossener Absatzmarkt zur Verfügung stand. Dabei dachte er besonders an Länder wie China, Buchara, Persien und die Türkei.[2]

Als besonders wichtig für die Entfaltung des Handels sah er die Einführung des Kreditwesens in Rußland an. Er schlug daher die Einrichtung von Banken vor, bei denen alle ihr Geld gegen Zinsen hinterlegen könnten. Dadurch würde für die Kaufleute die Möglichkeit geschaffen, bei günstigen Warenangeboten stets die notwendigen Geldmittel als Kredite zu erhalten. Außerdem würden sich solche Kreditinstitutionen positiv auf die Entwicklung der gesamten Wirtschaft auswirken.[3]

Den Kaufleuten empfahl er ein intensives Studium des ausländischen Handels, weil sie die Wichtigkeit des Handels dann noch besser einsehen würden.[4] Er wies darauf hin, daß Frankreich von England und Holland oft nur durch Unterbindung des Handels besiegt werden konnte. Beide Länder, die an sich arm seien, hätten erst durch den Handel große Reichtümer erwerben können. Im Gegensatz

[1] I. Bak, Экономические воззрения Татищева. In: ИЗ, Bd. 54 (1955), S. 368
[2] Tatiščev, О купечестве и ремеслах. In: ИА, VII (1951), S. 419—420
[3] Ebd., S. 422—423
[4] Tatiščev, Разговор, S. 118—119

dazu verwies er auf Spanien, das zwar große Mengen Edelmetalle aus seinen Kolonien eingeführt habe, aber infolge des fehlenden Handels ein armes Land geblieben sei.[1]

Neben dem Außenhandel widmete *Tatiščev* aber auch dem Innenhandel große Aufmerksamkeit, da ihm für die Festigung des inneren Marktes besondere Bedeutung zukam. Seine Bemühungen, die von ihm gegründete Stadt Ekaterinburg zu einem Handelszentrum des Urals zu machen und auf diese Weise auch das Interesse der Kaufleute für die Anlage ihres Kapitals in der Industrie zu wecken, wurden bereits erwähnt. In seinen Vorschlägen für die Einrichtung von Messen bezog er sich auf die deutschen Beispiele in Leipzig und Frankfurt am Main, aber auch auf das von Danzig. Die Messeordnungen dieser Städte hatte er aufmerksam studiert, denn er regte an, diese Regelungen in ihren Grundzügen für Rußland zu übernehmen.[2]

Der Förderung des Innenhandels dienten auch seine Anregungen, das russische Postwesen auszubauen, damit, wie er schrieb, „die Kaufleute überall wissen, welche Waren gebraucht werden oder welche man auf einer Messe mit Gewinn und billig verkaufen kann. Das wäre für den Handel sehr nützlich, und der Staat hätte auch nicht geringen Vorteil davon."[3] Auf diese Weise sollten sowohl die Interessen des Einzelnen wie die des Staates gefördert werden. Er wußte, daß eine Vergrößerung der Staatseinnahmen nicht zuletzt gerade dem Adel zugute kam. Das war kein geringer Grund für sein ständiges Bemühen, die wirtschaftliche Entwicklung allseitig zu unterstützen. In diesem Bestreben lag auch die Ursache für seinen Vorschlag, die Kaufleute nicht zu sehr zu bedrücken und sie besonders von der für sie sehr schädlichen Einquartierung zu befreien.[4] Für diese Befreiung hat auch die entstehende Bourgeoisie in Westeuropa bekanntlich stets gekämpft. Es zeugt von der tiefen Einsicht *Tatiščevs*, daß er solche Forderungen erhob, wenn auch beachtet werden muß, daß ihre Verwirklichung ja durchaus im Interesse des feudalen Staates lag, dessen Wirtschaftspolitik bestimmend für seine ökonomische und politische Stärke war.

Der Adel gab nur die Positionen auf, die er nicht mehr halten konnte oder die ihm unwesentlich erschienen. Auch das geht deutlich aus den Äußerungen *Tatiščevs* hervor. So wandte er sich beispielsweise kategorisch nicht nur gegen eine Selbstverwaltung der Städte, sondern sogar dagegen, daß Kaufleute Bürgermeister wurden, weil ihre Aufgabe der Handel sei und dem Adel die Regierung zukomme, und weil außerdem ein Kaufmann, der einen solchen verantwortlichen Posten erhielte, seine Konkurrenten unterdrücken könnte.[5] Hinter dieser Ansicht stand un-

[1] Tatiščev, О купечестве и ремеслах, a. a. O., S. 411
[2] Ebd., S. 417
[3] Ebd., S. 417, 423–424
[4] Ebd., S. 416
[5] Ebd., S. 416, 418

ausgesprochen die Furcht vor einem immer stärker werdenden Einfluß des entstehenden Bürgertums, dem zwar die von *Tatiščev* geforderte Wirtschaftspolitik in gewissen Grenzen diente, das er aber von jeder Teilnahme an der Regierung fernhalten wollte. Die Stadtbevölkerung war für den Adel in erster Linie Steuerzahler. Von diesem Gesichtspunkt — so führte *Tatiščev* aus — mußte die Politik dieser Schicht gegenüber bestimmt sein. Das bedeutete in der Praxis: Soviel Geld wie möglich, aber kein Ruin. Daraus leitete sich seine Forderung ab, die Abgaben der Städte von Zeit zu Zeit neu festzusetzen, um weder zu geringe, noch zu hohe Zahlungen zu fordern. Als Beispiel, wie sich der Reichtum einer Stadt ändern konnte, verwies er auf Pskov, das Anfang des 18. Jahrhunderts eine reiche Handelsstadt gewesen sei und große Einnahmen gehabt habe. Durch Kriegseinwirkungen, durch die Pest und durch Brände sei die Stadt dann verarmt und verfüge kaum noch über ein Viertel der ehemaligen Einnahmen. Wenn man nun die gleichen Steuern verlange wie in früheren Zeiten, laufe man lediglich Gefahr, eines Tages überhaupt nichts mehr zu erhalten.[1]

Die allseitige Förderung der wirtschaftlichen Entwicklung bei ständiger Beachtung der Vorrechte des Adels, das war auch der Grundsatz, nach dem *Tatiščev* die Uralindustrie leitete. Besonders die von ihm in der Instruktion für die Schichtmeister niedergelegten Grundsätze für die Beaufsichtigung der Privatunternehmer durch den Staat zeugen davon. Er bestand kategorisch darauf, daß sich der Staat in Gestalt des Sibirischen Bergamtes jederzeit in die Verwaltung, die Produktion und den Absatz der privaten Werke einmischen konnte. Andererseits hatte aber nach seiner Ansicht der Staat auch die Pflicht, den Bau neuer Werke durch finanzielle und technische Hilfe zu unterstützen. Diese Grundeinstellung war die Ursache für die Auseinandersetzungen, die *Tatiščev* mit dem größten Unternehmer des Urals, *Demidov*, führte, aber auch für die Stellungnahme des Wirtschaftsorganisators während der Diskussionen über eine umfassende Privatisierung der Staatswerke in den dreißiger Jahren.

Das ökonomische Denken *Tatiščevs* war also sowohl durch seine Zugehörigkeit zum Adel als auch durch seine Kenntnis der wirtschaftlichen Erfordernisse seiner Zeit gekennzeichnet. Diese beiden Faktoren, die an sich keine Gegensätze zu sein brauchten, waren bei *Tatiščev* die Ursache dafür, daß seine Anschauungen oft recht widersprüchlich waren. Daher kann man der Einschätzung, die in der „Geschichte des russischen ökonomischen Denkens“ gegeben wird, voll zustimmen: „*Tatiščev*, der ein Ideologe des Adels war und die feudale Basis verteidigte, förderte die Entwicklung der Produktivkräfte und des Marktes unter den Bedingungen der Feudalordnung ... Deshalb war sein Wirtschaftsprogramm im ganzen für seine Zeit objektiv fortschrittlich, wenn auch der Autor die Leibeigenschaft verteidigte.“[2]

[1] Ebd., S. 424f.
[2] История русской экономический мысли, Bd. I, Moskau 1955, S. 401

Ähnlich wie *Tatiščevs* sozialökonomisches Denken wurden auch seine philosophischen Anschauungen durch seine Herkunft, seine Klassenzugehörigkeit und sein Studium der westeuropäischen Philosophie bestimmt. Die Grundfrage der Philosophie, die Frage nach dem Verhältnis von Denken und Sein, wird von ihm auf das Körper-Seele-Problem reduziert. In Anlehnung an das von ihm geschätzte „Philosophische Lexikon" von *J. G. Walch*[1] legte er vier Lösungsmöglichkeiten dieser Frage dar. Die materialistische Lehre *Hobbes'*, daß der Mensch allein aus dem Körper bestehe und die Seele nur ein Name sei, der nichts bedeute, lehnte *Tatiščev* ab. Folgerichtig wandte er sich daher auch gegen *Hobbes'* im „Leviathan" dargelegte Staatslehre, die er als „unnütz" und „schädlich" bezeichnete.[2] Aber auch mit den „Idealisten" — er erwähnt *Pythagoras*, *Platon* und die Stoiker — die nur die Seele als existent betrachten würden und für die der Körper nur das „Gefängnis" der Seele sei, war *Tatiščev* nicht einverstanden. Ebenso ablehnend verhielt er sich zu der von *Paracelsus* vertretenen Dreiheit der menschlichen Existenz: Seele, Geist und Körper.[3] *Tatiščev* formulierte seine Überzeugung, daß „der Mensch von Gott geschaffen wurde aus zwei ganz verschiedenen Qualitäten, aus der tätigen und der leidenden, aus der ewigen und der vergänglichen, aus der vollendeten und der unvollendeten, d. h. aus der Seele und dem Körper".[4] Dabei komme der Seele — worunter man das Denken zu verstehen hat — als der tätigen, ewigen, vollendeten Eigenschaft des Menschen der Primat zu. Diese Gedanken *Tatiščevs* erinnern an die Darlegungen des französischen Philosophen *Descartes*, der — im Gegensatz zu seiner materialistischen Lehre in der Physik — in seinen Anschauungen vom Menschen ebenfalls das dualistische Prinzip, den Unterschied zwischen Körper und Seele verteidigte.[5] Bekanntlich hat es *Tatiščev* bedauert, daß die Philosophie des *Descartes* an den russischen Schulen nicht genügend gelehrt wurde.

Wie die große Zahl *Wolff*scher Werke in *Tatiščevs* Bibliothek zeigt, hat er sich besonders für diesen Denker interessiert. In seiner „Geschichte" bekannte er sich zu den Anschauungen des deutschen Philosophen und bedauerte, daß dessen Werke in Rußland nicht weit genug verbreitet wären. „. . . was den Anfang der Gesellschaft, der Ordnungen, der Regierungen und der Verpflichtungen der Regierenden und der Regierten betrifft, so gehört das im Grunde zur Philosophie, der Moral und Sittenlehre, dem Naturgesetz und der Politik. Das wurde von verschiedenen Philo-

1 Bibliothekskatalog bei Pekarskij, Новые известия, S. 61; Tatiščev, История, I, S. 11 (S. 98). Walchs Lexikon erschien in 1. einbändiger Aufl. 1726 in Leipzig, in 2. zweibändiger Aufl. 1740 mit einem umfangreichen biographischen Verzeichnis der wichtigsten Philosophen. Vgl. zum Folgenden den Artikel „Mensch", 1. Aufl. S. 1756—1772; 2. Aufl. S. 1767—1787

2 Tatiščev, Разговор, S. 6; Tatiščev, История, I, S. 527 (S. 359)

3 Tatiščev, Разговор, S. 6

4 Ebd.

5 Vgl. L. A. Petrov, Философские взгляды Прокоповича, Татищева и Кантемира, Irkutsk 1957, S. 28

sophen in verschiedenen Sprachen ausreichend dargelegt. Nach meiner Meinung hat das *Christian Wolff* besser als alle anderen, d. h. verständlich dargelegt . . .“[1] Durch die Schriften *Wolffs*, dessen Philosophie sich eng an die von *Leibniz* anschloß und diese systematisierte, lernte *Tatiščev* auch *Leibniz*' Gedanken kennen. Ob *Tatiščev* Werke von *Leibniz* selbst gelesen hat, konnte nicht festgestellt werden.

Tatiščevs Bekenntnis zur idealistischen Philosophie war bestimmend für sein Urteil über das Wesen historischer Prozesse. Nach seiner Ansicht sind es die Ideen, die die Entwicklung bestimmen: „Alle Handlungen haben ihren Ausgangspunkt im Verstand oder in der Torheit.“[2] So sehr diese Anschauung der Wirklichkeit widerspricht, so muß doch betont werden, daß sie zu ihrer Zeit einen wirklichen Fortschritt darstellte. Dem „göttlichen Willen“ wurde damit jeder Einfluß auf die geschichtliche Entwicklung abgesprochen, wenn auch die Existenz eines Gottes keineswegs geleugnet wurde.

Tatiščevs Wirken war darauf gerichtet, den Einfluß der Religion auf die Wissenschaft auszuschalten und sich mit der Religion und ihren Auswirkungen kritisch auseinanderzusetzen. Diesem Ziel diente in erster Linie sein „Gespräch über den Nutzen der Wissenschaften und der Schulen“, in dem er seine philosophischen Anschauungen darlegte.[3] Die Philosophie oder — wie *Tatiščev* sagte — die Wissenschaft sollte sich daher nicht mit religiösen Problemen, sondern mit dem Menschen beschäftigen, mit dem Ziel, „daß der Mensch sich selbst erkennen kann“. Darunter wollte er, wie er weiter schrieb, die Möglichkeit verstanden wissen, daß der Mensch das Gute vom Bösen, das Nützliche vom Schädlichen, das Notwendige vom Nutzlosen unterscheiden könne. Wo Gutes, Nützliches und Notwendiges — diese Begriffe waren für *Tatiščev* Synonyma — getan werde, sei der Zustand erreicht, „durch den wir unsere wahre Glückseligkeit erwerben und erhalten können“.[4]

Tatiščevs Bemühungen, Religion und Wissenschaft zu trennen, spiegeln sich auch in seiner „Geschichte“ wider. Durch seine kritische Interpretation historischer Nachrichten, deren Grundlage der Aberglaube war, zog er sich sogar die Beschuldigung zu, ein Freidenker zu sein.[5] In einem Vergleich der in der „Geschichte“ gedruckten Anmerkungen mit den handschriftlichen Aufzeichnungen des Historikers hat *L. A. Petrov* neuerdings nachgewiesen, wie weitgehend er seine Äußerungen infolge der gegen ihn vorgebrachten Vorwürfe gemildert hat, wenn auch in der „Geschichte“ noch immer genug stehen blieb, das ihn als einen aufgeklärten und kritischen Forscher und Denker ausweist. So wandte er sich beispielsweise

[1] Tatiščev, История, I, S. 527 (S. 359)
[2] Tatiščev, История, I, S. XXVI (S. 92)
[3] Vgl. dazu M. M. Persic, „Разговор двух приятелей о пользе наук и училищ“ В. Н. Татищева как памятник русского свободомыслия XVIII века. In: Вопросы истории религии и атеизма, Bd. III, Moskau 1956, S. 278—310
[4] Tatiščev, Разговор, S. 2—4
[5] M. M. Persic, a. a. O., S. 283f.

gegen die Ansicht, daß sich Menschen nach dem Tode in Tiere verwandeln: „Bei uns glauben das viele Leute, die nicht dumm sind.“ Er wies darauf hin, daß früher solche Anschauungen auch in anderen Ländern verbreitet waren. Mit besonderer Genugtuung erzählte *Tatiščev* die Geschichte von der „Hexe“, die er 1714 in der Ukraine vor dem Feuertode rettete. In *Tatiščev*, der aus seinen Anschauungen keinen Hehl machte, sahen die Dunkelmänner innerhalb und außerhalb der Kirche daher ihren Feind.[1]

Bei der Beurteilung von Ereignissen und Erscheinungen ließ sich *Tatiščev* lediglich von seinem Verstand leiten. In seiner „Geschichte“ schrieb er: „Unter dem Denken verstehen wir die hauptsächliche natürliche Funktion oder Kraft der Seele; sobald das Denken aufgeklärt ist, wird es Verstand genannt.“ Oder in seinem „Gespräch“: Verstand ist das Denken, das „durch die Anwendung und Förderung seiner Eigenschaft verbessert ist, was von der Wissenschaft abhängt.“[2] Aus dieser Ansicht erkennt man die Hochachtung, die *Tatiščev* der Wissenschaft entgegenbrachte, weil sie allein die dem menschlichen Gehirn immanente Denkkraft auf die Stufe hebe, die den Menschen zu einem vernünftigen Wesen mache. Der vernünftige Mensch, der sich durch seine Bildung von dem „nur“ denkenden Menschen unterscheidet, war aber ein heiß erstrebtes Ziel der Aufklärer, das auch *Tatiščev* vorschwebte. Der Verstand des Menschen befähigte ihn, das „Naturgesetz“, also die Ereignisse und Erscheinungen, zu erkennen. In seinem „Gespräch“ antwortete *Tatiščev* auf die Frage, warum man das „Naturgesetz“ erkennen könne, obwohl in der Heiligen Schrift und bei den Kirchenvätern darüber nichts gesagt werde, daß sich der Verstand „durch sich selbst, d. h. durch seine natürlichen Qualitäten, bestätigen muß“.[3] Die Grundlage und das Kriterium seiner Philosophie ist also der Verstand.

Hinter dem im 17. und 18. Jahrhundert mit so viel Vorliebe benutzten Begriff „Naturgesetz“ verbarg sich nichts anderes als die Forderung nach der Umgestaltung der Gesellschaft auf der Grundlage der vernünftigen Natur. Diese von *Hugo Grotius* begründeten und von *Samuel Pufendorf* wesentlich weiter entwickelten naturrechtlichen Anschauungen fanden auch in Rußland ihren Widerhall.[4] Eine Lehre, die die natürliche Vernunft des Menschen für ausreichend erklärte, das Rechte zu erkennen, und die der göttlichen Offenbarung jede Bedeutung für diese Erkenntnis bestritt, mußte auch von den russischen Denkern als große Hilfe für ihren Kampf gegen die Vorherrschaft der Theologie angesehen werden. Es ging jedoch nicht um die Widerlegung der Religion, sondern um ihre Zurückweisung, die Reduzierung auf ihre eigentlichen Aufgaben. Der herrschende

[1] L. A. Petrov, a. a. O., S. 33—42

[2] Tatiščev, История, I, S. XXVII (S. 92); Tatiščev, Разговор, S. 9

[3] Tatiščev, Разговор, S. 133

[4] Vgl. über die naturrechtlichen Anschauungen in Rußland L. A. Petrov, Социологические взгляды Прокоповича, Татищева и Кантемира, Irkutsk 1958, S. 8—17

Absolutismus wurde durch das Naturrecht gegen die ideologisch verbrämten Herrschaftsansprüche der Kirche ideologisch begründet.

Tatiščev hat, wie bereits erwähnt, die Werke von *Grotius* und *Pufendorf* in der Bibliothek *Golicyns* sogar in russischer Sprache studieren können. In seiner „Geschichte" zitiert er positiv die naturrechtlichen Anschauungen der beiden westeuropäischen Philosophen; *Pufendorfs* „Einleitung zur Geschichte" stand in zwei Ausgaben in seiner Bibliothek.[1] Auf dessen Ansichten und Darlegungen konnte sich *Tatiščev* 1730 als Verteidiger des Absolutismus stützen, als es galt, die Ansprüche des russischen Hochadels zurückzuweisen. Daher bedauerte er auch, daß man in den russischen Schulen „die Bücher von *Grotius*, *Pufendorf* und ähnliche, die für die besten in ganz Europa gehalten werden, nicht besitzt".[2]

Wie aus dieser kurzen Betrachtung der Ansichten *Tatiščevs* hervorgeht, können als die drei wichtigsten Komponenten seines Denkens das Naturrecht, der Deismus und der Idealismus betrachtet werden. Er trat für den Fortschritt der Wissenschaft und deren Befreiung von der Theologie ein und verteidigte die Theorien des „Naturrechts". In diesen Bestrebungen traf er sich mit den Vertretern der westeuropäischen Philosophie des 17. und 18. Jahrhunderts und wurde unterstützt von seinen russischen Zeitgenossen, besonders von *Prokopovič* und *Kantemir*, die die gleichen oder ähnliche Ansichten vertraten.[3]

[1] Tatiščev, История, I, S. 530f. (S. 361); Bibliothekskatalog bei Pekarskij, Новые известия, S. 62
[2] Tatiščev, Разговор, S. 117
[3] Geschichte der Philosophie, Bd. I, Berlin 1960, S. 442–444, 468–469

Zusammenfassung

In der vorliegenden Arbeit wurde versucht, das Wirken und die Verdienste *Vasilij N. Tatiščevs* als Wirtschaftsorganisator, als Staatsmann und als Wissenschaftler darzulegen.

Seit Rußland nach dem allmählichen politischen Zusammenschluß durch die Herausbildung eines gesamtrussischen Marktes in der zweiten Hälfte des 17. Jahrhunderts auch wirtschaftlich zusammenzuwachsen begann, ging die Entwicklung des Landes immer schneller voran. Diese objektiven Entwicklungstendenzen wurden durch die dem Wesen dieses historischen Prozesses weitgehend entsprechenden Maßnahmen *Peters des Großen*, der die vor seinem Lande stehenden Aufgaben erkannte, außerordentlich gefördert. Einen ersten Abschluß fand diese auf die wirtschaftliche Einheit des Landes zielende Entwicklung in der Aufhebung der Binnenzölle in Rußland am Anfang der fünfziger Jahre des 18. Jahrhunderts. *Tatiščevs* Wirken fällt also in einen Zeitabschnitt, der durch zwei entscheidende Ereignisse der russischen Geschichte begrenzt wird.

Drei Problemkreise waren für die russische Entwicklung in der ersten Hälfte des 18. Jahrhunderts und damit auch für die Tätigkeit *Tatiščevs* bestimmend. Auf ökonomisch-technischem Gebiet galt es, die Zurückgebliebenheit durch eine allseitige Förderung der Wirtschaft schnell zu überwinden. Die Erreichung dieser wirtschaftlichen Ziele wurde durch eine umfassende politische Reform, in deren Verlauf die Verwaltung reorganisiert und die Zentralgewalt gestärkt wurde, gefördert. Die dritte Komponente dieses Prozesses war die Förderung der Wissenschaft, um das noch weitgehend unerforschte Land erschließen und um wissenschaftliche und technische Fachleute ausbilden zu können. Alle drei genannten Aufgaben bildeten eine untrennbare Einheit, die Verwirklichung der einen wirkte sich stets fördernd auf die andere aus. Sie sind daher gar nicht voneinander zu trennen, wie besonders bei *Tatiščev* deutlich wird, der fast sein ganzes Leben hindurch gleichzeitig wirtschaftlich, politisch und wissenschaftlich tätig war.

Als 18jähriger trat *Tatiščev* 1704 in die russische Armee ein, die im gleichen Jahre durch die Eroberung Narvas ihren ersten großen Erfolg im Nordischen Krieg errang. Später nahm er an der Schlacht von Poltava und am Pruthfeldzug teil. Eine Reise machte ihn in den Jahren 1713/14 mit Deutschland bekannt. Wenig später, 1717, war er für die Versorgung der in Westpreußen stehenden russischen

Armee verantwortlich. An den Friedensverhandlungen auf den Alands-Inseln war er als Begleiter von *Bruce* beteiligt. Nach dem Abschluß des Nordischen Krieges wurde *Tatiščev* von *Peter I.* zum Leiter der Eisenwerke im Ural ernannt und 1724 vom Zaren nach Schweden entsandt. Seit 1727 war *Tatiščev* im Moskauer Geldkontor beschäftigt. Im Jahre 1730 gehörte er zu den aktivsten Verteidigern des Absolutismus. Vier Jahre später erneut in den Ural gesandt, baute er die dortigen Werke aus und beschäftigte sich sehr eingehend mit Verwaltungsproblemen. Im Jahre 1737 wurde er zum Leiter der Orenburger Kommission berufen, aber bereits 1739 wieder abgesetzt und vor Gericht gestellt. Unter *Elisabeth* übernahm er 1741 als Gouverneur von Astrachan zum letzten Mal ein staatliches Amt. Nach mehr als 40 Jahren Staatsdienst verbrachte er die letzten fünf Jahre seines Lebens, von 1745 bis 1750, auf seinem Gut Boldino bei Moskau.

Neben all diesen Verpflichtungen, die einen Menschen vollauf beschäftigen konnten, widmete sich *Tatiščev* noch wissenschaftlichen Problemen. Er arbeitete an seiner „Geschichte" und bereitete historische Dokumente zum Druck vor, er kümmerte sich um die geographische Erforschung des Landes und schrieb geographische Abhandlungen, er unterstützte die Akademie der Wissenschaften in ihrer Arbeit und bemühte sich um den Ausbau des Schulwesens, er setzte sich mit ökonomischen und mit politisch-philosophischen Problemen auseinander.

Aus dieser Vielseitigkeit ergeben sich sowohl die Bedeutung wie auch die Nachteile von *Tatiščevs* Wirken. Der angespannte Kampf Rußlands in der ersten Hälfte des 18. Jahrhunderts erforderte in den führenden Positionen Menschen, die wie Zar *Peter I.* selbst allseitig geschult waren. *Tatiščev* konnte daher auf vielen Gebieten des russischen wirtschaftlichen, staatlichen und wissenschaftlichen Lebens zum Bahnbrecher werden. Bei seiner Tätigkeit ließ er sich stets von dem Gedanken leiten, Rußland zu stärken, sei es durch den Aufbau der Wirtschaft und die Förderung des Handels, durch die Festigung der Zentralgewalt und den Ausbau der örtlichen Verwaltung, durch die Erforschung der Geschichte und die geographische Erschließung Rußlands, durch die Einrichtung von Schulen und die Unterstützung der Akademie der Wissenschaften.

In der Person des Adligen *Tatiščev* spiegelt sich die ganze Widersprüchlichkeit und Kompliziertheit der russischen Entwicklung in der ersten Hälfte des 18. Jahrhunderts wider. Daher vermittelt die Biographie dieses Mannes viele Einblicke, die wesentlich für die Geschichte Rußlands in dieser Zeit sind. Wie der Feudalstaat Rußland die neuen Erscheinungen in Wirtschaft, Politik und Kultur, die zur kapitalistischen Entwicklung tendierten, zu berücksichtigen und auszunutzen trachtete, so mußte sich auch der einzelne Adlige, wenn er nicht vom Neuen beiseite geschoben werden wollte, dieser Entwicklung anzupassen suchen. Für die Beurteilung jedes Einzelnen ist es daher entscheidend, wie weit ihm nicht nur das gelang, sondern auch und vor allem, wie weit er die Entwicklung durch seinen persönlichen Einsatz förderte. *Tatiščev* war keineswegs der einzige russische Adlige, der in diesem Sinne an der Durchführung und Verteidigung der petrinischen Reform beteiligt war, er war aber einer der vielseitigsten, begabtesten und ausdauerndsten Mitarbeiter *Peters I.*

Viele Probleme, die erst lange nach dem Tode *Tatiščevs* gelöst wurden, sind ein wesentlicher Bestandteil seines umfassenden Wirkens und seines Denkens gewesen. Mit dem Problem der Leibeigenschaft setzte er sich auseinander, weil er nicht nur als Grundbesitzer, sondern vor allem als Wirtschaftsorganisator deren Nachteile erkannte. Allerdings beschränkte er sich auf den Versuch, die negativen Auswirkungen dieser Institution zu mildern. Dennoch bereitete er mit seinen Überlegungen, die ja ein objektiv vorhandenes Problem widerspiegeln, die Diskussionen der zweiten Hälfte des 18. Jahrhunderts über die Leibeigenschaft mit vor. Der Wissenschaftler *Tatiščev* suchte bereits Probleme zu lösen, die erst die folgenden Generationen der Entscheidung näherbrachten. In diesem Zusammenhang seien die ausführliche Behandlung der russischen Geschichte an Hand der Quellen, die geographische Beschreibung Rußlands und die Abfassung von Lexica erwähnt. Notwendigerweise mußten allen diesen Arbeiten die Mängel jeder neuen, bahnbrechenden Tätigkeit anhaften. Weil die Aufgabe neu war und erstmalig umfassend gelöst werden mußte, führten auch *Tatiščevs* Schulgründungen und seine Volksbildungspläne nicht zu einem vollen Erfolg. Ein wesentliches Merkmal seiner großen Bedeutung zeigt sich aber gerade darin, daß seine Gedanken und Pläne nicht mit ihm starben, sondern verstärkt weiterwirkten. Das ist immer ein Zeichen dafür, daß die Absichten eines Menschen den Bedürfnissen seiner Zeit entsprechen. Zu den größten Erfolgen *Tatiščevs* gehören neben seinen wissenschaftlichen Arbeiten die wirtschaftliche Erschließung des Urals und die Verteidigung der absoluten Monarchie im Jahre 1730.

Das Leben und Wirken *Tatiščevs*, eines Mannes, der in einer entscheidenden Umbruchszeit seines Vaterlandes bewußt für das Neue lebte und wirkte, gleichzeitig aber auch mit vielen Mängeln einer solchen Epoche behaftet war, schien aus diesen Gründen einer ausführlichen Darstellung wert zu sein. In seiner Person spiegelt sich wider, wie bedeutend der Fortschritt des großen Landes im Osten Europas in der ersten Hälfte des 18. Jahrhunderts war.

Beilagen

a) Verzeichnis der Beilagen

1. V. N. Tatiščev an J. F. Blüher, Tobol'sk, 9. 11. 1721
2. Auszug aus der Rezension Tatiščevs zu Strahlenberg, Der Nord- und Ostliche Teil von Europa und Asia, Leipzig 1730
3. V. N. Tatiščev an J. D. Schumacher, o. O., 17. 10. 1733
4. V. N. Tatiščev an F. Prokopovič, Ekaterinburg, 9. 10. 1734
5. V. N. Tatiščev an J. D. Schumacher, Ekaterinburg, 15. 8. 1735
6. V. N. Tatiščev an G. S. Bayer, Ekaterinburg, 25. 10. 1735
7. V. N. Tatiščev an J. D. Schumacher, Ekaterinburg, 25. 10. 1735
8. V. N. Tatiščev an J. D. Schumacher, Ekaterinburg, 26. 10. 1735
9. J. D. Schumacher an V. N. Tatiščev, Petersburg 13. 7. 1736
10. V. N. Tatiščev, Über die Privatisierung von Staatswerken, Ufa, 15. 2. 1738
11. V. N. Tatiščev an J. D. Schumacher, o. O., 14. 1. 1740

Die hier veröffentlichten Beilagen sind bisher alle ungedruckt. Sie sind nur eine sehr kleine Auswahl aus dem von mir eingesehenen Material, vermitteln aber dennoch einen Eindruck von der Vielseitigkeit Tatiščevs. Die Rechtschreibung und die Zeichensetzung sowohl der russischen wie der deutschen Vorlagen wurden leicht modernisiert, damit der Text besser lesbar ist.

b) Beilagen 1—11

1

V. N. Tatiščev an *J. F. Blüher*
Tobol'sk, 9. 11. 1721

Gebietsarchiv Sverdlovsk
Ф. 129, оп. 1, д. 194,
Bl. 17 r

[...] Доношу Вам: сего ноября 5 дня прислал в Тобольск из Санкт Петербурга его царского величества указ к его сиятельству г. губернатору князю *Алексею Михайловичу Черкаскому* с товарищи, что его царское величество с коронами Шведского и Польского учинил вечный мир[1], а каким договором, со оного указа посылаю при сем копию, и великое здесь торжество со стрельбою пушечною и звоном будет отправляться 7 дней; его царское величество и все министры нынешнею зиму будут в Москве и лейб-гвардии с шестью протчими полками туда ж отправились. Генерал князь *Галицин* имеет указ из Лифляндии выступить. Князь *Бутурлин* женился с великим маскарадом. Винные с галер, кроме великих дел, свобождены и весьма много сего радостию нового показалось, с сею ведомостию его царское величество в Петербург сам приехал, и пожалован в адмиралы, и в Петербурге великое торжество было.[2]

От комиссара *Бурцова*[3] письма и притом письма присланные с Уфы, с Кунгура и с Вятки здесь я получил сего ноября 6 дня чрез драгуна *Пимена Мурашева*, который отпущен паки с сим.

Прошу вас, извольте приказать присланному с Уфы дворянину быть на Уктусских заводах до приезду моего, а я, отправя здесь дело, немедленно на Уктус поеду; понеже оное торжество в деле учинило остановку [...]

[1] Der Frieden zwischen Rußland und Schweden, der den Nordischen Krieg beendete, war am 30. 8./10. 9. 1721 von den Bevollmächtigten beider Länder in Nystadt unterzeichnet worden.

[2] Senatsukas vom 10. Oktober 1721 „О учинении молебствия и торжества по случаю заключения мирного трактата с Шведскою короною". ПСЗ, Bd. 6, Nr. 3834, S. 458f. Bezieht sich auf eine in der ПСЗ nicht abgedruckte Грамота des Zaren an alle Gouverneure vom 12. September 1721 mit der Aufforderung, den Frieden zu feiern und übersendet den Text des Friedensvertrages „к Вам для публики во всенародное ведение".

[3] Timofej Burcev war mit den Vorarbeiten für den Bau eines neuen Werkes, des späteren Ekaterinburg, beschäftigt. Vgl. Darstellung, S. 32

2

Auszug aus der Rezension *Tatiščevs* zu *Strahlenberg*, Der Nord- und Ostliche Teil von Europa und Asia, Leipzig 1730

Архив АН СССР
Ф. 95, оп. 5, Nr. 26,
Bl. 1—1 r; БАН 17. 9. 7.,
Bl. 1—3

[...] Сей господин издатель по его любопытству и трудам весьма похвалы достоин и подлинно можно сказать, что он другим подал не малую причину о происхождении и переселениях народов, обретающихся в сих странах далее истамны, искать и древния бытности изъяснить, которым он во многих обстоятельствах света окно отворил, и хотя некоторыя погрешности в его мнении /стр. 2/ находятся, однакоже видимо, что то наиболее от недостатка подлинных ему известей и знания русского и татарского языков учинилось, которые необходимо к тому нуждны. Еще же как он сам в предисловии показывает, что оное описание нечаянно начал и как пленник, чтоб оное порядочно начать, все нуждные к тому обстоятельства собрать и с надлежащим порядком ко окончанию привести надеяться не мог; но по случаю как что слышать или видеть случилось, собирал, записывал и потом далее наведываться стал; но уже может время свободы обстоятельно наведаться и слышанное исправить или изъяснить не допустило, /стр. 3/ а паче как он показывает, что некоторые записки нуждные распропали и тако поистине ему тех погрешностей в поношение никак почитать не могу, но что я приметил неисправно или сумнительно, оное хощу равным образом без всякого пристрастия представить и рассуждению искуснейших предать, да либо кто обоя лучше рассмотря, и мою погрешность исправить [...]

3

V. N. Tatiščev an *J. D. Schumacher*
o. o. [Petersburg], 17. 10. 1733

Архив АН СССР
Ф. 1, оп. 3, Nr. 17,
Bl. 118—119

[...] При сем посылаю до Вас взятой из библиотеки латинской лексикон, которой употреблял для переводу и желал бы, оной мой труд для пользы общей Вам вручить, токмо набело переписать писца сыскать не могу. Прошу же услужно Вас, моего государя, отпустить мне книгу немецкую *Doppelmayer*, Historische Nachricht von denen Mathematicis und Künstlern, fol., 2 Th.[1],

[1] Johann Gabriel Doppelmayer, Historische Nachricht von den Nürnbergischen Mathematicis und Künstlern, Nürnberg 1730

також каталогог [!] Nr. 5, которые со благодарением за утро паки Вам возврачу.

Я слышу, что Вы намерены *Гибнеров* Статс-лексикон[1] перевести или вновь на русском /118 об/ языке издать, которое весьма за достойное похвалы, однакож притом не меньше и за трудное нахожу, ибо я в Москве над тем более года трудился и многие затруднения обрел[2], о котором хотел бы сам с Вами говорить, ежели б время к тому свободное Вам было [...]

PS.

Услужно прошу Вас отпустить мне на малое время граматику словенскую ин 4°[3]; ежели ж оной нет, то хотя в 8°, да лексикон *Поликарпова* Треязычной[4], також лексикон филосовской из лучших, которые ежели потребно то сего дня могу возвратить. Моя работа почитай к концу, из которого не что переписал [и] послал для изсмотрения к арх. нов.[5], токмо еще отповеди не имею и ежели оппробует, тогда Вам вручу для общей услуги.

4

V. N. Tatiščev an *F. Prokopovič*
Ekaterinburg, 9. 10. 1734

Gebietsarchiv Sverdlovsk
Ф. 129, оп. 1, д. 104,
Bl. 160–161

[...] Вашему преосвященству с покорностью доношу:

Я сюда прибыл 1 октября и усмотрел, что здесь раскольников населилось довольно, а при церкви здешней один только протопоп, без другого попа и дьякона, токмо брат его дьячком. Оные взяты от *Демидова*. От которых також немалое сомнение имею, ибо показывают себя весьма набожными, в пище и питье выдержанными; и хотя оное похвалы достойно, токмо часто под овчиною бывает волк. И хотя здесь школы устроены и учеников довольно, да закону божию обучать некому; а раскольники своею прилежностью могут плевелы свои невидимо в незнающих расплодить.

Того ради вашего преосвященства милостивого государя моего, яко именого российской церкви пастыря и прилежнейшего о распространении слова божья и учения христианского старателя, с покорностию прошу прислать сюда ученых священника и дьякона, которые б способны были школы надзирать, но вся суббота катахизм учащемся толковать и по временам в церкви

[1] Johann Hübner, Reales Staats-, Zeitungs- und Konversationslexikon, 1. Auflage 1704
[2] Vgl. Darstellung, S. 48, 121
[3] Wahrscheinlich die „Грамматика словенская" von Meletij Smotrickij (Auflagen 1619, 1648, 1721)
[4] F. P. Polikarpov-Orlov, Лексикон треязычный, Moskau 1704
[5] Gemeint ist der архиепископ Новгородский, d. i. Feofan Prokopovič

народ поучать, которым по всевысокой ея императорского величества милости в пропитании не оскудеет. И хотя б надлежало о том в святейший синод послать доношение, токмо того не успел, а паче чтоб не всяк о том прежде времени и ведал. Надеюся, что ваше преосвященство и по сему определено учинить можете.

Кондратович[1] весьма б сего хотел; токмо для помешанной его головы не годится. И ему я о законе разговаривать накрепко запретил, а заставил его *Кромера*[2] переводить.

Впрочем желая вашему преосвященству всякого благополучия, пребываю с глубочайшим почтением [...]

5

V. N. Tatiščev an *J. D. Schumacher*
Ekaterinburg, 15. 8. 1735

Архив АН СССР
Ф. 1, оп. 3, Nr. 17,
Bl. 168–169

[...] При сем посылали мы в академию промеморию о нуждных инструментах и хотя надеюся, что господин президент без большого напомнения по его к наукам люблению того не призрит, ежели многоделие не превредит, того ради прилежно Вас, моего государя, прошу об оном прилежное ваше напомнение явить.

Доношу вам *Кромеровой* гистории 17 книгу[3], переведено и с господином ассессором *Рудаковым* прочтено исправлено, токмо примечания из *Стрыковского*[4] и русских историков к тому приобщить, токмо способного человека нет, а мне времяни недостает и для того намерен без примечаний к Вам послать, к которому, ежели рассудит академия, приобщить может, а особливо из *Стрыковского*, которой довольно основательно русскую гисторию описал и *Кромера* во многих местах поправляет, наипаче же что он о поляках неминя правду показал, хотя из *Стрыковского* генеалогию русских князей видится еще исправить во многом можно, токмо здесь печатанной в академии при мне не случилось и для того прошу, оную также ежели старого киевского летописца имянуемого *Феодосиева*[5], что сверх прежних 3-х выдано ко мне с сим посланным

[1] Über Kondratovič vgl. Darstellung, S. 140–142
[2] Martin Kromer, De Origine et rebus gestis Polonorum, erstmals 1555
[3] Vgl. Beilage Nr. 4, S. 210, Anm. 2
[4] M. Strzykowski, Kronika Polska, Litewska, Zmódzka i wszystkej Rusi, Krúlewscu 1582
[5] Gemeint ist die sog. „Nestor-Chronik" („Повесть временных лет"). Auf Grund eines Interpretationsfehlers von J. W. Paus, der von G. F. Müller zunächst übernommen wurde (vgl. Sammlung russischer Geschichte, Bd. I, 1733), sah man Feodosij als den Verfasser der Chronik an. Über Paus' Beschäftigung mit der russischen Geschichte vgl. E. Winter,

прислать; написал же *Стрыковский*, /168 об/ что он генеалогию князей литовских написал, которой в той гистории не находится, может для того, что последние листы вырваны или оное у него особно было выдано, ежели б иную достать, чтоб чаю еще и русской лутчее изъяснение возиметь можно, понеже свойствами всегда связаны были.

Послал в марте месяце в кабинет соль из горы ломаную, которую доктор *Гриф* по свидетельству назвал соль аммониак, а из кабинета ко мне написано, что оная якож по свидетельству профессора *Леутмана*[1] явилась соль простая и что *Гриф* протестует, того ради прошу, ежели Вы учиненных експериментах известны, меня обстоятелно уведомить.

Я хотя в русской гистории и географии не малое начало положил, но мне весьма нуждно для лапланцов описания шведских авторов яко *Рутбока*[2] и *Шифера*[3] или нет ли финлянской гистории на латинском или шведском языках, оные на мой щет выписав, прислать также и шведских древних гисторей об ярмах, гордариках, колмогардах, вотах прилежно выбрать, которое к изъяснению русской древности весьма нужно.

О бунте 1682`2 описания я имею, одну сочинил граф *Матвеев*[4], другую старец *Медведев*[5], которой с *Шегловитым*[6] вместе казнен, во оной почитай все надлежащие документы собраны, /169/ а к тому я, некоторые примечания и изъяснения приобща, пришлу в академию как токмо переписать время допустит [...]

Ein Bericht von J. W. Paus aus dem Jahre 1732 über seine Tätigkeit auf dem Gebiete der russischen Sprache, der Literatur und der Geschichte Rußlands. In: Zeitschrift für Slawistik, Bd. III (1958), S. 744—770. Über den Fehler Paus' schrieb Müller: „Er [Paus] war auch in dem Rufe, daß er es [das Russische] sehr gut und gründlich verstünde. Vornehmlich die alte Bücher- und Kirchensprache, die man die slawonische nennt, war ihm geläufig... Ich gebrauchte ihn, deutsche Auszüge aus alten russischen Annalen zu machen. Und da verführte er mich, den ersten russischen Geschichtsschreiber Nestor mit dem Abte Theodosius des Petscherskischen Klosters zu Kiew zu verwechseln. Das ist eben kein Beweis von einer gründlichen Kenntnis der russischen Sprache." Материалы, Bd. VI, S. 101. Tatiščev kann sich also, da er diesen Fehler nicht erkennt, bis 1735 noch nicht sehr intensiv mit der „Nestor-Chronik" beschäftigt haben. Später hat er seinen Fehler, für den er Müller verantwortlich machte, berichtigt. Vgl. Tatiščev, История, Bd. I, 2. Aufl., S. 309, vgl. auch S. 16.

[1] Johann Georg Leutmann (1667—1736), Prof. d. Mechanik und Optik an der Petersburger Akademie seit 1726

[2] O. Rudbek, Atland eller Mannheim, Bd. I—III, Uppsala 1675—1698

[3] Johann Scheffer, Lapponia seu gentis regionisque Lapporum descriptio accurata, 1673

[4] Записки А. А. графа Матвеева. In: Записки русских людей. События времен Петра Великого. Hg. v. N. Sacharov, Petersburg 1841

[5] Der Bericht von S. Medvedev über den Strelitzenaufstand 1682 wurde 1894 in den „Чтения в Обществе истории и древностей Российских", Buch 4, veröffentlicht.

[6] Fedor Leont'evič Šaklovityj, Mitarbeiter der Carevna Sof'ja, Befehlshaber der Strelitzen, 1689 hingerichtet

6

V. N. Tatiščev an *G. S. Bayer*
Ekaterinburg, 25. 10. 1735

Архив АН СССР
P. I, оп. 72, Nr. 5,
Bl. 65–65 r

[...] Ew. Hochedlen wertes, den 10. Juli datieret, habe durch die neuankommende an mich rekommandierte Herren erhalten. Dieselben können versichert sein, daß ich nach dero Aufführung und Fleiß werde ihre weitere Avantage suchen zu befördern. So ersehe auch, daß Ew. Hochedlen möchten gerne benachrichtiget sein, was es vor diesem vor eine Nation gewesen, welche die Russen bei Konquetierung Sibiriens daselbst angetroffen. Es geben uns einige russische Historien dazu Anleitung, wovon man inskünftige mit der Nachricht /65r/ wird dienen können. Jetzo wollen es meine Geschäfte nicht zulassen.

Was Schätze der Gräber betreffen, so habe mich deswegen äußerst bemüht, es hat sich auch etwas eröffnet, wovon ich inskünftige Ew. Hochedlen ausführlichere Nachricht erteilen werde. Ersehe auch aus Ew. Hochedlen Schreiben, daß dieselben gerne wollten verständiget sein von den Namen der Flüsse, Berge und dergl. So dienet zur Nachricht, daß man sich teils schon bemüht gehabt und es auch ferner mir werde höchst angelegen sein lassen, Ew. Hochedlen hievon umständlicher zu melden, wann mehr Nachricht davon einlaufen wird [...]

7

V. N. Tatiščev an *J. D. Schumacher*
Ekaterinburg, 25. 10. 1735

Архив АН СССР
Ф. 1, оп. 3, Nr. 17,
Bl. 172

[...] Ew. Wohledlen Schreiben von dem 14. Juli nebst beigehende gedruckte Sachen sind mir durch die ankommende Herren wohl eingehändigte, wovor sehr verbunden. Wann ins Künftige dergleichen Sachen wieder vorfallen möchten, bitte geneigt, mir selbige zu kommunizieren. Daß auch die Jugend im Gymnasio sich wohl anläßt und etwas profitieret, ist mir sehr lieb, wünsche ferneren Progress. Wann es die Zeit mir erlauben wird, werde Gelegenheit nehmen, Ew. Wohledlen wieder zu dienen [...]

8

V. N. Tatiščev an *J. D. Schumacher*
Ekaterinburg, 26. 10. 1735

Архив АН СССР
Ф. 1, оп. 3, Nr. 17,
Bl. 173–174

[...] Я не могу ни мыслить не токмо сказать, чтоб академия наук по обстоятельству случаев и новости времени недовольно России услуги своя в пользу изъявила, ибо имеем довольные тому доказательства; и хотя я знаю, что оной не без рассуждения пред осторожностей, доднесь духовные книги переводить или сочинять допущено с начала не было, но ныне мню усмотря и в том непорочность и благорассудность членов позволилось. Слышу, что *Арндову* книгу о истинном христианстве перевели и печатают[1], которое весьма мню быть полезно. Хотя нам довольно видимо и ощутительно, какой Ея Императорского Величества милостивое к пользе подданных призрение, а паче во учреждения и довольном содержании академии наук и разных училищ, которое по достоинству вечно от наследников наших благодарения достойно и должно, немалое же видим прилежание и членов академических, но в том токмо новость дела и другие недостатки могут не что желаемому необходимо препятствовать, ибо мню, что нам о недостатки книг церковных учителей и обстоятельных древних церковных и мирских гисторей есть не безвредно и от того раскол имянующихся старо- или паче пустоверцов так государству вредителной вкоренился и распространяется и оному кроме древних церковных гисторей и учительских писаний воспомочь мнится неудобно. Но оных большей части на русском языке нет, а некоторые переведены, да или не весьма исправно или темно и невразумительно или к настоящим и правильным приобщены и смешены посторонные и под древними имянами от новых писателей изданы, как то свидетельствуют многие приклады, например учителей церковных *Златоустого*[2] половина переведена, токмо не мест согласных и слов письма Святого в довод взятых не отмечивано, *Назианзина*[3] переведена весьма темно, *Афонасиева*[4] в скрыжали находится, но с тем же недостатком. *Василия* великого[5] и другие тому подобных находятся междо другими малые части под имянем

[1] Johann Arndt, Vier Bücher vom wahren Christentum, 1. Auflage 1605; die russische Übersetzung von Simeon Todorskyj, Чтири книги о истинном христианстве, erschien 1735 in Halle
[2] Zlatoust, slaw. Namensform des Johannes Chrysostomos, geb. um 347, gest. 407, Erzbischof von Konstantinopel, einer der bedeutendsten Prediger der Ostkirche
[3] Gregor von Nazianz, Bischof von Alexandria (um 329–390), Kirchenlehrer
[4] Athanasios, Bischof von Alexandria (geb. um 300, gest. 373), Kirchenlehrer
[5] Basilius der Große, Bischof von Caesarea (um 330–379), Kirchenlehrer

Кирилы Иерусалимского[1] и *Деонисия ареопагита*[2], находятся весьма подметные не тех времян писателей, того ради мню не можно ли оное произвесть (1) чтоб гисторию византийскую с лучшего перевода и с примечаниями взяв французские обе и аглинскую (2) учителей первенствующей церкви комплет перевесть /173 об/ а переведенные рассмотреть и исправить (3) церковную гисторию что в Англии делал *Каве*[3], в Германии *Арнолд*[4], во Франции *Мезерий*[5] (4) иудейские древности чины и законы и сии последние рассмотря и вновь обстоятельнее сочинить и на русской язык перевести на сие ведаю, что времени а паче людей искусных не мало требуется и видится якобы невозможное начинать, однако же ежели начало смело положим прилежно производить станем, то окончания надежды не лишимся; ежели же возмнится, что на оное денег потребно не мало, то мню оное доброхотным подаянием произвесть можно. Ежели академия продромус сделав обявит и какие книги печатать намерены от доброхотных денег потребует, то можно надеятся, что довольно сложат и я по моей возможности не меньше 1000 рублей для пользы отечества дать подщуся а может и более сыщу. Коль же паче другие богатейшие видя меня и других дающих застыд подщатся более положить а когда усмотрится, что денег довольно обещают, то можно переводчиков сыскать и для поманки хотя начало издать. Гисторию же церковную мню лучшею быть на французским языке, ежели нет пристрастия как и в *Арнолдовой*, но ежели в том были ненадежны и к сочинению при академии способности не находилось, то удобно в Германии людей ученых и способных на то обрести, которые за достойную плату охотно потрудятся. О чем прошу Вас, моего Государя, в академии предложить и что рассудят меня уведомить. О чем я и к архирею новгородскому[6] писал.

Другое дело до заводов принадлежащее представляю; хотя об металлах, их рождении, состоянии разных качеств, смешении, разделении, произвождении и пр. во многих книгах а паче немецких довольно писано, да о железе мало нахожу, мню что или на латинском как шведы или на других языках обстоятельно описано или за уничтожение презираемо, здесь же находятся руды разные и за недостатком искусного химика в надлежащую доброту привести не знают. Обыкновенно есть, что руды мяхкие с черствыми мешают, но во многих местах дальность провоза препятствует. Генерал-поручик *Геннин*[7]

[1] Cyrillus, Bischof von Jerusalem (um 315—386), Kirchenlehrer

[2] Dionysios der Areopagite, angeblich erster Bischof von Athen, gilt seit dem Mittelalter als einer der größten kirchlichen Schriftsteller

[3] William Cave (1637—1713), englischer Kirchenhistoriker

[4] Gottfried Arnold (1666—1714), Verfasser der „Unparteiischen Kirchen- und Ketzerhistorie“, 1699—1715 in 3 Bänden, 1740—42 in 4 Bänden

[5] Eventuell François Eudes de Mézerai (1610—1683), französischer Historiker

[6] Feofan Prokopovič

[7] Georg Wilhelm Hennin, Leiter der Uralwerke 1722—1734, vgl. Darstellung, S. 38—40

умыслил для легчайшего провоза мешать чугун, но оное не весьма полезно, ибо чугун в железо так чтоб текущ был не растопится но смешивается кусками и от того железо местами мяхко и кропко, а паче что в чистую отделку негодится. (2) Хотя здесь сталь делают, да не весьма хороша, в Германии ж имеют особливую руду; не возможно ль оной и процесса внятно описанного достать. (3) Руды находятся, которые огнем показуют, что в них много антимонии, не возможно ль с пользою без вреда железа оное вынимать, ибо я мню, когда оное из руды вынеть, то руда в железо негодится или /174/ не так легко растопится. (4) Многие руды находятся, которые видом весьма иную металь обещали, но попробам кроме железа не показуют и то малое дело. Мнится, что от неискусства в химии лучшее остается. Того ради услужно Вас прошу, представить в академии, чтоб кто о сем яко великой государственной пользе потрудяся из авторов выбрав или способственному искусству сочиня напечатать, которому чаю многие шведские диссертации помоч учинить могут и хотя на сие не великого наклада требуется, однакож купцов не много то по требованию академии мы за 200 и 300 экземпляров заплатить и их в пользу употребить можем, руд же для проб хотя напред сего не мало послано, однакож зимою можно всех разных сортов фунтов по 10 прислать.

Прибывший пастор сей день первое поучение имел и весьма изрядно учители на сей седмице начало своего труда положат, для которого дом уготовлен [...]

9

J. D. Schumacher an *V. N. Tatiščev*
Petersburg, 13. 7.1736

Архив АН СССР
Ф. 1, оп. 3, Nr. 16,
Bl. 280—280 r

[...] Eur. Hochwohlgeboren von den 17. April und den 7. Juni Schreiben sind wohl eingelaufen und weil in denselben lauter gelehrte und also der ganzen Akademie dienliche Sachen enthalten sind, so habe auch die Ehre, Eur. Hochwohlgeboren in derselben Namen schuldigsten Dank abzustatten. Nachdeme der Herr *Ilinskij* mit der Übersetzung, des wegen Verbesserung oder vielmehr Fazilitierung der Historie dieses Reiches und der Gedanken über das Uloženie zurückgekommen und solche dem Herrn Kammerherrn *von Korff* übergeben worden, so hat er entschlossen, das erstere in die Konferenz, das andere aber in dem Kabinett vorzutragen, und wenn die Professores ihre Gedanken darüber werden eröffnet haben, so vermeint der Herr Kammerherr, es wäre nicht schwer, die Erlaubnis um selbiges zu drucken und in dem Reich austeilen zu lassen zu erhalten.

Die Remarquen über *Strahlenberg*[1], von welchem man sich viel Gutes verspricht, sind auch schon bei denen Übersetzern. Man wird die erste Gelegenheit ergreifen,

[1] Vgl. Beilage Nr. 2

Eur. Hochwohlgeboren vor solchen rühmlichen Fleiß in öffentlichen Schriften ein Denkmal der Erkenntlichkeit zu geben.

Herr Prof. *Bayer* und Prof. *Kehr*[1] ergötzen sich über die eingeschickte Vaterunser. Sie vermeinen, man könne dadurch des *Chamberlainen*[2] Edition verbessern.

/280r/ Die Inlage ist von Herrn *Trediakovskij*, welche er im Namen der Russischen Gesellschaft abgefasset.[3]

Was seither den 8. April hier ausgekommen, habe die Ehre, Eur. Hochwohlgeboren zu übersenden. Mit nächsten werde mit einigen Kupferstichen aufwarten.

Was in Politicis passieret, werden Eur. Hochwohlgeboren aus den Zeitungen ersehen, außer daß Herr Generaladjutant *Lacy*[4], welcher die Übergabe von Azov mitgebracht, zum Obersten ernennet und mit 2000 Rubeln beschenket worden, daß der Reichstag in Polen glücklich bestanden und daß IKM heute mit der [!] ganzen Hofstaat nach Peterhof abgereiset [...]

10

V. N. Tatiščev, Über die Privatisierung von Staatswerken,
Ufa, 15. 2. 1738

ЦГАДА, Ф. 19, ед. хр. 76, 6 Bl.; Архив АН СССР, Ф. 95, оп. 5, Nr. 1, Bl. 44–45 (Abschr.)

An das Reichs-General-Berg-Direktorium von dem Geheimen Rat *Tatiščev* aus Ufa vom 15. Februar 1738 zur Nachricht.

Nachdem das General-Berg-Direktorium mir durch eine Ukase vom 30. Sept. a[nni] p[raeteriti] bekannt gemacht, daß dasselbe das Begehren des *Peter Osokins*[5] wegen des ihm zum ewigen Besitz abzugebenden Berges Blagodat'[6] mit denen dabei angelegten Werken, allen daselbst befindlichen Materialien, Leuten und übrigen Appertinentien, dem Kabinett unterleget und darauf zur Resolution erhalten, daß dasselbe nach einer mit mir darüber gehabten Korrespondenz dem Kabinett dessen

[1] Georg Jakob Kehr (1692–1740), Orientalist, Übersetzer im Kollegium des Äußeren in Petersburg
[2] John Chamberlain (gest. 1724), Oratio dominica in diversas omnium fere gentium linguas versa et propriis cujusque linguae characteribus expressa, Amsterdam 1715
[3] Vgl. Darstellung, S. 134, 136ff.
[4] Peter Edmond Lacy (Lascy; 1678–1751), irischer Offizier in russischen Diensten
[5] Petr und Gavriil Osokin waren Kaufleute und Besitzer von Salzsiedereien in Balachna bei Nižnij Novgorod. 1729 bauten sie bei Kungur ein Werk, in dem Roheisen gewonnen wurde. Eine Eisenhütte und eine Kupferschmelze wurden dem Betrieb angeschlossen. 1733 baute Gavriil Osokin eine eigene Kupferschmelze bei Kungur. 1734 wurden in beiden Werken 15.415 Pud Roheisen und 975 Pud Kupfer produziert. Vgl. ИА, Bd. VI (1951), S. 244
[6] Am Berg Blagodat' bei Ekaterinburg hatte Tatiščev große Erzvorkommen entdeckt

Gutachten davon einreichen solle, so habe zu Folge solchen Befehls meine Meinung darüber in folgendem eröffnen wollen.

Unter allen mir untergebenen Gewerken sehe ich, daß die *Osokinen* vollkommenen Eifer und Fleiß in Unterhaltung und Vermehrung der Werke bezeigen, weswegen ich ihnen auch nicht allein mit guten Rat und Unterrichte, sondern auch mit herrschaftlichen Gelde geholfen und unter die Arme gegriffen, auch Ihro Kaiserl. Majestät alleruntertänigst gebeten, Dero allerhöchste /1r/ Gnade ihnen angedeihen zu lassen; wie ich denn auch jetzo in Betracht ihres Eifers und ihrer Angelegenheit in Fortsetzung des Bergbaues vor gut und dienlich erachte, daß ihnen darinne alle Hülfe geleistet, auch zu Anlegung neuer Werke aller Vorschub getan werde.

Wenn ich aber an obgedachtes ihr Begehren und dessen Erfüllung gedenke, so überfällt mich teils ein Erstaunen und teils eine Besorgnis. Und zwar wird mir eine Besorgnis erreget in Ansehung der Erfüllung desselben, wenn ich mich der vielen Nachrede und Verleumdungen erinnere, denen ich mich damals exponieret hatte, als ich dem unbilligen Begehren derer Baronen *Stroganoven*, des *Akinfij Demidovs* und *Eremeevs*[1] wider des Reiches Interesse und meine Pflicht nicht kunnte stattfinden lassen. Welches ich mich jedoch nicht abschrecken lassen, weil doch dergleichen Verleumdungen nur eine Zeitlang von einiger Konsequenz sein, bis man die Wahrheit unpassioniert entdecket. Und in eben solcher Fassung eröffne auch jetzo meine Meinung über das Begehren des *Osokins*, daß die Erfüllung desselben höchst nachteilig und schädlich sein würde, und /2/ glaube ich, daß der *Osokin* entweder aus Unsinnigkeit oder auf Anraten eines andern unbedachtsamen und gewissenlosen Menschen solches zu begehren sich unterstanden. Wie er denn auch jetzo selbsten, da ich ihm die Sache vorgestellet, die Wahrheit gestehen und sagen müssen, daß er dieselbe nicht vorher erst behörig überleget habe. Den daher zu gewartenden Nachteil sowohl als die Unbilligkeit seines Begehrens will ich in nachfolgenden Punkten zur Beprüfung vorstellen, und zwar:

1. Sind diese Werke sowohl wegen der Güte und Menge des Erzes als wegen der Nähe der bequemsten Anfurt wie auch wegen genungsamen Wassers und Holzes die besten und einträglichsten Eisenwerke im ganzen Reiche und wie von selbigen mehr Vorteil und Profit zu gewarten sein wird, als von denen übrigen, also werden auch durch selbige auf denen alten Werken viele Ausgaben und Unkosten können ersparet werden, wie solches von uns in zahlreicher Versammlung der Berg-Kommandeurs zu mehrernmalen umständlich erwogen und Ihro kaiserl. Majestät unterleget worden.
2. Ist jedermann bekannt, daß kein einziger Ge-/2r/werke in Rußland von selbsten zuerst den Bergbau unterfangen und Werke angeleget habe, sondern daß allent-

[1] Die Stroganovs, Demidovs und Eremeevs waren Unternehmer und besaßen Werke im Ural

halben erst pub[like] und nachgehends durch Hülfe derselben Privatwerke erbauet oder die schon angelegten pub[liken] Werke von Privatpersonen erweitert worden. Wie es denn auch mit diesen Werken gleiche Bewandtnis hat, indem bei denenselben 4 Gewerken, nämlich denen Baronen *Stroganoven*, dem *Nikita Demidov*, dem *Peter* und *Gavrila Osokin* Plätze angewiesen worden mit dem Versprechen, daß ihnen nach schwedischen Gebrauche von dem Berge Blagodat' Erze sollen gegeben werden. In welcher Hoffnung sie denn auch schon in dem Bau einigen Anfang gemacht, warten aber nur, bis sie von denen herrschaftlichen Werken in der Nähe die nötigen Gerätschaften, Blasbalge etc. um gängigen Preis bekommen können, weil solche von denen alten pub[liken] Werken hinzubringen der Entlegenheit halber unbequem, der *Akinfij Demidov* aber aus Mißgunst deren [!] durchaus keine verkauft. Wenn man nun diese Werke dem *Osokin* geben wollte, so würden die übrigen mit großen Schaden von ihrem Vor-/3/haben abstehen müssen, die Kassa aber dadurch doppelten Vorteils und Nutzens verlustig gehen.

3. Begehret der *Osokin* dazu mehr als er meritieret, nämlich die auf den Bau verwendete Kosten, zusamt denen Materialien, welches alles nicht viel unter 20000 Rub. ausmachet, und außerdem will er noch 25000 Rub. Kupfer gemünzt haben, prätendieret auch alle dahin transportierte und von den pub[liken] Werken dahin destinierte Meister, deren über 600 Mann sind, umsonst und ohne einige Erstattung, ferner die zu den pub[liken] Werken begehrte Bauernschaften und außerdem noch 600 Gesinder [!] aus dem Kungurschen Distrikt. Und wenn man ihm auch dieses alles gäbe, so wird er wegen Mangel eigener Mittel und der beim Bau erforderlichen Aufseher diese Werke in zehn Jahren nicht in den Stand bringen, wie von uns intendieret ist, indem der Bau der Werke und Häuser vor die Meister und andere Leute kaum mit 5000 Rub. wird können ausgerichtet werden, welche Summe er aber weder selbsten hat, noch von andern balde wird entlehnen können; daß also der versprochene Profit viele Jahre nur /3r/ auf dem Papier bleiben wird.

4. Wenn diese mit herrschaftlichen Kosten unterhalten und dazu nur die erforderlichen Bauerschaften angeschrieben werden, so müssen innerhalb 3 Jahren 18 Hammer und 4 hohe Öfen nebst denen übrigen Fabriken angeleget, in den folgenden 3 Jahren alle aufgewandte Kosten erstattet und nachgehends jährlich von selbigen nicht unter 35000 Rubel Profit zugewarten sein. Und da das herrschaftliche Eisen gegen Rb. und Silber verkauft wird, so würde man dabei, wenn auch gleich 2 Pud Eisen vor einen Rthlr. gegeben würden, dennoch in denen Münz-Häusern auf 15000 Rub. profitiren, daß also von diesen Werken zum wenigsten 50000 Rub. jährlich zu gewarten wären, da hergegen der *Osokin* mit dem Zoll zusammen von 2 hohen Öfen kaum 10000 Rub. des Jahres zahlen würde, wovon er noch über das 10 Jahre frei zu sein verlanget. Die darauf ver-

wendete Kosten und Materialien aber nebst denen 25000 Rub., so er aus Kupfer gemünzt haben will, welches sich zusammen auf 50000 Rubel beläuft, würden noch außerdem verloren und den andern /4/ Gewerken die Möglichkeit zu bauen entnommen sein. Daß er sich erbietet, an die Admiralität 25000 Rub. wohlfeiler als der *Demidov* Eisen zu liefern, so ist die Bedingung dabei, daß er solches von Zeit der Erbauung an nach 13 Jahren tun wolle, welches sich doch noch endlich bis 20 Jahr verziehen würde, daß also solches auf jedes Jahr nur 1000 Rubel ausmachen würde. Ich glaube, daß andere Gewerken solche Conditiones auch nicht ausschlagen werden, weil ihnen noch 20 Prozent des Jahrs an Profit übrig bliebe.

5. Wenn Ihro kaiserl. Majestät ohngeachtet des großen zu verhoffenden Profits die allerhöchste Resolution ergreifen würden, alle pub[liken] Werke an Privatpersonen abgeben zu lassen, so müßte von denen der Anfang gemachet werden, die am wenigsten einträglich sind, und zwar müßte 1. das Kamensche, 2. das Alapajewsche, Susansche und Sinatschichinsche, 3. das Polewsche und Serversche, 4. das Sylwinsche, 5. das Sysorsche, 6. das Katharinenburgische und Uktuskische und 7. zuletzt diese Turinschen Werke[1] abgegeben werden. Und wenn Ihro /4r/ Kaiserl. Majestät solches zu tun intentionieret sind, so ist es auch unnötig, auf die Erbauung neuer Werke Kosten und Mühe zu wenden, welches aber doch auch dem Interesse des Reichs zuwider wäre. Denn wenn in Krasnojarsk und Daurien keine Kupferwerke mit pub[liken] Kosten sollen gebauet werden, so würde auch, obgleich daselbst Kaufleute und reiche Leute genug sind, dennoch wegen Unerfahrenheit in Bergsachen niemand dieselbe zu bauen übernehmen und also ein solcher Schatz verborgen und ohne Nutzen liegen bleiben; überdem, so könnte man doch die Gewerke ohne Obrigkeit und Jurisdiktion nicht sein lassen. Ich glaube auch nicht, daß der *Demidov* mit aller seiner Bemühung es in der Tat soweit bringen werde, es müßte auch dabei vorhero erwogen werden, wo die Obern sich ohne publike Werke aufhalten und wovon sie ihre Besoldung haben sollten.

6. Sollten aber Ihro Kaiserl. Majestät demohngeachtet allergnädigst geruhen, diese Werke einer Privatperson geben zu lassen, so könnte man doch erst auch andere Gewerke fragen, ob dieselbe nicht vielleicht auf bessere Bedingungen solches tun wollten, und wenn /5/ sich dann niemand fände, der mehr bieten wollte, so gebühret sich, dieselbe dem *Nikita Demidov* zu geben, als welcher unter

[1] Каменский завод (Eisenwerk, seit 1701), Алапаевский завод (Hochofen- u. Hammerwerk, seit 1704), Сусанский з. (Hammerwerk, seit 1737), Синячихинский з. (Hammerwerk, seit 1726), Полевский з. (Kupferschmelze, seit 1725, Hochofenwerk, seit 1736), Северский з. (Hammerwerk, seit 1739), Сыльвинский з. (Hammerwerk, seit 1739), Сысорский з. (genaue Daten nicht ermittelt), Екатеринбургский з. (seit 1723, verschiedene Produktionszweige), Уктусский з. (seit 1704), Туринский з. (Hammerwerk, seit 1739)

allen Gewerken der erstere gewesen, der Erze zu suchen dahin geschickt und sich darüber gemeldet hat. Wie denn auch, ehe einige Kosten darauf verwendet worden, sein Sohn mir vor die Abgabe selbigen Berges 3000 Rubel geboten, wodurch ich mich aber in Erinnerung meiner Pflicht und Ehre nicht verleiten lassen, sondern ihn in einem darüber gehaltenen Rat mit seinem Begehren abgewiesen. Ich habe auch damals von solcher mir getaner Offerte alleruntertänigst gemeldet und darauf viele Befehle erhalten, daß ich meiner Pflicht gemäß in Erbauung dieser Werke allen Fleiß anwenden sollte, wie ich mir denn auch dieselbe jetzo nach äußersten Vermögen angelegen sein lasse. Dieser und anderer Umstände halber nun kann ich aus Furcht vor der Strafe Gottes und Ihro Kaiserl. Majestät zu der Abgabe dieser Werke an den *Osokin* keineswegés raten. Jedennoch aber halte ich sein Begehren nicht vor ganz unbillig und unvernünftig und da ich den Eifer und unermüdeten Fleiß der /5r/ *Osokinen* in Vermehrung und Unterhaltung ihrer Werke wahrnehme, indem sie ohngeachtet des Schadens, so sie bei Erbauung der Permschen Werke durch ihre Unerfahrenheit gehabt, solchen Schaden durch Anlegung neuer Werke zu ersetzen suchen, zu welchem Ende ihnen denn auch sehr bequeme Plätze angewiesen wurden, und zwar dem *Peter* an dem Flusse Salde und dem *Gavrila* an der Issa, welchen Bau sie aber, wie man siehet, wegen Mangel des Geldes und der Arbeiter nicht behörig ausführen können, so nehme nur die Kühnheit, Ihre Kaiserl. Majestät zur allergnädigsten Beprüfung meine Meinung zu unterlegen, daß, wenn der *Gavrila* sich gleich wie der *Peter* verschreibet, an die Admiralität, Artillerie und Stadt-Kanzlei um einen wohlfeilern Preis Fakturen [Produkte] zu liefern, ihnen sodann folgende allergnädigste Assistenz geleistet werden könnte, nämlich:

1. daß ihnen zu Folge meiner Instruktion zu selbigen Werken die volle Anzahl Bauren aus dem Kungurschen Distrikt gegeben werde;
2. daß ihm an Meistern ein Blasbalgen-Mei-/6/ster, ein Anker-Meister, zu jeden hohen Ofen ein Untermeister und Lehrling und zu jeden Hammer ein Meister und Untermeister, wozu Rekruten können unterrichtet werden, gegeben werde, und außerdem können sie von denen ihnen zu gebenden Bauerschaften auf denen pub[liken] Werken Leute unterrichten lassen;
3. die Materialien und Fakturen, so zum Bau erforderlich, können ihnen von denen pub[liken] Werken um jetzt gängigen Preis gegeben werden, wovon die Zahlung innerhalb 10 Jahren zu entrichten wäre;
4. statt dessen, daß er Kupfer zu vermünzen gebeten, könnte ihnen von denen pub[liken] Werken bis 10000 Rubel an Gelde gegeben und solches von ihnen von Erbauung der Werke an in 5 Jahren in St. Petersburg bei Abgabe des Eisens gezahlet werden.

Ob nun auch gleich dieses viel zu sein scheinet, so ist es doch alles zum Vorteil, denn auf solche Weise werden ihre Werke eher zu Stande gebracht und wird sodann solches durch den Zehenden und Zoll doppelt ersetzt. Daß er 10 Jahre von Entrichtung des Zehenden frei zu sein verlanget, ist über die Maßen viel und muß mans sonderlich andern zum Exempel /6r/ so weit nicht kommen lassen. Es ist genug, von der Zeit des Umtriebes [= der Inbetriebnahme] an 5 Freijahre und zum Bau 3. Jahre zu geben, nach Verfließung deren sie den Zehenden und Zoll wie der *Demidov* entrichten müssen. Jedoch überlasse dieses alles Ihro Kaiserl. Majestät allerhöchsten Beprüfung.

11

V. N. Tatiščev an *J. D. Schumacher*
o. O., 14. 1. 1740

Архив АН СССР
Ф. 1, оп. 3, Nr. 31,
Bl. 40–40 г

[...] При сем посылаю древние законы[1] для напечатания, которые мне исписывать ненадобно, токмо приложенной лист моей руки истратили, что Господин Президент разсуждал, дабы оные в собрание русских древностей сообсчить, оное в немецких можно на русских еще не печатано и для того можно сие за первую часть почесть. А к тому новизны положенные в немецких приобщить, II часть может духовные великих князей зделать, в III некоторые старинные грамоты, в IV соборы бывшие в Руси. И так оное из таких вещей собирать, которые в гисториях вносить неудобно. А сверх того можно обстоятельнее на словах изъяснить, когда изволите время назначить. /40 об/ При сем же посылал гистории 13 тетрадей[2], которые при исправлении примечаний мне надобно, но чтоб не из морали прикажите списать бережно а я сколько набело перепишу буду присылать, а доколе предизвещение намерен оставлено не будет регистров сочинить не можно. Если письмо царя *Иоанна Васильевича* списали, то прошу прислать [...]

1 Es handelt sich um eine Redaktion der „Русская Правда", den „Судебник" von 1550 und ergänzende Dokumente. Vgl. S. N. Valk, Татищевские списки Русской Правды. In: Материалы по истории СССР, Bd. V, Moskau 1957, S. 610ff.

2 Wahrscheinlich Teile der 1. Redaktion seiner История Российская

Personenregister

Abulgazi (um 1603—1663, Chan von Chiwa seit 1643) 174
Adadurov, Vasilij Evdokimovič (1709—1780) 13, 127
Alefirenko, Pelageja Konstantinovna 114
Aleksej Michajlovič (1629—1676) 8, 147, 150
Aleksej Petrovič (1690—1718) 53—54
Amman, Johann (1707—1741) 87—88
Andreev, Aleksandr Ignat'evič (1887—1959) 25, 48, 112—113, 167
Andrej Bogoljubskij (um 1111—1174) 150
Anna Ivanovna (1693—1740) 57—58, 63—65, 68, 92, 94, 96—97, 116, 140
Anna Leopol'dovna (1718—1746) 97
Anna Petrovna (1708—1728) 44
Annenkoff 84
Anton Ulrich, Prinz von Braunschweig-Bevern (1714—1775) 97
Apraksin, Fedor Matveevič (1661—1728) 9, 38—39, 55
Arndt, Johann (1555—1621) 162, 213
Arnold von Lübeck (gest. 1212) 141
Arnold, Gottfried (1666—1714) 132, 163, 214
Athanasios von Alexandria (um 300—373) 213

Bachmanson 45
Bacmeister, Hartwig Ludwig Christian (1730—1806) 161
Basilius der Große (um 330—379) 213
Baty (Batu; gest. 1255 od. 1253) 154
Bayer, Theophil (Gottlieb) Siegfried (1694 bis 1738) 47—49, 121—122, 133, 139, 141, 143—144, 155, 157—159, 167, 212, 216
Bayle, Pierre (1647—1706) 177
Bentley, Richard (1662—1742) 145
Benzel, Eric (1675—1743) 48—50
Bergholz, Friedrich Wilhelm v. 44
Berglin, Johann 40, 43
Bering, Vitus (1680—1741) 83
Bestužev-Rjumin, Konstantin Nikolaevič (1829—1897) 20, 187
Bestužev-Rjumin, Michail Petrovič (1688 bis 1760) 42, 45
Bidloo, Nikolaus (gest. 1735) 10
Biron, Ernst Johann (1690—1772) 65, 68, 76, 81—82, 84—87, 92—94, 97, 104, 142, 188
Björner, Eric Julius (1696—1750) 49
Blüher, Johann 28—29, 37, 40
Blumentrost, Laurentius (1692—1755) 12, 115, 117
Bodjanskij, Osip Maksimovič (1808—1877) 147
Boris Godunov (geb. um 1551, gest. 1605) 59, 150
Bose, Johann Andreas (1626—1674) 151
Brenner, Heinrich (1669—1732) 49, 174
Brenner, Sophia (1659—1730) 49, 51
Breyn, Johann Philipp (gest. 1764) 50
Bromell, Magnus (1679—1731) 50
Bruce, Jakov Vilimovič (1670—1735) 10, 20 bis 21, 24—27, 29, 33—34, 36, 38, 54, 127, 142—144, 147—148, 189, 204
Budde(us), Johann Franz (1667—1729) 56, 177
Bülfinger, Georg Bernhard (1693—1750) 143, 181
Burcev, Timofej 32, 207
Buturlin 207
Bužinskij, Gavriil (gest. 1751) 140, 189

Caravaque, Louis (gest. 1754) 187
Cartesius siehe Descartes
Castle (Kassel), John 88
Cave, William (1637—1713) 214
Cellarius, Christoph (1638—1707) 151
Čerkasov, Ivan Antonovič (1692—1757 od. 1758) 27, 44

Čerkasskij, Aleksej Michajlovič (1680—1742) 59, 207
Chamberlain, John (gest. 1724) 138, 148, 216
Chruščev, Andrej Fedorovič (1691—1740) 92—93
Cicero, Marcus Tullius (106—43 v. d. Ztw.) 141
Cramm, August Adolph v. 56—57
Čupin, Narkiz Konstantinovič (1824—1882) 20, 26, 187
Cyrillus v. Jerusalem (um 315—386) 214

Dale, Anton van (1638—1708) 128, 141
Dapper, Olfert (1636—1689) 132
Delisle, Guillaume (1675—1726) 171
Delisle, Joseph Nicolas (1686—1768) 87, 126, 133, 171
Delisle de la Croyère, Louis (geb. vor 1688, gest. 1741) 14, 83
Demidov, Akinfij Nikitič (1636—1745) 68, 71, 76, 209, 217—219
Demidov, Nikita Demidovič (1656—1725) 30 bis 31, 36—40, 63, 67, 71—72, 80, 104, 198
Demidov, Nikita Nikitič 218—219, 221
Demidov (Familie) 70—72, 76, 96
Descartes, René du Perron (1596—1650) 153, 183, 199
Dionysios der Areopagite 214
Dolgorukaja, Katharina (1712—1745) 55
Dolgorukij, Aleksej Grigor'evič (gest. 1734) 56—57
Dolgorukij (Familie) 55—57, 64, 104
Doppelmayer, Johann Gabriel (1671—1750) 208
Du Cange, Charles Dufresne, Sieur (1610 bis 1688) 151
Dura 45
Duvernoi, Johann Georg (1691—1759) 88

Elisabeth (Elizaveta Petrovna; 1709—1761 57, 82, 96—98, 100, 150, 204
Erasmus von Rotterdam (Erasmus Desiderius; Gerhard Gerhards; 1467—1536) 189
Eremeev (Familie) 217
Ernesti, Johann Heinrich Gottfried (gest. 1723) 138
Eropkin, Petr Michajlovič (90er Jahre 17. Jh.—1740) 92—93, 148, 187

Euler, Leonhard (1707—1783) 14, 25, 87, 97, 126, 133, 171
Evarlakov, Fedor 40

Fabri, Basilius (gest. 1575 oder 1576) 141
Farvarson (Fargwarson, Farwharson, Fergharson), Henry (Andrej Danilovič; gest. 1739) 10
Fedor Ivanovič (1557—1598) 147
Fénelon, François de Salignac de la Mothe (1651—1715) 128—129
Feodosij Pečerskij (gest. 1074) 210—211
Ferdinand II. (1578—1637) 132
Fischer, Johann Eberhardt (1697—1771) 14
Fischer 45
Fleury, Claude (1640—1723) 132, 163
Florinus, Franz Philipp (gest. 1699) 133
Fontenelle, Bernhard le Bovyer de (1657 bis 1757) 11, 128, 137
Freyer, Hieronymus (1675—1747) 151
Friedrich II. von Preußen (1712—1786) 144
Frisch, Leonhard (1666—1743) 23, 48

Galilei, Galileo (1564—1642) 153
Gerasimov, Dmitrij (geb. um 1465) 156
Gesner, Johann Matthias (1691—1761) 141
Gizel', Innokentij (1600—1683) 146
Glück, Ernst (1654—1705) 12, 186
Gmelin, Johann Georg (1709—1755) 14, 51, 83, 133, 169—170
Golicyn, Dmitrij Michajlovič (1665—1737) 55, 57—58, 60, 91, 142—143, 148, 202
Golicyn, Vasilij Vasil'evič (1643—1714) 2, 61
Golicyn (General) 207
Golicyn (Familie) 55, 64
Golovin, Nikolaj Fedorovič (1695—1745) 45
Golovkin, Aleksandr Gavrilovič (1688—1760) 23
Golovkin, Gavriil Ivanovič (1660—1734) 55
Gottsched, Johann Christoph (1700—1766) 125, 177
Gregor von Nazianz (um 329—390) 213
Griboedov, Fedor Ioakimovič (gest. 1673) 146
Grif 211
Groß, Christian Friedrich (gest. 1742) 56, 122, 133, 143—144, 181—182
Grotius, Hugo (1583—1645) 142, 153, 201 bis 202

Hanway, Jonas (1712—1786) 102, 160
Hederich, Benjamin (1675—1748) 132
Heidenstein, Reinhold (gest. nach 1612) 178
Heineccius, Johann Michael (1674—1722) 156
Heinsch, Johann Christoph 135
Heinsius, Gottfried (1709—1769) 126
Heinzelmann, Johann Gottfried 87
Helmold von Bosau (um 1120 bis nach 1177) 141
Hennin, Georg Wilhelm von (1676—1750) 33, 38—40, 46—47, 66, 68—69, 188, 214
Herberstein, Sigismund Frhr. v. (1486—1566) 156, 178
Hobbes, Thomas (1588—1679) 199
Hohberg, Wolf Helmhard v. (1612—1688) 194
Horn, Georg (1620—1670) 151
Hübner, Johann (1668—1731) 48, 121, 133, 173—174, 177, 209
Huyghens, Christian (1629—1695) 11
Huyssen, Heinrich v. (1666—1739) 42

Igor (gest. 945) 21
Il'inskij, Ivan Ivanovič (gest. 1737) 51
Iov (Patriarch, gest. 1607) 147
Isbrandsz Ides, Evert (1657 bis um 1706) 178
Ivan III. Vasil'evič (1400—1505) 124, 150, 154
Ivan IV. Vasil'evič Groznyj (1530—1584) 112, 124, 147, 150, 164, 221
Ivan V. Alekseevič (1666—1696) 20, 97
Ivan VI. Antonovič (1740—1764) 92, 97

Jagužinskij, Pavel Ivanovič (1683—1736) 185
Jaroslav Mudryj (978—1054) 124
Javorskij, Stefan (1658—1722) 8, 54
Juncker, Gottlieb Friedrich Wilhelm (1703 bis 1746) 133

Kantemir, Antioch Dmitrievič (1708—1744) 47, 56, 64, 128, 137, 143, 157, 181, 185, 202
Kantemir, Dmitrij Konstantinovič (1674 bis 1723) 144
Katharina I. (1684—1727) 39, 54—55, 61, 66
Kehr, Georg Jakob (1692—1740) 216
Khevenmüller, Franz Christoph von (1588 bis 1650) 132
Kircher, Christian Friedrich 141
Kirilov, Ivan Kirillovič (um 1689—1737) 82—84, 86—87, 172, 175, 181
Kondratovič, Kir'jak Andreevič (1703—1788) 140—142, 157—158, 210
Konstantin VII. Porphyrogenitus (905—959) 159
Kopernikus, Nikolaus (1473—1543) 153, 166
Korff, Johann Albrecht von (1697—1766) 117, 119, 130, 162, 185, 215
Krafft, Georg Wolfgang (1701—1754) 127, 133, 182
Krašeninnikov, Stepan Petrovič (1713—1755) 14, 83, 181
Kromer, Martin (1512—1589) 141, 157, 210
Kuročkin, A. 71

Lacy (Lascy), Peter Edmond (1678—1751) 216
Lados, A. 174
Leibniz, Gottfried Wilhelm (1646—1716) 12—13, 23, 116, 145, 179, 200
Lenin, Vladimir Il'ič (1870—1924) 2
Leupold, Jakob (1674—1727) 110, 132
Leutmann, Johann Georg (1667—1736) 24, 144, 211
Lipsius, Justus (1547—1606) 151
Liria, Jacobo Francisco Fitzjames Stuart duque de (1695—1733) 140
Lomonosov, Michail Vasil'evič (1711—1765) 4, 10, 13, 70, 110, 137—139, 158—160, 165, 181
Lopatinskij, Feofilakt (gest. 1741) 54

Macchiavelli, Niccolò di Bernardo dei (1469 bis 1527) 151
Magnickij, Leontij Filippovič (1669—1739) 10
Makarov, Aleksej Vasil'evič (1675—1750) 36
Maksimovič, L. 114
Malebranche, Nicolas (1638—1715) 183
Mankiev, Aleksej Il'ič (gest. 1723) 146
Mardefeld, Gustav v. (1664—1729) 144
Martinière, Antoine Augustin Brusen de la (1662—1746) 177
Matveev, Andrej Artamonovič (1666—1728) 211
Maupertuis, Pierre Louis Moreau de (1698 bis 1759) 172
Mayer, Friedrich Christoph (1697—1729) 181
Medvedev, Sil'vestr (1641—1691) 211
Menšikov, Aleksandr Danilovič (1673—1729) 54—55, 104

Messerschmidt, Daniel Gottlieb (1685—1735) 14, 43, 48
Mézerai, François Eudes de (1610—1683) 214
Michaelis (Bergrat) 36, 38
Michail Fedorovič (1596—1645) 1, 59
Müller, Gerhard Friedrich (1705—1783) 14, 83, 111—112, 114, 119—120, 122, 136, 147, 160—161, 164, 169
Münnich, Burchardt Christoph v. (1683 bis 1767) 87, 97—98, 185
Münster, Sebastian (1489—1552) 168
Murašev, Pimen 207
Muratori, Lodovico Antonio (1672—1750) 145

Nartov, Andrej Konstantinovič (1693—1756) 46, 118
Nekrasov, Michail 102—103
Nepljuev, Ivan Ivanovič (1693—1773) 103
Nerius 90
Nestor (11./12. Jh.) 210—211
Newton, Isaac (1643—1727) 166, 172
Nikon (Nikita Minov; 1605—1681) 8, 162 bis 163
Nilson 45
Novosil'cev, Vasilij 59

Olearius, Adam (1603—1671) 156, 179
Oleg (gest. 912 od. 922) 150
Ordyn-Naščokin, Afanasij Lavrent'evič (um 1605—1681) 2
Osokin, Gavriil 71, 81, 96, 217—218, 220
Osokin, Petr 71, 81, 96, 216—218, 220
Ostermann, Heinrich Johann Friedrich (Andrej Ivanovič; 1686—1747) 26, 55, 98, 143, 182

Paracelsus (Philippus Aureolus Theophrastus Bombastus von Hohenheim; 1493—1541) 199
Patrušev, Ivan 28, 40
Paulus Jovius 155—156
Paus, Johann Werner (1670—1735) 158, 189
Pekarskij, Petr Petrovič (1828—1872) 44
Peštič, S. L. 148—149, 154
Peter I. (1672—1725) 2—3, 5—9, 11—12, 14, 20—21, 23—26, 36—39, 41—45, 48, 51—57, 60—63, 70, 74, 80, 83, 93, 97, 104, 115—117, 127—128, 136, 138—140, 142, 146, 148, 150, 156, 163, 175—177, 184, 186, 190 bis 191, 194—195, 203—205
Peter II. (1715—1730) 52, 54—55, 58
Petrejus, Peter (um 1570—1622) 156
Petrov, L. A. 200
Plano Carpini, Johann de 155
Platon (427—347 v. d. Ztw.) 199
Plinius, Gaius P. Secundus Maior (23—79) 141
Polhem, Christopher (1661—1751) 45, 110, 127
Polikarpov-Orlov, Fedor Polikarpovič (gest. 1731) 131, 134—135, 146, 166, 209
Polunin, Fedor Afanas'evič 114
Popov, Nil Aleksandrovič (1833—1891) 98, 113—114
Posoškov, Ivan Tichonovič (1652—1726) 3
Prokopovič, Feofan (1681—1736) 8—10, 21, 41, 53—54, 56, 127—128, 139—140, 142, 144, 157, 162—163, 186, 189, 193, 202, 209
Pufendorf, Samuel (1632—1694) 60, 142, 145, 153, 179, 201—202
Pythagoras (um 582—493 v. d. Ztw.) 199

Raiser, Gustav Ulrich (geb. 1718) 70
Ramsay, Andreas Michael (1686—1743) 129
Rastrelli, Carlo Bartolomeo (gest. 1744) 187
Reichel, Johann Gottfried (1727—1778) 111
Repnin, Anikita Ivanovič (1668—1726) 25
Ribera 140
Riegel 41
Rinder, Andreas Franziskus (1714—1770) 87—88
Rubruck, Wilhelm 155
Rudakov 210
Rudbeck, Olof (1630—1702) 211
Ryčkov, Petr Ivanovič (1712—1777) 89

Šachmatov, Aleksej Aleksandrovič (1864 bis 1920) 112
Šaklovityj, Fedor Leont'evič (hingerichtet 1689) 211
Saltykov, Semen Andreevič (1672—1742) 68
Saltykov (Familie) 68
Saltykova, Praskov'ja Feodorovna (1667 bis 1723) 20
Sanson, Nicolas (1600—1667) 171
Scheffer, Johann (1621—1679) 211
Schlözer, August Ludwig (1735—1809) 111, 159, 161, 165
Schönberg, Kurt Alexander von (1706—1761) 80—82

Schönfelder, Gabriel 28
Schumacher, Johann Daniel (1690—1761) 12, 51, 86, 89, 116—124, 127—130, 134 bis 135, 138, 162, 164, 167, 169, 182, 208, 210, 212—213, 215, 221
Schwabe 45
Šeremetev, Boris Petrovič (1652—1719) 23
Šiškov (Schischkow), Ivan 125
Šiškov (Schischkow), Vasilij 125
Sloane, Sir Hans (1660—1753) 50
Smotrickij, Meletij Gerasimovič (um 1578 bis 1633) 209
Sof'ja Alekseevna (1657—1704) 3, 24, 61
Stählin, Jakob von (1709—1785) 141
Steller, Georg Wilhelm (1709—1746) 14
Störmer, Bernhard Wilhelm (gest. 1741) 134—136, 141
Strahlenberg, Johann Philipp Tabbert v. (1676—1747) 23, 43—44, 47—49, 121, 123, 143, 174—177, 208, 215
Stroganov (Familie) 71, 73, 217—218
Strube de Piermont, Friedrich Heinrich (1704— vor 1790) 123—125, 133, 164 bis 165
Strzykowski, Maciej (1547—1582) 157, 210 bis 211
Suhm, Ulrich Friedrich von (1691—1740) 91, 96
Sumarokov, Aleksandr Petrovič (1717 bis 1777) 137, 142

Tatiščev, Evgraf Vasil'evič (1717—1781) 99, 111, 182
Tatiščev, Ivan Nikitič 19—20, 91
Tatiščev, Nikifor Nikitič 19
Tatiščev, Nikita 19
Tatiščev, Rostislav-Michail Evgrafovič (1742 bis 1820) 104
Tatiščeva, Anna Vasil'evna geb. Andreevskaja verw. Redkina 105
Taubert, Johann Kaspar (1717—1771) 111, 161
Tetzner, Joachim (1928—1958) 128
Thomasius, Christian (1655—1728) 132, 179
Tichomirov, M. N. 148
Todorskij, Simeon (gest. 1754) 162
Tolstoj, Petr Andreevič (1645—1729) 55
Trediakovskij, Vasilij Kirillovič (1703—1769) 134, 136—138, 174, 216
Treuer, Gottlieb Samuel (1683—1743) 156 bis 157
Turčaninov, M. 71

Valk, S. N. 148
Varenius, Bernhard (1622—1650) 166
Vasilij Šujskij (1552—1612) 59
Venetus, Paulus (Marco Polo; 1254—1323) 155
Vinius, Andrej Andreevič (1641—1717) 1
Vinogradov, Dmitrij Ivanovič (1717 od. 1720—1758) 70
Vjazemskij, G. 71
Vladimir Monomach (1053—1125) 154
Vladimir Svjatoslavič (gest. 1015) 150
Vockerodt, Johann Gotthilf (1693—1756) 47—48, 143—144, 176—177
Volkov, Avraam Stepanovič 129
Voltaire, François Marie Arouet (1694—1778 9, 144
Volynskij, Artemij Petrovič (1689—1740) 4, 91—96, 148

Walch, Johann Georg (1693—1775) 199
Weitbrecht, Josias (1702—1747) 88
Winsheim, Christian Nikolaus (1694—1751) 126, 133
Winter, Eduard 12, 47, 128, 174
Witsen, Nikolas (1641—1717) 178
Wolff, Christian (1679—1754) 12—13, 110, 116, 143, 179, 199—200

Zlatoust (Johannes Chrysosthomos, um 347 bis 407) 213
Zybelin, Semen Gerasimovič (1735—1802) 111

TAFELANHANG

TAFEL I

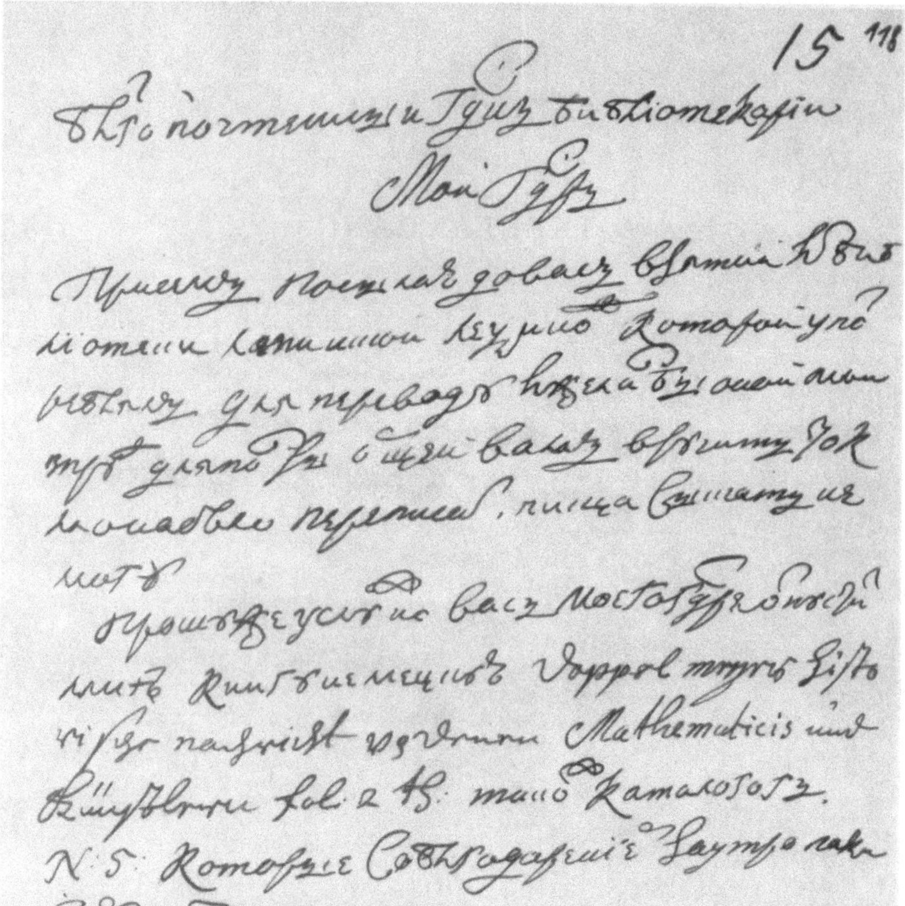

Abb. 1. Brief Tatiščevs an Schumacher, 27. 10. 1733 (Vorderseite)

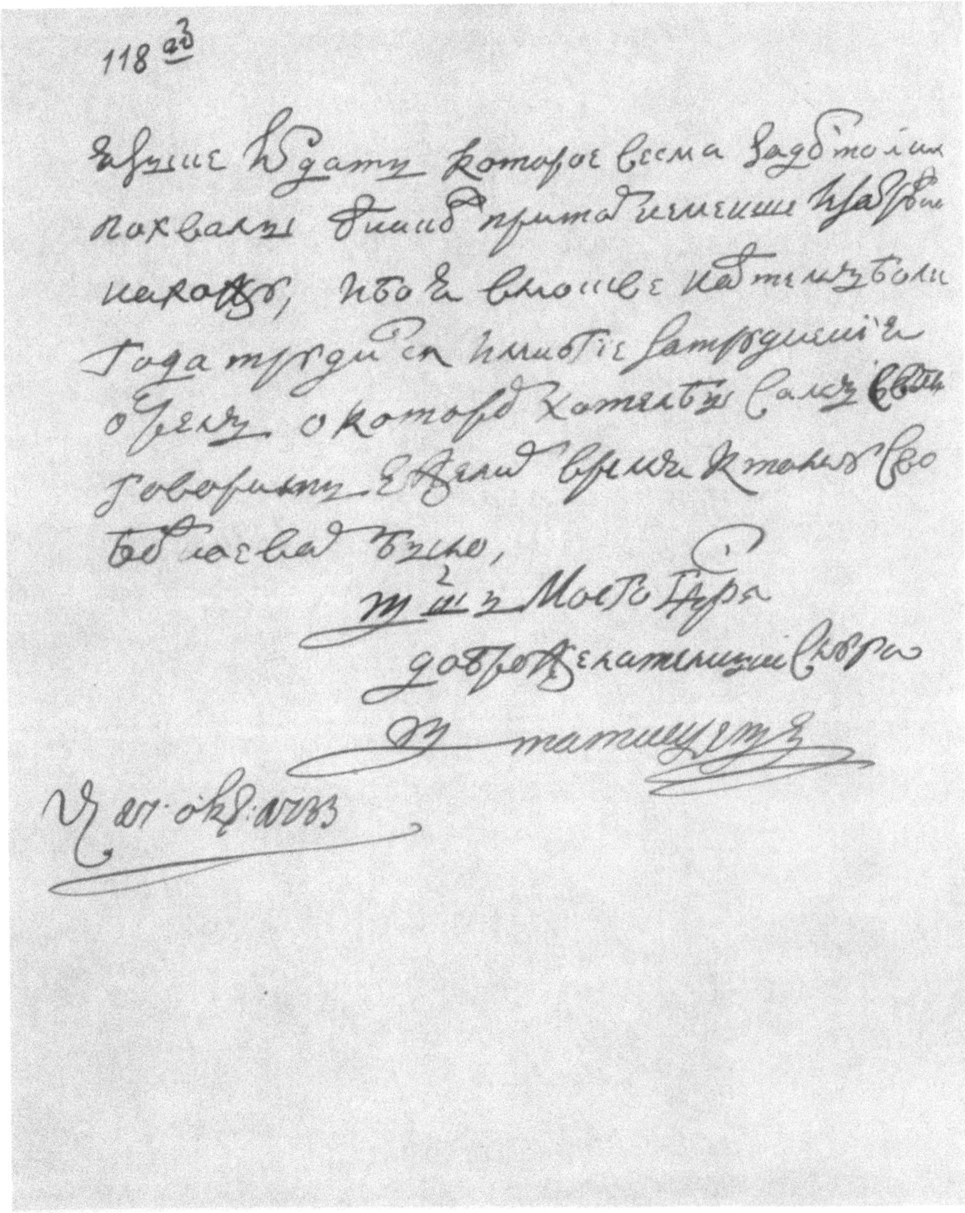

Abb. 2. Brief Tatiščevs an Schumacher, 27. 10. 1733 (Rückseite)

TAFEL III

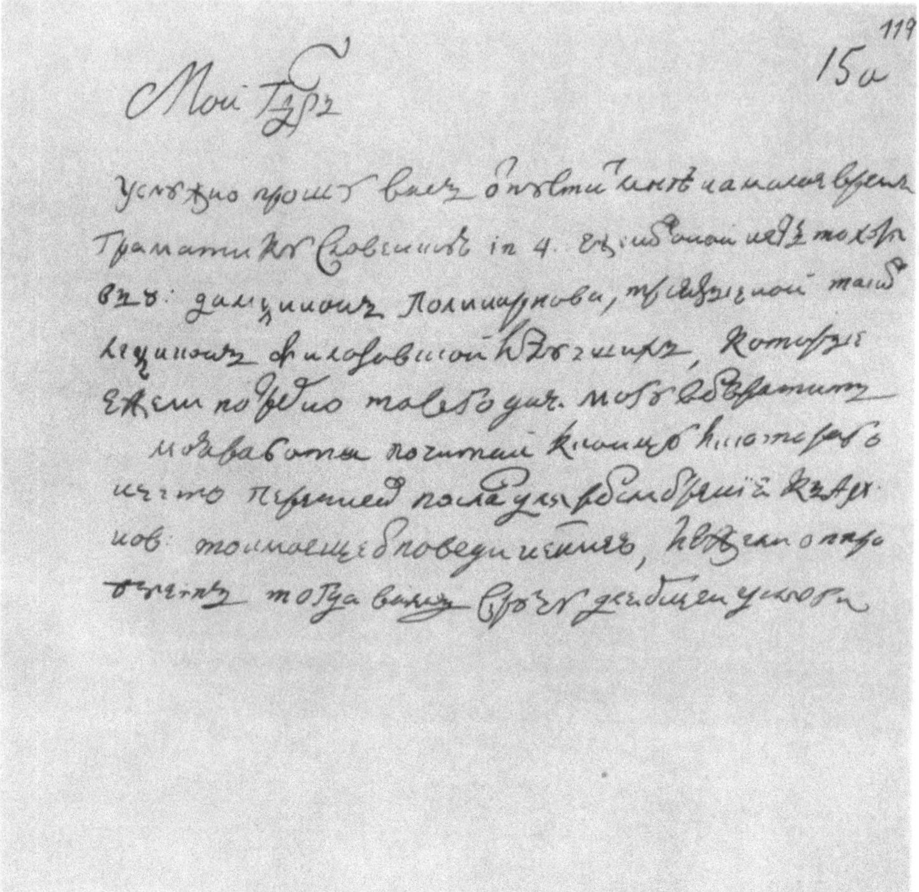

Abb. 3. Brief Tatiščevs an Schumacher, 27. 10. 1733 (Nachschrift)

QUELLEN UND STUDIEN ZUR GESCHICHTE OSTEUROPAS

Bd. I. **Die deutsch-russische Begegnung und Leonhard Euler.** Beiträge zu den Beziehungen zwischen der deutschen und der russischen Wissenschaft und Kultur im 18. Jahrhundert. Herausgegeben in Verbindung mit P. N. Berkov, N. A. Figurovskij und V. P. Zubov von E. Winter.

1958. VIII, 196 Seiten – 2 Kunstdrucktafeln – gr. 8° – Ganzleinen DM 24,–

Bd. II. Heinz Lemke. **Die Brüder Załuski und ihre Beziehngen zu Gelehrten in Deutschland und Danzig.** Studien zur polnischen Frühaufklärung.

1958. X, 192 Seiten – gr. 8° – Ganzleinen DM 22,–

Bd. III. **Die Berliner und die Petersburger Akademie der Wissenschaften im Briefwechsel Leonhard Eulers.** Teil 1: Der Briefwechsel L. Eulers mit G. F. Müller 1735–1767. Herausgegeben und eingeleitet von A. P. Juškevič und E. Winter unter Mitwirkung von P. Hoffmann.

1959. X, 327 Seiten – 2 Kunstdrucktafeln – gr. 8° – Ganzleinen DM 32,50

Teil 2.: Der Briefwechsel L. Eulers mit A. K. Nartov, K. G. Razumovskij, J. D. Schumacher, G. N. Teplov und der Petersburger Akademie 1730–1763. Herausgegeben und eingeleitet von A. P. Juškevič und E. Winter unter Mitwirkung von P. Hoffmann und Ju. Ch. Kopelevič.

1961. X, 463 Seiten – 4 Abbildungen – 3 Kunstdrucktafeln – gr. 8° – Ganzleinen DM 44,–

Bd. IV. N. A. Figurovskij. **Leben und Werk des Chemikers Tobias Lowitz (1757 bis 1804).** Ein Beitrag zur Geschichte der Begegnung deutscher und russischer Wissenschaft im 18. Jahrhundert (Übersetzung aus dem Russsichen von E. Bibow). Mit einem Anhang von Dokumenten und Briefen herausgegeben von E. Winter.

1959. XIV, 159 Seiten – 2 Abbildungen – gr. 8° – Ganzleinen DM 19,50

Bd. V. Heinz Mohrmann. **Studien über russisch-deutsche Begegnungen in der Wirtschaftswissenschaft (1750–1825).**

1959. VI, 146 Seiten – gr. 8° – Ganzleinen DM 16,50

Bd. VI. Eduard Winter. **Rußland und das Papsttum.** Teil 1: Von der Christianisierung bis zu den Anfängen der Aufklärung.

1960. XIV, 375 Seiten – gr. 8° – Ganzleinen DM 23,–

Teil 2: Von der Aufklärung bis zur Großen Sozialistischen Oktoberrevolution.

1961. XII, 649 Seiten – gr. 8 – Ganzleinen DM 42,–

Bd. VII. **E. W. von Tschirnhaus und die Frühaufklärung in Mittel- und Osteuropa.** Herausgegeben in Zusammenarbeit mit N. A. Figurovskij, G. Harig, B. B. Kafengauz und A. Klíma von E. Winter.

1960. XII, 346 Seiten – 3 Abbildungen – 2 Kunstdrucktafeln – gr. 8° – Ganzleinen DM 33,50

Bd. VIII. D. G. Messerschmidt. **Forschungsreise durch Sibirien 1720–1727.** Herausgegeben von E. Winter und N. A. Figurovskij. Mit einem Vorwort von W. Steinitz und A. V. Topčiev. Teil 1: Tagebuchaufzeichnungen 1721–1722.

1962. VIII, 379 Seiten – 2 Textabbildungen, 8 Kunstdrucktafeln und 1 Karte – gr. 8° – Ganzleinen DM 58,–

Bd. IX. **August Ludwig v. Schlözer und Rußland.** Eingeleitet und unter Mitarbeit von L. Richter und L. Zeil herausgegeben von E. Winter.

1961. VIII, 341 Seiten – 4 Kunstdrucktafeln – 1 Titelbild – gr. 8° – Ganzleinen DM 47,–

Bd. X. **Slavica-Katalog der Landesbibliothek Gotha.** Bearbeitet von H. Claus.

1961. X, 531 Seiten – 16 Kunstdrucktafeln – gr. 8° – Broschiert DM 45,–, Ganzleinen DM 48,–

Bd. XI. Botho Brachmann. **Russische Sozialdemokraten in Berlin 1895–1914.** Mit Berücksichtigung der Studentenbewegung in Preußen und Sachsen.

1962. XII, 216 Seiten – 20 Abbildungen auf 17 Tafeln – gr. 8° – Ganzleinen 37,50

Bd. XII. **Lomonosov – Schlözer – Pallas.** Deutsch-russische Wissenschaftsbeziehungen im 18. Jahrhundert. Herausgegeben in Zusammenarbeit mit C. Grau, P. Hoffmann und H. Lemke von E. Winter.

1962. VIII, 358 Seiten – gr. 8° – Ganzleinen DM 53,–

Bd. XIII. Conrad Grau. **Der Wirtschaftsorganisator, Staatsmann und Wissenschaftler Vasilij N. Tatiščev (1686–1750).**

Demnächst erscheint:

Bd. XIV. Ivan Franko. **Beiträge zur Geschichte und Kultur der Ukraine.** Ausgewählte deutsche Schriften des revolutionären Demokraten 1882–1915. Unter Mitarbeit von I. I. Bass und O. I. Bileckyj herausgegeben und eingeleitet von P. Kirchner und E. Winter.

AKADEMIE-VERLAG · BERLIN

Erschienen im Akademie-Verlag GmbH, Berlin W 8, Leipziger Straße 3–4
Copyright 1963 by Akademie-Verlag GmbH
Lizenznummer: 202 · 100/238/63
Gesamtherstellung: Druckhaus „Maxim Gorki", Altenburg
Bestellnummer: 2087/13 · ES 14 D